Azure OpenAI로
ChatGPT와 LLM 시스템
쉽고 빠르게 구축하기

Azure OpenAI Service De Hajimeru ChatGPT/LLM System
Kochiku Nyumon

by Shohei Nagata, Shunta Ito, Taishi Miyata, Yuta Tatewaki, Nobusuke Hanagasaki,
Hirosato Gamo, Shingo Yoshida

Copyright © 2024 Shohei Nagata, Shunta Ito, Taishi Miyata, Yuta Tatewaki, Nobusuke Hanagasaki,
Hirosato Gamo, Shingo Yoshida
All rights reserved.

Original Japanese edition published by Gijutsu-Hyoron Co., Ltd., Tokyo
This Korean language edition published by arrangement with Gijutsu-Hyoron Co., Ltd.,
Tokyo in care of Tuttle-Mori Agency, Inc., Tokyo, through Danny Hong Agency, Seoul.

이 책의 한국어판 저작권은 대니홍 에이전시를 통한 저작권사와의 독점 계약으로 제이펍에 있습니다.
저작권법에 의해 한국 내에서 보호를 받는 저작물이므로 무단 전재와 무단 복제를 금합니다.

Azure OpenAI로
ChatGPT와 LLM 시스템 쉽고 빠르게 구축하기

1판 1쇄 발행 2025년 3월 17일

지은이 가모 히로사토, 나가타 쇼헤이, 다테와키 유타, 미야타 다이시,
     요시다 신고, 이토 슌타, 하나가사키 노부스케
옮긴이 원밀리언라인즈코딩
감수자 배인진
펴낸이 장성두
펴낸곳 주식회사 제이펍

출판신고 2009년 11월 10일 제406-2009-000087호
주소 경기도 파주시 회동길 159 3층 / **전화** 070-8201-9010 / **팩스** 02-6280-0405
홈페이지 www.jpub.kr / **투고** submit@jpub.kr / **독자문의** help@jpub.kr / **교재문의** textbook@jpub.kr

소통기획부 김정준, 이상복, 안수정, 박재인, 송영화, 김은미, 나준섭, 배인혜, 권유라
소통지원부 민지환, 이승환, 김정미, 서세원 / **디자인부** 이민숙, 최병찬

진행 김은미 / **교정·교열** 김도윤 / **내지 디자인** 이민숙 / **내지 편집** 김수미 / **표지 디자인** 최병찬
용지 에스에이치페이퍼 / **인쇄** 한승문화사 / **제본** 일진제책사

ISBN 979-11-94587-03-3 (93000)
책값은 뒤표지에 있습니다.

※ 이 책은 저작권법에 따라 보호를 받는 저작물이므로 무단 전재와 무단 복제를 금지하며,
   이 책 내용의 전부 또는 일부를 이용하려면 반드시 저작권자와 제이펍의 서면 동의를 받아야 합니다.
※ 잘못된 책은 구입하신 서점에서 바꾸어드립니다.

제이펍은 여러분의 아이디어와 원고를 기다리고 있습니다. 책으로 펴내고자 하는 아이디어나 원고가 있는 분께서는
책의 간단한 개요와 차례, 구성과 지은이/옮긴이 약력 등을 메일(submit@jpub.kr)로 보내주세요.

Azure OpenAI로 ChatGPT와 LLM 시스템 쉽고 빠르게 구축하기

가모 히로사토, 나가타 쇼헤이, 다테와키 유타, 미야타 다이시,
요시다 신고, 이토 슌타, 하나가사키 노부스케 지음
원밀리언라인즈코딩 옮김
배인진 감수

※ 드리는 말씀

- 이 책에 기재된 내용을 기반으로 한 운용 결과에 대해 지은이/옮긴이, 소프트웨어 개발자 및 제공자, 제이펍 출판사는 일체의 책임을 지지 않으므로 양해 바랍니다.
- 이 책에 등장하는 회사명, 제품명은 일반적으로 각 회사의 등록상표 또는 상표입니다. 본문 중에는 ™, ⓒ, ® 등의 기호를 생략했습니다.
- 이 책에서 소개한 URL 등은 시간이 지나면 변경될 수 있습니다.
- 사용하지 않는 애플리케이션은 꼭 삭제해주시기를 바랍니다. 애플리케이션을 삭제하지 않아 발생한 요금에 대해서 지은이/옮긴이/출판사는 책임을 지지 않습니다.
- 이 책과 관련된 내용은 'Microsoft AI 한국 사용자 모임' 유튜브에서도 다룹니다.
  - Microsoft AI 한국 사용자 모임: https://www.youtube.com/@microsoftai.kruser
- 책의 내용과 관련된 문의사항은 지은이/옮긴이나 출판사로 연락해주시기 바랍니다.
  - 옮긴이: eonsu.work@gmail.com
  - 출판사: help@jpub.kr

차례

지은이/옮긴이/감수자 소개	xi	시작하며	xxiii
옮긴이 머리말	xiv	감사의 글	xxiv
추천의 글	xvi	이 책에 대하여	xxv
베타리더 후기	xix		

PART I 마이크로소프트 애저에서의 ChatGPT 활용

CHAPTER 1 생성형 AI와 ChatGPT 3

1.1 생성형 AI와 ChatGPT가 불러온 충격 — 3
- 1.1.1 AI 시대의 개막 3
- 1.1.2 ChatGPT를 적용할 수 있는 업무들 5
- **COLUMN** Open Interpreter 9
- 1.1.3 ChatGPT 사용 시 주의할 점 10

1.2 ChatGPT의 구조 — 10
- 1.2.1 기존 챗봇과의 차이점 10
- 1.2.2 GPT란 11
- 1.2.3 사람이 선호하는 문장을 생성하는 방법: RLHF 13
- 1.2.4 ChatGPT의 탄생 과정 13

1.3 마무리 — 14

CHAPTER 2 프롬프트 엔지니어링 15

2.1 프롬프트 엔지니어링이란 — 15

2.2 기본적인 작성법 — 16
- 2.2.1 구체적으로 지시하기 16
- 2.2.2 출구 지정하기 17
- 2.2.3 역할 부여하기 18
- 2.2.4 입출력 예시 지정하기 19
- **COLUMN** 제로샷 학습과 퓨샷 학습 20
- 2.2.5 프롬프트 구조화하기 20

2.3 생각의 사슬 — 21
- **COLUMN** GPT-3.5 Turbo와 GPT-4의 성능 차이 23

2.4 그 밖의 기법들 — 24

2.5 마무리 — 25

CHAPTER 3 Azure OpenAI Service   26

3.1 Azure OpenAI Service란 26
    3.1.1 OpenAI의 API 서비스와 Azure OpenAI Service의 차이점 27
    3.1.2 Azure OpenAI 개요 29

3.2 Azure OpenAI 시작하기 30
    3.2.1 Azure OpenAI 액세스 신청 30
    3.2.2 리소스 생성 31
    3.2.3 GPT 모델 배포하기 35

3.3 채팅 플레이그라운드에서 ChatGPT 애플리케이션 개발하기 39
    3.3.1 설정 40
    3.3.2 채팅 세션 42
    COLUMN 채팅 플레이그라운드는 어디에서 동작하는 것일까? 44
    3.3.3 채팅 애플리케이션 배포 44
    COLUMN 플레이그라운드에서 배포한 웹 애플리케이션의 소스 코드 47

3.4 고려 사항 47
    3.4.1 비용 문제 47
    3.4.2 할당량 및 제한 48

3.5 마무리 50

PART II RAG를 활용한 사내 문서 검색 시스템 구현

CHAPTER 4 RAG 개요 및 설계 53

4.1 ChatGPT의 문제점과 해결 방법 53
4.2 RAG란 55
4.3 검색 시스템 57
4.4 Azure AI Search 58
    4.4.1 색인 생성 60
    4.4.2 문서 검색 67

4.5 오케스트레이터 71
    4.5.1 Azure OpenAI on your data 72
    4.5.2 Azure Machine Learning 프롬프트 흐름 73
    4.5.3 자체 구현 74

4.6 Azure OpenAI on your data 74
    4.6.1 데이터 원본 75
    4.6.2 사용 방법 75

4.7 Azure Machine Learning 프롬프트 흐름 81
    4.7.1 사용 방법 82
    COLUMN Azure Machine Learning이란 91

4.8 LLM 91

4.9 Azure OpenAI API — 92
　4.9.1 Chat Completions API 92
　4.9.2 Embeddings API 97
4.10 마무리 — 98
　COLUMN RAG vs. 파인 튜닝 98

CHAPTER 5　RAG 구현 및 평가　100

5.1 아키텍처 — 100
5.2 사내 문서 검색 구현 — 105
　5.2.1 사용할 애저 서비스 목록 및 요금 105
　5.2.2 로컬 개발 환경 구축하기 106
　5.2.3 로컬 환경에서 실행하기 110
　5.2.4 로컬 변경사항을 App Service에 배포하기 112
　5.2.5 환경 설정 파일 변경하기 112
　5.2.6 문서를 추가로 인덱싱하기 112
　5.2.7 실제로 질문하기 112
　5.2.8 기능 소개 113
5.3 채팅 이력 저장 — 116
　5.3.1 채팅 이력 저장 구현 예시 117
　5.3.2 Cosmos DB에 저장된 채팅 이력 확인 119
5.4 검색 기능 — 119
　5.4.1 벡터 검색 120
　COLUMN 청크 분할의 중요성 122
　5.4.2 하이브리드 검색 123
　5.4.3 의미 체계 하이브리드 검색 124
　COLUMN 가장 좋은 결과를 내는 검색 모드는 어떤 것일까? 126
　COLUMN 커스터마이징 포인트 126
5.5 데이터 수집 자동화 — 127
5.6 RAG 평가 및 개선 — 129
5.7 검색 정확도 평가 — 130
　5.7.1 기본 평가 지표 130
　5.7.2 순위를 고려한 평가 지표 131
5.8 생성 정확도 평가 — 132
　5.8.1 연관성 평가 133
　5.8.2 일관성 평가 134
　5.8.3 유사도 평가 135
　COLUMN RAG 응답의 정확도를 향상시키는 방법 135
5.9 마무리 — 136

PART III 코파일럿 스택을 사용한 LLM 애플리케이션 구현

CHAPTER 6 AI 오케스트레이션 139

6.1 코파일럿 스택이란 ··········· 139
    6.1.1 1계층: 코파일럿 프런트엔드 140
    6.1.2 2계층: AI 오케스트레이션 140
    6.1.3 3계층: 파운데이션 모델 141

6.2 AI 오케스트레이션과 에이전트 ··········· 141
    6.2.1 Reasoning & Acting 141
    6.2.2 Planning & Execution 145
    COLUMN 랭체인 146
    COLUMN 시맨틱 커널 147
    6.2.3 플러그인 실행 148

6.3 자체 코파일럿 개발 시 아키텍처 및 구현 ··········· 150
    6.3.1 툴 선정(ReAct) 기능 구현 150
    6.3.2 채팅 UI에서 사용하기 152
    6.3.3 ChatGPT 플러그인 구현하기 156
    6.3.4 스트리밍 출력 구현하기 160

6.4 마무리 ··········· 160
    COLUMN Azure AI Studio의 등장 161

CHAPTER 7 파운데이션 모델과 AI 인프라스트럭처 162

7.1 파운데이션 모델과 AI 인프라스트럭처 정의 ··········· 162

7.2 호스팅 가능 모델 ··········· 163
    7.2.1 GPT-3.5와 GPT-4 163
    COLUMN GPT-4 Turbo 166
    COLUMN GPT-4o와 o1 166
    7.2.2 파인 튜닝 166
    COLUMN GPT-4의 파인 튜닝 169

7.3 공개 모델 ··········· 169
    7.3.1 모델 종류 171
    7.3.2 모델 크기와 압축 방법 172
    7.3.3 모델 호스팅 177
    COLUMN Azure AI Foundry 모델 카탈로그 179

7.4 마무리 ··········· 180
    COLUMN OSS와 머신러닝 모델 180

CHAPTER 8 코파일럿 프런트엔드 182

8.1 사용자 경험 정의 ··········· 182
    8.1.1 사용성 182
    8.1.2 정지 버튼과 재생성 버튼 183

8.1.3 캐시를 고려한 구현 184
8.2 LLM의 부정확한 응답에 대처하기 185
8.2.1 정확성 185
8.2.2 투명성(정보 출처 제시) 185
8.2.3 UX 향상을 위한 스트리밍 처리 186
8.2.4 OpenAI 엔드포인트의 스트리밍 출력을 직접 처리하기 186
8.2.5 플라스크 애플리케이션의 응답을 스트림 형식으로 처리하기 187
8.3 UX 향상을 위한 참고 자료 194
COLUMN 채팅 외의 인터페이스 195
8.4 마무리 196

PART IV 거버넌스와 책임 있는 AI

CHAPTER 9 거버넌스 199

9.1 공통 기반이란 199
9.2 공통 기반 아키텍처 201
9.2.1 사용할 애저 서비스 목록 및 요금 201
9.2.2 배포 202
9.3 인증 및 인가 208
9.3.1 인증 및 인가 처리 흐름 208
9.3.2 예제 코드 실행 209
COLUMN API Management의 구독 키 215
COLUMN 특정 사용자에게만 Azure OpenAI API 접근 허용하기 216
9.4 로그 통합 217
9.5 과금 219
9.6 호출 제한 221
9.7 폐쇄망 221
9.8 부하 분산 223
9.8.1 Application Gateway 이용 226
COLUMN Application Gateway의 부하 분산을 프로덕션 환경에서 사용할 때의 주의점 228
9.8.2 API Management 이용 230
9.9 마무리 231

CHAPTER 10 책임 있는 AI 232

10.1 책임 있는 AI를 위한 마이크로소프트의 노력 232
10.2 책임 있는 AI 적용 234
10.3 콘텐츠 필터 235
10.4 데이터 취급 240
10.5 마무리 241

APPENDIX A 예제 코드 실행 환경 구축 242

A.1 파이썬 설치 242
    A.1.1 설치 방법(윈도우) 243

A.2 깃 설치 244
    A.2.1 설치 방법(윈도우) 244

A.3 Azure Developer CLI 설치 247
    A.3.1 설치 방법(윈도우) 247
    A.3.2 설치 방법(리눅스) 248
    A.3.3 설치 방법(macOS) 248

A.4 Node.js 설치 249
    A.4.1 설치 방법(윈도우) 249

A.5 파워셸 설치(윈도우 한정) 251
    A.5.1 설치 방법 251

APPENDIX B ChatGPT의 구조 255

B.1 트랜스포머의 등장 256
    B.1.1 어텐션 256
    B.1.2 seq2seq 257
    B.1.3 seq2seq에 도입된 어텐션 258
    B.1.4 어텐션의 계산 처리 259
    B.1.5 트랜스포머의 구조 260
    B.1.6 트랜스포머의 장점 262
    B.1.7 트랜스포머의 한계 262

B.2 대규모화 및 언어 모델의 사전 학습에 따른 성능 향상 263
    B.2.1 트랜스포머 인코더 계열 모델의 발전 264
    B.2.2 트랜스포머 디코더 계열 모델의 발전 265
    B.2.3 스케일링 법칙 266

B.3 호의적 응답으로 조정된 언어 모델 266
    COLUMN 공개 모델 269

마치며 270
찾아보기 272

지은이/옮긴이/감수자 소개

지은이

가모 히로사토 蒲生 弘郷

일본 마이크로소프트 클라우드 설루션 아키텍트. SI 대기업에서 커리어를 시작했다. 자동차 업계의 DMS 데이터 활용 환경 구축을 위한 컨설팅 및 개발과 엔터프라이즈 블록체인을 활용한 다른 업종 간 데이터 유통 플랫폼을 구축했다. 수년간 데이터 사이언티스트로서 사회 인프라 관련 기업을 대상으로 데이터 분석 및 머신러닝 시스템 개발을 경험했으며, 현재는 설루션 아키텍트로서 AI 도입 기술 지원 및 Azure OpenAI Service 이밴절리스트 활동에 종사하고 있다. 1, 2, 4부를 집필했다.

𝕏 @hiro_gamo

나가타 쇼헤이 永田 祥平

일본 마이크로소프트 클라우드 설루션 아키텍트. 대학원에서 분자생물학과 생물정보학을 전공한 뒤 2020년에 일본 마이크로소프트에 입사했다. 클라우드 설루션 아키텍트로서 주로 엔터프라이즈 고객을 대상으로 애저 빅데이터 분석 환경과 머신러닝 환경 도입 및 활용을 지원하는 업무를 수행하고 있다. 1부 집필 및 감수 그리고 전체 진행을 맡았다.

𝕏 @shohei_aio

다테와키 유타立脇 裕太

일본 마이크로소프트 클라우드 설루션 아키텍트. 소프트뱅크, Deloitte, DataRobot을 거쳐 현재는 일본 마이크로소프트에서 빅데이터, 클라우드, 머신러닝을 활용한 기업 데이터 활용을 지원하고 있다. MLOps 커뮤니티(일본)를 운영 중이다. 일본딥러닝협회 AI(JDLA AI) 거버넌스 및 평가연구회 연구원으로서 QA4AI(일본) 가이드라인을 개정했으며, MLOps나 AI 거버넌스 관련 강연과 집필 활동을 활발히 하고 있다. 4부 집필 및 감수를 담당했다.

in https://www.linkedin.com/in/yuta-tatewaki/

미야타 다이시宮田 大士

일본 마이크로소프트 클라우드 설루션 아키텍트. 제조업에서 데이터 분석, 머신러닝 시스템 구축, 데이터 분석 환경 개발을 경험하고 일본 마이크로소프트에 입사했다. 폭넓은 업계의 고객을 대상으로 AI 도입 및 활용을 지원하고 있다. 2부 집필 및 감수를 담당했다.

X @tmiyata25

요시다 신고吉田 真吾

클라우드 DevOps 그룹인 Section-9 대표이사. 2023년 5월에 Azure OpenAI, Azure AI Search, Azure Cosmos DB를 활용한 인사 FAQ 기능을 릴리스했다. 3부를 집필했다.

X @yoshidashingo

이토 슌타伊藤 駿汰

일본 마이크로소프트 클라우드 설루션 아키텍트이자 카운슬링 앱을 운영하는 Omamori 이사. AI/ML 개발(특히 자연어 처리 분야) 및 활용에 대한 기술 지원을 주로 하며, 머신러닝 환경이나 MLOps 환경 구축 및 활용에 대한 기술 지원도 수행하고 있다. 3부와 부록 B를 집필했다.

X @ep_ito

하나가사키 노부스케 花ケ﨑 伸祐

일본 마이크로소프트 파트너 설루션 아키텍트. NEC 설루션 이노베이터, IBM 저팬의 AI 아키텍트를 거쳐 현재는 파트너 AI 설루션 개발을 지원하고 있다. 영상 인식 제품 개발 및 의료 영상 분석 등 여러 산업에서 AI 프로젝트의 개발자/아키텍트로서 15년 이상의 경험을 가지고 있다. 2부와 3부 집필 및 감수를 담당했다.

in https://www.linkedin.com/in/hanagasaki/

옮긴이
원밀리언라인즈코딩 eonsu.work@gmail.com

국내외 최고의 부트캠프와 온라인 교육 플랫폼에서 신입 개발자들을 양성해왔다. 네이버 부스트캠프, 현대자동차그룹 소프티어 부트캠프, 우아한테크캠프, 원티드 프리온보딩 등에서 교육 및 멘토링 활동을 활발하게 하면서 자료구조 및 알고리즘, 모바일 앱 개발, 데이터 사이언스, 프롬프트 엔지니어링 등의 분야에서 깊이 있는 지식을 공유해왔다. 인프런과 유데미에서 온라인 강의를 하고 있으며, 다양한 기업의 내부 교육을 진행하면서 현업 개발자들의 역량 강화에도 기여하고 있다. 옮긴 책으로는 《프런트엔드 개발을 위한 테스트 입문》(제이펍, 2023)이 있다.

감수자
배인진 ivy.gobiz@gmail.com

원밀리언라인즈코딩 대표. 카카오엔터테인먼트, 스튜디오씨드코리아, 엔비티에서 개발자로 근무했다.

옮긴이 머리말

한때 프로 바둑기사를 지망했던 사람으로서, 2016년에 열린 알파고와 이세돌의 대국은 정말 큰 충격이었다. 당시 딥마인드 관계자들을 제외하고 바둑을 아는 사람이라면 체스, 장기는 그럴 수 있어도 경우의 수가 훨씬 많은 바둑에서는 아직은 AI가 인간을 넘어설 수는 없다고 단언했다. 9년이 흐른 지금은 신진서 같은 새롭게 등장한 천재 기사도 AI에게는 2점 접바둑조차 이기기 힘들 것이라 말하는 바둑인이 많아졌다. 이제 바둑 해설가들은 AI가 알려주는 다음 수를 기준으로 이것이 어떤 의미일지를 해석하는 방식으로 해설하며, 과거에는 악수로 불렸던 수들이 AI 때문에 정석으로 자리 잡기도 했다.

그리고 번역하는 사람이자 개발자로서 AI는 더 이상 바둑 같은 일부 영역에 한정된 이야기가 아님을 느낀다. 과거에는 크롬에 내장된 번역 기능을 사용했을 때 이해하기 힘든 문장이 많았지만, 이제는 약 70% 이상의 문장 대부분을 어색함 없이 의미를 파악할 수 있다. 그리고 코파일럿이 생성해주는 코드가 전부를 그대로 사용할 수는 없을지라도 얼마나 대단한 수준인지, 왜 신입 개발자 취업이 과거보다 훨씬 힘들어졌는지를 사용해본 사람이라면 누구나 알 수 있을 것이다.

이제 AI는 클라우드나 API를 통해 애플리케이션에도 쉽게 내장시킬 수 있는 기반이 만들어지고 있다. 아직은 비용도 다소 높고 기술의 발전 속도가 너무 빨라서 안정화되는 시간이 필요하겠지만, 머지않아 AI 없는 애플리케이션은 생각하기 어려운 시대가 올 것이다. 마이크로소프트 애저는 이런 시대적 변화를 주도하는 선두주자이며, 애저는 LLM 모델 중에서도 가장 인기가 많은 GPT 모델을 사용할 수 있는 유일한 클라우드 서비스다. 물론 GPT 모델은 OpenAI의 API나 브라우저용 앱으로도 사용할 수 있지만, 프로덕션 레벨의 가용성 확보나 보안 문제를 해결하려면 애저를 사용해야 한다.

이 책은 애저에서 OpenAI 모델을 활용하기 위한 서비스들을 다룬다. 그뿐만 아니라 LLM의 기반 지식과 프롬프트 엔지니어링, RAG, UI/UX 등 LLM 서비스를 구축하는 데 필요한 지식까지 폭넓게 다루기 때문에, AI, 클라우드, 애플리케이션에 입문하기에 적합한 책이다. 내용의 난이도도 1부처럼 프로그래밍에 입문하는 사람들도 접근할 수 있는 내용부터 개발자들이 읽을 만한 더 깊이 있는 내용까지 포함한다.

이 책이 급변하는 세상의 흐름을 따라잡기 위해 노력 중인 이들에게 도움이 되길 바란다.

원밀리언라인즈코딩

추천의 글

▌**김훈동**(KT AI Lead 상무, Microsoft AI MVP)

랭체인을 사용해본 경험이 있는 엔터프라이즈 AI 개발자, 개발자가 아니지만 노/로 코드no/low code 기반 AI 전문가를 꿈꾸는 파워 프롬프터, RAG까지 활용해본 경험이 있지만 더 복잡한 업무에 AI를 적용하고 싶은 AI 활용 고급 사용자들을 위한 최고의 가이드북입니다. 더 안전하고, 더 기업 환경에 적합하며, 더 쉽고, 더 편리하면서도 전문적인 에이전트를 원한다면, Azure OpenAI Service와 1,900여 개의 공개 LLM을 지원하는 Azure AI Foundry를 시작할 때입니다.

▌**박해선**(Microsoft AI MVP)

마이크로소프트의 애저 클라우드가 이토록 큰 주목을 받은 적이 있었을까 싶습니다. 아마도 가장 앞선 생성형 AI 모델을 제공하는 OpenAI의 API를 독점적으로 활용할 수 있기 때문일 것입니다. OpenAI가 만든 ChatGPT가 세상에 끼친 영향은 단 한마디로 표현하기 어려울 정도입니다. 인터넷 문서를 검색하고 뛰어난 추론 능력을 갖춘 GPT-4가 공개된 지 얼마 되지 않았지만, OpenAI의 CEO 샘 올트먼은 그간 소문만 무성했던 바로 그 모델, GPT-5를 2025년에 선보이겠다고 밝혔습니다. 두말할 것도 없이 GPT-5 역시 애저를 통해서만 원활하게 사용할 수 있을 것입니다. 후발 주자들을 여유롭게 따돌리고 AGI(범용 인공지능)artificial general intelligence에 한 걸음 더 다가갈 GPT-5를 애플리케이션에 적용하는 일에 주저할 사람은 없을 것입니다. 하지만 괜시리 우왕자왕하며 GPT-5 출시일만 손꼽아 기다릴 필요는 없습니다. 이미 이 책에는 GPT-5의 시대를 앞서가기 위해 반드시 알아야 할 모든 생존 기술이 담겨 있기 때문입니다.

■ **양준기**(SK C&C 아키텍트/SWAT 팀장, Microsoft Azure MVP)

이 책은 마이크로소프트 애저를 활용하여 ChatGPT 및 LLM 시스템을 구축하는 방법을 명쾌하고 실용적으로 안내하는 책입니다. 마이크로소프트 전문가들이 직접 집필한 이 책은 Azure OpenAI 서비스의 핵심 기능과 활용법을 깊이 있게 다루고 있습니다. 특히, RAG를 활용한 사내 문서 검색 시스템 구축과 코파일럿 스택을 활용한 LLM 애플리케이션 개발에 대한 상세한 설명은 실무에서 ChatGPT와 LLM을 효과적으로 활용하고자 하는 이들에게 매우 큰 도움이 될 것입니다. 저 역시 최근 애저 및 AI 관련 서적을 집필하면서 Azure OpenAI 서비스의 중요성을 다시 한번 실감하였는데, 이 책을 통해 Azure OpenAI 서비스에 대한 이해를 더욱 넓힐 수 있었습니다. 전문가의 시각에서 체계적으로 정리된 이 책은 Azure OpenAI를 통해 ChatGPT와 LLM의 잠재력을 극대화하고자 하는 모든 개발자와 담당자에게 필독서라 생각합니다.

■ **이승훈**(한화비전 수석 엔지니어, Microsoft Azure MVP)

AI 기술과 애저는 끊임없이 진화하고 있습니다. 이 책은 출간 이후에도 지속적으로 업데이트되는 최신 기술을 반영하면서, 초보자도 쉽게 이해할 수 있도록 체계적으로 구성되어 빠르게 변화하는 기술을 따라잡는 데 큰 도움을 줍니다. 특히, AI 시스템 구축의 핵심 개념을 명료하게 설명하여 독자들이 탄탄한 기초를 마련하고 실력을 향상시키는 데 기여합니다. 애저 예제 환경 구축까지 폭넓게 다루어 독자들이 더욱 심도 있게 학습할 수 있도록 하며, AI 시스템 구축의 중요한 교두보 역할을 수행합니다. AI의 복잡한 세계에 첫 발을 내딛는 독자들에게 이 책은 실용적이고 확실한 출발점을 제공할 것입니다.

■ **이재석**(Microsoft AI MVP)

추천사를 요청받았을 때 저는 큰 기대와 설렘을 감출 수 없었습니다. Microsoft AI MVP로서, Azure OpenAI 서비스가 출시된 이후 다양한 기업 컨설팅과 강연을 진행해온 만큼 이 책이 실제 현업의 요구를 얼마나 충실히 반영하고 있을지, 그리고 얼마나 쉽게 풀어냈을지 궁금했습니다.

먼저 목차를 살펴보니 전체적인 구성과 내용의 균형이 인상적이었고, 특히 RAG에 대한 비중이 높다는 점이 돋보였습니다. 최근 기업 컨설팅을 진행하다 보면, 많은 기업이 내부 데이터를 ChatGPT처럼 활용하고 싶어 하며, 나아가 AI 에이전트가 자율적으로 업무를 수행할 수 있는 가능성에 대해 큰 관심을 보입니다. 이 책은 그러한 기업의 요구를 충실히 반영하여, 애저 클라우드 환경에서 ChatGPT 기반 시스템을 안정적으로 구축하는 방법을 단계별로 설명하고 있습니다. 특히 실습 과정이 장마다 유기적으로 연결되어 있어 자연스럽게 학습을 이어갈 수 있으며, 애저 포털을 활용한 UI 방식과 파이썬 코드 기반 접근법을 모두 제공하여 실무 적용이 용이합니다. 또한, 코드의 난이도가 비교적 낮아 파이썬 기초 지식이 있는 독자라면 ChatGPT의 도움을 받아 충분히 이해하고 따라갈 수 있습니다.

지난 몇 년간 많은 도서가 프롬프트 엔지니어링에 집중했다면, 이 책은 코파일럿 스택을 활용하여 애저 클라우드에서 LLM 시스템을 구축하는 전반적인 과정을 다루며 기업에서 특히 중요하게 여기는 거버넌스 및 책임 있는 AI까지 탐구하고 있습니다. 물론 2024년까지의 내용을 기반으로 하고 있어 최신 모델 소개는 다소 제한적일 수 있지만, 핵심 개념과 원칙이 탄탄하게 정리되어 있으며, 옮긴이 주석을 통해 보완하여 독자들에게 명확한 길잡이가 되어줍니다. 최근 Azure OpenAI 관련 세미나와 실습이 오프라인에서 활발히 진행되고 있습니다. 이 책을 통해 빠르게 학습하고 준비하여 세미나와 모임에 참여하거나 동영상 강의와 함께 심도 있는 학습을 이어간다면 애저 환경에서 LLM 시스템을 쉽고 빠르게 구축하는 데 큰 도움이 될 것입니다.

이 책이 많은 독자에게 실질적인 가이드이자 든든한 동반자가 되기를 기대하며, 강력히 추천합니다.

전미정 (Microsoft AI MVP)

ChatGPT를 비롯한 다양한 LLM은 이미 산업 전반에서 폭넓게 활용되고 있으며, 많은 개발자와 비즈니스 실무자 들은 언어 모델을 더욱 안전하고 효율적으로 서비스에 도입하기 위한 방안을 모색하고 있습니다. 그중 Azure OpenAI는 전 세계적으로 신뢰받는 기업용 AI 솔루션으로 주목받고 있지만, 국내에서는 이에 대한 실무적인 접근법을 체계적으로 안내하는 자료가 많이 부족합니다. 이 책은 바로 그 빈틈을 채워주며, Azure OpenAI 활용 가이드로서 중요한 역할을 해줄 것으로 기대됩니다. 다양한 산업 현장에서 경험을 쌓아온 마이크로소프트 클라우드 아키텍트들이 AI를 기업 환경에 효과적으로 구현하는 전략과 노하우를 녹여낸 이 책을, AI 개발 및 운영에 힘쓰고 있는 클라우드 엔지니어와 AI 개발자는 물론 이제 막 애저 도입을 고려하는 모든 분께 추천드립니다.

베타리더 후기

 강찬석(LG전자)

Azure OpenAI API를 사용하는 데 필요한 기본적인 환경 구성이나 설정에 대해서 예제를 통해 살펴볼 수 있습니다. AI의 변화가 빠른 탓에 최신 모델을 다루고 있지는 않지만, Azure OpenAI가 수행되는 과정에 대한 설명과 도식화가 잘 되어 있어서 이해하는 데 문제가 없었습니다. 특히 배포 관점을 다룬 부분은 애저로 서비스를 개발하고자 하는 사용자에게 도움이 많이 될 것 같습니다. 일본 예제의 한국화도 잘 되어 있어 활용하기 좋았습니다.

 김도현(KT DS)

애저에서의 간단한 ChatGPT 활용법부터 RAG 시스템 구현, LLM 애플리케이션 배포까지 폭넓은 주제를 단계별로 다루는 책입니다. 해당 도서의 일부 내용은 자연어 처리에 대한 기본 지식이 있어야 이해하기 더 쉬울 듯합니다.

 김용현(Microsoft MVP)

애저를 통해 마이크로소프트가 제공하는 OpenAI Service를 처음부터 제대로 학습할 수 있도록 안내해주는 책입니다. 단순히 책의 내용을 따라가기만 해도, 유료 강의를 한 세트 수강한 것 같은 알찬 지식을 쌓을 수 있습니다. 애저나 OpenAI AI Service에 익숙하지 않아도, 개발 지식이 많지 않아도, LLM 기술이 적용된 최신 AI 에이전트를 직접 구현할 수 있도록 도와주는 유익한 책입니다.

박조은(오늘코드, Microsoft MVP)

Azure OpenAI를 기업에서 실무적으로 활용하기 위한 종합 가이드입니다. 다양한 예시를 통해 생성형 AI와 ChatGPT의 기본 개념부터 Azure AI Foundry를 통한 애플리케이션 개발, 프롬프트 엔지니어링, RAG 기반의 문서 검색 시스템 구축과 거버넌스까지 포괄적으로 다루고 있습니다. 특정 클라우드 제품군으로 설명을 하지만 전반적인 LLM 활용 방법을 익혀볼 수 있는 책입니다. 실제 해당 제품군으로 구현할 수 있도록 도움이 되는 책이었으며, 편집도 깔끔하고 오탈자도 거의 없었습니다. 예시 또한 역자가 한국어 사례로 변경해줘 이해하기 좋았습니다. 또한, 애저 제품군으로 특정하고 있지만 생성형 AI와 관련된 전반적인 내용을 익히기에도 좋은 책이었습니다.

 양성모(현대오토에버)

MS 생태계에서 코파일럿은 이미 필수로 자리 잡은 것 같습니다. 저희 회사도 H Chat이라는 이름으로 서비스를 제공하고 있어 업무에 많은 도움을 받고 있습니다. 평소에 이런 서비스가 어떻게 만들어지는지 궁금했던 분들이라면 이 책에서 그 해답을 찾을 수 있으리라 생각합니다. 전반적으로 번역이 잘 되어 있고, 역자가 테스트 및 보완해준 부분들도 책을 읽는 데 많은 도움이 되었습니다.

 이봉호(우아한형제들)

이 책은 ChatGPT나 다른 OpenAI 모델을 애저 기반으로 활용하려는 엔지니어를 대상으로 작성한 책입니다. 간결하게 서술된 내용을 바탕으로 빠르게 결과물을 1차적으로 확인하고 실용성을 파악해보고 싶은 분에게 이 책을 추천합니다.

 이석곤(㈜아이알컴퍼니)

AI 시스템 도입을 고민하는 실무자들에게 실질적인 도움이 되는 책입니다. Azure OpenAI Service를 활용한 단계별 접근과 RAG 구현, 코파일럿 구축까지 체계적으로 다루고 있어 실무 적용이 용이합니다. 특히 '거버넌스와 책임 있는 AI' 부분은 기업이 AI 도입 시 고려해야 할 핵심 요소를 잘 설명하고 있어 인상적입니다.

이 책의 가장 큰 강점은 실무자의 관점에서 AI 시스템 구축 과정을 단계별로 상세히 다루고 있다는 점입니다. 초반부에서 생성형 AI와 ChatGPT의 기본 개념을 다지고, 프롬프트 엔지니어링을 통해 실제 활용 방법을 익힐 수 있도록 구성되어 있습니다. 특히 중반부의 RAG 관련 장들은 실제 기업 환경에서 가장 필요한 내용을 다루고 있습니다. 사내 문서 검색 시스템 구현부터 AI 오케스트레이션까지, 실제 프로젝트에서 마주할 수 있는 다양한 시나리오를 포함하고 있어 매우 실용적입니다. 후반부에서 다루는 거버넌스와 책임 있는 AI 부분은 기술적인 내용에만 치중하지 않고, AI 도입 시 고려해야 할 윤리적, 관리적 측면까지 균형 있게 다루고 있어 인상적입니다.

전체적으로 Azure OpenAI Service를 활용한 AI 시스템 구축에 대한 포괄적인 이해를 제공하면서도, 실무에 바로 적용할 수 있는 실질적인 가이드를 제시하고 있어 IT 엔지니어에게 매우 유용한 책입니다.

 이요셉(솔루티스)

Azure OpenAI API를 사용하는 도서 내용의 퀄리티도 훌륭하고, 번역도 훌륭해 따라 하기 쉽고 읽기 편했습니다. OpenAI Service를 사용해서 어느 정도까지 만들어낼 수 있는지 살펴보고 싶은 모든 분에게 추천합니다.

 이원국(한국과학기술원)

애저를 기반으로 ChatGPT를 활용할 때 가질 수 있는 명확한 장점들이 있습니다. 이러한 장점들에 대해서 자세하게 알 수 있으며, 플랫폼 자체에 익숙하지 않은 문제를 해결할 때 이 책이 큰 도움이 될 것입니다. 애저 서비스를 회사에서 활용하고 싶다면 이 책을 추천합니다.

 이정훈(SK주식회사)

우리말로 된 Azure OpenAI 관련 도서는 이 책이 처음인 듯합니다. LLM 애플리케이션 개발에 필요한 정보가 체계적으로 잘 정리되어 있습니다. 개발부터 AI 인프라, 양자화, 거버넌스, 책임 있는 AI까지 폭넓게 다루어 좋습니다. 필요한 부분만 선택해 읽어도 유용하겠지만, 전체를 학습하면 내공이 쌓일 것 같습니다. 업무에서 Azure OpenAI를 사용하는 분들에게 추천합니다.

🦋 **정태일(삼성SDS)**

외부에 공개되면 안 되는 사내 정보와 사용자 입력 데이터를 활용한 AI 서비스를 만들 때 일반 OpenAI의 API를 쓰는 것에 대해 데이터 보안이나 서비스 안정성 측면에서 우려하는 경우를 많이 봤습니다. Azure OpenAI를 통해 이와 같은 우려를 한결 덜 수 있을 듯합니다. 생성형 AI 초기, Azure OpenAI를 통한 AI 서비스 환경을 구성해 현재도 업무에 활용하고 있습니다. 당시만 해도 (불과 2년도 안 되었지만) 마이크로소프트에서 제공하는 웹페이지에 의존하여 고생하며 익힐 수밖에 없었는데, 그 내용을 한 권으로 쉽고 상세하게 정리한 책입니다. 출간 전 베타리딩할 수 있어 더욱 좋았습니다.

제이펍은 책에 대한 애정과 기술에 대한 열정이 뜨거운 베타리더의 도움으로
출간되는 모든 IT 전문서에 사전 검증을 시행하고 있습니다.

시작하며

2022년 11월에 ChatGPT가 공개된 이후로 세상은 급변하고 있다. 이 혁명적 기술은 일상생활은 물론이고 특히 IT 업계에서 전방위적으로 활용 범위를 넓혀가고 있다. 마이크로소프트 애저(이하 애저)는 ChatGPT를 포함한 OpenAI 모델들을 이용할 수 있는 유일한 퍼블릭 클라우드 서비스다. 따라서 ChatGPT를 사용하려는 기업은 애저를 필수적으로 사용해야 한다.

하지만 ChatGPT 같은 LLM을 활용한 여러 콘셉트의 애플리케이션이 등장했음에도 ChatGPT나 다른 OpenAI 모델을 활용해서 시스템을 구축하는 체계적인 설명서를 찾기는 어렵다.

이 책은 기업에서 ChatGPT나 다른 OpenAI 모델을 활용하려는 엔지니어와 DX 담당자를 대상 독자로 집필했다. 따라서 애저에서 OpenAI 모델을 사용할 수 있는 Azure OpenAI Service(이하 Azure OpenAI)의 기본적인 사용법부터 심화 내용인 아키텍처 설계까지 다룬다. 이 책이 세상을 더욱 편리하게 만드는 데 도움이 되길 바란다.

저자 일동

(가모 히로사토, 나가타 쇼헤이, 다테와키 유타, 미야타 다이시,
요시다 신고, 이토 슌타, 하나가사키 노부스케)

감사의 글

이 책을 집필하면서 수많은 분에게 귀중한 조언과 도움을 받았다.

우선 초기 기획 단계부터 헌신적으로 지원해준 스즈키 노리유키鈴木 敎之 님에게 감사하다는 말씀을 전하고 싶다. 아이디어 단계에 불과했던 이 책의 기획이 실제로 서적으로 출판될 수 있었던 것은 스즈키 님과 편집자인 호소야 겐고細谷 謙吾 님, 나카타 아키토中田 瑛人 님 덕분이다. 일정을 관리할 때도 편집자 두 분에게 많은 도움을 받았다. 정말 감사드린다.

집필 과정에서 도움을 준 아사 시호阿佐 志保 님, 오타카 료스케大髙 領介 님, 오타케 모모코大竹 桃子 님, 오나부타 게이타女部田 啓太 님, 고마루 요시히로小丸 芳弘 님, 곤도 준코近藤 淳子 님, 시미즈 게이타清水 敬太 님, 스즈키 노리유키鈴木 敎之 님, 니시카와 아키히로西川 彰広 님, 니시무라 마리나西村 まりな 님, 히구치 다쿠토樋口 拓人 님에게도 감사의 인사를 전하고 싶다. 각 장의 내용이나 구성에 대한 통찰력 있는 조언 덕분에 책의 퀄리티를 높일 수 있었다. 특히 시미즈 게이타 님에게는 9장을 구상하는 단계에서부터 큰 도움을 받았다. 다시 한 번 감사드린다.

도움을 준 분 가운데 어느 한 분이라도 없었다면 이 책은 세상에 나오지 못했을 것이다. 모든 분에게 마음 깊이 감사드린다.

마지막으로 이 책의 독자에게도 감사의 말씀을 올린다. 독자분들이 이 책을 통해 새로운 아이디어나 지식을 얻기를 기원한다.

이 책에 대하여

이 책은 대상 독자의 이해도를 반영하여 크게 네 부분으로 구성했다. 우선 처음에는 Azure OpenAI를 사용해보려는 독자를 위한 내용으로 시작한다. 그리고 검색증강생성retrieval-augmented generation, RAG을 활용한 사내 문서 검색 시스템을 살펴본다. 또, LLM을 탑재한 애플리케이션(코파일럿) 구축 방법을 단계적으로 다룬다. 마지막으로 거버넌스와 책임 있는 AI 사용법에 대해서도 살펴볼 것이다.

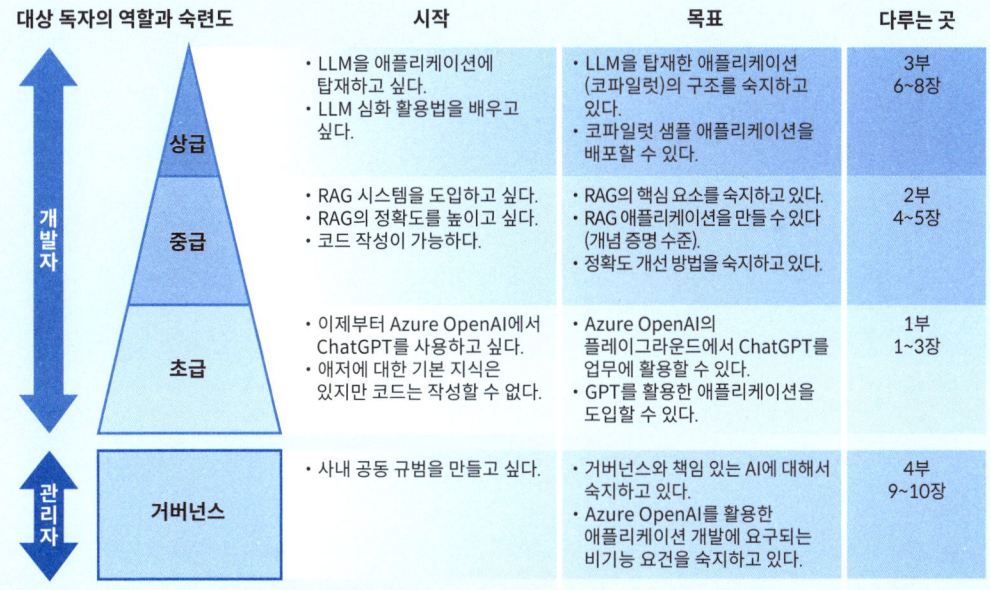

그림 0-1 이 책의 대상 독자 및 주제

1부는 1-3장으로 구성되어 있고 애저에서의 ChatGPT 활용법을 소개한다. 애저에 대한 기본 지식은 있지만 Azure OpenAI는 이제 막 사용해보려는 독자를 대상으로, ChatGPT를 활용한 애플리케이션을 업무에 도입할 수 있는 수준이 되는 것을 목표로 삼는다. 이를 위해 우선 생성형 AI와 ChatGPT 모델에 대한 기본 개념과 구조를 살펴볼 것이다. 그리고 Azure OpenAI의 개요와 구체적인 이용 방법을 살펴보고, Azure AI Foundry portal의 플레이그라운드에서 ChatGPT 애플리케이션을 만들어볼 것이다. 마지막으로 ChatGPT에 입력하는 프롬프트를 보다 잘 작성하기 위한 테크닉인 프롬프트 엔지니어링에 대해서도 살펴볼 것이다.

2부는 4장과 5장으로 구성되어 있고 ChatGPT를 활용한 사내 문서 검색 시스템을 설명한다. 사내 문서 검색 시스템의 도입을 검토하고 있거나 정확도 개선 방법을 알고 싶은 독자를 대상으로 RAG의 기본 개념과 애플리케이션 개발 방법을 살펴볼 것이다. 우선 사내 문서 검색 애플리케이션을 개발하기 위해 필요한 애저 서비스들을 살펴보고 이를 효율적으로 활용하기 위한 아키텍처에 대해서도 설명한다. 또, 검색의 정확도 및 생성된 응답의 정확도 개선 방법도 다룬다.

3부는 6~8장으로 구성되어 있고 ChatGPT와 같은 LLM을 탑재한 애플리케이션인 코파일럿을 중점적으로 다룬다. 코파일럿 개발에 필요한 핵심 요소들을 추상화한 코파일럿 스택의 전체적인 흐름을 살펴본 뒤, 핵심 요소인 AI 오케스트레이션, 파운데이션 모델, AI 인프라, 코파일럿 프런트엔드를 자세히 살펴볼 것이다.

4부는 9장과 10장으로 구성되어 있고 LLM 애플리케이션의 개발, 운용에 필요한 거버넌스와 책임 있는 AI에 대해서 논의한다. 4부에서는 Azure OpenAI를 중심으로 LLM을 회사 전체에 활용하기 위한 방법을 살펴볼 것이다. 구체적으로 인증 및 인가, 로그 관리, 과금, 호출 제한, 폐쇄망, 부하 분산, 비기능 요건, 책임 있는 AI 활용을 위한 데이터 취급 방법 및 콘텐츠 필터를 다룬다.

참고로 ChatGPT라는 단어는 OpenAI가 개발한 모델(GPT-3.5 Turbo, GPT-4, GPT-4o) 자체를 지칭할 때도 있고, 사용자의 편의를 위해 OpenAI가 모델을 탑재해서 개발한 애플리케이션을 지칭할 때도 있다. 이 책에서는 특별한 언급이 없는 한 모델 자체를 지칭하기 위해 사용한다.

또, 이 책은 Azure OpenAI가 제공하는 서비스들을 기반으로 작성됐다. 따라서 OpenAI가 제공하는 ChatGPT Enterprise 같은 서비스에 대해서는 다루지 않는다. 그리고 음성 인식 AI인 Whisper나 이미지 생성형 AI인 DALL-E는 생략하고, 텍스트 생성 모델인 GPT만 다룬다.

주의 사항

이 책에 게재된 정보는 2024년 9월을 기준으로 작성된 것이다. 애저는 사용자의 편의성 향상을 위해 자주 업데이트된다. 따라서 이 책에 게재된 정보와 이미지는 독자가 이 책을 읽는 시점에서는 달라졌을 수 있다. 책에서 다루는 애저 외의 기술들도 동일한 관점에서 주의가 필요하다. 만약 다른 부분이 있다면 공식 문서를 통해 최신 정보를 확인해야 한다.

이 책은 애저에 대한 기초 지식을 다루지 않는다. 그리고 독자가 애저를 이용할 수 있는 계정을 가지고 있음을 전제로 사용법만 설명한다. 만약 애저 계정이 없다면 생성해야 한다.[1]

이 책에서 다루는 Azure OpenAI는 책임 있는 AI 활용을 위해 콘텐츠 필터를 수정하거나 남용 모니터링abuse monitoring 제외를 요청할 때 승인이 필요하다. 또한, 새로운 모델이 출시됐을 때 일정 기간 동안 사용 승인을 요청받는 경우도 있다.[2]

예제 코드 및 실행 환경

이 책에는 파이썬 프로그램이나 애저 설정값이 포함된 예제 코드가 있다. 예제 코드는 다음 저장소에 공개되어 있다.

- 원서 저장소: https://github.com/shohei1029/book-azureopenai-sample
- 번역서 저장소: https://github.com/1mlines/book-azureopenai-sample

이 책의 예제 코드를 실행하려면 다음과 같은 실행 환경이 필요하다. 환경 설정 절차는 부록 A를 참고하면 된다.

- 파이썬 3.10 이상
- 깃
- Azure 개발자 CLI
- Node.js 18 이상

---

[1] https://azure.microsoft.com/ko-kr/free/
[2] (옮긴이) 2025년 1월 시점의 내용이며, 최신 정보는 링크를 통해 확인 가능하다.
https://learn.microsoft.com/ko-kr/azure/aiservices/openai/overview
https://learn.microsoft.com/en-us/legal/cognitive-services/openai/limited-access

- 파워셸 7 이상(윈도우 사용자 한정)

제품이나 라이브러리의 업데이트가 매우 빈번하기 때문에 책에 있는 절차대로 수행했음에도 제대로 동작하지 않을 수 있다. 이럴 때는 우선 예제 코드 저장소를 참고하자. 저장소를 참고했지만 동작하지 않는다면 저장소에 이슈를 올려주면 확인하는 대로 최대한 답변할 것이다.

또한, 관련된 내용은 유튜브 채널 'Microsoft AI 한국 사용자 모임'에서 자세히 다룰 예정이다.[3]

- https://www.youtube.com/@microsoftai.kruser

최신 정보 및 학습 방법

Azure OpenAI를 비롯한 애저의 최신 정보를 확인하고 학습하려면 다음 사이트들을 참고하자.

- 애저 업데이트: https://azure.microsoft.com/ko-kr/updates/

  - 업데이트 정보가 있는 공식 문서다. 키워드 검색이 가능하므로 'OpenAI', 'Machine Learning', 'AI Search' 등으로 검색하면 이 책에 나오는 주요 서비스의 최신 정보를 확인할 수 있다.

- 애저 설명서: https://learn.microsoft.com/ko-kr/azure/?product=popular

  - 제품에 대한 공식 문서다. 제품마다 다르지만 기본적으로 '개요', '퀵 스타트', '튜토리얼', '개념', '방법'과 같은 형식으로 목차가 나뉘어 있다. 대부분의 정보는 공식 문서에 있다. 하지만 정보가 너무 많아서 어떤 순서대로 학습하면 좋을지 혼란스러울 수 있다. 이럴 때는 우선 개요와 퀵 스타트로 대략적인 특징을 파악한 뒤 튜토리얼을 따라 해보자. 그런 다음 개념과 방법에서 세부적인 내용들을 학습하고 예제와 참조를 확인하며 개발하면 된다.

---

3 [옮긴이] 더 나은 학습을 위해 한국 독자를 위한 'Microsoft AI 한국 사용자 모임' 유튜브 채널을 개설했다. 이 책과 관련된 내용은 깃허브 이슈 페이지 또는 유튜브 채널에 질문이나 의견을 남기거나 새로운 자료를 확인하면 된다.

PART I

마이크로소프트 애저에서의 ChatGPT 활용

CHAPTER 1 생성형 AI와 ChatGPT
CHAPTER 2 프롬프트 엔지니어링
CHAPTER 3 Azure OpenAI Service

- 생성형 AI와 ChatGPT 모델에 대한 기본 개념 및 구조 설명
- ChatGPT에 입력하는 지시문인 프롬프트 작성법 소개
- Azure OpenAI Service의 개요와 구체적인 이용 방법을 살펴본 후 ChatGPT 애플리케이션을 사용자 환경에 설치하기

CHAPTER 1

생성형 AI와 ChatGPT

2022년 말에 **OpenAI**가 공개한 ChatGPT와 GPT 모델은 생성형 AI 붐을 일으키며 세상을 크게 변화시키고 있다. 그런데 ChatGPT는 마법처럼 무한한 가능성을 내포하고 있지만 구체적인 내용에 대해서는 잘 알려져 있지 않은 점이 많다. 이 장에서는 ChatGPT와 GPT 모델로 인해 어떤 일들이 가능해졌고 어떤 원리로 이런 놀라운 일들이 가능한 것인지를 간략하게 살펴볼 것이다.

1.1 생성형 AI와 ChatGPT가 불러온 충격

1.1.1 AI 시대의 개막

마이크로소프트의 창업자인 빌 게이츠는 2023년 3월 "지금까지 살면서 혁명적이라고 느꼈던 기술 시연은 딱 두 번 있었다. 하나는 윈도우의 기반이 된 그래픽 사용자 인터페이스graphical user interface, GUI 시스템이었고, 다른 하나는 OpenAI가 개발한 GPT 모델이다"라고 평가했다.[1] 그리고 AI의 발전이 사람들의 업무, 학습, 여행, 건강 관리, 커뮤니케이션 방식을 바꿀 것이라고 전망했다.

기사가 게재되기 1년 전인 2022년 봄에서 여름 사이에는 사람이 작업한 것과 비슷한 수준의 섬세한 일러스트나 사진을 생성해주는 DALL-E 2, 미드저니Midjourney, 스테이블 디퓨전Stable Diffusion이 연달아 공개되며 이목을 끌고 있었다. 이어서 같은 해 11월에 OpenAI가 대화형 AI인 ChatGPT를

---

[1] https://www.gatesnotes.com/The-Age-of-AI-Has-Begun

일반 사용자들이 이용가능한 형태로 공개하면서 세상을 충격에 빠뜨렸다.

그림 1-1은 2023년 9월에 발표된 OpenAI의 이미지 생성 모델인 **DALL-E 3**를 실행한 결과물이다.

그림 1-1 OpenAI의 이미지 생성 모델인 DALL-E 3로 만든 결과물

"'Azure OpenAI Service로 시작하는 ChatGPT 시스템 구축 입문'이라는 책을 손에 들고 있는 소년과 소녀의 일러스트를 고화질의 애니메이션 스타일로 그려줘"라는 지시문을 입력했을 뿐인데 고화질의 애니메이션 스타일로 이미지가 생성된 것을 확인할 수 있다. 물론 책 제목이 완벽하게 재현되지는 않았지만 직전 버전처럼 손가락 묘사가 이상했던 문제는 해결됐다.

이처럼 대량의 데이터를 학습해서 새로운 콘텐츠를 생성해내는 AI를 **생성형 AI**generative AI라고 부른다. 문장이나 프로그램 코드와 같은 텍스트뿐만 아니라 이미지, 음성, 동영상 등 다양한 콘텐츠를 생성해주는 AI가 있다(표 1-1).

표 1-1 대표적인 생성형 AI 모델 및 서비스

기능	모델 및 서비스	공급자
텍스트 생성	GPT-3, ChatGPT(GPT-3.5 Turbo, GPT-4, GPT-4o), o1	OpenAI
	LaMDA, PaLM, PaLM 2, 제미나이, Gemma	구글
	Llama, Llama 2, Llama 3	메타
	클로드 2, 클로드 3, 클로드 3.5	앤트로픽
	Turing-NLG, phi-1, phi-2, phi-3	마이크로소프트
	Megatron	엔비디아
이미지 생성	DALL-E, DALL-E 2, DALL-E 3	OpenAI
	Adobe Firefly	어도비
	스테이블 디퓨전 XL, 스테이블 디퓨전 3 미디엄	Stability AI
	미드저니	미드저니
동영상 생성	Imagen Video, Phenaki, Veo	구글
	Make-A-Video	메타
	소라	OpenAI
음악 생성	MusicLM	구글
	MusicGen	메타
	Deep Composer	아마존
음성 생성	VALL-E	마이크로소프트

과거에도 AI는 데이터를 기반으로 미래를 예측하거나 데이터를 분류하고 이미지나 음성을 인식하는 등 다양한 분야에 활용됐다. 여기에 생성형 AI의 등장으로 과거에는 AI가 수행할 수 없었던 종류의 작업들도 수행할 수 있게 되면서 비즈니스에 AI가 빠르게 도입되고 있다. 다음 절에서는 대화형 문장을 생성하는 ChatGPT 모델에 중점을 두고 유스 케이스를 살펴볼 것이다.

1.1.2 ChatGPT를 적용할 수 있는 업무들

ChatGPT는 생성형 AI 기술을 활용해서 자연어를 생성하고 질문에 답변하거나 대화에 응답해주는 모델이다. ChatGPT는 사람의 질문을 이해할 수 있어 주로 챗봇 같은 용도로 사용된다. 이번 절에서는 OpenAI가 서비스하는 ChatGPT 애플리케이션을 예시로 들면서 ChatGPT 모델의 기능과 유스 케이스use case를 소개할 것이다.[2]

---

[2] ChatGPT는 OpenAI가 개발한 대화 가능 생성형 AI 혹은 LLM을 의미하거나 OpenAI가 이 모델을 탑재해서 서비스하는 애플리케이션의 이름을 의미하기도 한다. 대표적인 모델로는 GPT-3.5(GPT-3.5 Turbo)와 GPT-4(GPT-4o)가 있다.

ChatGPT는 이미 다양한 업무에 활용되고 있다. 문서 및 회의 내용 요약, 기획서와 메일 작성, 프레젠테이션 구성 기획이 대표적인 사례다. 이처럼 일목요연하게 문서를 정리하고, 제목이나 캐치프레이즈를 뽑아주는 등 다양한 곳에 활용이 가능하기 때문에 업무 효율의 향상을 위해 많이 사용되고 있다(표 1-2).

표 1-2 ChatGPT를 적용할 수 있는 업무들

언어 학습/의사소통	프로젝트/비즈니스	콘텐츠 생성/편집	기술/코딩
• 번역 • 모국어 및 외국어 문장 첨삭 • 대화 연습 상대 • 어휘력 향상 • 언어 학습 도우미	• 기사나 메일 내용 작성 • 문제점 도출 • 아이디어 제안 및 점검 • 프레젠테이션의 핵심 내용 정리 • 비즈니스 플랜 작성 • 문서 내용을 바탕으로 할 일 정리	• 스토리 아웃라인 작성 • 말투 변경 • 캐릭터 디자인 • 시 혹은 단편소설 집필 • 레시피 생성	• 문장으로 코드 생성 • 코드의 문제점 및 개선점 지적 • 코드 리팩터링 • 코드 문서화 • 전문 지식 및 문장 해설 • FAQ 작성

이제 직접 사용해보면서 기능을 살펴보자. 그림 1-2는 ChatGPT에 메일 작성을 지시한 결과물이다. ChatGPT에 어떻게 메일을 작성해야 하는지 지시하면 메일이 생성된다.

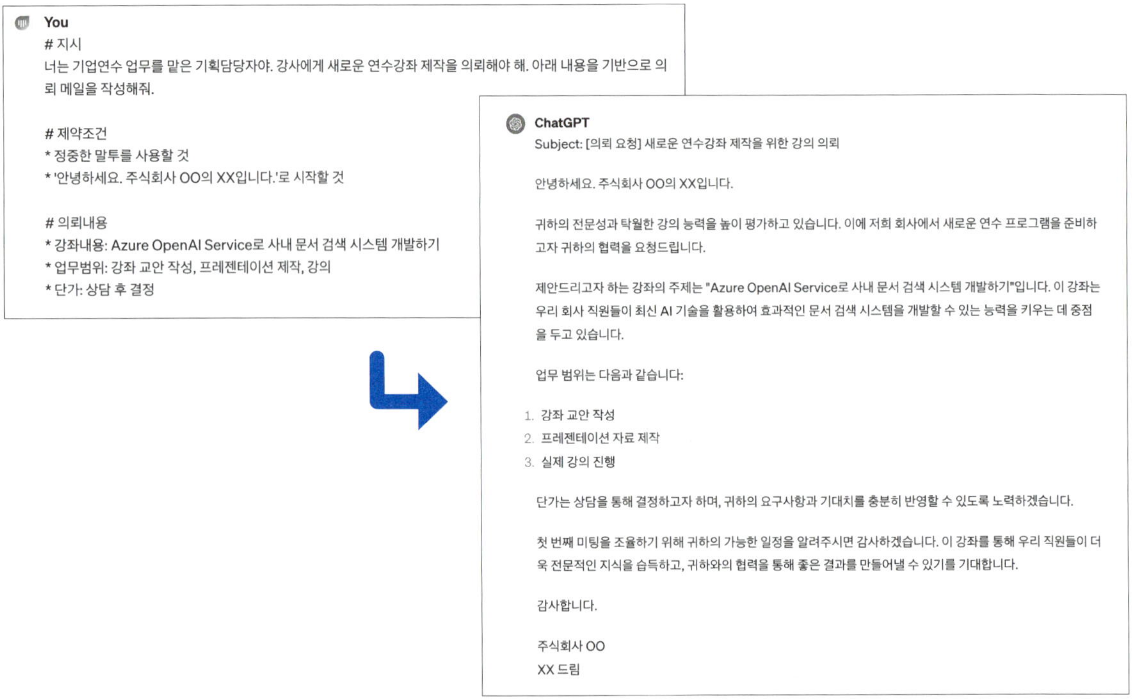

You
지시
너는 기업연수 업무를 맡은 기획담당자야. 강사에게 새로운 연수강좌 제작을 의뢰해야 해. 아래 내용을 기반으로 의뢰 메일을 작성해줘.

제약조건
* 정중한 말투를 사용할 것
* '안녕하세요. 주식회사 OO의 XX입니다.'로 시작할 것

의뢰내용
* 강좌내용: Azure OpenAI Service로 사내 문서 검색 시스템 개발하기
* 업무범위: 강좌 교안 작성, 프레젠테이션 제작, 강의
* 단가: 상담 후 결정

ChatGPT
Subject: [의뢰 요청] 새로운 연수강좌 제작을 위한 강의 의뢰

안녕하세요. 주식회사 OO의 XX입니다.

귀하의 전문성과 탁월한 강의 능력을 높이 평가하고 있습니다. 이에 저희 회사에서 새로운 연수 프로그램을 준비하고자 귀하의 협력을 요청드립니다.

제안드리고자 하는 강좌의 주제는 "Azure OpenAI Service로 사내 문서 검색 시스템 개발하기"입니다. 이 강좌는 우리 회사 직원들이 최신 AI 기술을 활용하여 효과적인 문서 검색 시스템을 개발할 수 있는 능력을 키우는 데 중점을 두고 있습니다.

업무 범위는 다음과 같습니다:

1. 강좌 교안 작성
2. 프레젠테이션 자료 제작
3. 실제 강의 진행

단가는 상담을 통해 결정하고자 하며, 귀하의 요구사항과 기대치를 충분히 반영할 수 있도록 노력하겠습니다.

첫 번째 미팅을 조율하기 위해 귀하의 가능한 일정을 알려주시면 감사하겠습니다. 이 강좌를 통해 우리 직원들이 더욱 전문적인 지식을 습득하고, 귀하와의 협력을 통해 좋은 결과를 만들어낼 수 있기를 기대합니다.

감사합니다.

주식회사 OO
XX 드림

그림 1-2 ChatGPT(GPT-3.5)를 사용한 메일 생성 사례

콜센터의 상담 내용 요약도 ChatGPT의 대표적인 활용 사례다. 고객이 자사 서비스를 어떻게 사용하고 있으며 어떤 문의를 하는지를 분석해주기 때문에 이를 바탕으로 고객 만족도를 높이기 위한 개선방안을 마련할 수 있다. 그림 1-3은 자동차 보험사와 고객 간의 대화 내용에서 정보를 추출한 것이다.

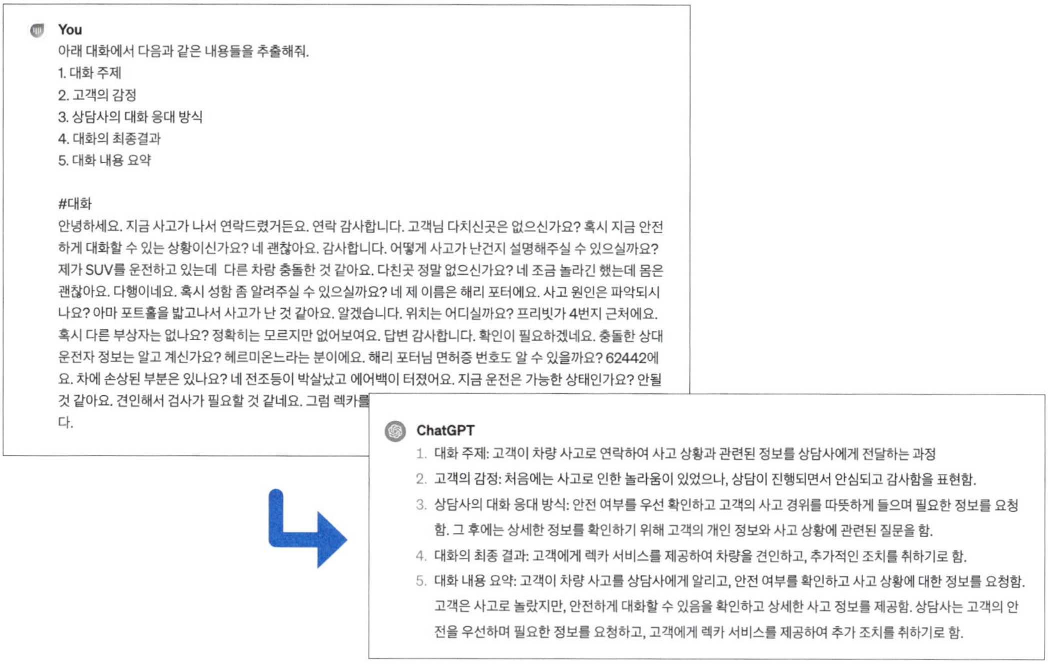
You
아래 대화에서 다음과 같은 내용들을 추출해줘.
1. 대화 주제
2. 고객의 감정
3. 상담사의 대화 응대 방식
4. 대화의 최종결과
5. 대화 내용 요약

#대화
안녕하세요. 지금 사고가 나서 연락드렸거든요. 연락 감사합니다. 고객님 다치신곳은 없으신가요? 혹시 지금 안전하게 대화할 수 있는 상황이신가요? 네 괜찮아요. 감사합니다. 어떻게 사고가 난건지 설명해주실 수 있으실까요? 제가 SUV를 운전하고 있는데 다른 차량 충돌한 것 같아요. 다친곳 정말 없으신가요? 네 조금 놀라긴 했는데 몸은 괜찮아요. 다행이네요. 혹시 성함 좀 알려주실 수 있으실까요? 네 제 이름은 해리 포터에요. 사고 원인은 파악되시나요? 아마 포트홀을 밟고나서 사고가 난 것 같아요. 알겠습니다. 위치는 어디실까요? 프리빗가 4번지 근처에요. 혹시 다른 부상자는 없나요? 정확히는 모르지만 없어보여요. 답변 감사합니다. 확인이 필요하겠네요. 충돌한 상대 운전자 정보는 알고 계신가요? 헤르미온느라는 분이에요. 해리 포터님 면허증 번호도 알 수 있을까요? 62442에요. 차에 손상된 부분은 있나요? 네 전조등이 박살났고 에어백이 터졌어요. 지금 운전은 가능한 상태인가요? 안될 것 같아요. 견인해서 검사가 필요할 것 같네요. 그럼 렉카를
다.

ChatGPT
1. 대화 주제: 고객이 차량 사고로 연락하여 사고 상황과 관련된 정보를 상담사에게 전달하는 과정
2. 고객의 감정: 처음에는 사고로 인한 놀라움이 있었으나, 상담이 진행되면서 안심되고 감사함을 표현함.
3. 상담사의 대화 응대 방식: 안전 여부를 우선 확인하고 고객의 사고 경위를 따뜻하게 들으며 필요한 정보를 요청함. 그 후에는 상세한 정보를 확인하기 위해 고객의 개인 정보와 사고 상황에 관련된 질문을 함.
4. 대화의 최종 결과: 고객에게 렉카 서비스를 제공하여 차량을 견인하고, 추가적인 조치를 취하기로 함.
5. 대화 내용 요약: 고객이 차량 사고를 상담사에게 알리고, 안전 여부를 확인하고 사고 상황에 대한 정보를 요청함. 고객은 사고로 놀랐지만, 안전하게 대화할 수 있음을 확인하고 상세한 사고 정보를 제공함. 상담사는 고객의 안전을 우선하며 필요한 정보를 요청하고, 고객에게 렉카 서비스를 제공하여 추가 조치를 취하기로 함.

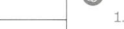

그림 1-3 ChatGPT(GPT-3.5)를 사용한 콜센터 대화 내용 요약 사례

화자의 구분 없이 대화 내용을 제공했을 뿐이지만 대화의 핵심을 이해하고 원하는 정보를 추출해서 정확하게 요약하고 있다.

ChatGPT는 JSON 같이 구조화된 데이터나 프로그래밍 코드도 생성할 수 있다. 그림 1-4는 퀴즈를 JSON 형식으로 출력하는 사례다.

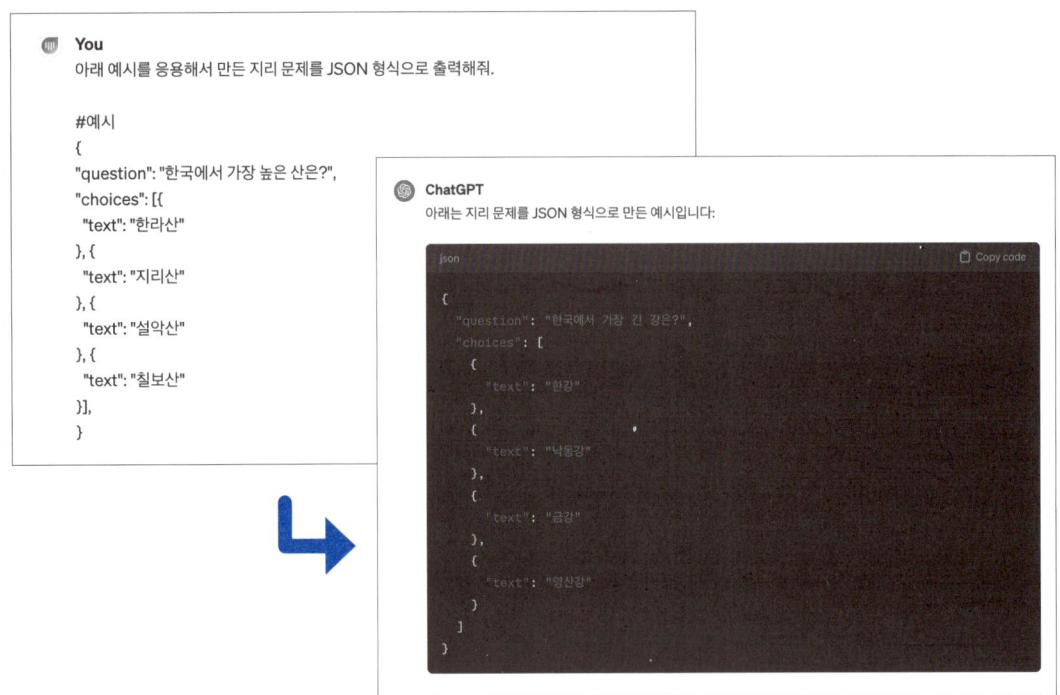

그림 1-4 ChatGPT(GPT-4)를 사용한 JSON 데이터 출력 사례

이렇게 구조화된 형식으로 데이터를 받으면 ChatGPT가 출력해준 내용을 그대로 애플리케이션에서 사용할 수 있기 때문에 개발 생산성을 높일 수 있다.

그림 1-5는 1에서 100까지 숫자 중에서 소수만 출력하는 간단한 파이썬 코드를 생성하는 예시다.

이 예시에는 전체적인 흐름 외에도 코드에 관한 설명이 추가로 생성됐다. 여기서 생성된 파이썬 코드는 수정할 필요 없이 잘 동작하는 코드다. 만약 코드를 실행했는데 에러가 발생한다면 추가적인 설명을 읽으며 ChatGPT가 잘못 추론하고 있는 점이 무엇인지 힌트를 얻을 수 있다.

나아가 ChatGPT를 파이썬 등의 코드 실행 환경과 연동하면 '지시 수행을 위한 코드 생성 → 코드 실행 → 실행 결과 분석 → 추가로 필요한 코드 생성 → …'과 같은 반복 작업을 ChatGPT에 지시할 수 있다. 이 기능은 OpenAI에서 **Data Analysis**(구 Code Interpreter)라는 이름으로 제공하고 있다.

Data Analysis는 어디까지나 GPT-4o 모델을 탑재한 애플리케이션일 뿐이므로 사용자가 직접 동일한 모델을 활용하면 유사한 애플리케이션을 만들 수 있다.

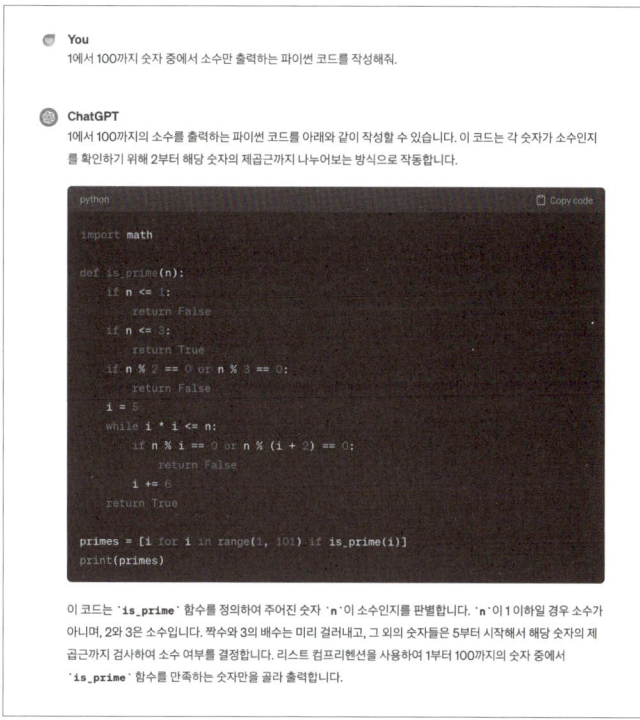

그림 1-5 ChatGPT(GPT-4)를 사용한 파이썬 코드 생성 사례

지금까지 살펴본 것처럼 ChatGPT는 실행 가능한 코드나 구조화된 데이터를 생성할 수 있다. 이런 기능들은 GPT 모델을 탑재시키면 내 애플리케이션에서도 활용할 수 있다.

> **COLUMN** **Open Interpreter**
>
> Data Analysis는 OpenAI가 서비스하는 애플리케이션이다. 그런데 비슷한 기능을 제공하는 **Open Interpreter**라는 오픈 소스 서비스도 있다.[3] Open Interpreter는 로컬 PC에서 LLM과 대화하면서 LLM에 코드를 실행시킬 수 있다. 대표적으로 다음과 같은 작업들이 가능하다.
>
> - 사진, 비디오, PDF 등의 생성 및 편집
> - 웹브라우저를 이용한 정보 검색
> - 빅데이터 전처리, 플로팅, 분석
>
> OpenAI의 Data Analysis는 인터넷에 접속할 수 없고, 애플리케이션에 라이브러리 설치도 불가능하며, 업로드 파일 사이즈에도 제약이 있다. Open Interpreter는 직접 로컬 PC에서 실행하므로 이런 제약이 없다는 장점이 있다. GPT-4o 외에 다른 LLM을 사용할 수 있다는 장점도 있다.

---

[3] https://github.com/OpenInterpreter/open-interpreter

1.1.3 ChatGPT 사용 시 주의할 점

1 존재하지 않는 대상을 아는 것처럼 말하는 환각

GPT의 구조를 간단히 설명하자면 '확률적으로 확실한 문장'을 생성하는 언어 생성 모델이라고 할 수 있다. 다음에 올 단어를 예측해서 그럴싸한 문장을 생성하므로 실제로는 존재하지 않는 인물이나 장소를 잘 아는 것처럼 대답할 가능성이 있다. 이런 현상을 **환각**hallucination이라고 하며, 이는 텍스트 기반 생성형 AI가 공통적으로 직면하는 문제다.

환각의 대책으로는 우선 사용자가 검색엔진이나 전문서를 활용해서 응답의 정확성을 검토하는 방법이 있다. 4장의 내용처럼 외부 정보를 이용하는 프롬프트 엔지니어링 기법으로 환각을 방지할 수도 있다.

2 수치 계산 착오

환각과도 관련이 있는 문제로 ChatGPT는 수치 계산에 약하다. 이는 ChatGPT가 실제로 수치를 계산해서 응답하는 것이 아니라 확률적으로 그럴싸한 숫자나 단어를 생성하기 때문에 발생하는 문제다. 이 문제를 해결하려면 외부 계산 도구를 활용해야 한다. 외부 도구 활용 시에는 ChatGPT에 필요한 외부 도구를 선택하고 입력하는 작업까지 위임할 수 있다(6장의 ReAct 참고).

1.2 ChatGPT의 구조

사람의 질문에 자연스럽게 응답하고 나아가 문제까지 해결해주는 ChatGPT는 어떤 원리로 작동하는 것일까? 이번 절에서는 ChatGPT가 사람에게 친숙하고 자연스러운 텍스트를 생성하는 원리에 대해서 살펴볼 것이다. 참고로 부록 B에서 ChatGPT 구현에 필요한 핵심 기술을 자세히 설명했다. 깊이 있는 공부를 원한다면 읽어보기를 권한다.

1.2.1 기존 챗봇과의 차이점

기존에 다양한 분야에서 사용하던 대화형 AI인 챗봇은 규칙 기반으로 동작하거나 통계적으로 높은 확률을 가진 내용을 응답하는 것들이 대부분이었다. 챗봇은 기본적으로 개발자가 사용자의 입력에 대한 여러 응답 패턴을 준비하는 방식이기 때문에 유연성이 떨어질 수밖에 없었다.

이와 반대로 ChatGPT는 확률적으로 확실한 문장을 생성하는 **언어 생성 모델**이므로 응답 패턴을 준비하지 않아도 응답을 생성한다(그림 1-6).

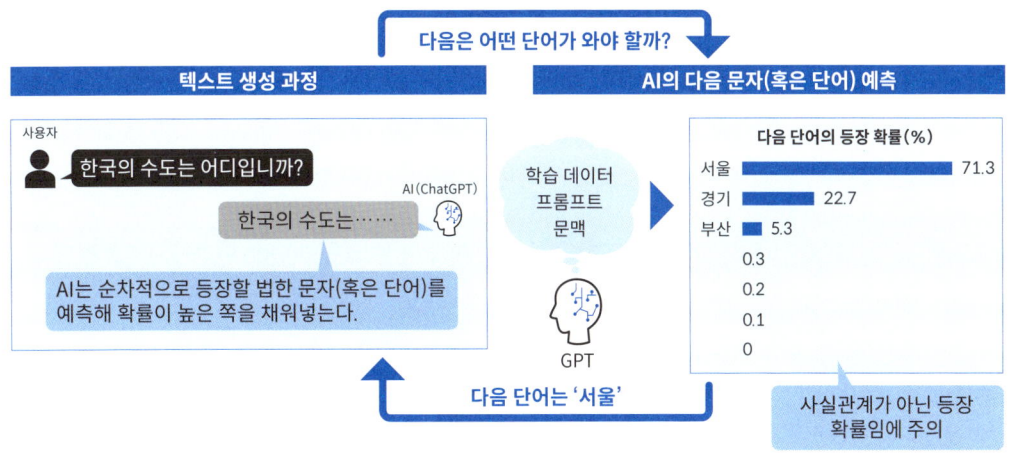

그림 1-6 ChatGPT 모델의 작동 흐름

인터넷에 있는 대량의 데이터를 사용해서 학습하기 때문에 폭넓은 정보에 대응할 수 있으며, 외부 애플리케이션 혹은 API와 연동하거나 애플리케이션에 탑재해 활용도 가능하다.

하지만 단순히 대량의 데이터를 학습시키는 것만으로 이렇게 자연스러운 응답이 가능하고 폭넓게 사용할 수 있는 모델을 만드는 것은 불가능하다. 다음 절에서는 어떤 계기로 대량의 데이터를 학습시킬 수 있게 되었고, 어떻게 사람에게 친숙한 응답을 할 수 있도록 설계됐는지 살펴볼 것이다.

1.2.2 GPT란

ChatGPT의 **GPT**는 generative pre-trained transformer라고 불리는 대형 심층 학습 모델을 의미한다. 대량의 텍스트 데이터로 **사전 학습**pre-training을 실시해 언어 구조를 해석할 수 있도록 조정되어 있기 때문에 **대형 언어 모델**large language model, LLM이라고도 부른다. GPT는 자연어 처리 분야의 다양한 문제를 해결하기 위해 설계됐다. 또한, 어텐션 구조를 활용해서 장문의 텍스트 속에서 먼 곳에 위치한 단어들 사이의 관계성을 효율적으로 파악할 수 있다.

ChatGPT를 포함한 LLM의 성능 향상에는 트랜스포머라 불리는 파운데이션 모델이 중요한 역할을 담당하고 있다. 이번 절에서는 ChatGPT가 어떻게 지금처럼 자연스러운 문장을 생성할 수 있게 됐는지를 이해하기 위해 트랜스포머라는 개념에 대해서 간략하게 살펴볼 것이다.

1 트랜스포머

GPT는 2017년에 발표된 트랜스포머 모델의 한 종류다.[4] 발표 당시에 **트랜스포머**Transformer는 텍스트 번역을 위해 고안된 모델이었지만, 이후에 발표된 BERT나 GPT에 의해 보다 폭넓게 언어 문제에 활용되고 있다. 트랜스포머가 있었기 때문에 LLM이 탄생할 수 있었던 것이라고 해도 과언이 아니다.

트랜스포머 아키텍처는 대형화와 병렬처리를 가능하게 만들었다. OpenAI는 2018년에 발표한 GPT-1을 시작으로, GPT-2, GPT-3, GPT-4, GPT-4o를 연달아 발표하며 지속적으로 향상된 성능을 가진 GPT 모델을 발표해왔다. 각 모델은 학습 데이터 양과 매개변수 수가 증가함에 따라 성능이 대폭 향상됐다(표 1-3).

표 1-3 OpenAI가 개발한 GPT 모델

모델	공개 연도	학습량	매개변수 수	성능(MMLU 스코어(%))[5]
GPT-1	2018년	4.5GB	1억	-
GPT-2	2019년	40GB	15억	32.4
GPT-3	2020년	570GB	1,750억	53.9
GPT-3.5	2022년	비공개	비공개	70.0
GPT-4	2023년	비공개	비공개	86.4
GPT-4o	2024년	비공개	비공개	88.7
o1	2024년	비공개	비공개	91.8

2 스케일링 법칙

GPT 모델의 발전과 함께 언어 모델에는 **스케일링 법칙**scaling law이 발견되었다. 이는 트랜스포머의 성능이 모델의 학습 데이터 양, 매개변수 수(모델 사이즈), 투입된 컴퓨팅 리소스의 양이라는 세 가지 요인의 **멱법칙**power law으로 결정된다는 가설이다.

쉽게 말하면 모델의 학습 데이터 양을 늘릴수록, 모델 사이즈가 커질수록, 컴퓨팅 리소스의 양이 늘어날수록 언어 모델(트랜스포머)의 성능이 무한히 향상될 가능성이 있다는 것이다. 게다가 이미지, 음성, 동영상 등 언어 이외의 분야에도 스케일링 법칙이 적용된다는 사실이 밝혀졌다. 이로 인

---

[4] 이번 절에서는 트랜스포머 모델 자체와 이 모델의 구조를 발전시키거나 일부를 이용한 모델을 포함해서 '트랜스포머'라 부른다. 엄밀하게 구분하자면 트랜스포머는 모델의 명칭이며 GPT는 트랜스포머의 일부인 **트랜스포머 디코더**(transformer decoder)를 발전시킨 모델이다.
[5] MMLU 스코어는 수학, 역사, 계산과학, 법률 등 57종의 문제로 구성되어 지식 및 문제 해결 능력을 측정하는 스코어다. 일반적인 사람의 스코어는 34.5%이며 각 분야의 전문가의 스코어는 89.8%로 추정된다.

해 대형의 트랜스포머에 이미지, 음성, 언어 등 대량의 데이터를 사전 학습시켜서 보다 다양한 문제 해결에 사용할 수 있는 파운데이션 모델의 시대가 열렸다.

1.2.3 사람이 선호하는 문장을 생성하는 방법: RLHF

ChatGPT에는 모델만으로는 편견과 공격성이 없으면서도 사용자의 의도에 맞는 문장을 생성하지 못하는 문제가 있었다. 이 문제를 해결하기 위해 **인간 피드백을 통한 강화 학습**reinforcement learning from human feedback, RLHF이 도입됐다. 이 방법은 사람의 선호에 대한 의견이나 평가를 토대로 모델을 학습시키는 것이었다.[6] 이 방법으로 ChatGPT는 사람이 선호하는 문장을 생성할 수 있게 됐다.

강화 학습은 좋은 방법이긴 하지만 모델 학습에 필요한 대량의 피드백이 포함된 지도 학습 데이터를 모든 사람이 구하기는 현실적으로 불가능하다는 단점도 있다. ChatGPT는 다음과 같이 세 단계에 걸쳐 강화 학습을 통한 **얼라인먼트**alignment를 수행한다.

❶ 지도 학습

우선 사람이 좋은 답변이라고 생각한 예시를 사용해서 모델을 학습시킨다. 하지만 이 방법만으로는 대량의 데이터를 확보가 어려워서 시간과 비용이 많이 든다.

❷ 보상 모델 도입

그다음 사람의 평가를 대신할 **보상 모델**reward model을 만든다. 이 모델은 사람의 평가를 기반으로 어떤 답변이 좋은지 학습한 뒤 출력의 진실성, 안정성, 유익함을 판별한다.

❸ 보상 모델 최적화

마지막으로 보상 모델을 활용해서 모델이 사람이 선호하는 답변을 생성하도록 학습시킨다. 이런 방식으로 많은 예시를 활용하면 보다 좋은 문장을 작성할 수 있게 된다.

1.2.4 ChatGPT의 탄생 과정

앞서 설명한 과정대로 GPT-3라는 LLM을 기반으로 사람이 선호하는 문장을 생성하도록 학습된 모델인 **InstructGPT** 모델을 활용함으로써 사용자와 대화 형식으로 상호작용이 가능한 ChatGPT(GPT-3.5 Turbo)가 탄생했다(그림 1-7).

---

[6] 사람이 선호하는 문장을 생성하도록 모델을 조정하는 작업을 '얼라인먼트'라고 한다.

그림 1-7 ChatGPT(GPT-3.5 Turbo) 모델의 탄생 과정

이번 절에서 갑자기 등장한 InstructGPT는 GPT-3.5 Turbo 모델의 전신이라고 할 수 있는 모델로, 3장에서 다룰 Azure OpenAI Service에서도 GPT-3.5 Turbo Instruct라는 모델을 사용할 수 있다.

1.3 마무리

이번 장에서는 ChatGPT의 기능과 모델의 구조에 대해 간략하게 살펴봤다. 텍스트 입력만 예로 들었지만, ChatGPT(GPT-4)는 이미지나 동영상 입력도 가능하기 때문에 보다 폭넓게 활용할 수 있다. 자신의 업무에 어떻게 활용할 수 있을지 고민해보길 바란다.

CHAPTER 2

프롬프트 엔지니어링

생성형 AI에 입력하는 지시문을 프롬프트라고 한다. 프롬프트를 얼마나 잘 작성했는지에 따라 결과가 크게 달라지기 때문에 프롬프트 작성법에 관한 관심이 높아지고 있다. 이 장에서는 대표적인 프롬프트 작성법과 사고방식을 살펴볼 것이다. 3장부터는 실제로 Azure OpenAI를 사용해서 AI 어시스턴트를 만들 것이므로 이번 장에서 프롬프트 작성법을 확실하게 숙지해두자.

2.1 프롬프트 엔지니어링이란

ChatGPT를 비롯한 생성형 AI에 텍스트를 입력해서 콘텐츠를 생성하도록 만드는 지시문을 **프롬프트**prompt라고 한다. 이 프롬프트에 따라 결과가 크게 달라지기 때문에 프롬프트 작성법은 매우 중요한 기술이라고 할 수 있다. 이렇게 생성형 AI에 입력하는 지시문을 연구함으로써 AI의 출력 정확도를 개선하는 기술을 **프롬프트 엔지니어링**prompt engineering이라고 한다. 만약 단순한 프롬프트를 작성하면 의도에 맞지 않는 결과물을 얻게 될 확률이 높다. 반대로 프롬프트를 구체적으로 작성하면 의도한 결과물을 얻게 될 확률이 높아진다(그림 2-1).

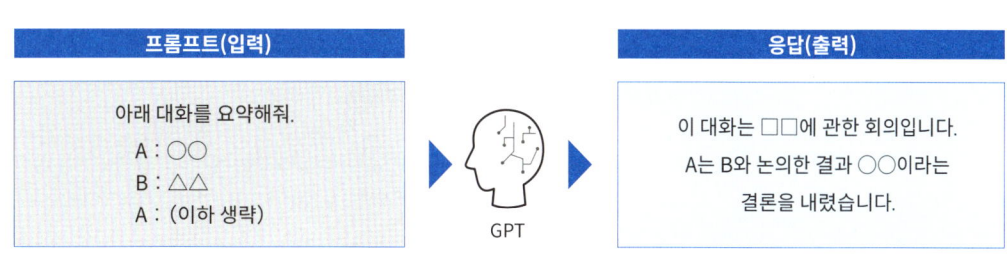

그림 2-1 프롬프트와 그 결과물

3장부터는 실제로 Azure OpenAI를 사용해서 AI 어시스턴트를 만들 것이다. Azure OpenAI는 3장에서 배우는 것으로 하고, 이번 장에서는 3장의 사전 준비로 OpenAI가 서비스하는 ChatGPT를 사용하며 AI 모델의 작동을 좌우하는 핵심 기술인 프롬프트 엔지니어링에 대해 살펴보겠다.

2.2 기본적인 작성법

프롬프트 엔지니어링에는 출력 정확도를 높이기 위한 몇 가지 기본적인 작성법이 있다. '구체적으로 지시하기', '출구 지정하기', '역할 부여하기', '입출력 예시 지정하기'가 대표적인 방법이다. 이 밖에 '단계적으로 추론하기' 같은 작성법도 있는데, 이 방법은 2.3절에서 다룬다.

2.2.1 구체적으로 지시하기

ChatGPT에 지시할 때는 구체적으로 하는 것이 중요하다. 가령 '어떤 제품의 캐치프레이즈를 몇 가지 알려줘' 같이 모호하게 지시해선 안 된다. 어떤 수요층을 타깃으로 한 캐치프레이즈이고, 어느 정도의 길이여야 하며, 구체적으로 몇 개의 캐치프레이즈를 얻고 싶은지를 지정해야 의도에 근접한 결과물을 얻을 수 있다(그림 2-2).

▼ **프롬프트 예시 ❶**

> 건성 피부로 고통받는 20대 남성들을 타깃으로 하는 화장품의 캐치프레이즈를 5개 작성해줘.

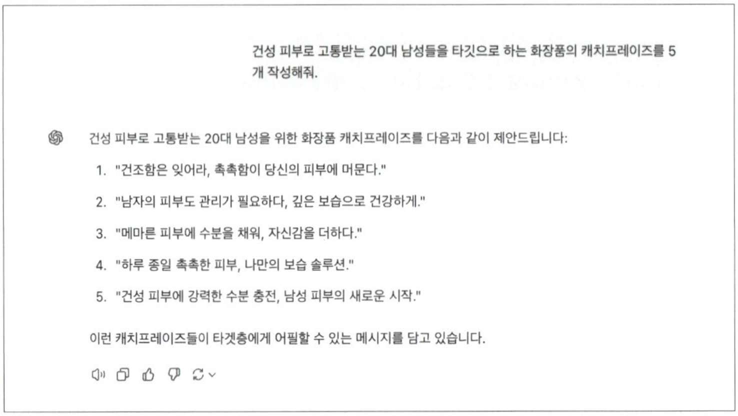

건성 피부로 고통받는 20대 남성들을 타깃으로 하는 화장품의 캐치프레이즈를 5개 작성해줘.

건성 피부로 고통받는 20대 남성을 위한 화장품 캐치프레이즈를 다음과 같이 제안드립니다:

1. "건조함은 잊어라, 촉촉함이 당신의 피부에 머문다."
2. "남자의 피부도 관리가 필요하다, 깊은 보습으로 건강하게."
3. "메마른 피부에 수분을 채워, 자신감을 더하다."
4. "하루 종일 촉촉한 피부, 나만의 보습 솔루션."
5. "건성 피부에 강력한 수분 충전, 남성 피부의 새로운 시작."

이런 캐치프레이즈들이 타겟층에게 어필할 수 있는 메시지를 담고 있습니다.

그림 2-2 프롬프트 예시 ❶의 실행 결과(캐치프레이즈 제안)

문장을 요약하는 작업을 지시할 때는 '아래 문장을 요약해줘'처럼 단순하게 작성하기보다는 간결함, 항목 수, 분량 같은 측면을 구체적으로 지정할 때 결과물이 크게 개선된다(그림 2-3).

▼ **프롬프트 예시 ❷**

> 아래 블로그 기사 내용을 세 가지 항목으로 나누고 600자 이내로 요약해줘.
> ---
> <요약할 블로그 기사 내용>

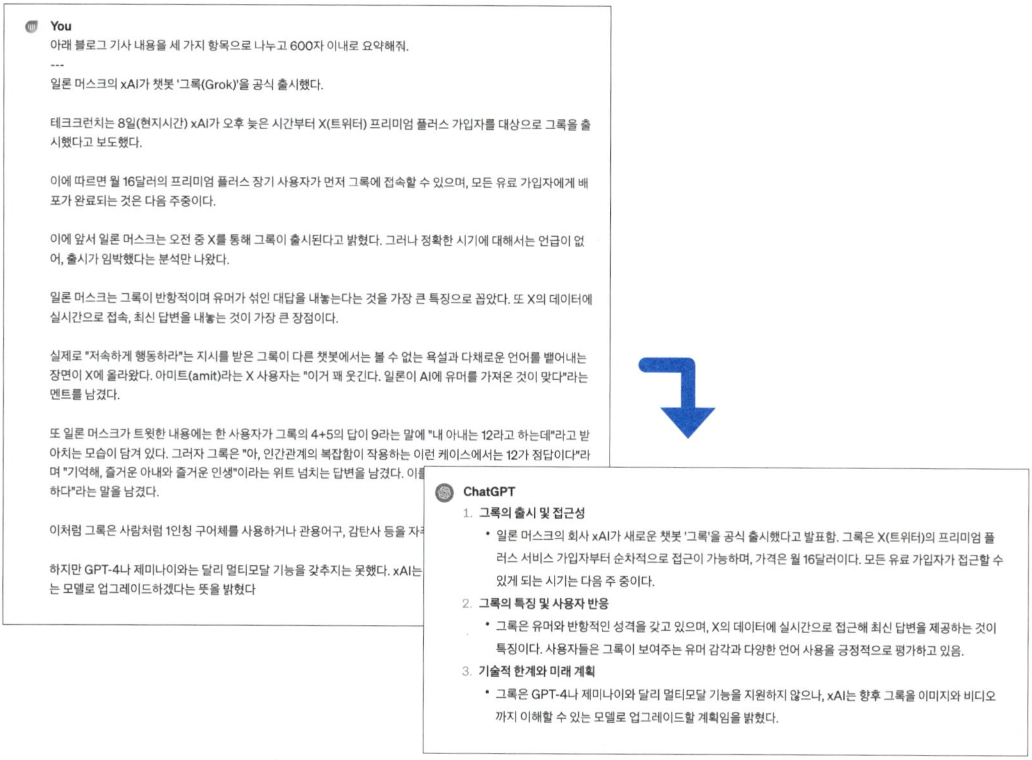

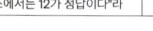

그림 2-3 프롬프트 예시 ❷의 실행 결과(블로그 기사 요약)

2.2.2 출구 지정하기

잘못된 결과를 피하려면 **출구**를 지정하는 것도 중요하다. 출구 지정은 ChatGPT가 지시를 제대로 수행할 수 없을 때 어떻게 행동해야 하는지를 알려주는 방법이다. 이 방법은 ChatGPT가 장문으로 결과를 응답하거나 잘못된 결과물을 생성할 가능성을 낮추는 효과가 있다(그림 2-4).

▼ **프롬프트 예시 ❸**

<지시할 내용>
잘 모르겠으면 다른 말은 붙이지 말고 "모르겠습니다"라고만 응답해줘.

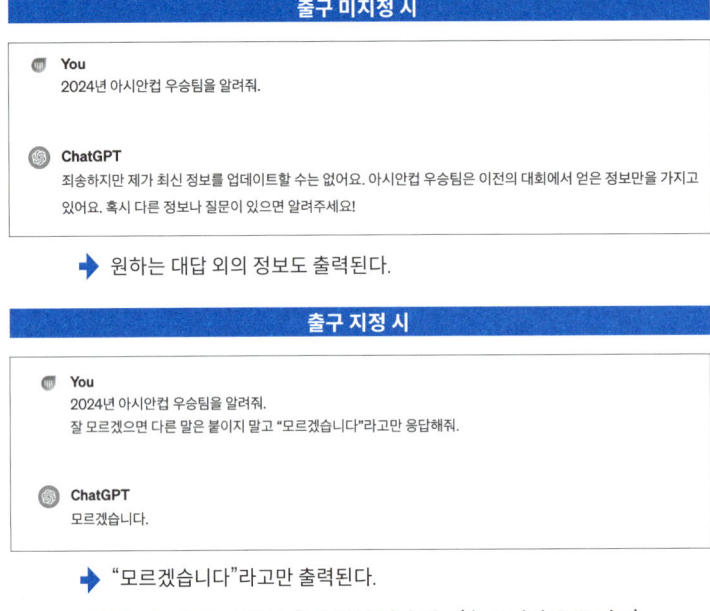

그림 2-4 프롬프트 예시 ❸의 실행 결과 비교(출구 지정 유무 비교)

2.2.3 역할 부여하기

ChatGPT에 역할이나 입장을 부여하면 더 좋은 결과물을 얻을 수 있다. 가령 문장을 요약하거나 퇴고할 때 '너는 업계 최고의 편집자야' 같은 말을 앞에 붙이면 응답의 정확도가 향상된다. 또, '너는 머신러닝 전문가고, 나는 중학생이야' 같은 말을 붙이면 전문 지식을 중학생도 알아들을 수 있게 풀어서 응답한다(그림 2-5).

▼ **프롬프트 예시 ❹**

너는 업계 최고의 머신러닝 전문가야. LLM과 트랜스포머를 중학생도 이해할 수 있게 설명해줘.

> **You**
> 너는 업계 최고의 머신러닝 전문가야. LLM과 트랜스포머를 중학생도 이해할 수 있게 설명해줘.
>
> **ChatGPT**
> 물론이죠! 중학생도 이해할 수 있도록 LLM과 트랜스포머에 대해 친절하게 설명해 드릴게요.
>
> **LLM (Large Language Model, 대규모 언어 모델)**
> LLM은 '대규모 언어 모델'이라고 불리며, 말 그대로 많은 데이터를 학습하여 언어를 이해하고 생성할 수 있는 인공지능 모델입니다. 이 모델은 책, 기사, 웹사이트 등에서 수집된 엄청난 양의 텍스트 데이터를 분석하여 언어의 패턴을 배웁니다. 이를 통해 문장을 완성하거나 대화를 이어나가는 등 다양한 언어 작업을 할 수 있죠.
>
> 예를 들어, 당신이 "오늘 날씨는 어때?"라고 물으면, LLM은 학습한 데이터를 바탕으로 "오늘은 맑고 따뜻할 거예요"라고 대답할 수 있어요. 이 모델은 문맥을 이해하고 적절한 답변을 생성하는 능력을 갖추고 있습니다.
>
> **트랜스포머 (Transformer)**
> 트랜스포머는 특별한 종류의 모델로, 특히 언어 처리에서 매우 효과적입니다. 이 모델은 '어텐션 메커니즘'을 사용하는데, 이는 모델이 문장에서 각 단어가 얼마나 중요한지를 파악하고, 그 중요성에 따라 더 많은 주의를 기울이게 합니다. 예를 들어 "나는 학교에 갔지만 문이 잠겨 있었다"라는 문장에서 "학교"와 "문"이 중요한 단어로, 트랜스포머는 이 단어들에 더 많은 주의를 기울이게 됩니다.
>
> 트랜스포머는 여러 개의 '레이어'(층)를 가지고 있는데, 각 층은 언어의 복잡한 구조를 이해하는 데 도움을 줍니다. 더 많은 층을 거칠수록 모델은 더 정교하게 언어를 이해하고 더 정확한 출력을 할 수 있습니다.
>
> 이런 방식으로 LLM과 트랜스포머는 우리가 자연스러운 대화를 나누거나, 글을 쓰는 등의 일을 도와주는 강력한 도구가 됩니다. 그래서 이러한 기술을 활용하여 여러분이 지금 나와 이야기를 나눌 수 있는 거예요!

그림 2-5 프롬프트 예시 ❹의 실행 결과(LLM과 트랜스포머를 알기 쉽게 설명하기)

2.2.4 입출력 예시 지정하기

ChatGPT에 몇 가지 입출력 예시를 제공하면 출력 형식을 지정할 수도 있고, 출력의 정확도도 향상시킬 수 있다. 가령 웹 애플리케이션에 있는 사용자의 피드백 댓글을 '긍정' 혹은 '부정'으로 분류하고 싶을 때, 몇 개의 댓글을 입출력 예시로 지정한 뒤 실제로 분류하고 싶은 댓글을 입력하면 '긍정' 혹은 '부정'의 형식으로 출력된 결과물을 얻을 수 있다(그림 2-6).

▼ 프롬프트 예시 ❺

> 웹 애플리케이션에 있는 사용자의 댓글에서 느껴지는 감정을 '긍정' 혹은 '부정'으로 분류해줘.
> 아래 예시를 참고해서 '긍정'인지 '부정'인지 출력해줘.
> ---
> 입력: 기능이 심플하고 접근이 쉬워서 초심자도 금방 익힐 수 있어요.
> 출력: 긍정
> 입력: UI가 너무 복잡해서 쓰고 싶은 기능을 찾기가 어려워요.
> 출력: 부정
> 입력: 콘텐츠가 풍부하고 일상생활에 도움이 되는 것들이 많아요.
> 출력:

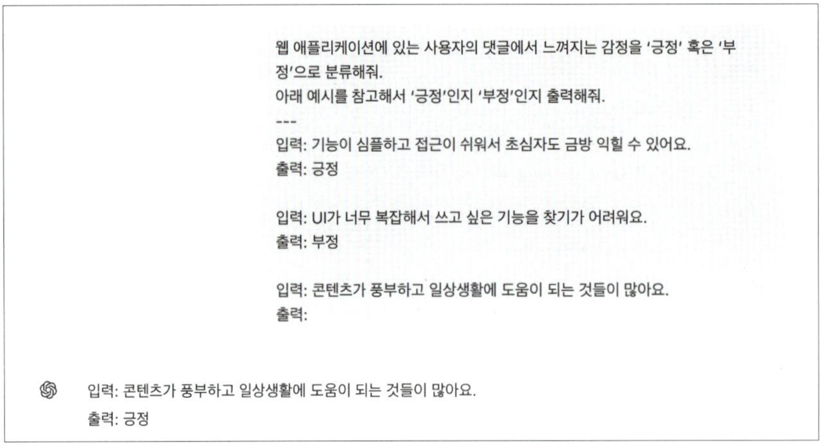

```
웹 애플리케이션에 있는 사용자의 댓글에서 느껴지는 감정을 '긍정' 혹은 '부
정'으로 분류해줘.
아래 예시를 참고해서 '긍정'인지 '부정'인지 출력해줘.
---
입력: 기능이 심플하고 접근이 쉬워서 초심자도 금방 익힐 수 있어요.
출력: 긍정

입력: UI가 너무 복잡해서 쓰고 싶은 기능을 찾기가 어려워요.
출력: 부정

입력: 콘텐츠가 풍부하고 일상생활에 도움이 되는 것들이 많아요.
출력:
```

```
입력: 콘텐츠가 풍부하고 일상생활에 도움이 되는 것들이 많아요.
출력: 긍정
```

그림 2-6 프롬프트 예시 ❺의 실행 결과(사용자 댓글 감정 분석)

> **COLUMN 제로샷 학습과 퓨샷 학습**
>
> 사용자가 입출력 예시를 지정하지 않고 간략하게 프롬프트를 작성하는 것을 **제로샷 학습**zero-shot learning(혹은 제로샷 프롬프팅)이라고 한다. 반대로 몇 개의 입출력 예시를 지정하는 방법을 **퓨샷 학습**few-shot learning(혹은 퓨샷 프롬프팅)이라고 한다. 예시를 지정하되 한 개만 지정한 경우에는 **원샷 학습**one-shot learning(혹은 원샷 프롬프팅)이라고 부른다.

2.2.5 프롬프트 구조화하기

프롬프트를 생각나는 대로 장문으로 작성하지 말고 항목별로 나눠 구조화해서 작성하면 응답의 정확도가 향상된다. 예를 들어, 프롬프트를 지시, 제약 조건(출력 형식), 의뢰 내용으로 나눠 작성할 수 있다. 그리고 머리말, 글머리 기호, 섹션을 구분해서 구조화하면 ChatGPT가 지시와 제약 조건과 의뢰 내용을 구별하기 쉬워져서 응답의 정확도가 높아진다. 1장에 있는 메일 작성 예시는 다음처럼 구조화한 프롬프트를 사용한 것이었다(그림 2-7).

▼ 프롬프트 예시 ❻

```
# 지시
너는 기업 연수 업무를 맡은 기획 담당자야. 강사에게 새로운 연수 강좌 제작을 의뢰해야 해. 아래 내용을 기반으로 의뢰 메일을 작성해줘.
# 제약 조건
* 정중한 말투를 사용할 것
```

```
* '안녕하세요. 주식회사 OO의 XX입니다.'로 시작할 것
# 의뢰 내용
* 강좌 내용: Azure OpenAI Service로 사내 문서 검색 시스템 개발하기
* 업무 범위: 강좌 교안 작성, 프레젠테이션 제작, 강의
* 단가: 상담 후 결정
```

```
# 지시
너는 기업 연수 업무를 맡은 기획 담당자야. 강사에게 새로운 연수 강좌 제작을 의
뢰해야 해. 아래 내용을 기반으로 의뢰 메일을 작성해줘.

# 제약 조건
* 정중한 말투를 사용할 것
* '안녕하세요. 주식회사 OO의 XX입니다.'로 시작할 것

# 의뢰 내용
* 강좌 내용: Azure OpenAI Service로 사내 문서 검색
* 업무 범위: 강좌 교안 작성, 프레젠테이션 제작, 강의
* 단가: 상담 후 결정
```

> 안녕하세요. 주식회사 OO의 XX입니다.
>
> 귀사의 전문성과 노하우를 바탕으로, 당사에서 진행 예정인 새로운 연수 강좌 제작을 의뢰드리고자 합니다. 이번 연수 주제는 "Azure OpenAI Service로 사내 문서 검색 시스템 개발하기"로, 사내 IT 담당자들을 대상으로 실질적인 활용 능력을 높일 수 있는 교육을 목표로 하고 있습니다.
>
> 강사님께서 맡아주실 업무 범위는 다음과 같습니다:
>
> - 강좌 교안 작성
> - 프레젠테이션 자료 제작
> - 강의 진행
>
> 강사료는 협의 후 결정할 예정이오니, 이에 대한 견적도 함께 부탁드립니다.
>
> 귀사의 긍정적인 검토를 부탁드리며, 추가적으로 필요한 사항이 있으시면 언제든지 문의해 주시기 바랍니다.
>
> 감사합니다.
>
> 주식회사 OO
> XX 드림

그림 2-7 프롬프트 예시 ❻의 실행 결과(메일 문장 작성)

2.3 생각의 사슬

ChatGPT로 복잡한 문제를 해결해야 할 때에는 **생각의 사슬**chain of thought, CoT이라는 방법이 유용하다. 이는 LLM에 단계적인 추론을 유도해서 보다 정확한 응답을 도출하는 방법이다. 복잡한 문제나 계산 문제를 해결할 때 모델에 문제 해결 과정을 단계적으로 지시하면 이후에 해결할 문제의 결론을 정확하게 내릴 수 있다.

예를 들어, ChatGPT에 '사과 10개가 있었는데 그중에 5개를 먹은 상태에서 추가로 3개를 구입했

다면 남은 사과의 개수는 몇 개인가?'라고 평범하게 물어보면 틀린 대답을 할 때가 있다.[1] 하지만 '10-5의 결과는?', '이 결과에 3을 더하면 몇 개지?'처럼 생각의 사슬을 사용해서 세부적인 단계를 지시하면 정확한 응답을 이끌어낼 수 있다.

또한, 프롬프트에 '차근차근 생각해 봐 let's think step by step'라는 말을 추가하는 것만으로도 응답의 정확성을 높일 수 있다. 이 방법은 구체적인 단계를 지시하지 않고도 단계적인 추론을 통해 결론을 도출하도록 지시할 수 있어 유용하다.

실제 예시를 통해 살펴보자. 우선 생각의 사슬을 사용하지 않고 ChatGPT(GPT-3.5 Turbo)에 간단한 계산 문제를 풀도록 지시한다.

▼ **프롬프트 예시 ❼**

> 카페에서 애플파이를 샀는데 친구 2명, 동생, 동생 친구한테 3개씩 나눠줬어. 이제 2개가 남았다면 구매한 애플파이는 총 몇 개일까?

애플파이는 14개여야 하지만 ChatGPT(GPT-3.5 Turbo)는 정확하게 응답하지 못한다(그림 2-8).

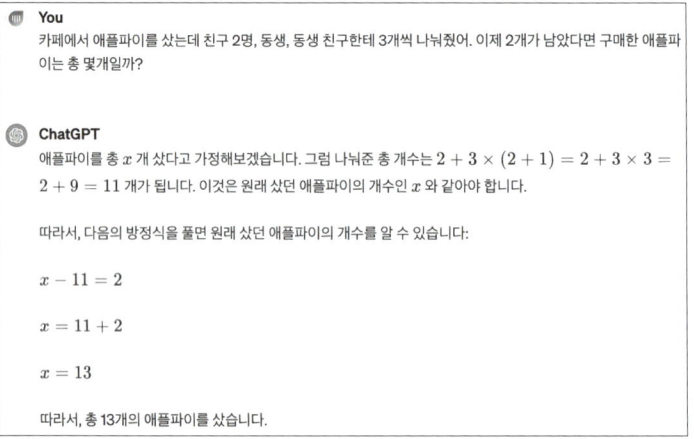

그림 2-8 **프롬프트 예시 ❼의 실행 결과(CoT 미적용). ChatGPT(GPT-3.5 Turbo) 사용[2]**

이번에는 단계적 추론을 지시하는 문장을 추가해보자. 바로 수치 계산에 들어가지 않고 정보를 정리해가면서 계산하는 것을 확인할 수 있다. 그 결과 애플파이의 총 개수도 정확하게 도출해냈다.

---

1 실제로는 이 정도 단순한 문제라면 대부분 정확히 대답한다. 하지만 조금만 더 복잡해지면 제대로 대답하지 못할 때가 많다. 그리고 다른 LLM 중에는 아주 단순한 수치 계산도 틀리는 것이 많다.
2 옮긴이 2024년 10월을 기준으로 현재는 ChatGPT에서 GPT-3.5 Turbo 모델은 사용할 수 없다.

▼ **프롬프트 예시 ❽**

카페에서 애플파이를 샀는데 친구 2명, 동생, 동생 친구한테 3개씩 나눠줬어. 이제 2개가 남았다면 구매한 애플파이는 총 몇 개일까? 추론 과정을 확인할 수 있게 단계적으로 기술해줘.

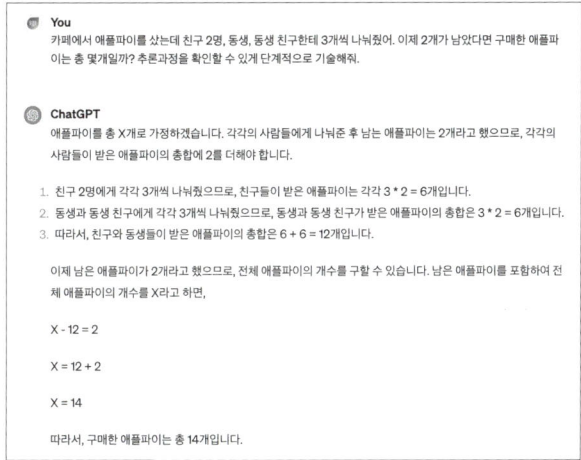

그림 2-9 프롬프트 예시 ❽의 실행 결과(생각의 사슬 적용). ChatGPT(GPT-3.5 Turbo) 사용[3]

생각의 사슬을 사용하는 방법 중에는 **자기 일관성**self-consistency이라는 접근법이 있다. 이 접근법은 한 문제를 해결하기 위해 여러 가설이나 단계를 경유해서 응답의 정확도를 높이는 방법이다. 1개의 문맥에서만 결론을 도출할 때보다 다양한 관점에서 검토가 가능해져서 보다 정확한 결과를 얻을 수 있다.

> **COLUMN** **GPT-3.5 Turbo와 GPT-4의 성능 차이**
>
> 앞서 살펴본 애플파이 예제에서 GPT-4를 사용하지 않고 GPT-3.5 Turbo를 사용한 이유가 있다. 같은 프롬프트를 GPT-4에 지시하면 생각의 사슬을 사용하지 않고도 정답을 맞혔기 때문이다(그림 2-10). 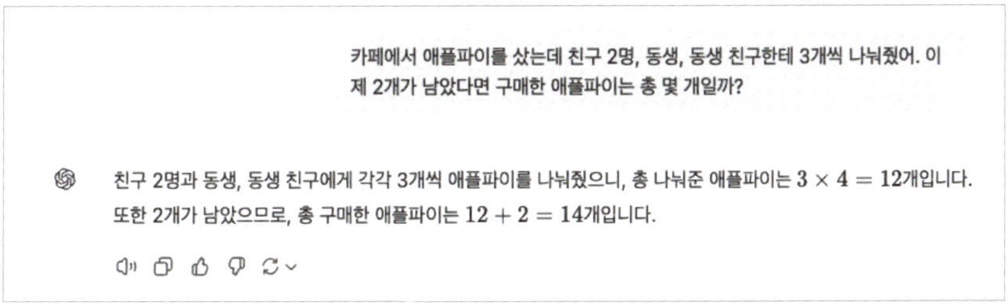
>
> > 카페에서 애플파이를 샀는데 친구 2명, 동생, 동생 친구한테 3개씩 나눠줬어. 이제 2개가 남았다면 구매한 애플파이는 총 몇 개일까?
> >
> > 친구 2명과 동생, 동생 친구에게 각각 3개씩 애플파이를 나눠줬으니, 총 나눠준 애플파이는 $3 \times 4 = 12$개입니다. 또한 2개가 남았으므로, 총 구매한 애플파이는 $12 + 2 = 14$개입니다.
>
> 그림 2-10 프롬프트 예시 ❼의 실행 결과(CoT 미적용). ChatGPT(GPT-4) 사용
>
> 이는 GPT-4가 수치 계산 및 추론 능력을 포함해서 GPT-3.5 Turbo에 비해 성능이 향상된 결과다.

---

3 옮긴이 2024년 10월을 기준으로 현재는 ChatGPT에서 GPT-3.5 Turbo 모델은 사용할 수 없다.

2.4 그 밖의 기법들

앞서 소개한 것 외에도 다양한 프롬프트 엔지니어링 기법이 연구되고 있다. 다음은 대표적인 기법을 정리한 것이다(표 2-1).

표 2-1 프롬프트 엔지니어링의 주요 기법

기법	개요
명확한 입력	육하원칙에 따르거나 출력 문자 수를 지정해서 애매한 부분 제거
역할 부여	GPT에 역할 또는 숙련도 지정
가상 입력 제공	가상의 유저가 입력할 것으로 예상되는 내용 제공
출력 형식 지정	원하는 출력 형식을 지정하거나 예시 작성
질문 및 답변 예시 제공	예상질문 또는 예상답변 예시 제공
단계적 추론	결론을 바로 내리지 않고 단계적 응답 작성 지시
목적 제공	수단과 함께 달성하려는 최종목표 작성
지식 및 해법 제공	해결에 필요한 지식 및 논리 전개 절차 제공
기호 활용	프로그램에서 사용되는 기호나 문법 활용(마크다운 등)
프로그래밍 활용	복잡하지만 엄격하게 순서가 정해진 지시는 프로그래밍 언어로 작성
구조화	구조화된 형식으로 지시 작성(JSON, 마크다운 등)
재귀적 수정	출력된 내용을 다양한 관점별로 반복 수정
영문화	지시는 영문으로 내리고 응답은 한국어로 받기
정보 배치 순서 조정	중요한 정보를 프롬프트의 맨 뒤에 배치
직접적 표현 사용	부정적 표현 및 완곡한 표현을 피하고 명확하게 지시
템플릿 활용	문제 해결을 위한 템플릿 제공

소개한 기법이 반드시 정확도 향상에 기여하는 것은 아니다. 하지만 적절하게 활용하면 GPT-4 같은 비싼 모델을 사용하지 않고도 원하는 답변을 얻을 수 있다.

DAIR.AI라는 AI 연구/교육 커뮤니티에서 다양한 프롬프트 엔지니어링 기법을 담은 '프롬프트 엔지니어링 가이드'를 공개했다.[4] 이 장의 내용도 DAIR.AI의 문서를 참고해 작성했다. 이 밖에도 프롬프트 엔지니어의 원리와 기법을 다룬 정보가 많다. 이 정보들을 잘 활용하면 개발자의 의도에 부합하는 ChatGPT/LLM 애플리케이션을 만들 수 있게 될 것이다.

---

[4] https://www.promptingguide.ai/kr

2.5 마무리

이번 장에서는 생성형 AI의 출력 정확도를 개선하는 방법인 프롬프트 엔지니어링에 대해서 살펴봤다. 여러 기법 중에서도 핵심적인 부분만 추려서 설명했으니 반드시 기억해두자. 3장에서는 지금까지 배운 기법들을 활용해서 ChatGPT에 지시를 내리는 AI 어시스턴트를 만들어보겠다.

CHAPTER 3

Azure OpenAI Service

ChatGPT는 OpenAI가 서비스 중인 애플리케이션에서도 이용할 수 있다. 하지만, GPT 모델의 높은 범용성을 자사 시스템에 활용하려는 수요도 점점 높아지고 있다. 이런 수요를 해결하기 위해 마이크로소프트는 ChatGPT를 포함한 OpenAI 모델들의 기능을 API$_\text{application programming interface}$[1] 로 제공하는 Azure OpenAI Service를 만들었다. 이번 장에서는 Azure OpenAI Service의 기능을 텍스트 생성 모델인 GPT를 사용하면서 살펴볼 것이다.

3.1 Azure OpenAI Service란

OpenAI와 마이크로소프트는 파트너십을 체결해 OpenAI가 개발한 AI 모델을 마이크로소프트 제품에 포함시켜 서비스하고 있다.[2] **Azure OpenAI Service**(이하 **Azure OpenAI**)는 2022년 10월에 사전 공개를 한 뒤 2023년 1월에 일반 공개를 시작했다. OpenAI가 ChatGPT를 GUI 서비스로 공개한 것이 2022년 11월이므로, ChatGPT가 등장하기 이전부터 빠르게 Azure OpenAI를 공개한 것이다.

원래는 GPT-3 모델에 텍스트를 입력하면 그 뒤의 문장을 예측해주는 기능인 텍스트 완성$_\text{text completion}$ API만 제공할 계획이었지만, 현재는 채팅형 텍스트 생성 모델인 ChatGPT와 더불어 이

---

[1] 소프트웨어나 서비스가 서로 통신하기 위한 인터페이스를 말한다. 예를 들어, 날씨를 시각화해서 보여주는 서비스는 날씨 정보를 제공하는 서비스의 API를 호출해서 데이터를 가져올 수 있다.
[2] https://news.microsoft.com/ko-kr/2023/01/18/azure-openai-service-ga/

미지 생성형 AI인 **DALL-E**, 음성인식 및 번역 AI인 **Whisper**도 사용할 수 있다.[3]

3.1.1 OpenAI의 API 서비스와 Azure OpenAI Service의 차이점

ChatGPT의 기능은 OpenAI의 API 서비스를 통해서도 사용할 수 있다. 양사가 제공하는 API 서비스는 일부 사양을 제외하면 동일한 파이썬 SDK를 사용하며 주요 모델 사용료도 동일해서 쉽게 이전이 가능하다. 그러면 언제 OpenAI의 서비스를 사용하고 언제 Azure OpenAI를 사용해야 하는지 의문이 들 수 있다. 이를 위해 각각의 장점을 살펴보자.

❶ Azure OpenAI의 장점

Azure OpenAI는 안정된 서비스 운영이 필요한 프로덕션 용도로 사용하기에 적합하다. Azure OpenAI를 사용하면 **애저**Azure의 인증(**Microsoft Entra ID**)과 **프라이빗 네트워크**private network로의 통합(폐쇄망) 같은 보안 기능이나 멀티 리전multi region 등 비기능적인 측면에서 다양한 지원을 받을 수 있다. 게다가 서비스 수준 계약service level agreement, SLA 적용과 지원support 옵션을 제공하므로 안정적인 서비스 운용을 기대할 수 있다.

GPT 모델을 탑재한 애플리케이션을 개발할 때는 애플리케이션 개발 환경, 데이터베이스, 문서 검색 도구 등 퍼블릭 클라우드에서 제공하는 기능들을 활용해서 구축하는 것이 일반적이다. Azure OpenAI는 단순히 API를 통해 AI를 이용할 수 있게 해주는 것이 아니라 애저가 보유한 다양한 서비스와 조합해서 편리한 개발이 가능하다는 장점이 있다.

❷ OpenAI API의 장점

OpenAI API는 모델 및 새로운 기능의 릴리스가 빠르다는 장점이 있다. Azure OpenAI는 안정적으로 서비스를 제공할 수 있는 환경이 충분히 갖춰진 후에 릴리스하는 반면, OpenAI는 보다 빠르게 최신 기능을 사용할 수 있게 해준다. 지금까지는 빠르면 몇 주 혹은 수개월의 시간차를 두고 Azure OpenAI에 최신 기능이 추가됐다. 따라서 하루 빨리 새로운 모델을 사용해보고 싶다면 OpenAI의 API를 사용하는 것이 적합하다.

이처럼 두 서비스에는 서로 다른 장점이 있다. 하지만 앞서 설명했듯이 대체로 동일한 스펙을 가지고 있기 때문에 쉽게 이전이 가능하다. 이전이 쉽다는 점을 활용해서 최신 모델 검증이 필요할 때

---

[3] Azure OpenAI는 GPT 외에도 음성 인식 AI인 Whisper와 이미지 생성 AI인 DALL-E를 제공한다. 하지만 이 책에서는 이 모델들은 사용하지 않고 텍스트 생성 AI만 다룬다.

는 OpenAI의 API를 사용하고, 프로덕션용으로는 Azure OpenAI를 사용하는 식으로 용도에 따라 사용하면 두 가지 제품의 장점을 모두 누릴 수 있다.

다음은 Azure OpenAI의 특징을 정리한 것이다.

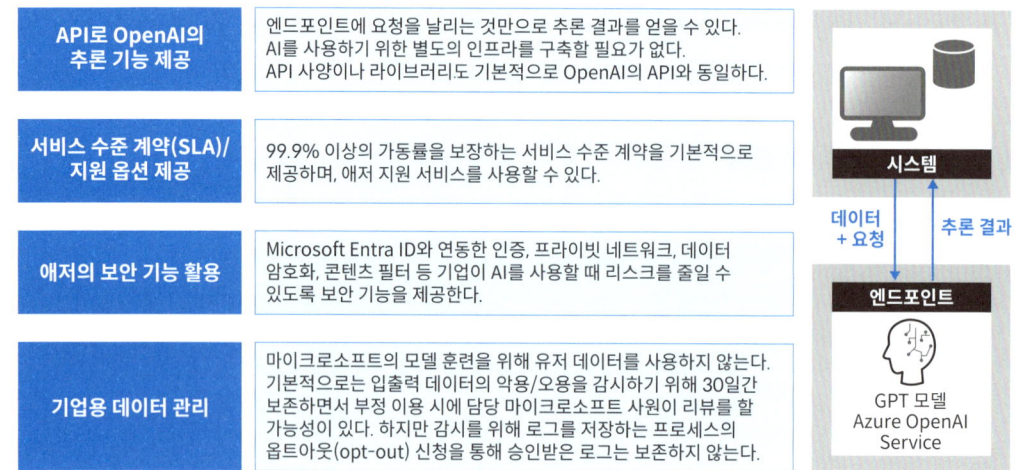

그림 3-1 Azure OpenAI 개요

표 3-1 Azure OpenAI의 특징

항목	특징
가격	모델 사용료는 OpenAI의 API 사용료와 대체로 동일하다(2025년 1월 시점).[4]
API의 공통점	OpenAI의 API 사양과 호환되며 사용하는 라이브러리에도 공통점이 있다.[5]
서비스 수준 계약	99.9% 이상의 가동률 보증[6]
지원	애저 지원 플랜에서 지원 플랜 이용[7]
보안	애저 보안 기준에 준거해 API 키 인증 및 Microsoft Entra ID 인증 지원(9장) 애저 프라이빗 네트워크를 통한 보호(9장) 부정 사용 방지를 위한 콘텐츠 필터(10장)
감시	로그/메트릭 감시 및 Azure Monitor와 연동된 경고 알림(9장)
개발 도구	ChatGPT용 플레이그라운드 등 GUI에서 동작 검증 및 매개변수 조절

---

[4] 지역에 따라 다소 차이는 있다. 자세한 내용은 다음 링크를 확인하자. https://azure.microsoft.com/ko-kr/pricing/details/cognitive-services/openai-service/

[5] https://github.com/openai/openai-python

[6] https://www.microsoft.com/licensing/docs/view/Service-Level-Agreements-SLA-for-Online-Services?lang=19

[7] https://azure.microsoft.com/ko-kr/support/plans

3.1.2 Azure OpenAI 개요

Azure OpenAI를 애플리케이션에 탑재하려면 API에 요청을 보내는 방식을 사용해야 한다. Azure OpenAI의 AI 모델을 사용하려면 몇 가지 설정이 먼저 필요하다. 자세한 절차는 앞으로 설명할 것이다. 여기서는 기본 용어와 프로세스 개요를 그림과 함께 살펴보자(그림 3-2).

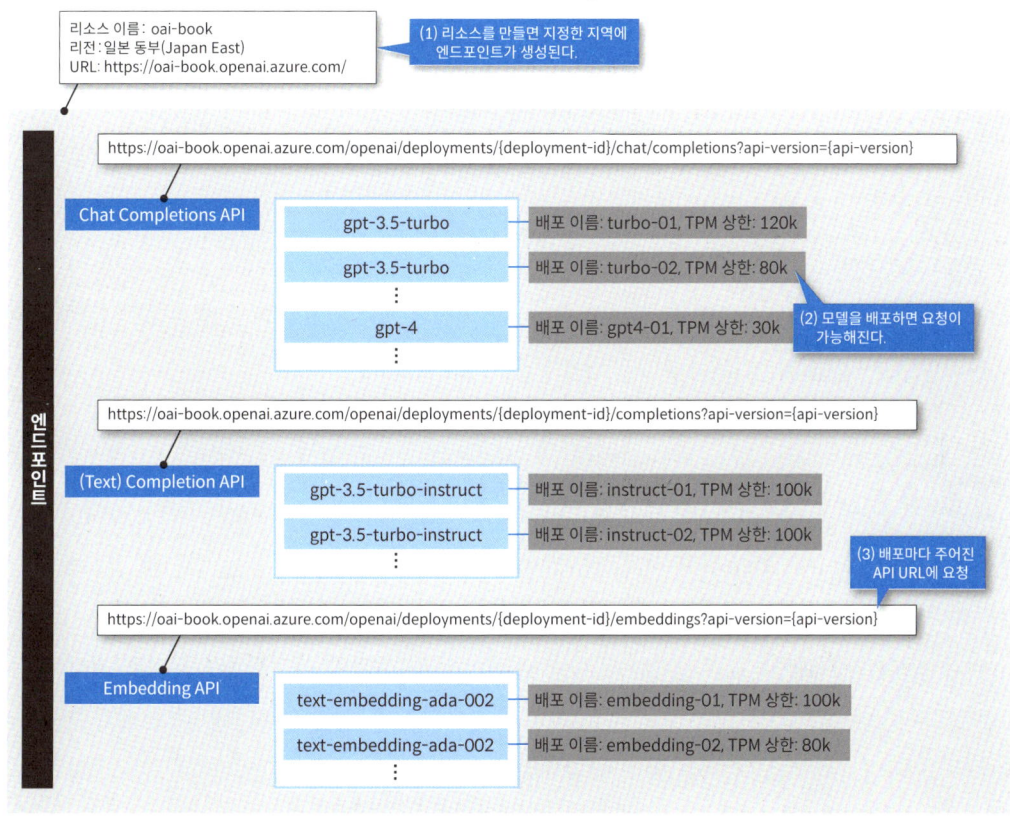

그림 3-2 Azure OpenAI 개요도

❶ 리소스와 엔드포인트

Azure OpenAI뿐만 아니라 애저에서 어떤 서비스를 사용하려면 **리소스**resource[8]를 먼저 생성해야 한다. 리소스 생성이 완료되면 지정한 **리전**region[9]에 **엔드포인트**endpoint가 생성된다. 엔드포인트에는

---

8 리소스란 애저 상에서 관리할 엔티티 단위를 의미한다. 가령 가상머신, 스토리지 계정, 웹 애플리케이션, 데이터베이스, 네트워크가 리소스로 생성되고 관리된다. 자세한 내용은 다음 링크를 참고하자. https://learn.microsoft.com/ko-kr/azure/cloud-adoption-framework/get-started/how-azure-resource-manager-works
9 애저의 컴퓨팅 리소스 등이 배치되는 데이터 센터의 위치를 의미한다.

'https://{리소스 이름}.openai.azure.com/'과 같은 URL과 API 키가 부여된다. 리소스와 엔드포인트는 일대일로 대응된다.

❷ 모델 배포

최종적으로 ❶에서 생성한 엔드포인트 URL에 요청을 보내 AI 모델이 텍스트를 생성하게 할 것이다. 하지만 이 시점에서는 아직 요청을 처리할 수 없다. Azure OpenAI는 리소스를 생성하고 AI 모델을 배포하고 나서야 요청을 처리할 수 있기 때문이다. 모델을 배포하려면 AI 통합 개발 플랫폼인 Azure AI Foundry portal에서 사용할 모델의 종류, 배포 이름, 모델 버전을 설정한 뒤 배포하면 된다. 엔드포인트 하나에 여러 개의 모델을 배포할 수도 있으므로 엔드포인트와 모델은 일대다 관계라고 할 수 있다.

❸ 모델 사용(요청)

모델이 배포되면 ❶에서 생성한 엔드포인트 URL과 연결된 서버에 요청을 보낼 수 있다. 요청 시에는 ❷의 배포 이름을 지정하거나 API와 버전명을 지정해야 한다.

3.2 Azure OpenAI 시작하기

이전 절에서는 Azure OpenAI의 전체적인 흐름을 살펴봤다. 이번 절부터는 화면과 코드를 통해 실제로 Azure OpenAI 리소스를 만들고 사용해볼 것이다. 이 책은 애저 계정 및 구독subscription이 이미 생성된 상태를 전제로 진행한다. 아직 계정이 없다면 가입 화면[10]에서 계정을 생성하거나 기업 고객이라면 애저의 시스템 관리 부서에 문의해서 생성한 후에 진행하면 된다. **애저 포털**Azure Portal에 대해 더 깊이 알고 싶다면 공식 문서[11]를 참고하자.

3.2.1 Azure OpenAI 액세스 신청

원래 Azure OpenAI는 다른 애저 서비스들과 다르게 리소스 생성을 위한 사전 승인이 필요했다. 현재(2025년 1월 기준)는 이용 약관과 행동 강령을 위배하지 않는 한 별도의 승인은 필요없다. 단, 콘텐츠 필터를 수정하거나 남용 모니터링 제외를 요청하려면 승인이 필요하다. 또, 새로운 모델이 출시됐을 때 일정 기간 동안 사용 승인을 요청받는 경우도 있다(그림 3-3).[12]

---

[10] https://azure.microsoft.com/ko-kr/pricing/purchase-options/pay-as-you-go/
[11] https://learn.microsoft.com/en-us/azure/azure-portal/azure-portal-overview
[12] (옮긴이) https://learn.microsoft.com/ko-kr/legal/cognitive-services/openai/limited-access

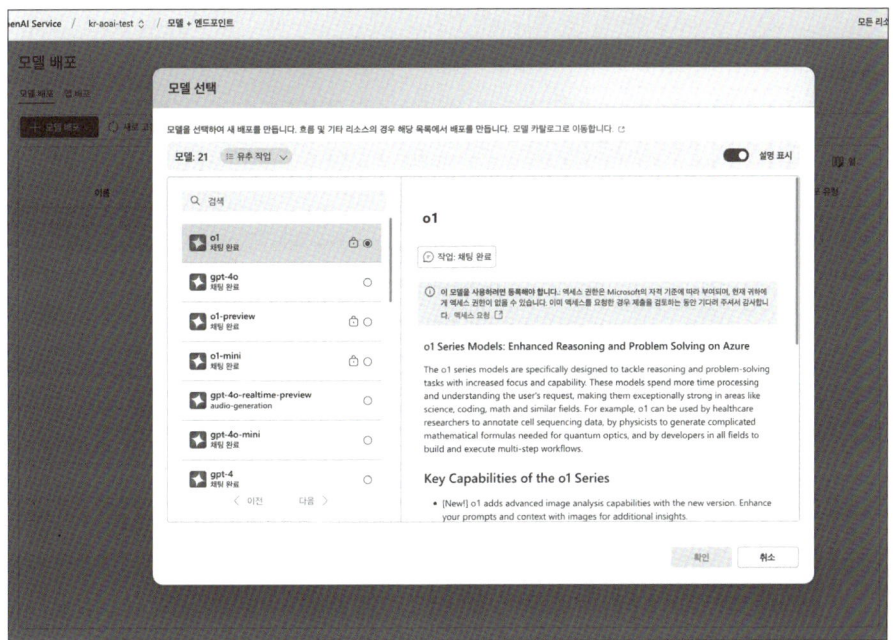

그림 3-3 승인이 필요한 모델

3.2.2 리소스 생성

이제 준비가 끝났으니 드디어 리소스를 생성해볼 것이다. 우선 브라우저에 https://portal.azure.com을 입력해서 애저 포털 화면으로 이동한다. 애저 포털 화면 최상단에 있는 검색창에 'azure openai'를 입력한다. '서비스' 항목 중 [Azure OpenAI]가 나오면 클릭한다(그림 3-4).

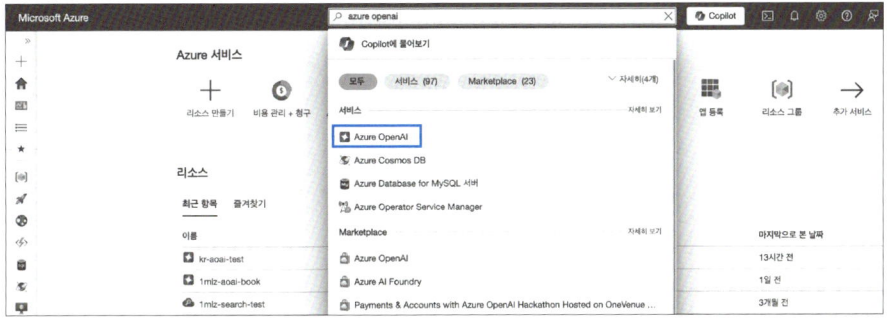

그림 3-4 애저 포털에서 'Azure OpenAI' 검색하기

3.2 Azure OpenAI 시작하기 31

Azure OpenAI의 리소스 관리 화면으로 이동하면 좌측 상단의 [+ 만들기] 버튼을 클릭한다(그림 3-5).

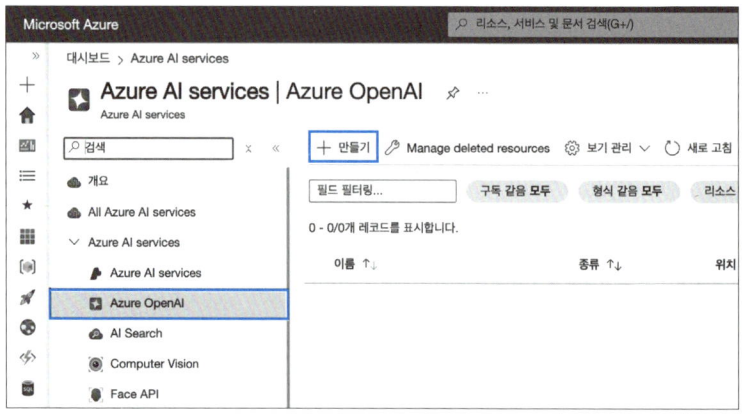

그림 3-5 신규 리소스 생성 화면으로 이동

Azure OpenAI 생성 화면으로 이동이 완료되면 각종 설정값을 입력한다(표 3-2).

표 3-2 Azure OpenAI 리소스 생성 시 설정 항목

설정 항목	개요
구독	생성한 구독을 지정한다.
리소스 그룹	여러 리소스의 비용 관리, 일괄 처리를 위한 그룹이다. Azure OpenAI만을 사용하는 경우라면 신경 쓰지 않아도 된다. [새로 만들기]를 클릭하고 원하는 리소스 그룹 이름을 입력한다.
이름(리소스 이름)	리소스에 붙일 이름[13]을 입력한다. Azure OpenAI에서는 여기에 지정한 이름이 그대로 엔드포인트 URL에도 사용되므로 이를 고려해서 작명해야 한다. 그리고 엔드포인트 URL에 사용되기 때문에 다른 리소스와 중복되지 않는 유일한 이름을 선택해야 한다.
네트워크 설정	엔드포인트에 접근할 방법을 설정한다. Azure OpenAI는 프라이빗 네트워크 내에서만 통신을 허용하는 프라이빗 엔드포인트 설정이 가능하다(자세한 내용은 9장에서 다룬다). 여기서는 일단 '인터넷을 포함한 모든 네트워크가 이 리소스에 액세스할 수 있습니다.'를 선택한다.
태그	리소스에 태그를 설정할 수 있다.

'구독', '리소스 그룹', '지역',[14] '이름', '가격 책정 계층'을 작성하고 [다음]을 클릭한다(그림 3-6).

---

[13] 애저에는 리소스별로 권장하는 네이밍 컨벤션이 있다. 작명 시 다음 문서를 참고하자. https://learn.microsoft.com/ko-kr/azure/cloud-adoption-framework/ready/azure-best-practices/resource-abbreviations

[14] (옮긴이) 번역 시점인 2025년 1월을 기준으로 아직 국내 리전에서는 Azure OpenAI의 대부분의 모델들이 기본 할당량을 제공하지 않는다. 따라서 원서와 동일하게 일본 동부(Japan East) 리전을 사용한다. 리소스를 Korea Central로 생성하는 것은 가능하지만 여전히 배포할 수 있는 모델이 제한적이기 때문에 현재로서는 다른 리전을 선택하는 것이 좋다. 자세한 내용은 다음 문서를 참고하자. https://learn.microsoft.com/ko-kr/azure/ai-services/openai/quotas-limits

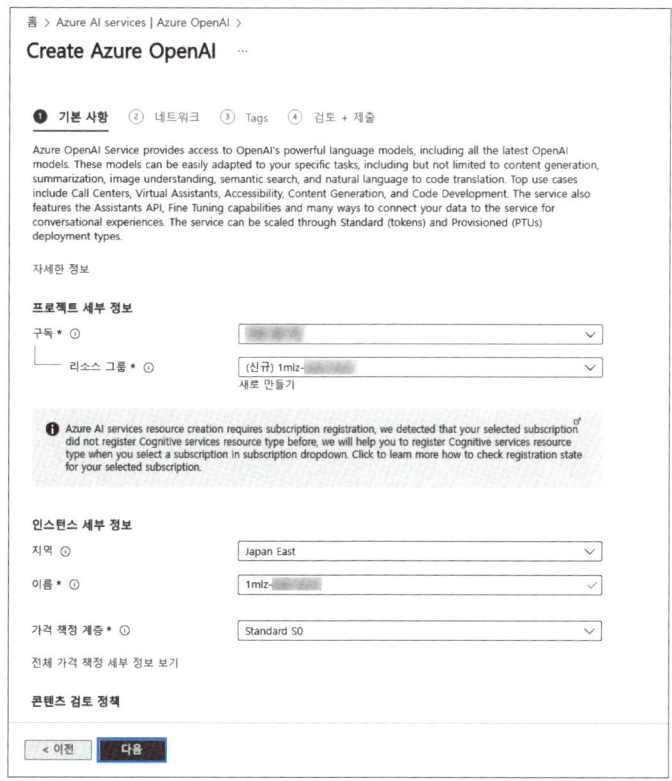

그림 3-6 필수 항목 입력

이어서 Azure OpenAI의 네트워크 보안을 설정한다. 기본값으로 '인터넷을 포함한 모든 네트워크가 이 리소스에 액세스할 수 있습니다.'가 선택되어 있는데 그대로 [다음]을 클릭한다(그림 3-7).

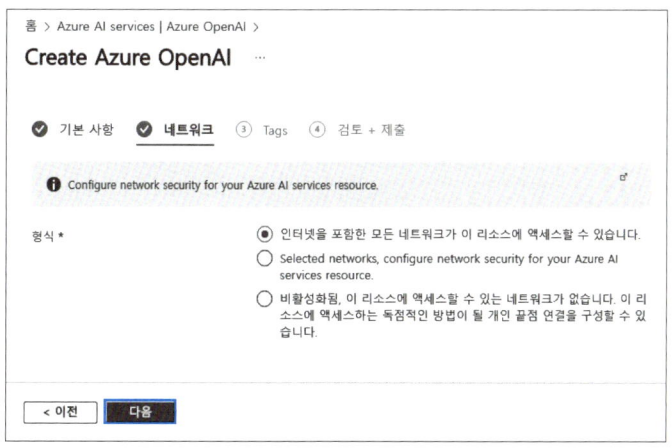

그림 3-7 네트워크 설정

3.2 Azure OpenAI 시작하기   33

리소스에 부여하고 싶은 태그를 지정할 수 있다. 태그를 붙이면 여러 리소스를 관리할 때, 리소스를 검색하고 그룹화하기 쉬워진다. 여기서는 지정하지 않고 [다음] 버튼을 클릭한다(그림 3-8).

그림 3-8 태그 설정

검토 및 제출 화면에서는 지금까지 설정한 항목을 리뷰할 수 있도록 보여준다. 특별한 문제가 없다면 [만들기]를 클릭한다(그림 3-9).

그림 3-9 설정 항목 검토

잠시 기다리면 리소스 생성(배포)이 완료된다. [리소스로 이동]을 클릭하면 생성된 리소스 화면으로 이동한다(그림 3-10).

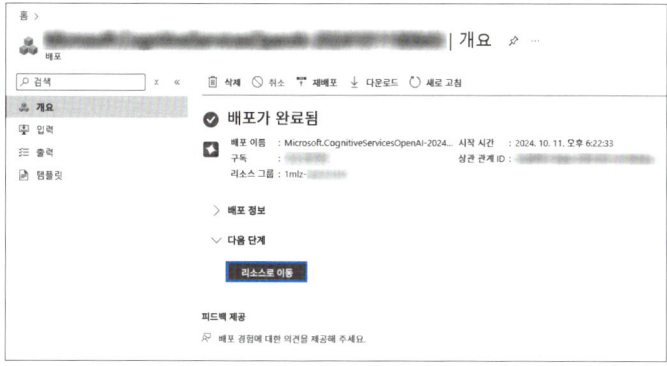

그림 3-10 설정 항목 검토

3.2.3 GPT 모델 배포하기

1 배포 절차

개요에서 언급했듯이 Azure OpenAI에서 ChatGPT API를 사용하려면 리소스를 생성하는 것뿐만 아니라 모델을 배포해야 한다. 모델을 배포하는 방법에는 여러 가지가 있는데, 이 책에서는 Azure AI Foundry portal라는 GUI를 사용해서 진행한다. 앞서 생성한 리소스의 관리 화면에서 [**Go to Azure AI Foundry portal**]을 클릭해서 이동한다(그림 3-11).

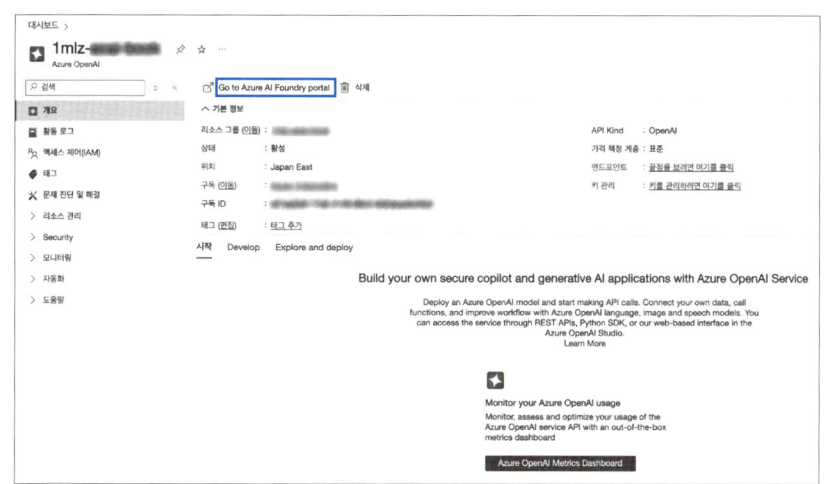

그림 3-11 리소스 화면에서 Azure AI Foundry portal로 이동하기

Azure AI Foundry portal의 화면을 살펴보자(그림 3-12). 이 화면에서 모델의 배포를 관리하거나 채팅 애플리케이션을 개발할 수 있다. 우선 ChatGPT 모델을 배포하기 위해 [배포]를 클릭한다.

그림 3-12 Azure AI Foundry portal의 메인 화면. 이 화면에서 모델 배포 화면으로 이동한다.

아직 배포한 모델이 없으니 [모델 배포]를 클릭하고 [기본 모델 배포]를 선택해서 모델 배포 화면으로 이동한다(그림 3-13).

그림 3-13 모델 배포 관리 화면. [모델 배포] → [기본 모델 배포]를 클릭한다.

이번 장에서는 대화형 모델인 'ChatGPT'를 배포할 것이다. 대표적인 ChatGPT 모델에는 **GPT-3.5**

Turbo[15]와 GPT-4[16]가 있다. 각각 입력 가능한 토큰 수 등 사양의 차이에 따라 몇 가지 세부 모델이 있다(표 3-3 참고). 여기서는 [gpt-35-turbo]를 선택하고 [확인]을 누른다(그림 3-14). '배포 이름'은 'gpt-35-turbo', '모델 버전'은 '0125', '배포 유형'은 '표준'으로 지정하고 [배포]를 누른다(그림 3-15).

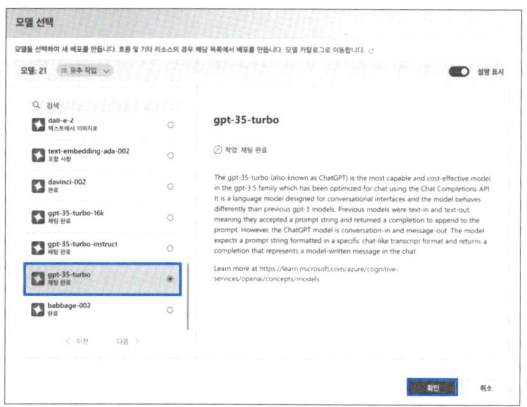 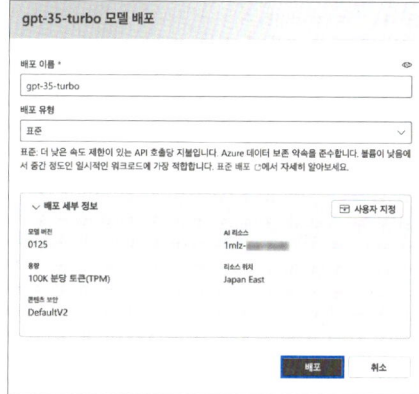

그림 3-14 모델 선택하기   그림 3-15 모델 배포 설정하기

배포 화면에 방금 지정했던 배포 이름이 나타나면 성공한 것이다. 이제 API 요청이 가능하다. 그리고 배포 화면에서 모델을 편집하거나 삭제할 수 있다(그림 3-16).

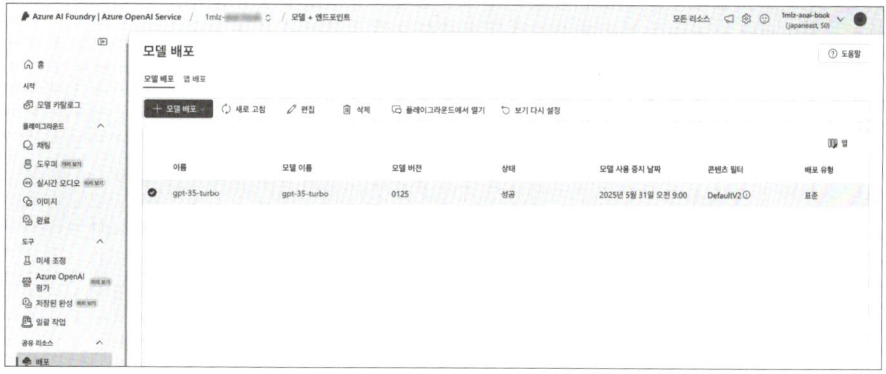

그림 3-16 배포된 모델 확인하기

---

15 OpenAI에서 제공하는 GPT-3.5 Turbo 모델을 사용할 때는 'gpt-3.5-turbo'라고 한다. Azure OpenAI에서는 점(.)을 제거해 'gpt-35-turbo'라고 한다.
16 리전별 차이 또는 때에 따라 GPT-4가 나타나지 않을 수 있다.

2 사용 가능한 모델

이 장에서는 GPT-3.5 Turbo(gpt-35-turbo) 모델을 배포했다. Azure OpenAI에는 이 밖에도 여러 종류의 GPT 모델이 있다. 각각의 모델에는 버전이 있는데 정기적으로 업데이트될 때마다 모델의 정확도가 향상되고 있다. 따라서 특별한 이유가 없다면 새로운 버전을 선택하는 것이 좋다. 모델은 변경이 매우 잦기 때문에 최신 모델이나 버전에 대한 정보는 공식 문서[17]를 확인해야 한다.

집필시점에 이용 가능한 GPT 모델 목록을 표 3-3에 정리했다. 각 모델의 특징을 이해한 후 가격적인 측면까지 검토해서 개발 서비스에 적합한 모델을 선택해야 한다.[18]

표 3-3 Azure OpenAI에서 사용 가능한 GPT 모델 목록

모델 이름	모델 분류	개요	최대 요청(토큰)
gpt-35-turbo	ChatGPT	GPT-3.5를 사용한 대화형 모델로, 저렴하면서 빠르다.	버전 0314, 0613: 4,096 버전 1106, 0125: 입력(16,385)/출력(4,096)
gpt-35-turbo-16k	ChatGPT	gpt-35-turbo에서 최대 요청 토큰을 확장한 모델로, 문서 참조 등 작업 대상의 토큰 수가 거대한 경우에 유용하다.	16,384
gpt-4	ChatGPT	GPT-3.5(Turbo) 보다 입력에 대한 이해 능력과 응답의 정확도가 높다. 반면에 GPT-3.5(Turbo)에 비해 처리 속도가 느리기 때문에 실시간 처리가 중요한 경우에는 주의해야 한다.	버전 0314, 0613: 8,192 버전 1106-Preview, 0125-Preview, turbo-2024-04-09: 입력(128,000)/출력(4,096)
gpt-4-32k	ChatGPT	gpt-4에서 최대 요청 토큰을 확장한 모델로, 문서 참조 등 작업 대상의 토큰 수가 거대한 경우에 유용하다.	32,768
gpt-4o	ChatGPT	OpenAI의 최신 모델로, 텍스트와 이미지를 단일 모델에 통합하는 등 여러 데이터 형식을 동시에 처리할 수 있다.	버전 2024-05-13: 입력(128,000)/출력(4,096) 버전 2024-08-06, 2024-11-20: 입력(128,000)/출력(16,384)
gpt-35-turbo-instruct	InstructGPT	GPT-3.5를 사용해서 문장의 다음 단어를 예측하는 텍스트 완성용 모델로, 저렴하면서 빠르다. gpt-35-turbo 같은 대화 능력은 떨어지지만 불필요한 정보 생성이 제한되므로 지시한 출력 내용을 고정적으로 받고 싶을 때 유용하다. Chat 모델과 DALL-E Completion API에 요청해야 하므로 주의가 필요하다.	4,097

---

[17] https://learn.microsoft.com/ko-kr/azure/ai-services/openai/concepts/models
[18] GPT에서는 입출력 문장을 다룰 때, 단어나 문장 단위가 아닌 토큰 단위로 분할해서 처리한다. 자세한 내용은 3.4절에서 다룬다.

표 3-3 Azure OpenAI에서 사용 가능한 GPT 모델 목록(표 계속)

모델 이름	모델 분류	개요	최대 요청(토큰)
text-embedding-ada-002	GPT Embedding	GPT를 활용한 임베딩 모델로, 입력을 고정된 길이의 벡터로 변환해준다. 변환된 벡터 간의 유사도를 계산해서 문장의 유사도를 판단할 수 있다. 매칭 작업에 응용할 수도 있다.	8,191
o1	ChatGPT	추론과 문제 해결 능력에 중점을 둔 모델이다. 이전 모델들에 비해 수학, 과학, 코딩 영역에서 강점이 두드러진다.	입력(200,000)/출력(100,000)

3.3 채팅 플레이그라운드에서 ChatGPT 애플리케이션 개발하기

실제로 Azure OpenAI를 애플리케이션에 탑재시킬 때는 API를 호출한다. 반드시 GUI를 이용할 필요는 없지만, 프롬프트나 각종 매개변수의 테스트를 위해 Azure AI Foundry portal에 있는 **채팅 플레이그라운드**라는 웹 GUI 기반의 환경을 사용하면 편리하다. 코드를 작성해서 모델을 사용할 때보다 훨씬 간편하게 작동을 확인할 수 있어 채팅 플레이그라운드를 먼저 사용해볼 것이다.

Azure AI Foundry portal에서 [채팅]을 클릭하면 채팅 플레이그라운드 화면이 나타난다(그림 3-17). 화면은 '설정', '채팅 기록'이라는 2개의 섹션으로 나뉘어 있다.

그림 3-17 채팅 플레이그라운드 화면

3.3.1 설정

이 섹션에서는 7개의 설정이 가능하다. 중요 설정들을 하나씩 알아보자.

1 시스템 메시지(확인)

모델에 지침 및 콘텍스트 제공에는 GPT에 부여할 역할을 지시하는 프롬프트(**시스템 프롬프트**)[19]를 설정할 수 있다(그림 3-18).

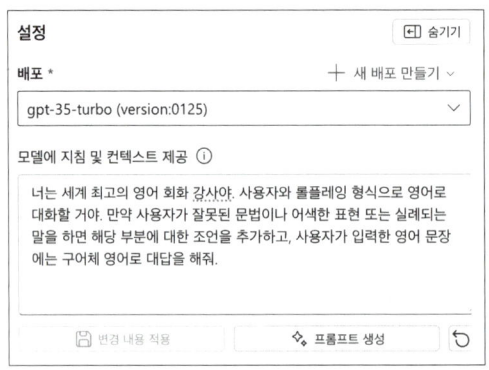

그림 3-18 설정 화면

모델에 지침 및 콘텍스트 제공 대화 상자에는 다음과 같이 대화 규칙을 설정한다.

- GPT에 역할 부여(예: 너는 세계 최고의 영어 회화 강사야.)
- 가상의 사용자 입력(예: 사용자와 롤플레잉 형식으로 영어로 대화할 거야.)
- 출력 형식(예: 만약 사용자가 잘못된 문법이나 어색한 표현 또는 실례되는 말을 하면 해당 부분에 대한 조언을 추가하고, 사용자가 입력한 영어 문장에는 구어체 영어로 대답을 해줘.)

[섹션 추가]에서 [예]를 선택하면 예시를 추가할 수 있는 입력란이 추가된다. '예'에는 모델에 지침 및 콘텍스트 제공에 설정한 대화 규칙에 따라 구체적인 사용자 입력과 출력의 예시를 작성한다(그림 3-19).

---

[19] 사용자가 GPT에 입력하는 지시(사용자 프롬프트)에 추가해서 시스템이 GPT에 지시하는 프롬프트(시스템 메시지와 입출력 예시)를 **메타 프롬프트**(meta prompt)라고 한다.

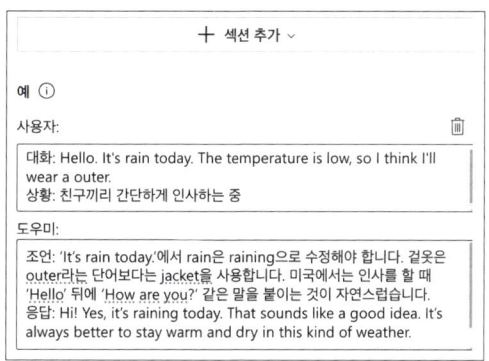

그림 3-19 입출력 예시 추가(퓨샷 학습)

2장에서 살펴봤던 것처럼 이렇게 예시를 LLM에 추가하는 것을 퓨샷 학습이라고 한다. 이 방법은 예상한 대로 응답을 받고싶을 때 유용하다. 예시는 모델의 프롬프트 입력 제한이 허용하는 한도 내에서 추가할 수 있다(실제로는 그렇게 많은 예시를 추가하는 경우는 거의 없다).

❷ 데이터 추가

[데이터 추가] 탭에는 데이터 원본을 추가할 수 있는 기능이 있다. 데이터 원본을 추가하면 GPT가 응답하기 전에 추가한 데이터에서 정보를 검색해 해당 정보를 기반으로 응답을 생성해준다(그림 3-20). 이 기능은 Azure OpenAI on your data에서 제공하는 것인데 자세한 내용은 2부에서 다룬다.

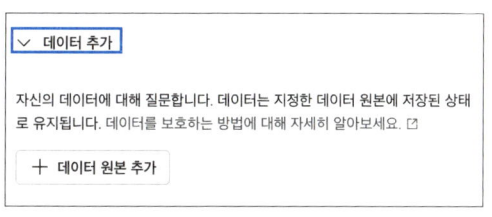

그림 3-20 사용자 데이터(문서 등) 기반 응답 생성

❸ 매개변수

[매개 변수]에는 GPT에 설정할 매개변수를 지정할 수 있다. 이 중에서도 특히 응답의 **임의성**randomness을 제어하는 **온도**temparature를 자주 변경한다. 온도는 0에서 1 사이의 값을 지정할 수 있으며, 값이 클수록 선택할 수 있는 토큰의 다양성이 증가해 창의적인 문장이 생성된다. 개발하는 서비스에서 GPT가 어떻게 동작해야 하는지를 고려해서 테스트하며 값을 정할 수 있다(그림 3-21).

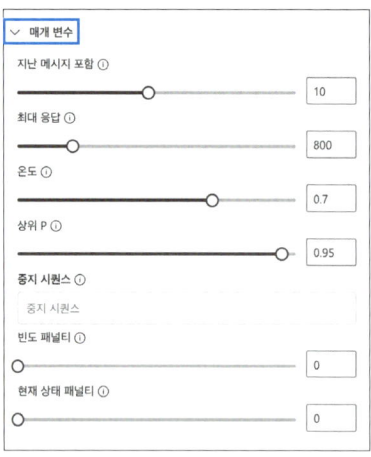

그림 3-21 입출력 예시 추가(퓨샷 학습)

3.3.2 채팅 세션

채팅 세션에서는 '설정'과 '구성'에 지정한 내용들을 기반으로 GPT에 메시지를 보내고 응답을 받을 수 있다. 실제로 요청을 보내 확인해보자.

표 3-4는 GPT에 영어 회화 강사 역할을 부여하기 위해 간략히 설정값을 작성한 것이다.

표 3-4 텍스트 생성 테스트 설정값

대상	설정값
시스템 메시지	너는 세계 최고의 영어 회화 강사야. 사용자와 롤플레잉 형식으로 영어로 대화할 거야. 만약 사용자가 잘못된 문법이나 어색한 표현 또는 실례되는 말을 하면 해당 부분에 대한 조언을 추가하고, 사용자가 입력한 영어 문장에는 구어체 영어로 대답을 해줘.
(예시)사용자	대화: Hello. It's rain today. The temperature is low, so I think I'll wear a outer. 상황: 친구끼리 간단하게 인사하는 중
(예시)도우미	조언: 'It's rain today.'에서 rain은 raining으로 수정해야 합니다. 겉옷은 outer라는 단어보다는 jacket을 사용합니다. 미국에서는 인사를 할 때 'Hello' 뒤에 'How are you?' 같은 말을 붙이는 것이 자연스럽습니다. 응답: Hi! Yes, it's raining today. That sounds like a good idea. It's always better to stay warm and dry in this kind of weather.
구성	사용할 배포는 gpt-35-turbo(배포 시 설정한 이름 사용)다. '온도'는 0.3, '상위 P(top_p)'는 0.95로 설정한다.

설정값을 입력했으면 '설정' 섹션 상단에 있는 [변경 내용 적용]을 클릭해야 실제로 반영된다. 설정이 완료되면 채팅 세션에 다음과 같이 메시지를 보낸다(그림 3-22).

대화: Hi. Where are you from?
상황: 초면인 외국인과의 대화

그림 3-22 채팅 세션에 메시지를 입력하고 보내기

잠시 기다리면 응답이 나타난다(그림 3-23).

그림 3-23 ChatGPT 모델의 응답이 나타난 화면

이처럼 말투나 창의성을 조절하면서 개발하는 서비스에 맞춰 GPT의 작동을 제어할 수 있다.

'채팅 세션'에서 [코드 보기]나 [내보내기]에서 [...JSON 파일로]를 실제 개발 환경에서 파이썬 SDK로 요청을 보낼 때 사용할 수 있는 예제 코드나 JSON 형식으로 변환된 요청 정보를 확인할 수 있다(그림 3-24).

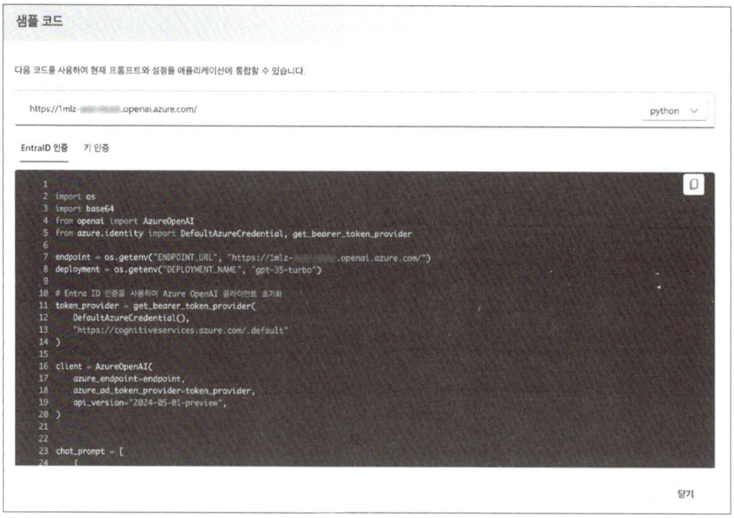

그림 3-24 설정한 프롬프트와 매개변수를 애플리케이션에 탑재하기 위한 예제 코드가 표시된다.

프로그래밍 언어로 Azure OpenAI를 애플리케이션에 탑재하는 방법은 2부에서 다룬다. 지금은 화면에서 테스트한 내용을 바로 코드로 변환해서 시스템에 탑재시킬 수 있다는 것만 알아두자.

> **COLUMN 채팅 플레이그라운드는 어디에서 작동하는 것일까?**
>
> 채팅 플레이그라운드를 마이크로소프트가 운영 중인 웹서버에 배포되어 있는 것으로 오해하는 사람이 많다. 하지만 채팅 플레이그라운드는 API 요청을 보조하는 도구이며 로컬 환경에서 사용 중인 웹브라우저에서 작동한다. 따라서 요청을 보낼 때 로컬 환경과 Azure OpenAI 엔드포인트 간에 통신이 가능한 상태가 아니면 텍스트 생성 기능을 사용할 수 없으므로 주의하자.

3.3.3 채팅 애플리케이션 배포

채팅 플레이그라운드에서 설정한 시스템 메시지와 매개변수를 웹 애플리케이션(이하 웹 애플리케이션)으로 배포할 수 있다. 플레이그라운드 우측 상단에 있는 [배포]를 클릭하고 [...웹앱으로]를 선택하면 웹 애플리케이션을 호스팅하는 **PaaS**platform as a service인 **Azure App Service**를 사용해서 배포할 수 있다(그림 3-25).

그림 3-25 화면 우측 상단의 [배포 대상] 클릭

웹 애플리케이션의 리소스를 생성하기 위한 정보들을 입력하고 [배포] 버튼을 누르면 배포가 완료된다. '웹앱에서 채팅 기록 사용' 옵션을 체크하고 배포하면 **Azure Cosmos DB**에 채팅 기록을 저장하는 방식으로 배포된다(그림 3-26).

그림 3-26 Azure App Service 설정값을 입력해서 웹 애플리케이션으로 배포

잠시 기다리면 배포가 완료되었다는 알림이 뜬다. 배포된 앱은 Azure AI Foundry portal의 [배포]로 들어간 뒤 [**앱 배포**] 탭에서 확인할 수 있다. 앱 이름을 클릭하면 배포된 웹 애플리케이션이 실행된다(그림 3-27).[20]

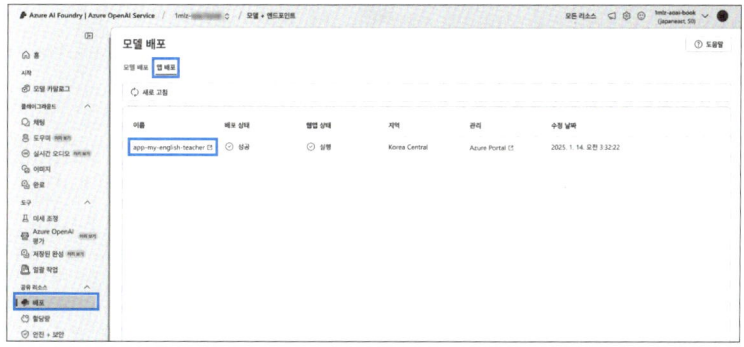

그림 3-27 배포된 웹 애플리케이션 실행

---

20 그림 3-26에서 지정한 이름에 기반해 생성된 URL로 접속할 수 있다. 이 장에서 입력한 예제대로라면 https://app-my-eng-teacher.azurewebsites.net/로 접속이 가능하다.

처음 실행할 때는 접근 허가를 요구하는 화면이 나온다. [Accept] 버튼을 클릭한다(그림 3-28).

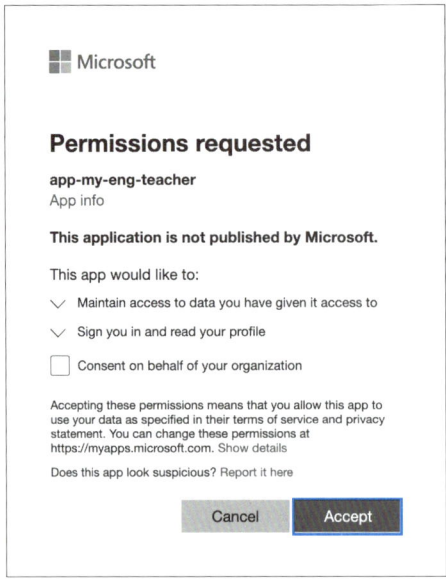

그림 3-28 접근 허가 승인

이 웹 애플리케이션은 Microsoft Entra ID의 인증 기능 기반으로 배포된 것이므로 인증 화면이 나타난다. 인증이 완료되면 웹 애플리케이션 화면으로 이동한다. 이 웹 애플리케이션에서 영어 회화 강사처럼 행동하는 AI 어시스턴트와 채팅할 수 있다(그림 3-29).

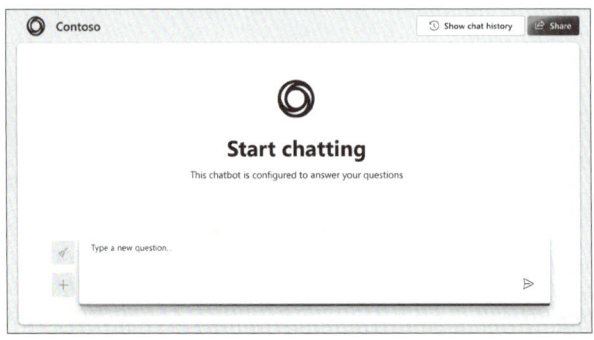

그림 3-29 배포된 AI 어시스턴트 애플리케이션 화면

그리고 간략하게 언급만 하고 넘어간 on your data 기능을 활용해서 사내 문서를 데이터 원본으로 추가해 배포하면 사내 문서 검색 도우미로 사용할 수 있다.

이 장의 예제에서는 ChatGPT 모델에 시스템 메시지(프롬프트)를 설정해서 영어 회화 강사처럼 행동하도록 역할을 부여했다. 실제로 사내에서 ChatGPT를 활용할 때에도 이처럼 특정 기능을 가진 AI 어시스턴트 웹 애플리케이션을 아주 쉽게 배포할 수 있다. 참고로 메타 프롬프트와 매개변수 설정은 웹 애플리케이션으로 배포된 뒤에는 사용자에게 보이지 않도록 은닉되며 변경할 수 없다.

LLM 애플리케이션 개발은 고도의 전문성을 요구한다. 따라서 누구나 처음부터 끝까지 모든 기능을 개발하기는 어렵다. 그럴 때 지금처럼 GUI를 사용해서 개발하는 서비스가 있으면 많은 도움을 받을 수 있다. 점진적으로 기능이 업데이트되고 있어서 시간이 지날수록 더 많은 기능을 쉽게 추가할 수 있을 것이다.

> **COLUMN** 플레이그라운드에서 배포한 웹 애플리케이션의 소스 코드
>
> 채팅 플레이그라운드에서 배포한 웹 애플리케이션의 소스 코드는 깃허브 저장소[21]에 공개되어 있다. 이 저장소에서 소스 코드를 확인할 수 있으며, 필요에 따라 코드를 추가하거나 수정해 웹 애플리케이션으로 배포할 수도 있다.

3.4 고려 사항

3.4.1 비용 문제

Azure OpenAI는 기본적으로 토큰 사용량에 따라 과금된다.[22] 이 방식은 입출력 문장을 토큰 단위로 분할해서 토큰 수에 따라 과금을 발생시킨다.

토큰 분할 방법은 언어마다 다르기 때문에 1문자에 몇 토큰이라고 딱 잘라 말하기는 어렵다. 다만 몇 개의 문장을 토큰화해서 평균값을 계산해보면 GPT-3 모델을 기준으로 한국어는 글자당 2-3 **토큰**[23]을 사용함을 알 수 있다. 정확한 토큰 수를 얻고 싶으면 OpenAI가 서비스하는 **tiktoken**[24]이라는 라이브러리를 사용하면 된다.

API를 사용할 때는 입력값과 출력값 양쪽의 토큰 수를 함께 계산한다. 그리고 on your data를 활

---

[21] https://github.com/microsoft/sample-app-aoai-chatGPT
[22] 토큰 사용량 기반 종량제 외에 모델 처리용량을 예약 구매하는 **프로비저닝된 처리량 단위**(provisioned throughput unit, PTU) 방식도 있다.
[23] 옮긴이 GPT-3.5&GPT-4와 GPT-4o&GPT-4o mini에서는 대폭 감소됐다. https://platform.openai.com/tokenizer에서 테스트할 수 있다.
[24] https://github.com/openai/tiktoken

용해서 검색에 사용한 텍스트나 6장에서 살펴볼 함수 호출 기능을 사용했을 때 함수 정의에 사용한 텍스트의 토큰 수도 과금 대상이다.

가령 gpt-35-turbo(콘텍스트는 4k 모델)의 경우 입력한 프롬프트에는 토큰 1,000개당 0.0015달러를, 출력된 텍스트에는 토큰 1,000개당 0.002달러를 과금한다. 만약 입력한 프롬프트와 출력으로 생성된 텍스트가 각각 1,000개씩 토큰을 사용했다면 비용은 0.0015 + 0.002 = 0.0035달러가 된다.

3.4.2 할당량 및 제한

일반적으로 클라우드 서비스들은 리소스를 생성했다고 무한히 API를 요청할 수 있는 것이 아니라, 제품별로 정해진 할당량만큼 사용할 수 있도록 제한을 두고 있다. 공식 문서[25]를 보면 Azure OpenAI의 할당량 제한도 자세히 정리되어 있다.

실제 서비스를 운영할 때 가장 주의해야 할 것은 **TPM**(분당 토큰 속도)token per minute 제한이다. 1개의 구독에 있는 리소스에는 리전마다 사용 가능한 TPM이 정해져 있으며, 모델 배포 시에 TPM을 얼마나 할당할 것인지 설정할 수 있다(그림 3-30).

그림 3-30 분당 토큰 할당

---

[25] https://learn.microsoft.com/ko-kr/azure/ai-services/openai/quotas-limits

가령 2025년 1월 시점에 일본 동부 리전에서는 gpt-35-turbo를 기준으로 한 개의 리소스에 300K TPM을 사용할 수 있다. 이때 배포 하나에 300K TPM을 통째로 할당할 수도 있고 3개의 배포에 각각 100K TPM을 할당할 수도 있다.

그리고 TPM은 **RPM**(분당 요청 수)request per minute 제한과 연동되어 1K TPM당 6 RPM으로 설정된다. 예를 들어, 1개의 배포에 300K TPM을 할당하면 RPM은 1,800이 된다. 이는 분당 최대 요청 횟수가 1,800회임을 의미한다.

만약 TPM, RPM이 상한을 초과하면 Azure AI Foundry portal에서 할당량 증가 요청을 할 수 있다(그림 3-31).

그림 3-31 할당량 증가 요청

최근에는 GPU 공급이 부족해서 할당량 증가 요청을 승인하지 않을 때도 있다. 이럴 때는 리전별로 요청을 분산하면 실질적으로 할당량이 증가된 효과를 얻을 수도 있다. 부하 분산 구현은 애플리케이션에서 직접 구현해도 되고 API 관리 플랫폼인 **Azure API Management**(이하 **API Management**)나 **Azure Application Gateway**와 **Azure Front Door** 같은 부하 분산 서비스를 사용해도 된다(그림 3-32). 자세한 내용은 9장에서 다룬다.

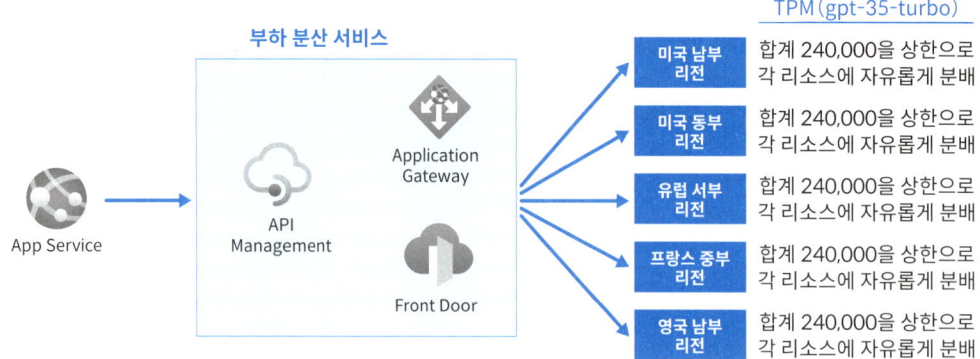

그림 3-32 분당 토큰 제한과 멀티 리전 부하 분산

리전 간 부하 분산은 TPM 제한을 우회하는 효과뿐만 아니라 특정 리전에 장애가 발생했을 때 대응할 수 있는 가용성 확보 효과도 있다.

3.5 마무리

이 장에서는 ChatGPT 모델을 시스템에 탑재할 때 사용하는 핵심 도구인 Azure OpenAI Service를 살펴봤다. 실제로 시스템을 개발할 때는 대개 REST API나 CLI/SDK를 통해 사용한다. 하지만 스튜디오에 있는 기능만으로도 쉽게 OpenAI 모델을 테스트하고, 웹 애플리케이션으로 배포까지 할 수 있는 유용한 도구이므로 반드시 직접 사용해보길 권장한다.

PART II

RAG를 활용한 사내 문서 검색 시스템 구현

CHAPTER 4 **RAG 개요 및 설계**
CHAPTER 5 **RAG 구현 및 평가**

- RAG의 개념을 이해하고 사내 문서 검색 애플리케이션 구현
- Azure AI Search를 중심으로 사내 문서 검색 애플리케이션 구현에 핵심적인 애저 서비스 및 아키텍처 설명
- 검색 및 응답 정확도 개선 방법 소개

CHAPTER 4

RAG 개요 및 설계

지금까지는 애저를 통해 ChatGPT의 기능을 살펴봤다. 하지만 ChatGPT의 기능만으로는 학습하지 않은 정보에 대해서는 응답할 수 없다. 이 장에서는 외부 정보를 취득해 답변을 생성하는 RAG라는 개념을 중심으로 시스템을 구성하는 각각의 요소들을 살펴볼 것이다.

4.1 ChatGPT의 문제점과 해결 방법

ChatGPT는 인터넷에 있는 다수의 문서를 토대로 학습한다. 하지만 모델이 공개된 시점 이후의 정보는 알 수 없다.[1] 이처럼 ChatGPT에는 학습 시점 이후의 정보나 인터넷에 없는 정보는 답변할 수 없다는 문제가 있다. 예를 들어 ChatGPT(gpt-3.5-turbo)에 "2023년에 열린 WBC에서 우승한 나라를 알려줘"라고 물으면 "2023년에 열린 WBC에서 우승한 나라는 미국입니다. 미국은 2023년 대회에서 결승에서 쿠바를 이기고 우승을 차지했습니다"라고 응답한다(그림 4-1).

---

[1] (옮긴이) 2025년 1월을 기준으로, gpt-3.5-turbo 모델의 최대 학습 데이터는 2021년 9월이다. gpt-4 모델의 버전별 최대 학습 데이터는 다음과 같다. 0314 버전(2021년 9월), 0613 버전(2021년 9월), 1106-preview 버전(2023년 4월), 0125-preview 버전(2023년 12월), vision-preview 버전(2023년 4월), gpt-4-turbo-2024-04-09 버전(2023년 12월), gpt-4o-2024-05-13 버전, 2024-08-06 버전, 2024-11-20 버전(2023년 10월), gpt-4o-mini-2024-07-18 버전(2023년 10월). o1(2024-12-17)과 o1-mini(2024-09-12)의 최대 학습 데이터는 2023년 10월이다. 자세한 내용은 다음 링크를 참고하자. https://learn.microsoft.com/ko-kr/azure/ai-services/openai/concepts/models

그림 4-1 Azure AI Foundry portal 화면(gpt-3.5-turbo 모델)

이는 gpt-3.5-turbo 모델이 2021년 9월 이후의 정보를 가지고 있지 않기 때문에 정확하게 응답할 수 없는 것이다. ChatGPT는 이렇게 널리 알려진 최신 정보뿐만 아니라 기업의 내부 정보처럼 공개되지 않은 정보에도 정확하게 응답할 수 없다.

이처럼 ChatGPT만으로는 응답할 수 없는 정보가 많다. 이럴 때는 외부 정보를 검색하고 그 결과를 프롬프트에 포함시켜 응답을 생성하는 방식으로 문제를 해결할 수 있다.

실제로 코파일럿(구 **빙챗**Bing Chat)[2]은 이런 방식을 채택하고 있다. 코파일럿에 "2023년에 열린 WBC에서 우승한 나라를 알려줘"라고 물으면 "일본이 2023년 월드 베이스볼 클래식(WBC)에서 우승을 차지했습니다"라고 응답한다(그림 4-2).

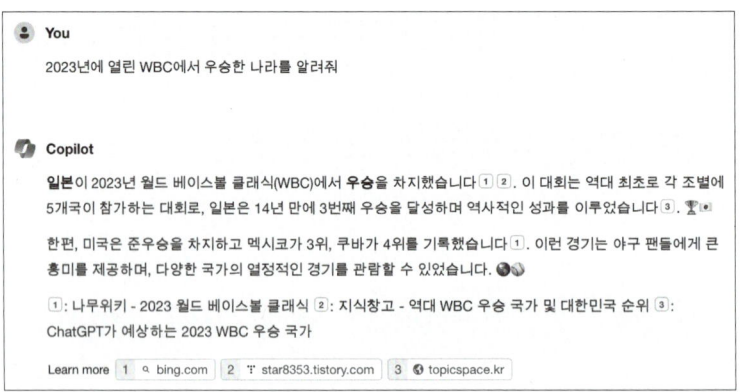

그림 4-2 코파일럿 화면

코파일럿은 질문을 입력하면 우선 Bing의 인터넷 검색 기능을 사용해 연관된 문서를 검색한다. 그리고 GPT를 사용해 검색 결과를 요약하고 응답을 생성한다(그림 4-3).

---

2 빙챗은 2023년 11월에 코파일럿으로 명칭을 변경했다.

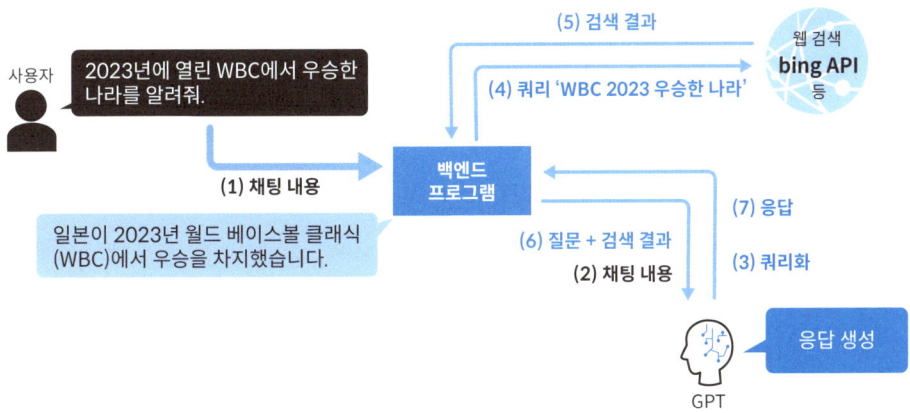

그림 4-3 RAG 아키텍처 예시

이처럼 LLM이 모르는 정보를 외부에 검색해서 그 결과를 토대로 응답을 생성하는 기법을 RAG라고 한다. RAG는 LLM 애플리케이션 개발의 핵심 요소라고 할 수 있다. 그리고 이렇게 LLM에 외부 정보를 연동하는 것을 **그라운딩**grounding이라고도 부른다.

4.2 RAG란

이번 절에서는 **검색증강생성**retrieval-augmented generation, RAG[3]의 핵심 요소를 살펴볼 것이다. **RAG**의 장점은 크게 두 가지다. 첫째, 모델이 최신 정보 혹은 신뢰도 높은 정보에 접근할 수 있는 점이다. 둘째, 모델이 어떤 정보를 참조했는지 확인해서 사용자가 생성 결과의 정확성을 검토할 수 있는 점이다. 이처럼 모델로부터 얻은 응답의 신뢰도를 판단할 수 있게 되면 환각에 대응할 수 있다.

RAG의 아키텍처와 핵심 요소는 다음과 같다(그림 4-4).

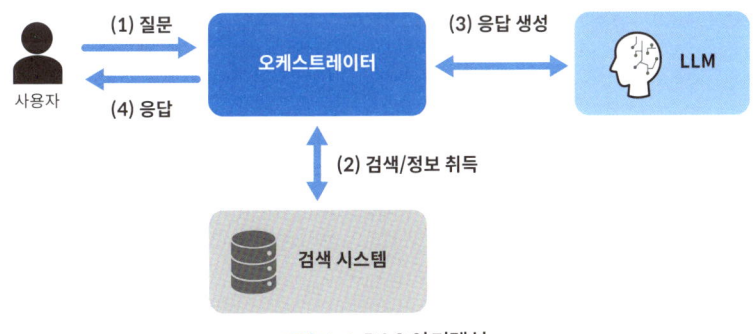

그림 4-4 RAG 아키텍처

---

[3] https://arxiv.org/abs/2005.11401

사용자의 질문을 받아 관련 도큐먼트[4]를 검색하거나 LLM에 응답 생성을 지시하는 모듈을 **오케스트레이터**orchestrator라고 한다. 오케스트레이터는 RAG의 전체 흐름을 조율하는 핵심 요소다. RAG는 프롬프트를 정의하며, 검색 시스템과 LLM 사이의 중개를 담당한다.

LLM에 지식을 전달하기 위한 시스템을 **검색 시스템**search system이라고 한다. 검색 시스템은 사용자가 질문한 내용과 연관된 도큐먼트를 정확하게 찾아주는 것이 중요하다. 이를 위해 코파일럿 같은 인터넷 검색엔진을 사용할 수도 있고, **Azure AI Search**(구 Azure Cognitive Search)를 사용해서 사내 문서 검색 시스템을 구축할 때도 있다.

프롬프트에 대한 응답을 생성하는 작업은 LLM이 수행한다. LLM은 프롬프트의 내용을 이해하고 빠른 시간에 정확한 응답을 생성하는 것이 중요하다.

지금까지 살펴본 RAG의 핵심 요소를 4장에서는 다음과 같은 서비스를 사용해 구현할 것이다.

- 검색 시스템
  - Azure AI Search
- 오케스트레이터
  - Azure OpenAI on your data
  - Azure Machine Learning 프롬프트 흐름
  - 자체 구현
- LLM
  - Azure OpenAI API

4장에서는 RAG의 핵심 요소를 살펴본다. 참고로 5장부터 예제 저장소를 활용해 RAG 애플리케이션을 구현하고 RAG의 정확도 개선 방법을 알아본다.

---

4 [옮긴이] PDF, 엑셀 등 일반적인 문서는 '문서'로 번역하고, 아파치 루씬(Apache Lucene) 등의 영향을 받아 문서를 도큐먼트라는 객체를 생성해 분할하고 검색을 위한 색인 작업을 수행하는 시스템의 관점에서 이야기할 때는 '도큐먼트'라고 음차했다. 자세한 내용은 아파치 루씬의 도큐먼트 객체 문서는 다음 URL을 참고하기를 바란다. https://lucene.apache.org/core/9_1_0/core/org/apache/lucene/document/Document.html

4.3 검색 시스템

검색 시스템은 구글이나 마이크로소프트 빙Microsoft Bing 같은 인터넷 검색엔진에서 사내 문서 검색 시스템까지 다양한 종류가 있다. 사용자가 원하는 정보가 데이터베이스에 있다면 데이터베이스도 검색 시스템의 일부로 취급할 수 있다(그림 4-5).

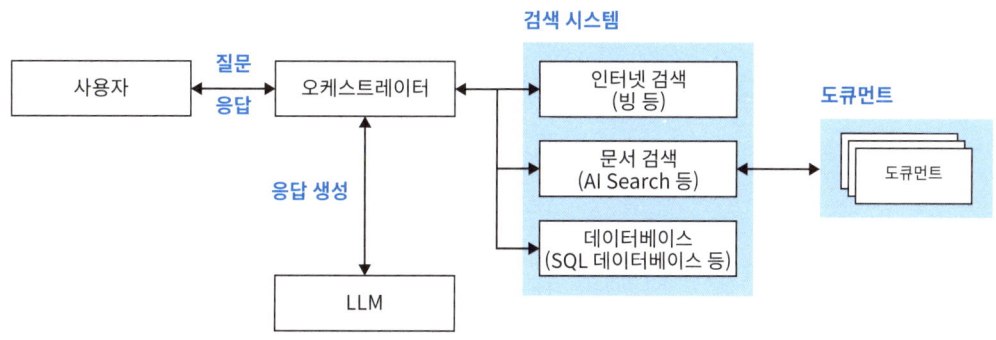

그림 4-5 검색 시스템의 흐름

어떤 종류의 검색 시스템을 선택하는 것이 최선인지는 목적이나 상황에 따라 달라진다. 가령 최신 정보를 응답해야 할 때는 빙 같은 인터넷 검색엔진을 사용하는 것이 최선이다. 그리고 기업 및 조직 내부 문서를 기반으로 응답해야 할 때는 전용 문서 검색 시스템을 사용해야 한다. 또, 고객 정보를 기반으로 응답해야 한다면 고객의 정보가 있는 데이터베이스와 연동하는 것이 가장 효율적이다(표 4-1).

표 4-1 검색 시스템 종류

종류	내용
인터넷 검색	인터넷에서 사용자의 검색 쿼리와 연관된 정보를 제공한다. 웹 쪽 내용을 정기적으로 크롤링해서 정보를 갱신한다.
문서 검색	기업 및 조직 내부 문서나 데이터에서 연관된 정보를 빠르게 취득한다. 특히 비즈니스 문서관리나 정보검색에 적합하다.
데이터베이스 검색	정형화된 데이터를 중심으로 특정 쿼리에 맞는 데이터를 추출하는 것이 목적이다. 가령 고객 정보나 상품 데이터를 효율적으로 찾아낼 때 유용하다.

단, RAG를 위해 검색 시스템을 선정할 때는 두 가지를 주의해야 한다.

1. 문서의 문자 수

    사용자가 검색 시스템에서 정보를 취득해서 응답을 생성할 때 검색한 도큐먼트의 문자 수가 너무 크면 LLM의 토큰 사용량 제한에 걸려서 에러가 발생할 수 있다. 이를 방지하려면 문서를 사전에 여러 개의 청크chunk로 분할해야 한다.

2. 문장의 의미에 기반한 검색

RAG에서 사용자의 질문은 키워드가 아닌 문장 형태로 들어온다. 문장의 의미를 고려해서 연관된 도큐먼트를 검색하려면 벡터 검색vector search을 사용해야 한다. 벡터 검색은 4.4.2절에서 자세히 다루겠다.

다음 절에서는 문서 검색에 중점을 두고 애저에서 검색 시스템을 구축할 수 있는 Azure AI Search를 살펴본다.

4.4 Azure AI Search

Azure AI Search는 고도화된 전문 검색이 가능한 PaaS형 서비스다.

검색 시스템이 없으면 문서 전체를 뒤지면서 연관 단어를 찾아야 하므로 검색의 효율성이 떨어진다. Azure AI Search를 사용하면 문서 내용을 사전에 색인index으로 등록해두고, 검색 시에 색인에서 문서 내용을 가져오기 때문에 검색 속도가 빨라진다(그림 4-6).

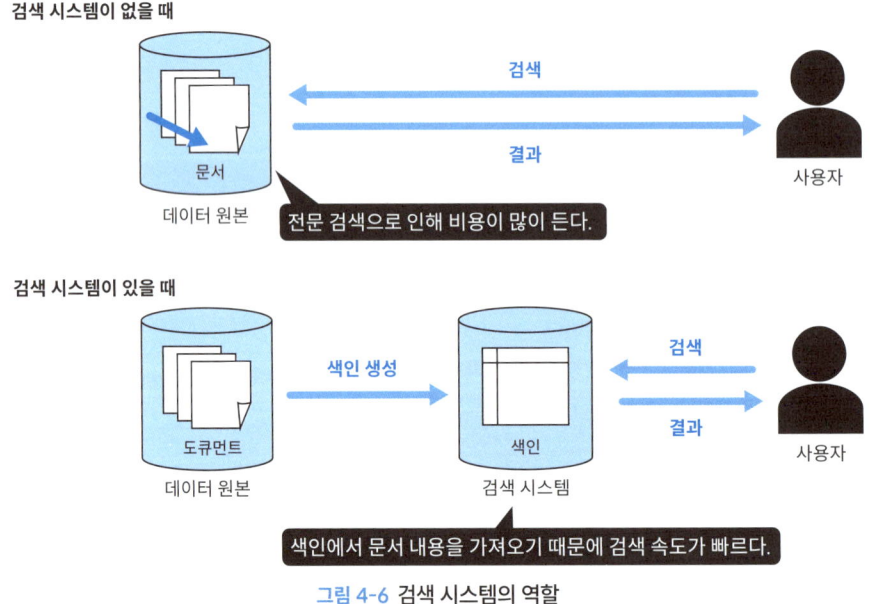

그림 4-6 검색 시스템의 역할

Azure AI Search의 실행 흐름은 크게 2단계로 나뉜다(그림 4-7).

1. 색인 생성

    PDF나 데이터베이스 등의 데이터 원본에서 데이터를 읽어 들여 검색용 색인을 생성한다.

2. 문서 검색

    생성된 색인으로 전문 검색이나 벡터 검색을 해서 연관된 정보를 반환한다.

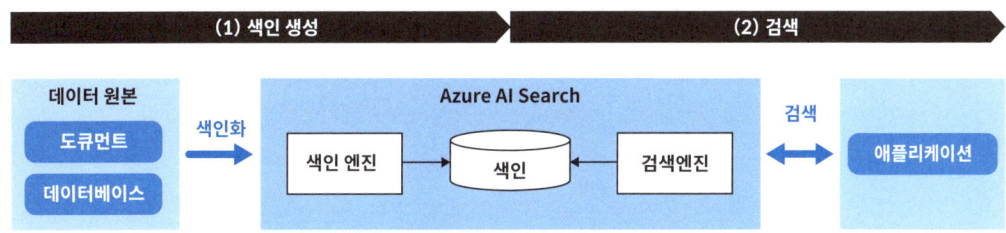

그림 4-7 Azure AI Search의 실행 흐름

Azure AI Search의 주요 장점은 다음과 같다.

- 다양한 데이터 원본 및 형식 지원
    - PDF, 테이블 데이터, JSON 등 다양한 데이터 형식과 Azure Blob Storage, Azure Cosmos DB 등 다양한 데이터 원본을 지원한다.
- 확장성
    - 색인의 파티션partition 수와 복제본replica 수를 조정하고 부하에 따라 유연하게 스케일 아웃이 가능하다.
- 풍부한 검색 기능
    - 전문 검색, 빙 검색엔진에서 사용 중인 AI 기반 의미 체계 검색,[5] 벡터 검색을 지원한다.

---

[5] 옮긴이 semantic은 일반적으로 '의미(예: semantic role(의미역))'나 '의미론적(예: semantic segmentation(의미론적 분할))'으로 번역하거나 '시맨틱'으로 음차한다. 애저 서비스에서는 semantic을 '의미론적(예: semantic caption(의미론적 캡션))' 혹은 '의미 체계(예: semantic ranker(의미 체계 순위))'로 번역하고 있다. 이 책에서는 혼란을 피하기 위해 애저가 제공하는 용어에 따라 '의미 체계' 혹은 '의미론적'이라고 번역한다.

4.4.1 색인 생성

Azure AI Search의 색인 생성 방법과 생성 흐름을 살펴보자. 색인 생성 방법은 크게 인덱서indexer를 이용하는 방법과 API를 이용하는 방법으로 나뉜다(그림 4-8).

- 인덱서 이용
  - Azure Blob Storage 등 Azure AI Search가 지원하는 데이터 원본을 지정한다. 인덱서는 정기적으로 데이터 원본을 스캔해서 색인을 갱신한다(Pull 방식). 삭제나 부분 변경도 가능하며, PDF를 텍스트로 변환하는 작업도 내부에서 자동으로 실시한다.
- API 이용
  - 색인 레코드의 내용을 직접 API 요청 시에 body로 보내 색인을 생성한다(Push 방식). 문서에서 텍스트를 추출하는 작업은 사용자가 해야 하지만, Pull 방식에 비해 실시간으로 색인을 갱신할 수 있다는 장점이 있다.

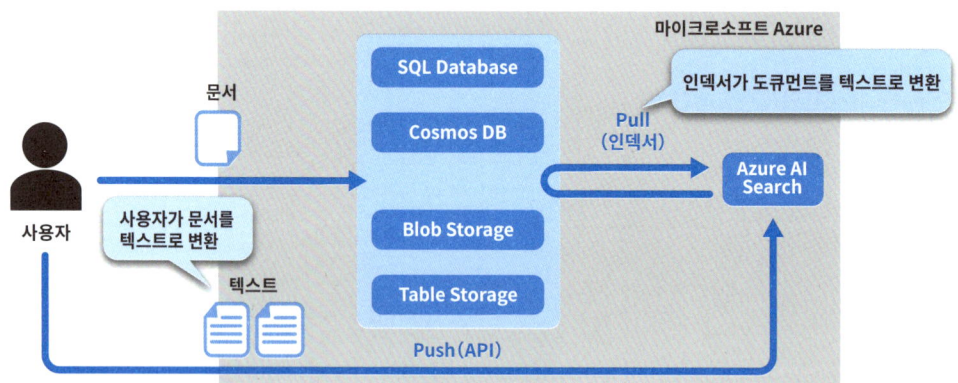

그림 4-8 색인 생성 방법

이제 인덱서를 이용한 색인 생성 흐름을 자세히 살펴보자.

1 색인 생성 흐름

우선 인덱서가 데이터 원본을 정기적으로 스캔해서 갱신된 부분이 있는지 확인한다. 만약 데이터 원본에 있는 데이터가 PDF 등의 비정형 데이터라면 도큐먼트를 분석해서 텍스트로 변환한다. 그리고 키워드 추출이나 벡터화 같은 작업이 스킬셋으로 지정되어 있으면 텍스트에 해당 작업을 수행하고 그 결과를 색인으로 등록할 수 있다. **IndexWriter**[6]는 분석기를 사용해서 도큐먼트에 있는 텍스트를 단어로 분할하고 색인으로 등록한다(그림 4-9).

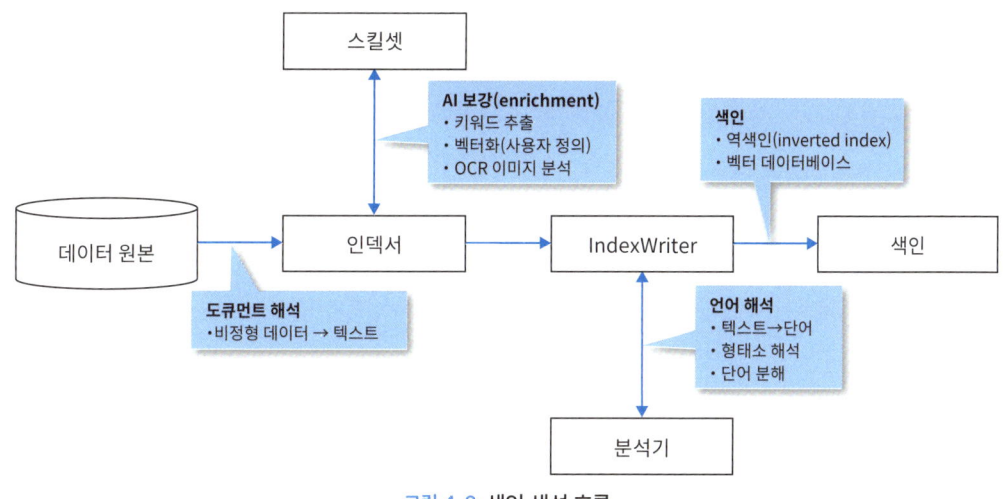

그림 4-9 색인 생성 흐름

2 데이터 원본

인덱서가 지원하는 주요 데이터 원본은 다음과 같다.[7]

- Azure Blob Storage
- Azure Data Lake Storage Gen2
- Azure Cosmos DB
- Azure SQL Database
- Azure Table Storage
- Azure SQL Managed Instance
- Azure Virtual Machines의 SQL Server
- Azure Files(in preview)
- Azure MySQL(in preview)
- Microsoft 365의 SharePoint(in preview)

---

6 옮긴이 자세한 내용은 아파치 루씬의 문서를 참고하기를 바란다. https://lucene.apache.org/core/9_1_0/core/org/apache/lucene/index/IndexWriter.html
7 https://learn.microsoft.com/en-us/azure/search/search-indexer-overview#supported-data-sources

- Azure Cosmos DB for MongoDB (in preview)
- Azure Cosmos DB for Apache Gremlin (in preview)

PDF 등의 비정형 데이터는 Azure Blob Storage나 Azure Data Lake Storage Gen2에 저장하고 인덱싱할 수 있다. 또, Azure SQL Database나 Azure Cosmos DB 같은 데이터베이스도 지원한다. 데이터베이스 인덱싱은 데이터베이스의 부하를 줄이면서 Azure AI Search의 풍부한 검색 기능을 사용할 수 있다는 장점이 있다.

3 데이터 형식

Azure Blob Storage나 Azure Data Lake Storage Gen2의 인덱서가 지원하는 문서 형식은 다음과 같다.[8]

- CSV
- JSON
- HTML
- 마이크로소프트 오피스 Microsoft Office
    - 워드 Word (DOCX/DOC/DOCM)
    - 엑셀 Excel (XLSX/XLS/XLSM)
    - 파워포인트 PowerPoint (PPTX/PPT/PPTM)
- PDF
- 플레인 텍스트 plain text

기본적으로 도큐먼트 1개당 1개의 레코드가 색인으로 등록된다. CSV[9]와 JSON[10]은 각 행 또는 항목이 1개의 레코드로 등록된다.

---

[8] 지원되는 문서 형식은 다음을 참고하자. https://learn.microsoft.com/ko-kr/azure/search/search-howto-indexing-azure-blob-storage#supported-document-formats
[9] https://learn.microsoft.com/ko-kr/azure/search/search-howto-index-csv-blobs
[10] https://learn.microsoft.com/ko-kr/azure/search/search-howto-index-json-blobs

4 스킬셋

인덱서가 취득한 텍스트에 **스킬셋**skillset을 활용하면 핵심 구문 추출 등 다양한 작업을 수행할 수 있다. 이 같은 AI 기술로 새로운 필드를 정의하면 검색의 정확도가 높아진다. 주요 스킬셋은 다음과 같다(표 4.2).[11]

표 4-2 주요 스킬셋 목록

기술명	설명
사용자 지정 엔티티 참조	사용자가 정의한 단어를 검색 및 추출한다.
핵심 구문 추출	용어 배치, 언어 규칙, 다른 용어와의 유사도를 기반으로 핵심 구문을 추출한다.
엔티티 인식(v3)	인명, 지명, 조직 등 엔티티를 검출한다.
PII(개인 정보) 검출	이름, 전화번호, 주소 등 개인 정보를 마스킹한 텍스트로 반환한다.
텍스트 분할	콘텐츠의 점진적 강화 및 확장을 위해 텍스트를 쪽(page)으로 분할한다.
텍스트 번역	텍스트를 다양한 언어로 번역한다.
이미지 분석	이미지 검출 알고리즘을 사용해서 이미지 내용을 식별하고 텍스트 설명을 생성한다.

스킬셋으로 처리한 정보는 IndexWriter가 색인으로 저장한다.

5 분석기

분석기analyzer는 텍스트를 단어로 분해한 뒤 검색 대상인 필드를 색인으로 저장한다(그림 4-10).

그림 4-10 분석기 처리

분석기는 색인 생성뿐만 아니라 쿼리 실행에도 활용된다. 그리고 분석기는 단어 분할 외에 다음과 같은 작업도 담당한다.

---

[11] https://learn.microsoft.com/ko-kr/azure/search/cognitive-search-predefined-skills

- 불필요한 단어(불용어stop word[12])나 문장 부호 제거
- 구문이나 하이픈이 있는 단어를 개별 요소로 분해
- 대문자를 소문자로 변환
- 시제와 무관하게 일치 항목을 찾을 수 있도록 단어를 기본형으로 변환

분석기는 언어별로 현지화되므로 문서를 작성한 언어에 맞춰 선택해야 한다. 가령 한국어 문서에는 ko.lucene이나 ko.microsoft 분석기를 설정해야 한다.

6 색인 스키마

구체적으로 색인에 어떤 데이터가 있는지 살펴보자. 코드 4-1의 **색인 레코드**index record에는 파일 이름, 문서 내용, 벡터값 등의 데이터가 있다.

코드 4-1 색인 레코드 예시

```
{
    "id": "1",
    "filename": "Azure OpenAI Service란.pdf",     ← 파일 이름
    "title": "Azure OpenAI Service란",
    "length": 537,
    "text": "Azure OpenAI Service에서는 GPT-3, GPT-4,)
        Codex, Embedding 모델 시리즈 등 OpenAI의 강력한         데이터 내용
        언어 모델을 REST API로 사용할 수 있다.",
    "embedding": [
    -0.001309769,
    -0.02933054,
    -0.006315172,        벡터값
    -0.005642611,
    …
    ]
}
```

색인은 필드마다 데이터 타입(형식)과 속성을 스키마로 관리할 수 있다.[13] 가령 특정 필드를 검색할 수 있게 만들고 싶으면 '검색 가능' 속성을, 검색 결과에 필드의 정보를 포함시키고 싶으면 '조회 가능' 속성을 체크하면 된다(그림 4-11).

---

12 [옮긴이] 너무 자주 사용해서 정보로서 의미가 없는 관사나 전치사 등을 의미한다. 자세한 내용은 다음을 참고하자. https://github.com/apache/lucene/blob/main/lucene/analysis/common/src/resources/org/apache/lucene/analysis/cjk/stopwords.txt 또한, 한국어 불용어는 다음을 참고하자. https://www.ranks.nl/stopwords/korean

13 [옮긴이] AI 검색(AI Search)에서 인덱스 추가 버튼을 통해 들어갈 수 있다.

그림 4-11 색인 스키마(애저 포털의 색인 추가 화면)

선택할 수 있는 필드 속성은 다음과 같다(표 4-3). 자세한 내용은 공식 문서[14]를 확인하자.

표 4-3 필드 속성

속성	설명
키(key)	색인에 있는 도큐먼트의 고유 식별자
검색 가능(searchable)	전문 검색 가능
필터링 가능(filterable)	필터 쿼리로 이용 가능
정렬 가능(sortable)	기본값은 점수에 따라 정렬하지만 필드를 기반으로 정렬하도록 구성 가능
패싯 가능(facetable)	카테고리별 적중 횟수로서 검색 결과에 포함 가능
조회 가능(retrievable)	검색 결과 포함 여부

지원 중인 주요 데이터 타입은 다음과 같다(표 4-4). 자세한 내용은 공식 문서[15]를 확인하자.

표 4-4 지원 중인 주요 데이터 타입

데이터 타입	설명
Edm.String	텍스트 데이터
Edm.Boolean	true 혹은 false
Edm.Int32	32비트 정숫값

---

[14] https://learn.microsoft.com/ko-kr/azure/search/search-what-is-an-index#field-attributes
[15] https://learn.microsoft.com/ko-kr/rest/api/searchservice/Supported-data-types#edm-data-types-used-in-azure-cognitive-search-indexes-and-documents

표 4-4 지원 중인 주요 데이터 타입(표 계속)

데이터 타입	설명
Edm.Int64	64비트 정숫값
Edm.Double	배정밀도 IEEE 754 부동소수점값
Edm.ComplexType	JSON 등 정형화된 계층적 데이터
Collection(Edm.Single)	벡터 필드로 사용되는 단정밀도 IEEE 754 부동소수점값 리스트

7 청크 분할

검색 시스템을 만들 때는 모델의 토큰 사용량 제한을 고려해야 한다. 도큐먼트의 사이즈가 크면 사용량 제한을 초과하지 않도록 청크로 분할해서 색인을 생성해야 한다. 가령 4천 자 정도의 토큰 사용량 제한이 있는 모델을 사용하는데 검색 결과 중 상위 3개를 프롬프트에 포함시키고 싶다면 역산했을 때 청크 분할 사이즈는 1,000자 정도로 정하는 것이 적합하다(그림 4-12).

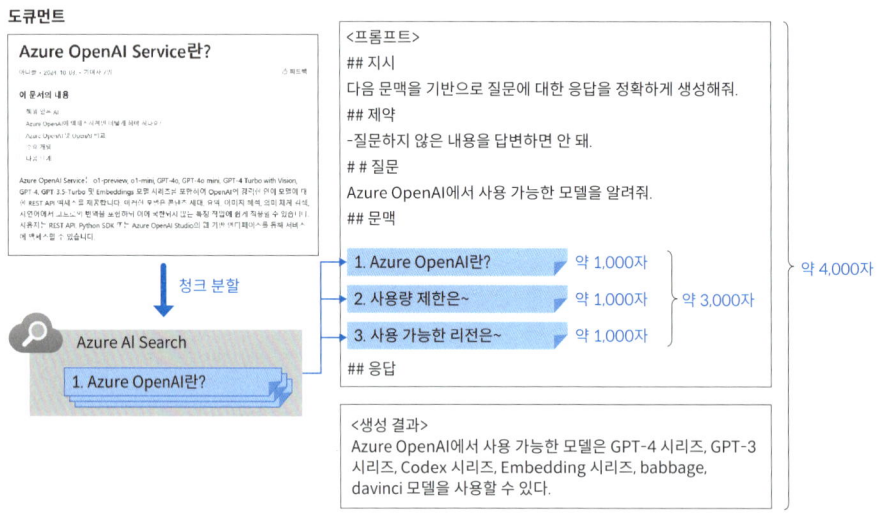

그림 4-12 청크 분할

Azure AI Search는 검색의 정확도 향상을 위해 벡터 검색을 지원한다(4.4.2절에서 다룬다). 벡터 검색을 사용하려면 먼저 문서의 벡터값을 계산해서 색인으로 등록해야 한다.

Azure AI Search에서 청크 분할과 벡터화를 사용할 수 있다(2024년 9월 시점). 애저 포털의 Azure AI Search에서 [**데이터 가져오기 및 벡터화**]를 클릭하면 간편하게 청크를 분할하고 벡터화한 색인을 생성할 수 있다(그림 4-13).

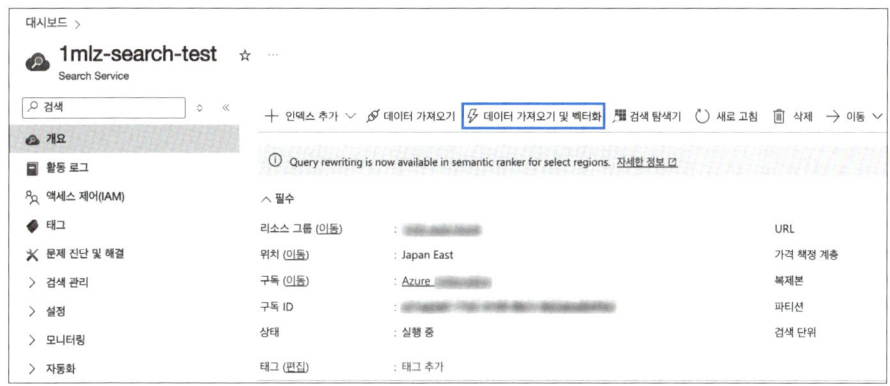

그림 4-13 데이터 가져오기 및 벡터화

4.4.2 문서 검색

Azure AI Search는 다양한 검색 방법을 지원한다. 대표적인 검색 방법에는 전문 검색, 벡터 검색, 의미 체계 검색이 있다.

1 전문 검색

인터넷에서는 주로 키워드 검색을 많이 사용한다. 이와 달리 **전문 검색**full-text search은 문장(전체 텍스트)으로 정보를 검색한다. 전문 검색은 내부적으로 문장을 단어로 분해한 뒤 색인으로 등록한 문서 내부의 빈도수를 고려해 검색을 수행한다(그림 4-14).

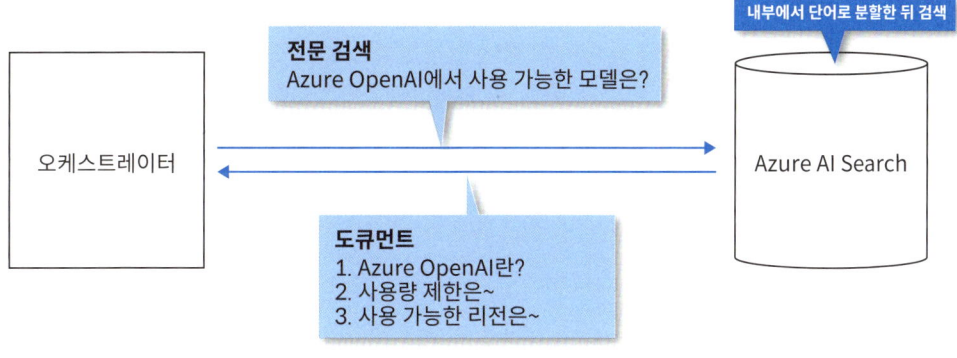

그림 4-14 전문 검색의 구조

검색의 흐름은 다음과 같다(그림 4-15).

- 사용자가 쿼리를 실행하면 **쿼리 파서**query parser가 쿼리를 분석해서 검색어를 추출한다.
- 분석기가 검색어를 단어로 분해한다.
- 검색을 수행하고 검색 스코어를 기준으로 결과를 정렬한다.

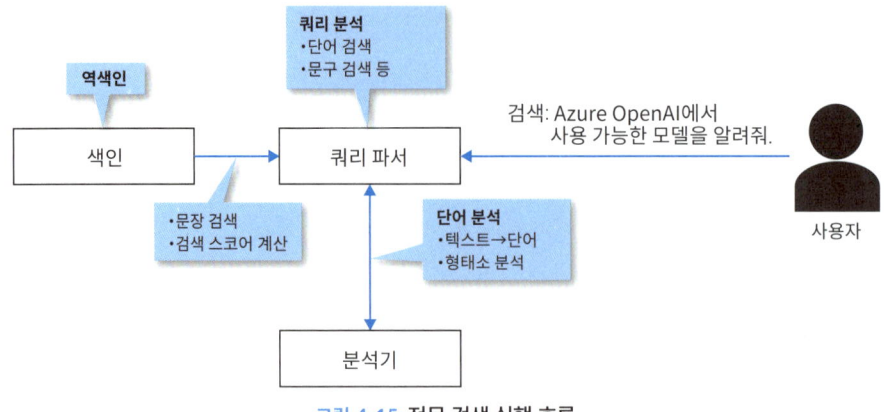

그림 4-15 전문 검색 실행 흐름

검색 스코어 도출에는 BM25 알고리즘을 사용한다. **BM25**는 문서 내에서 특정 단어가 얼마나 자주 등장하는지(단어 빈도)와 다른 문서에도 존재하는지(역문서 빈도)를 기준으로 스코어를 계산한다.[16]

2 벡터 검색

전문 검색은 단어 빈도나 고유성을 기준으로 검색하는 방법이다. 하지만 단어 전체가 일치하는지를 기준으로 삼기 때문에 표현의 차이나 문장의 전체적인 의미를 이해하기는 어렵다. 문장의 전체적인 의미가 중요하다면 문장을 벡터값으로 변환하는 **임베딩**embedding을 활용한 **벡터 검색**vector search이 대안이 될 수 있다.

임베딩 모델에 의해 변환된 벡터값(embeddings라고도 부른다)에는 단어나 문장의 의미가 저장되어 있다. 이를 활용해서 벡터 간의 유사도를 계산하면 비슷한 의미를 가진 문장을 검색할 수 있다. 벡터 간 유사도 계산에는 주로 **코사인 유사도**cosine similarity를 사용한다(그림 4-16).

---

[16] https://learn.microsoft.com/ko-kr/azure/search/index-similarity-and-scoring

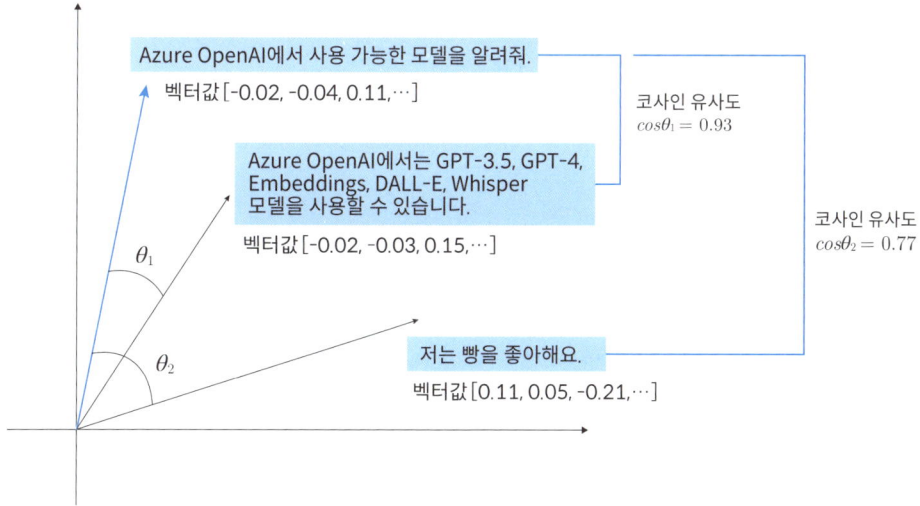

그림 4-16 코사인 유사도

벡터 검색을 사용하려면 사전에 도큐먼트를 벡터로 변환해서 검색 시스템에 저장해놓아야 한다. 그다음 입력된 쿼리의 벡터와 비교해서 유사도가 높은 문서를 검색한다(그림 4-17).

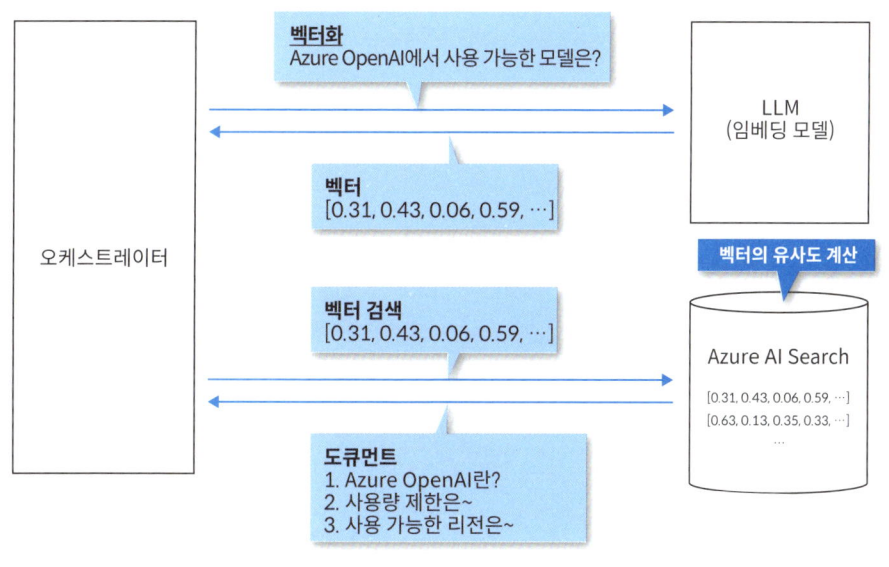

그림 4-17 벡터 검색의 구조

벡터 검색을 사용하면 표현의 미묘한 차이나 문장의 전체적인 의미를 기준으로 검색할 수 있다. Azure AI Search에는 벡터 데이터베이스 기능이 내재되어 있어 Azure OpenAI의 임베딩 모델과 조합하면 편리하게 벡터 검색을 구현할 수 있다.

4.4 Azure AI Search

Azure AI Search는 두 종류의 검색 알고리즘을 지원한다.

- HNSW_{hierarchical navigable small world}
  - 계층적인 그래프 구조를 사용해서 고속으로 확장성 있는 검색이 가능하다. 검색의 정확도와 계산 비용 간 트레이드 오프_{trade off}[17]를 조정할 수 있다.
- exhaustive k-NN(exhaustive k-nearest neighbor)
  - 모든 데이터의 유사도를 계산한다. 계산 비용이 높기 때문에 소규모 데이터에 사용하는 것을 권장한다.

기본값으로는 HNSW를 사용하고 검색의 정확도가 낮고 소규모 데이터인 경우에만 k-최근접 exhaustive k-NN으로 변경하는 것을 권장한다.[18]

3 의미 체계 검색

의미 체계 검색_{semantic search}은 전문 검색의 결과를 독자 AI 모델에 접목시켜 연관성 있는 결과를 정렬하는 검색 방법이다. 빙에서 사용 중인 딥러닝 모델을 활용하면 연관성 높은 결과를 정렬할 수 있다(그림 4-18).

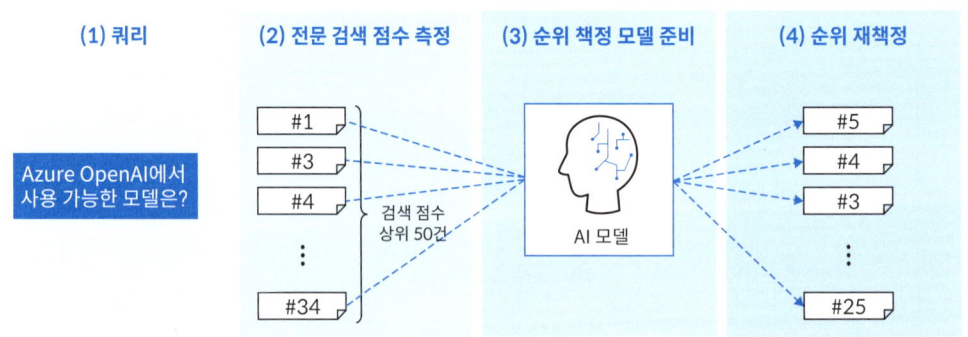

그림 4-18 의미 체계 검색의 실행 흐름

의미 체계 검색을 활성화하려면 우선 Azure AI Search 리소스에서 의미 체계 검색 플랜을 선택해야 한다. 그리고 색인에 의미 체계 검색을 활성화하는 필드를 설정하면 된다. 검색 시에는 `queryType=semantic`을 지정해서 검색을 실행한다.

---

[17] [옮긴이] 하나를 선택하면 다른 하나를 포기해야 함을 의미한다. 높은 정확도를 원하면 비용을 낮추는 것을 포기해야 한다. 반대로 비용을 낮추고 싶으면 정확도를 높이는 것을 포기해야 한다.

[18] 벡터 검색의 관련성은 다음 링크를 참고하자. https://learn.microsoft.com/ko-kr/azure/search/vector-search-ranking

4 하이브리드 검색

지금까지 살펴본 검색 방법들을 함께 사용할 수도 있다. 전문 검색과 벡터 검색을 함께 사용하는 **하이브리드 검색**hybrid search을 하려면 우선 검색할 텍스트와 해당 텍스트에 대한 벡터값을 쿼리로 준비해야 한다. 검색을 실행하면 전문 검색과 벡터 검색 각각의 검색 점수에 기반해 순위가 책정된다. 그런 다음 각각의 검색 방법을 $1/(rank+k)$로 계산한 역순위를 산출하고, 검색 방법별 역순위 합을 최종 검색 점수로 도출한다. 여기서 $rank$는 문서의 순위를 의미하고, k는 일반적으로 60 정도의 작은 정숫값이다. 이 검색 점수 산출 방법을 **RRF**reciprocal rank fusion[19]라고 한다(그림 4-19).

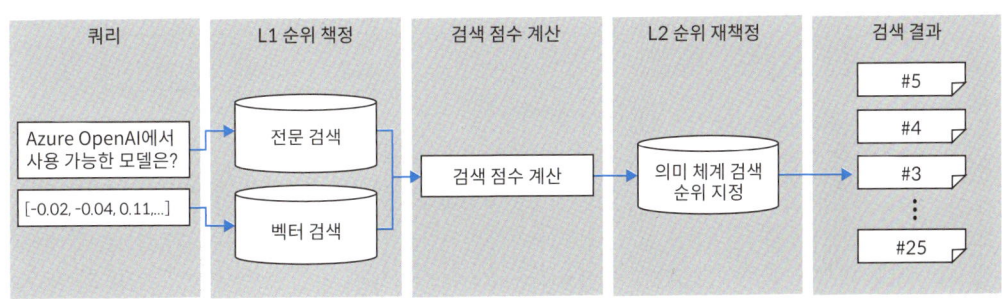

그림 4-19 하이브리드 검색의 실행 흐름

하이브리드 검색에 의미 체계 검색을 적용하고 싶으면 RRF로 계산된 검색 점수 상위 50건을 책정된 의미 체계 순위에 따라 재정렬하면 된다.

하이브리드 검색에 의미 체계 검색을 적용하는 방법은 대부분의 쿼리에서 매우 높은 검색 정확도를 보여준다.[20] 이처럼 Azure AI Search는 다양한 검색 방법을 조합해서 사용할 수 있다는 장점이 있다.

4.5 오케스트레이터

지금까지 검색 시스템의 개요 및 애저의 문서 검색 서비스인 Azure AI Search를 살펴봤다. 이번 절에서는 검색 시스템을 호출하는 **오케스트레이터**orchestrator의 역할과 애저에서의 구현 방법을 살펴볼 것이다.

---

19 (옮긴이) 다른 방식으로 매겨진 순위 지표들을 통합해 새로운 순위를 만드는 알고리즘이다. 여러 방식에서 더 높은 순위인 항목에 더 높은 중요성을 부여한다. https://learn.microsoft.com/ko-kr/azure/search/hybrid-search-ranking

20 https://techcommunity.microsoft.com/t5/ai-azure-ai-services-blog/azure-ai-search-outperforming-vector-search-with-hybrid/ba-p/3929167#querytype

오케스트레이터는 LLM과 검색 시스템의 중개를 담당한다. 구체적인 실행 흐름을 살펴보자(그림 4-20).

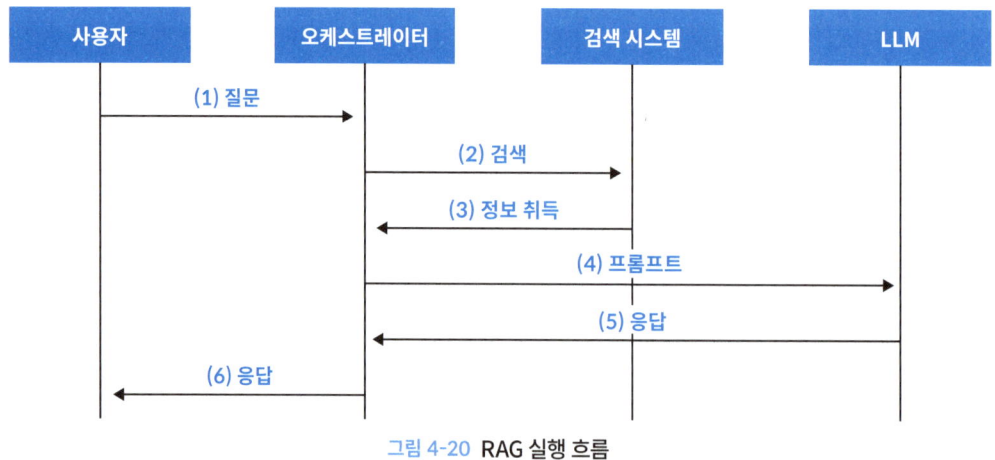

그림 4-20 **RAG 실행 흐름**

검색 시스템에 문서가 저장된 상태에서 사용자가 RAG 시스템에 질문한 상황을 떠올려보자. 오케스트레이터는 다음과 같은 흐름으로 응답을 생성한다.

1. 사용자의 질문에 기반해 연관된 도큐먼트를 검색 시스템으로부터 취득한다.
2. 검색 결과에서 점수가 높은 도큐먼트를 선택한다.
3. 검색 결과를 프롬프트에 포함시켜 LLM으로부터 응답을 받는다.
4. 생성된 응답을 사용자에게 전달한다.

이 작업들은 다양한 프로그래밍 언어 및 프레임워크로 구현이 가능하다. 만약 애저에서 구현하고 싶다면 크게 세 가지 선택지가 있다.

- Azure OpenAI on your data
- Azure Machine Learning 프롬프트 흐름
- 자체 구현

4.5.1 Azure OpenAI on your data

Azure OpenAI on your data는 Azure AI Foundry portal에서 사용할 수 있는 RAG 서비스다(그림 4.21).

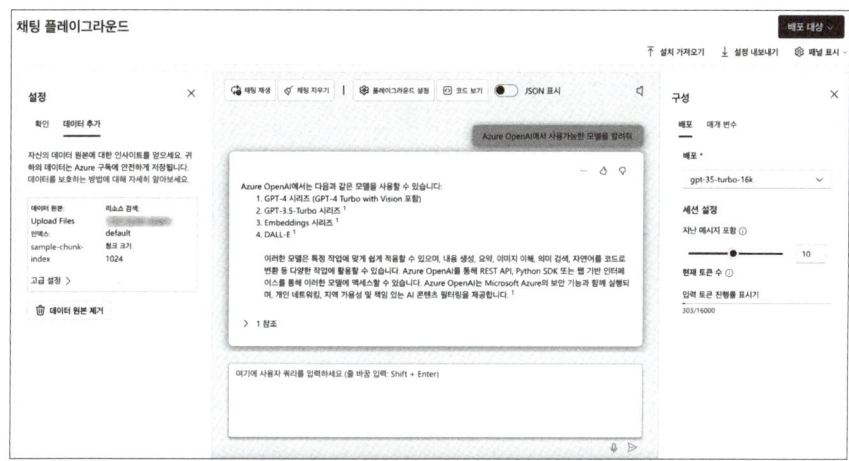

그림 4-21 Azure OpenAI on your data 화면

위 그림처럼 검색 시스템에 문서를 등록하는 작업도 브라우저에서 가능하므로 간편하게 RAG 구조를 만들 수 있다. 하지만 오케스트레이터를 구현하는 책임을 Azure OpenAI에서 맡아 구현이 간편해지는 반면, 정확도를 튜닝하기는 어렵다는 점을 주의해야 한다.

4.5.2 Azure Machine Learning 프롬프트 흐름

Azure Machine Learning 프롬프트 흐름은 오케스트레이터를 **로 코드**low-code로 만들 수 있는 서비스다.[21] 웹브라우저에서 **Azure Machine Learning Studio**에 들어가면 사용할 수 있다(그림 4-22). 또, CLI/SDK나 비주얼 스튜디오 코드의 확장 프로그램으로도 사용이 가능하다.

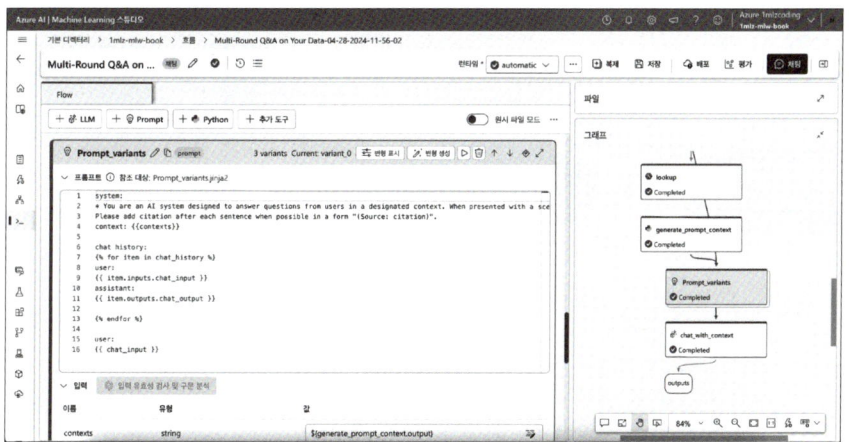

그림 4-22 Azure Machine Learning 프롬프트 흐름의 화면

---

21 프롬프트 흐름의 세부 내용은 4.7절에서 다룬다.

Azure OpenAI on your data와 DALL-E 작업을 하나씩 직접 구현해야 하므로 프롬프트 튜닝이 가능하다. 또한, 템플릿을 활용하면 프로그래밍 없이 오케스트레이터를 생성할 수 있다는 장점도 있다.

4.5.3 자체 구현

프로그래밍 언어를 사용해서 모든 작업을 직접 구현하는 방법도 있다. 오케스트레이터를 직접 구현하려면 Azure OpenAI의 REST API나 SDK를 사용해야 한다. 여기에 랭체인이나 시맨틱 커널 같은 라이브러리를 사용하면 구현이 더욱 편리해진다. 또한, 마이크로소프트 공식 저장소에 있는 많은 예제를 잘 활용하면 구현하는 것이 더 수월해질 것이다.

다음 절부터는 Azure OpenAI on your data와 Azure Machine Learning 프롬프트 흐름의 개념 및 사용 방법을 간략하게 살펴본다.

4.6 Azure OpenAI on your data

Azure OpenAI on your data(이하 **on your data**)는 Azure OpenAI가 독자적으로 제공하는 서비스다. 이 서비스를 사용하면 애저의 여러 서비스들과 연동해서 RAG 시스템을 구현할 수 있다. 번역 시점인 2025년 1월에는 Azure AI Search, Azure Cosmos DB, Azure Blob Storage와 연동이 가능하다. 애저 서비스 외에도 **일래스틱서치**Elasticsearch 같은 서드파티 데이터 원본도 지원한다(그림 4-23).

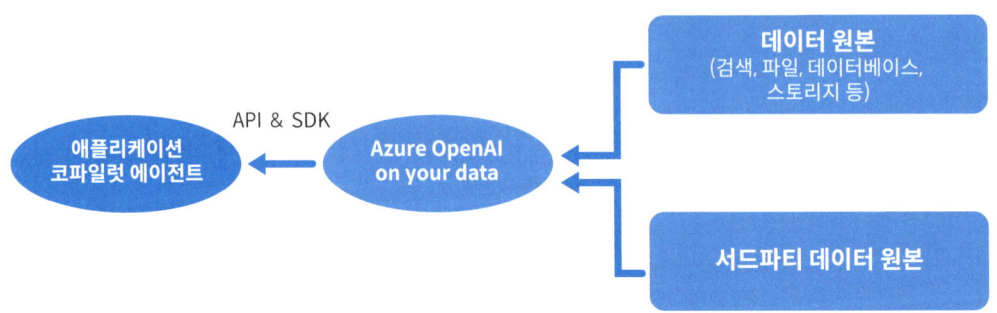

그림 4-23 Azure OpenAI on your data의 구조

on your data의 핵심은 Azure OpenAI가 직접 데이터 원본과 연동된다는 점이다. 이 데이터 원본 연동 기능 덕분에 오케스트레이터를 직접 구현하지 않고 간편하게 RAG를 구현할 수 있다.

이번 절에서는 GUI로 on your data의 사용 방법을 살펴보겠다.[22]

4.6.1 데이터 원본

on your data에서는 검색할 데이터 원본을 선택할 수 있다. 실제 화면에서 선택해보기 전에 전체적인 흐름 파악을 위해 어떤 데이터 원본을 선택할 수 있는지 살펴보자(표 4-5).

표 4-5 on your data에서 지원하는 검색 데이터 원본

항목	사전 준비	개요
Azure AI Search	Azure AI Search 리소스	기존 Azure AI Search를 그대로 적용할 수 있다. 검색할 도큐먼트의 색인이 생성되어 검색이 가능한 상태여야 한다. 이미 Azure AI Search의 지식 저장소knowledge store를 다른 프로젝트에 사용하고 있거나 색인 항목 등 세부적인 내용을 스스로 설정하고 싶을 때 적합하다.
Azure Blob Storage	Azure AI Search 리소스, Azure Blob Storage 리소스	Azure Blob Storage에 저장된 파일을 자동으로 분할하고(청크), Azure AI Search로 인덱싱해서 검색 가능하게 만든다.
Upload files	Azure AI Search 리소스, Azure Blob Storage 리소스	로컬 파일을 선택하면 Azure Blob Storage에 저장한다. 저장된 파일은 자동으로 분할하고, Azure AI Search로 색인화해서 검색 가능하게 만든다.

어떤 데이터 원본을 선택하든 최종적으로 Azure AI Search에서 검색 가능한 상태가 되는 것은 동일하다. Azure Blob Storage나 Upload files는 청크 분할 등 귀찮은 작업을 자동화해주는 장점이 있다. 하지만 청크 길이나 색인 항목을 미세하게 조정할 수 없기 때문에 검색 정확도를 고려해 데이터 원본을 선택해야 한다.

4.6.2 사용 방법

on your data는 Azure AI Foundry portal의 채팅 플레이그라운드를 사용해서 설정할 수 있다.

우선 플레이그라운드의 [설정] → [데이터 추가]를 선택한 후 [데이터 원본 추가]를 클릭한다(그림 4-24).

---

[22] on your data 기능은 API로도 사용할 수 있다. 자세한 내용은 공식 문서를 참고하자. https://learn.microsoft.com/en-us/azure/ai-services/openai/reference#completions-extensions

그림 4-24 on your data 설정 ❶

'데이터 원본 선택'의 드롭다운 메뉴에서는 'Azure AI Search', 'Azure Blob Storage', 'Azure Cosmos DB', 'Elasticsearch', 'URL/web address', 'Upload files'를 선택할 수 있다(그림 4.26). 이번 절에서는 [Upload files (preview)]를 선택하자.

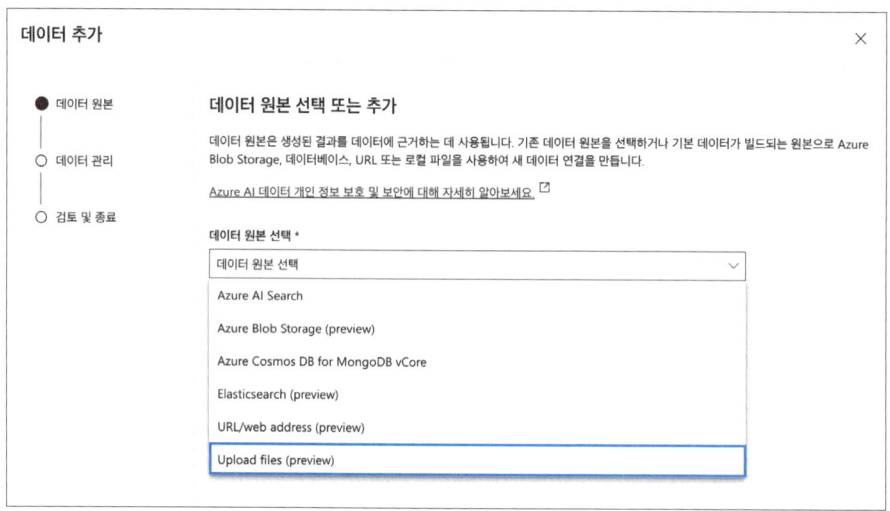

그림 4-25 on your data 설정 ❷

Blob Storage와 AI Search를 아직 생성하지 않았다면 [새 **Azure Blob Storage 리소스 만들기**]와 [새 **Azure AI Search 리소스 만들기**]를 클릭해서 생성한 뒤 드롭다운 메뉴에 지정한다. 그리고 원하는 색인 이름(인덱스 이름)을 입력한다(그림 4-26).

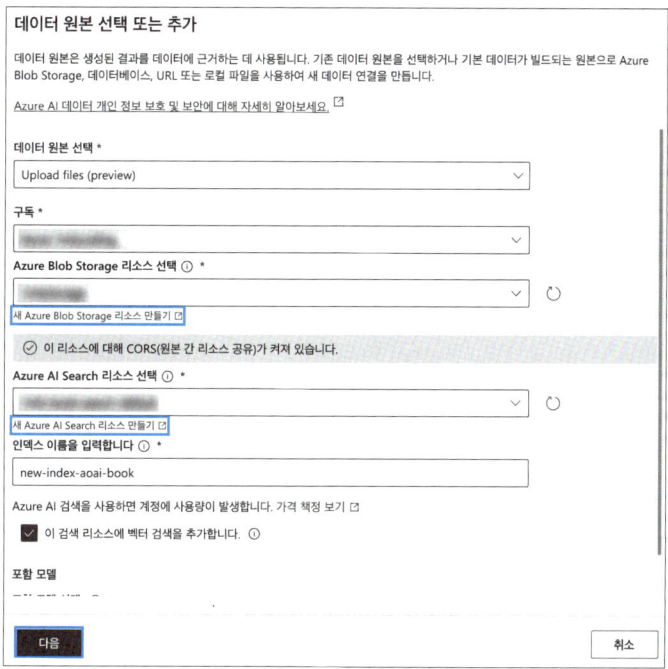

그림 4-26 on your data 설정 ❸

'이 검색 리소스에 벡터 검색을 추가합니다.'를 체크하고 배포된 임베딩 모델을 선택하면 벡터 검색을 사용할 수 있다. 아직 배포된 임베딩 모델이 없다면 Azure AI Foundry portal에서 배포한 뒤 포함 모델 선택에 지정한다. 집필 시점에는 'text-embedding-ada-002' 모델을 사용했다(그림 4-28). 포함 모델까지 선택이 끝나면 '다음'을 클릭한다.

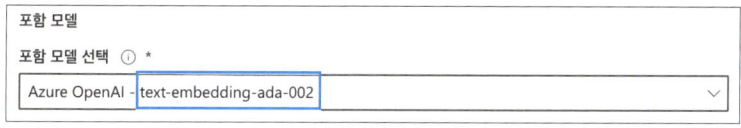

그림 4-27 임베딩 모델 선택

검색하려는 문서를 드래그 앤 드롭이나 [파일 찾아보기]로 가져온 뒤 [파일 업로드]를 클릭한다. 파일이 업로드되면 [다음]을 클릭한다(그림 4-28).

그림 4-28 on your data 설정 ❹

'검색 유형'으로 '벡터'를 선택하고, 청크 크기는 기본값인 '1024(default)'로 지정한 뒤 [다음]을 클릭한다(그림 4-29).

그림 4-29 on your data 설정 ❺

'Azure 리소스 인증 유형'으로 'API 키'를 선택하고 [다음]을 클릭한다(그림 4-30).

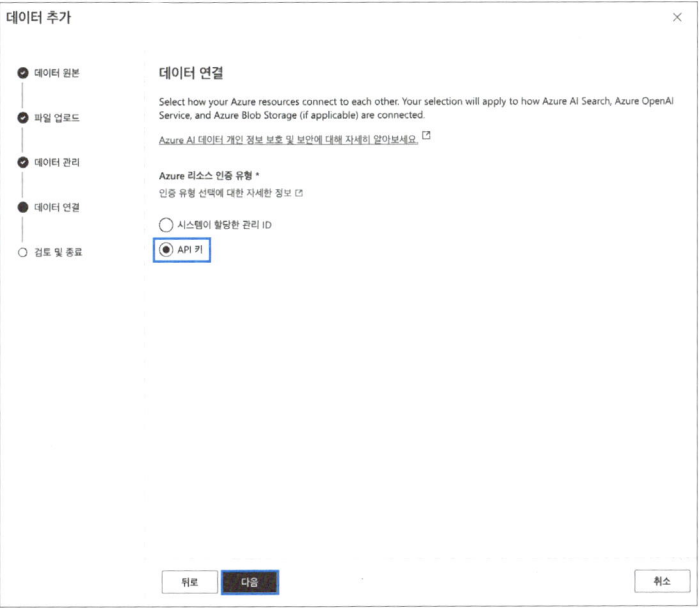

그림 4-30 on your data 설정 ❻

[저장 후 닫기]를 클릭하고 잠시 기다리면 데이터 수집이 완료된다(그림 4-31).

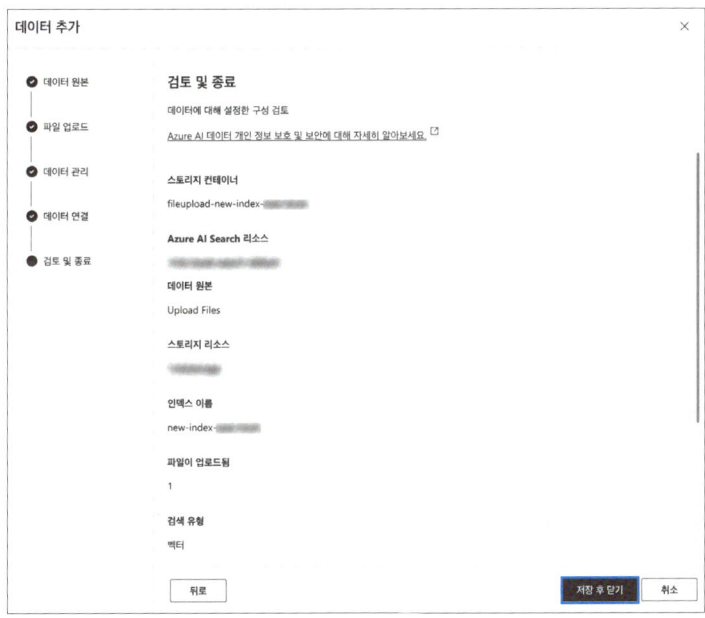

그림 4-31 on your data 설정 ❼

이제 채팅 세션에서 제대로 동작하는지 확인해보자(그림 4-32).

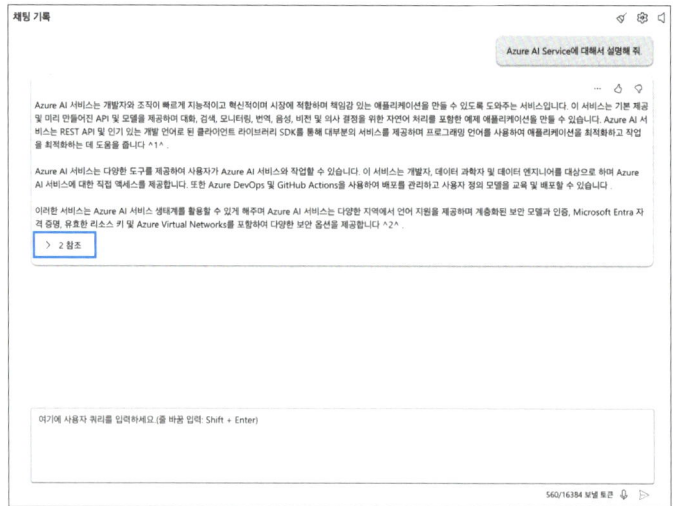

그림 4-32 on your data 설정 ❽

질문을 입력하면 백엔드에서 도큐먼트를 검색해서 관련 정보를 기반으로 GPT가 응답해주는 것을 확인할 수 있다.

응답에 있는 [참조]를 클릭하면 인용한 청크 목록이 나온다. 청크를 클릭하면 도큐먼트의 어떤 부분을 인용한 것인지 확인할 수 있다(그림 4-33).

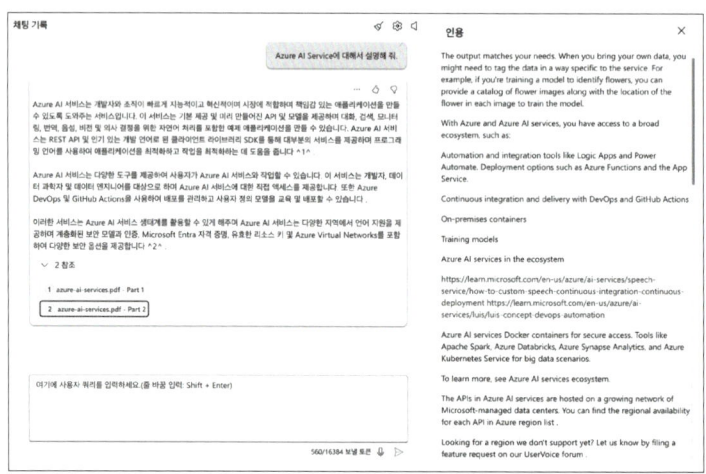

그림 4-33 on your data 설정 ❾

on your data를 적용한 채팅 시스템을 3.3.3절에서 배포했던 것처럼 웹 애플리케이션으로 공개할 수도 있다. 이처럼 on your data를 활용하면 코드 작성 없이도 RAG 애플리케이션을 만들 수 있다. LLM 애플리케이션 개발은 고도의 전문성이 필요해서 개발 지식이 부족한 사용자가 모든 기능을 직접 개발하기는 어렵다. 지금처럼 GUI를 활용하면 개발 지식이 부족한 사용자도 쉽게 LLM 애플리케이션을 개발할 수 있다.

4.7 Azure Machine Learning 프롬프트 흐름

Azure Machine Learning 프롬프트 흐름(이하 **프롬프트 흐름**)은 Azure Machine Learning에서 제공하는 LLM 애플리케이션 개발 도구다.

프롬프트 흐름은 LLM에 입력할 프롬프트의 설계 및 외부 툴과의 연결 기능은 물론이고 AI 애플리케이션의 프로토타입 제작, 테스트, 배포까지 지원하는 포괄적인 솔루션이다(그림 4-34).

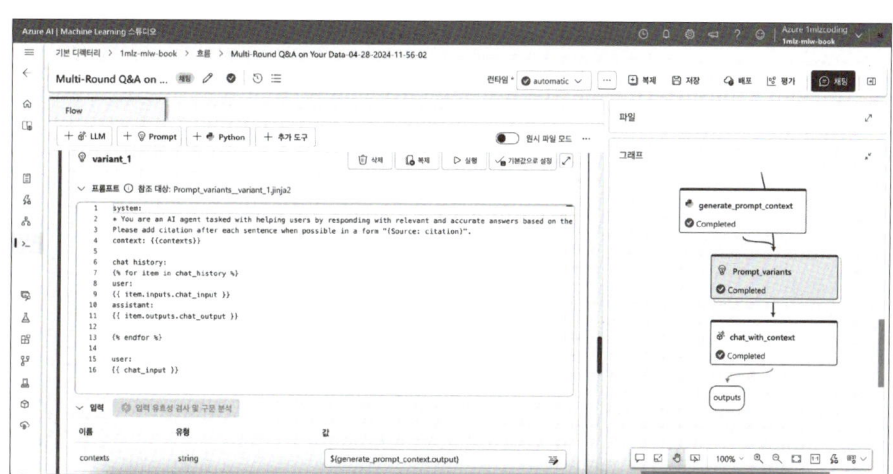

그림 4-34 **프롬프트 흐름의 화면**

프롬프트 흐름은 다음과 같은 기능들을 제공한다.[23]

- LLM, 프롬프트, 파이썬 코드를 조합해서 실행 가능한 흐름을 생성하고 시각화한다.
- 팀 단위로 흐름을 공유하고 디버깅한다.

---

[23] https://learn.microsoft.com/en-us/azure/machine-learning/prompt-flow/overview-what-is-prompt-flow?view=azureml-api-2

- 다양한 프롬프트 설정값의 집합인 **프롬프트 변형**prompt variant을 생성해서 각각의 실행 결과를 일괄적으로 테스트하고 성능을 평가한다.
- 생성된 흐름을 실시간 관리형 엔드포인트에 배포한다.

4.7.1 사용 방법

실제로 Azure AI Search와 연동해서 RAG 애플리케이션을 만드는 방법을 살펴보자. 여기서는 개념 이해에 집중하기 위해 Azure Machine Learning의 리소스 생성이나 프롬프트 흐름의 세부적인 설정은 생략할 것이다. 또, Azure OpenAI Service나 Azure AI Search 등 프롬프트 흐름과 연관된 리소스의 생성도 생략한다.

1 런타임 설정

프롬프트 흐름에서는 흐름을 생성하거나 디버깅하는 실행 환경(런타임)으로 Azure Machine Learning의 컴퓨팅 인스턴스를 사용한다. **컴퓨팅 인스턴스**computing instance는 Azure Machine Learning이 제공하는 가상 머신 기반의 관리형 컴퓨팅 리소스다.

컴퓨팅 인스턴스를 런타임으로 사용하면 가상 머신 설정은 물론이고 LLM 애플리케이션을 개발하는 데 필요한 라이브러리들을 관리할 필요가 없어진다. 만약에 추가로 설치해야 하는 라이브러리가 있으면 커스텀 환경을 만들어 사용할 수도 있다.

2 외부 툴 연결

프롬프트 흐름은 애저 내부 서비스나 서드파티 서비스를 포함한 각종 외부 서비스와의 연결을 지원한다(그림 4-35).

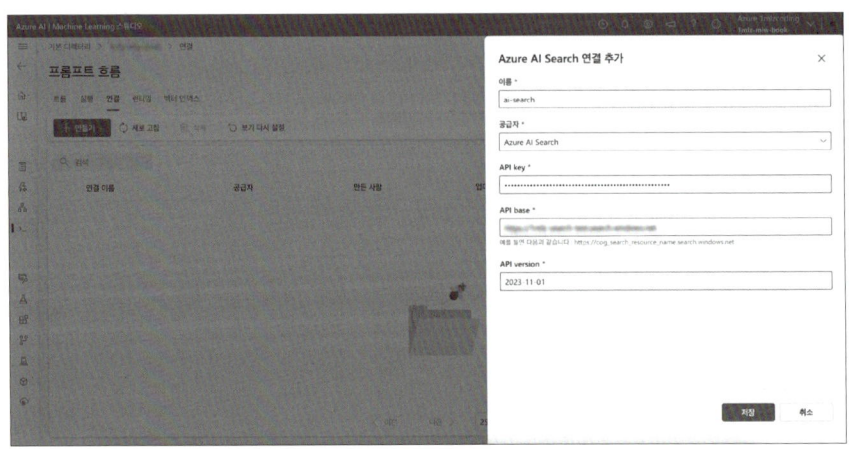

그림 4-35 프롬프트 흐름 연결 관리 화면

번역 시점에는 커스텀을 포함해 아홉 종류의 연결을 지원하고 있다(표 4-6).

표 4-6 프롬프트 흐름에서 연결을 지원하는 외부 툴 목록

연결	내용
Azure OpenAI	LLM
OpenAI API	LLM
Azure content safety	유해 입출력 검출
Azure AI Search	도큐먼트 검색
Serp API	코파일럿, 구글 검색 등 여러 웹 검색 툴을 활용한 교차 검색
Qdrant	벡터 데이터베이스
Weaviate	벡터 데이터베이스
Serverless	LLM
Custom	임의의 연결 정의

❸ 갤러리에서 예제 가져오기

프롬프트 흐름을 사용할 때는 처음부터 모든 내용을 직접 만들지 않아도 된다. 대표적인 유스 케이스들을 예제로 만든 흐름을 갤러리에서 찾아 프로젝트에 맞게 수정하는 것이 효율적이다(그림 4-36).

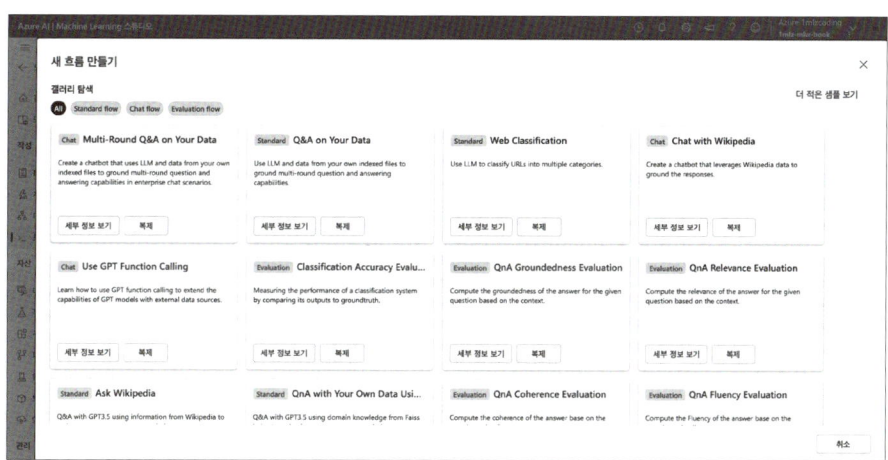

그림 4-36 갤러리에 있는 예제를 기반으로 흐름 생성

프롬프트 흐름에서는 대표적으로 다음과 같은 예제들을 제공한다.

- Ask Wikipedia 또는 Chat with Wikipedia
  - 사용자의 질문을 위키피디아에 검색한 결과를 토대로 LLM(GPT-3.5)에 응답을 생성하게 만드는 흐름
- Web Classification
  - LLM으로 웹 쪽의 카테고리를 만드는 흐름
- Use GPT Function Calling
  - 사용자의 질문에 따라 날씨 정보 API 등 필요한 외부 API를 GPT 모델에서 호출하는 흐름
- Multi-Round Q&A on Your Data
  - 사용자의 질문을 토대로 검색할 도큐먼트의 색인에 벡터 검색을 수행해서 그 검색 결과에 기반한 응답을 생성하는 흐름

프롬프트 흐름은 크게 '표준 흐름', '채팅 흐름', '평가 흐름'의 세 종류로 나뉜다.

- 표준 흐름 standard flow
  - LLM과 파이썬 코드, 외부 툴을 조합해서 애플리케이션을 만드는 흐름
- 채팅 흐름 chat flow
  - 표준 흐름에 사용자와의 채팅 이력을 추가로 지원하는 흐름이다. 디버깅시에 채팅 기반 인터페이스도 사용할 수 있다. 또, 생성된 흐름이 사용자의 의도에 맞는 응답을 생성하고 있는지 평가하는 기능도 지원한다.
- 평가 흐름 evaluation flow
  - 표준 흐름이나 채팅 흐름의 평가에 사용할 수 있는 흐름

앞서 살펴본 예제 중에는 표준 흐름과 채팅 흐름을 모두 지원하는 예제도 있다.

4 흐름 생성 및 편집

흐름을 새로 만들거나 갤러리에서 예제를 복제하면 다음과 같은 화면이 나타난다(그림 4-37).

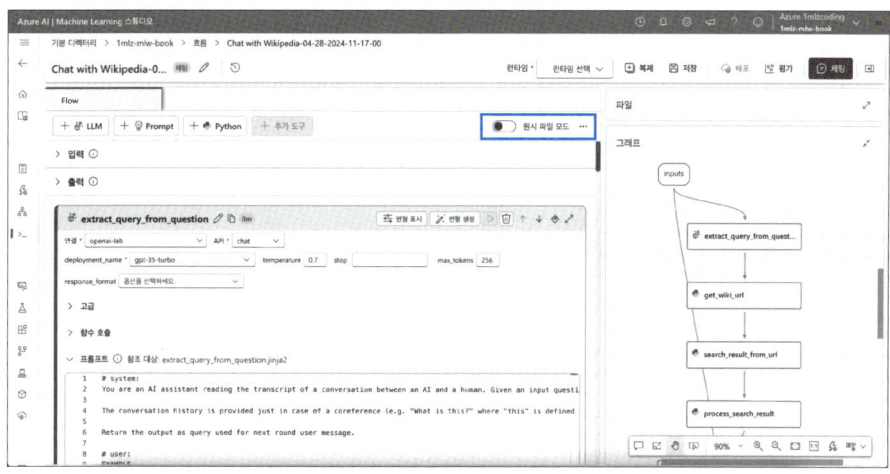

그림 4-37 전체 흐름 편집 화면

화면 좌측에는 노드 추가, 프롬프트 편집, 입력 데이터 선택 등 흐름을 편집하는 기능이 있다. 화면 좌측에서 각각의 노드를 편집할 수도 있지만, [원시 파일 모드]를 활성화해서 코드를 기반으로도 편집할 수 있다. 화면 우측에 있는 그래프는 각 노드의 관계를 시각화해서 보여준다.

이번 절에서는 Multi-Round Q&A on Your Data를 예제로 설명할 것이다. 이 예제는 사용자의 질문을 토대로 검색할 문서의 색인에 벡터 검색을 수행해서 그 검색 결과에 기반한 응답을 생성하는 채팅 흐름이다.

흐름 내부를 간략하게 살펴보자. 이 흐름에서는 사용자의 입력을 가지고 색인에 벡터 검색을 수행하기 때문에 우선 검색할 **벡터 인덱스**를 지정해야 한다.

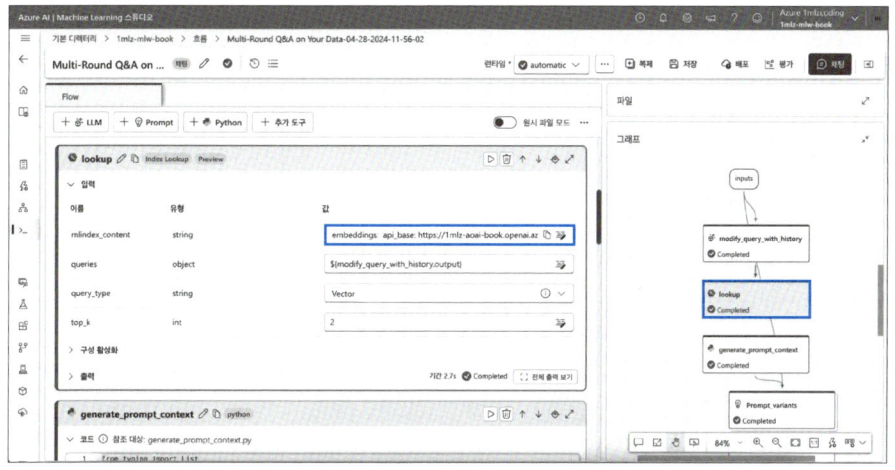

그림 4-38 벡터 인덱스를 설정

4.7 Azure Machine Learning 프롬프트 흐름 85

'lookup' 노드의 입력에 있는 'mlindex_content'의 '값'을 누르면 벡터 인덱스와 관련된 설정값을 지정할 수 있다(그림 4-38, 그림 4-39).

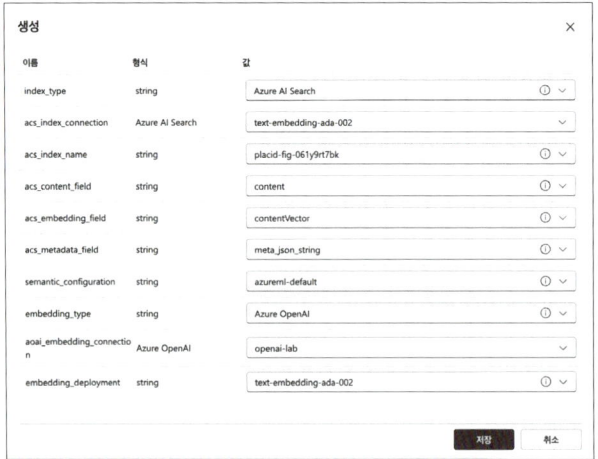

그림 4-39 벡터 인덱스 설정값 지정 화면

설정을 완료하고 다시 'lookup' 노드를 보면 mlindex_content(벡터 인덱스가 저장된 경로), queries(직전 노드로부터 전달받은 사용자 입력), query_type(검색 종류) 등을 선택할 수 있다. 여기서는 벡터 검색을 수행할 것이므로 [Vector]를 선택한다(그림 4-40).

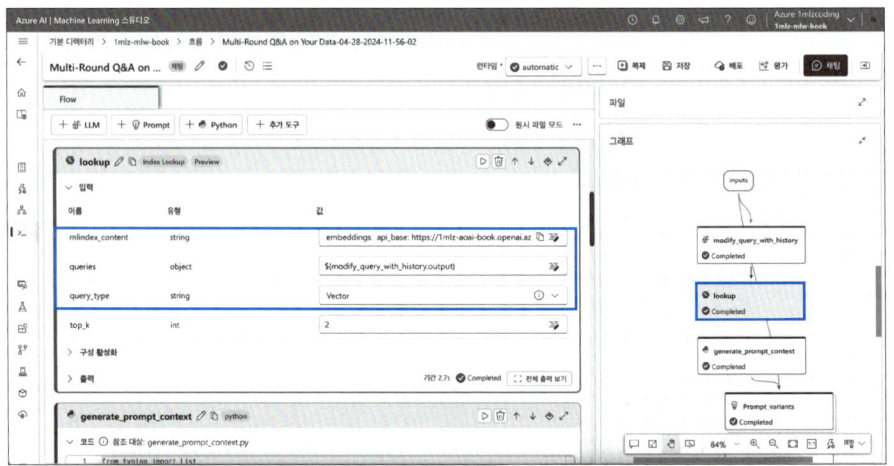

그림 4-40 벡터 인덱스에 검색하는 노드

그리고 LLM에 전달할 프롬프트를 만들기 위해 'lookup' 노드의 검색 결과 중에서 필요한 정보를 파이썬 코드로 추출('generate_prompt_context' 노드)한다(그림 4-41).

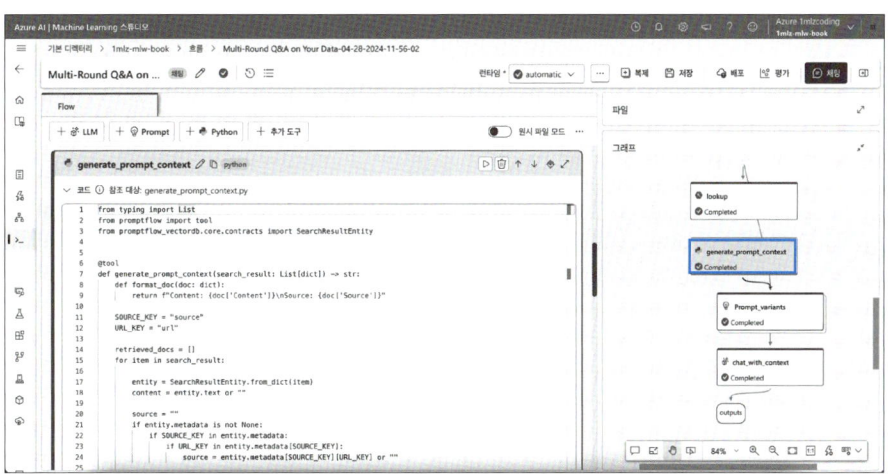

그림 4-41 검색 결과에서 필요한 정보를 추출하는 파이썬 코드를 가진 노드

코드를 보면 '도큐먼트의 내용'과 '도큐먼트의 출처'를 문자열로 추출하고 있음을 알 수 있다 ('Prompt_variants' 노드). 이렇게 문자열로 추출한 정보를 기반으로 LLM에 전달할 프롬프트를 정의한다(그림 4-42).

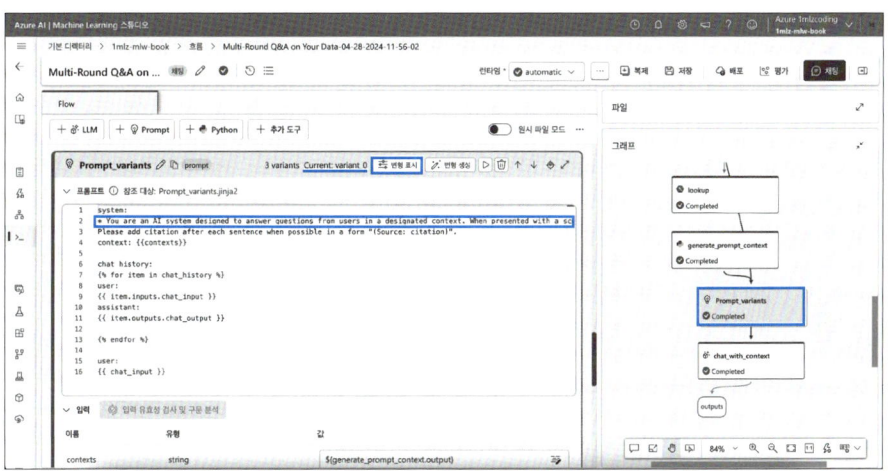

그림 4-42 흐름 편집 화면(LLM에 전달할 프롬프트를 정의하는 노드)

내용을 보면 "You are an AI system designed to answer questions from users in a designated context(너는 지정된 콘텍스트 안에서 사용자 질문에 답변하도록 만들어진 AI 시스템이야)"라는 시스템 프롬프트로 시작한다. 그리고 지금까지의 대화 이력, 사용자 입력이 정의되어 있다.

마지막 노드는 직전 노드에서 정의한 프롬프트를 실제로 LLM에 전달하는 노드('chat_with_context' 노드)다(그림 4-43).

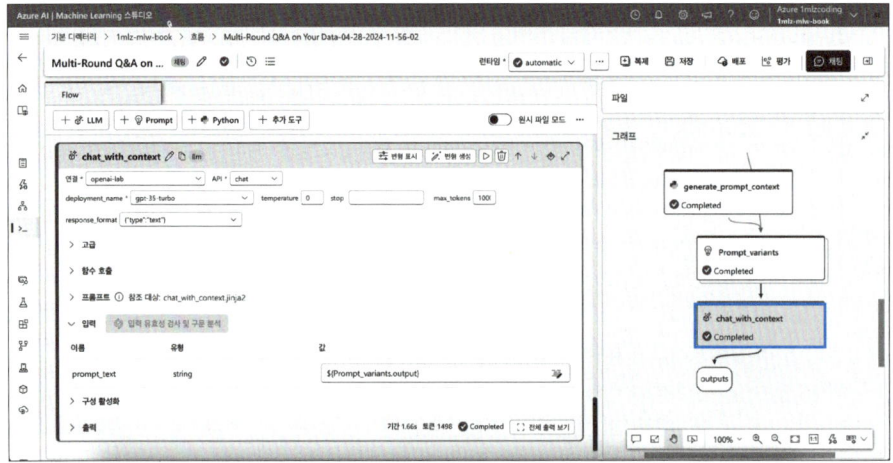

그림 4-43 LLM에 전달할 프롬프트를 구성하는 노드

이 노드에는 연결할 LLM과 입력 매개변수를 지정한다. 여기서는 Azure OpenAI의 gpt-35-turbo 모델을 지정했다. 출력의 창의성을 좌우하는 **온도**temperature 등 각종 매개변수도 지정할 수 있다.

5 변형을 활용한 최적화

프롬프트 흐름에는 **변형**variant이라는 기능이 있어서 다양한 설정값이나 내용을 가진 프롬프트를 한번에 실행 시켜 요구사항에 가장 적합한 프롬프트를 찾을 수 있다.

앞서 프롬프트를 정의하는 'Prompt_variants' 노드에 있는 [**변형 표시**] 버튼(그림 4-41)을 클릭하면 여러 개의 프롬프트가 나타난다. 기본값인 variant_0(그림 4-41의 밑줄)의 시스템 프롬프트는 "You are an AI system designed to answer questions from users in a designated context(너는 지정된 콘텍스트 안에서 사용자 질문에 답변하도록 만들어진 AI 시스템이야)"로 시작한다.

또 다른 프롬프트인 variant_1을 보면 "You are an AI agent tasked with helping users by responding with relevant and accurate answers based on the available context(너는 사용 가능한 콘텍스트를 토대로 정확하고 연관성 높은 응답을 반환해서 사용자를 돕는 AI 에이전트야)"로 시작한다(그림 4-44).

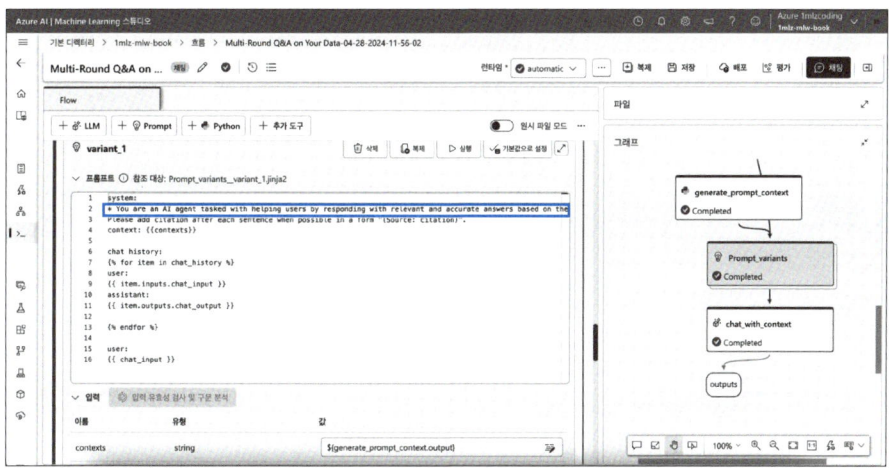

그림 4-44 프롬프트 변형

이처럼 변형 기능으로 여러 프롬프트를 정의해 동시에 실행시키면서 프롬프트를 개선할 수 있다. 또, LLM의 매개변수에도 변형을 만들어서 매개변수의 조합을 실험하는 데 활용할 수 있다.[24]

❻ 여러 지표를 활용한 흐름 평가

이렇게 생성된 흐름에는 테스트 데이터를 일괄 실행해서 평가할 수 있다.[25] 프롬프트 흐름에는 흐름의 성능을 평가하는 여덟 가지 평가 방법이 마련돼 있다(그림 4-45).

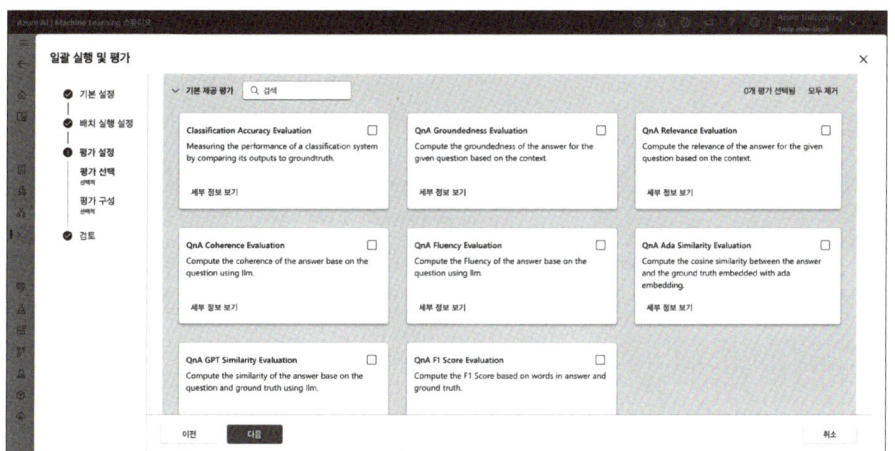

그림 4-45 일괄 실행 및 평가 설정 화면

---

24 (옮긴이) 그림 4-42를 보면 알 수 있듯이 chat_with_context 노드에도 변형 기능이 있다.
25 프롬프트 흐름의 평가 기능은 5장에서 더 자세히 다룬다.

4.7 Azure Machine Learning 프롬프트 흐름

흐름을 실행해서 생성된 결과를 사람이 일일이 확인하려면 엄청난 비용이 든다. 일괄 실행 및 평가 기능을 활용하면 다양한 내용의 프롬프트나 매개변수 조합을 한 번에 실행해서 평가된 결과를 쉽게 비교할 수 있다.

7 흐름 배포

설정이 완료된 흐름을 그대로 Azure Machine Learning의 관리형 온라인 엔드포인트에 배포할 수 있다(그림 4-46).

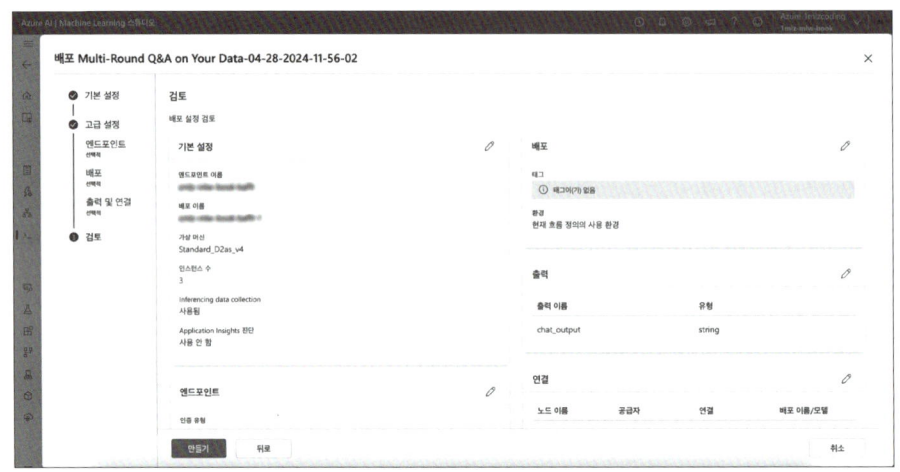

그림 4-46 프롬프트 흐름을 관리형 온라인 엔드포인트에 배포

관리형 온라인 엔드포인트managed online endpoint는 실시간(온라인) **추론**inferencing[26]을 위해 제공하는 추론용 컴퓨팅 리소스다. 이를 사용하면 더 이상 인프라 관리에 신경을 쓰지 않고 오토스케일링autoscaling, blue/green 배포, 트래픽 미러링traffic mirroring을 사용한 섀도우 테스트shadow test 등 다양한 기능을 활용할 수 있다.[27]

관리형 온라인 엔드포인트로 배포하면 REST API 엔드포인트가 생성되는데, 이를 사용자의 애플리케이션에서 호출하는 방식으로 사용할 수도 있다.

게다가 고도화된 모델 모니터링 기능도 갖춰져 있어 프롬프트 흐름의 실행 결과와 입력 데이터의 변화를 감지해 흐름을 개선시키는 데 도움을 줄 수 있다. 이처럼 관리형 온라인 엔드포인트는

26　[옮긴이] 여기서 '추론'이란 '새로운 입력 데이터를 머신러닝 모델에 적용해 출력을 생성하는 프로세스'를 의미한다.
27　온라인 엔드포인트를 더 알고 싶다면 다음 문서를 참고하자. https://learn.microsoft.com/ko-kr/azure/machine-learning/concept-endpoints?view=azureml-api-2

LLM 애플리케이션의 효율적인 운영(LLMOps large language model Ops)이라는 관점에서도 강력한 도구다.

> **COLUMN Azure Machine Learning이란**
>
> 이 칼럼에서는 프롬프트 흐름을 제공하는 Azure Machine Learning에 대해 간략하게 설명할 것이다. **Azure Machine Learning**[28]은 마이크로소프트가 제공하는 클라우드 기반 머신러닝 플랫폼이다.
>
> 데이터 과학자, 머신러닝 엔지니어, AI 애플리케이션 개발자 모두 이 플랫폼에서 머신러닝 모델을 만들어 학습시키고 배포할 수 있다.
>
> Azure Machine Learning은 데이터 수집, 학습, 모델 관리, 모델 평가, 모델 배포에 필요한 기능들을 제공한다. 이 기능들을 활용하면 머신러닝 모델을 만드는 데 필요한 시간을 크게 단축시켜 생산성을 높일 수 있다.
>
> 구체적으로 다음과 같은 기능들이 제공된다.
>
> - 학습 및 추론을 위한 관리형 컴퓨팅 리소스(컴퓨팅 인스턴스, 컴퓨팅 클러스터, 관리형 엔드포인트)
> - 머신러닝 작업job, 실험 관리
> - 재사용 가능한 머신러닝 파이프라인 생성 및 실행(컴포넌트, 파이프라인)
> - 주피터 노트북jupyter notebook을 업그레이드한 내장 노트북
> - GUI로 머신러닝 작업, 파이프라인 구성(디자이너)
> - 머신러닝에서 사용하는 자원(데이터, 모델, 환경, 컴포넌트)들을 워크스페이스 너머로 공유(레지스트리)
> - 생성형 AI/LLM을 활용한 애플리케이션을 간편하게 구축(모델 카탈로그, 프롬프트 흐름)
>
> 그리고 파이썬이나 R 등 일반적인 프로그래밍 언어를 지원하며 OSS를 중심으로 다양한 툴과 라이브러리를 사용할 수 있다. 덕분에 데이터 과학자와 엔지니어 모두 자신에게 익숙한 환경을 기반으로 최적의 개발 환경을 만들 수 있다.

4.8 LLM

지금까지 RAG에서 오케스트레이터의 역할과 구현 방법을 다뤘다. 이번 절에서는 LLM 사용 시 고려해야 할 점들을 살펴보겠다.

텍스트를 생성하는 LLM을 고를 때는 다음과 같은 점들을 중점적으로 검토해야 한다.

- 생성 정확도
  - 질문을 받고 사용자가 의도한 응답을 정확하게 생성하는지, 그리고 관련 자료를 인용하면서 모순 없는 응답을 생성하는지 검토한다.

---

[28] https://learn.microsoft.com/en-us/azure/machine-learning/overview-what-is-azure-machine-learning?view=azureml-api-2

- 응답 속도
  - 사용자의 요청에 신속하게 응답하는지 검토한다.
- 비용
  - 문제의 난이도에 대응할 수 있는 적절한 모델을 선택했는지 검토한다.

이러한 점들을 고려해 Azure OpenAI에서는 합리적인 비용과 빠른 속도를 겸비한 GPT-3.5 Turbo를 우선적으로 사용해볼 것을 권장하고 있다. 만약 GPT-3.5 Turbo로는 생성 정확도가 떨어진다면 GPT-4 사용을 검토해야 한다. 하지만 GPT-4는 높은 생성 정확도를 보유한 반면 응답 속도가 느리고 비용도 높아지므로 주의가 필요하다.[29] Azure OpenAI의 모델에 대한 더 자세한 설명은 3장을, 공개된 그 외 모델은 7장을 참고하자.

4.9 Azure OpenAI API

Azure OpenAI의 모델을 외부에서 호출할 때는 REST API나 프로그래밍 언어별 SDK를 사용한다. REST API는 목적에 따라 다른 API를 사용해야 한다. 가령 GPT-3.5 같은 채팅 형식의 텍스트 생성 모델을 사용할 때는 Chat Competions API를 사용한다. 또, 텍스트를 벡터화할 때는 Embeddings API를 사용한다. 이번 절에서는 이 두 가지 REST API의 요청 및 응답을 자세히 살펴볼 것이다.

4.9.1 Chat Completions API

Chat Completions API의 URL에는 Azure OpenAI의 리소스 이름, 모델의 배포 이름, API 버전이 포함된다(그림 4-47).

---

[29] (옮긴이) gpt-4o의 저렴해진 토큰 비용, 빠른 응답 속도, 높은 생성 정확도를 전부 고려했을 때, gpt-4o를 사용할 수 있는 환경이라면 (gpt-4o의 기본 할당량을 제공하는 리전이라면) gpt-4o를 선택하는 것이 가장 합리적인 선택이다.

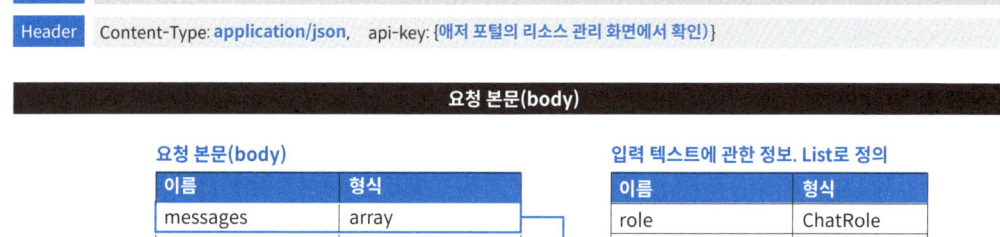

그림 4-47 Chat Completions API 요청(API 버전: 2024년 2월 1일)

API 키로 인증하려면 Azure OpenAI 리소스의 API 키를 취득해야 한다. 그리고 요청 본문 (request body)의 messages에는 대화 이력이 포함된 프롬프트를 JSON 리스트 형식으로 지정한다. role(역할)에는 assistant, function, system, user를 지정할 수 있다. assistant는 AI의 응답을, system은 시스템 메시지를, user는 사용자의 입력을, function은 Chat Completion 함수의 결과를 의미한다. temperature 등의 설정값은 3장에서 다룬 내용과 동일하다(코드 4-2).

코드 4-2 Chat Completion API 요청 예시

```
# URL
POST
https://{리소스 이름}.openai.azure.com/openai/deployments/{배포 이름}/
chat/completions?api-version={api 버전}
# Header
Content-Type: application/json
api-key: {본인의 api 키}
# Body
{
    "messages": [
        {
            "role": "system",
```

```
            "content": "You are a helpful assistant."
        },
        {
            "role": "user",
            "content": "한국의 수도를 알려줘."
        }
    ],
    "temperature": 0.7,
    "top_p": 0.95,
    "frequency_penalty": 0,
    "presence_penalty": 0,
    "max_tokens": 800,
    "stop": null
}
```

요청에 대한 API 응답은 다음과 같다(그림 4-48).

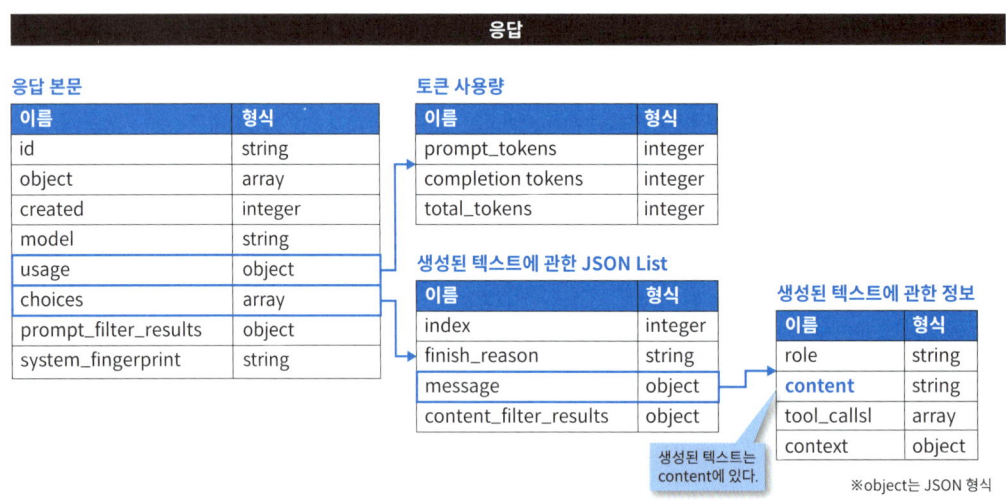

그림 4-48 Chat Completion API 응답(API 버전: 2024년 2월 1일)

usage에는 토큰 사용량이 있다. prompt_tokens는 입력 토큰양이고, completion_tokens는 출력 토큰양을 의미한다. 이 토큰양들은 Azure OpenAI의 종량제 과금 산출에 사용된다. 텍스트 생성 결과는 choices[0].message.content에 있다. prompt_filter_results와 choices[0].content_filter_results에는 콘텐츠 필터 결과가 있다(코드 4-3). 콘텐츠 필터에 대한 더 자세한 내용은 10장에서 다룬다.

코드 4-3 Chat Completion API 응답 예시

```json
{
    "choices": [
        {
            "content_filter_results": {
                "hate": {
                    "filtered": false,
                    "severity": "safe"
                },
                "self_harm": {
                    "filtered": false,
                    "severity": "safe"
                },
                "sexual": {
                    "filtered": false,
                    "severity": "safe"
                },
                "violence": {
                    "filtered": false,
                    "severity": "safe"
                }
            },
            "finish_reason": "stop",
            "index": 0,
            "logprobs": null,
            "message": {
                "content": "한국의 수도는 서울입니다.",
                "role": "assistant"
            }
        }
    ],
    "created": 1714454317,
    "id": "chatcmpl-9JaAv9YYjtVp0kj9glpDmIp83QMKB",
    "model": "gpt-35-turbo",
    "object": "chat.completion",
    "prompt_filter_results": [
        {
            "prompt_index": 0,
            "content_filter_results": {
                "hate": {
                    "filtered": false,
                    "severity": "safe"
                },
                "self_harm": {
                    "filtered": false,
                    "severity": "safe"
                },
```

```
                "sexual": {
                    "filtered": false,
                    "severity": "safe"
                },
                "violence": {
                    "filtered": false,
                    "severity": "safe"
                }
            }
        }
    ],
    "system_fingerprint": null,
    "usage": {
        "completion_tokens": 12,
        "prompt_tokens": 31,
        "total_tokens": 43
    }
}
```

대화를 계속 이어가고 싶다면 입력 프롬프트의 `messages`에 `role`을 `assistant`로 지정해서 대화 이력을 추가하면 된다(코드 4-4).

코드 4-4 대화 이력을 고려한 요청

```
{
    "messages": [
        {
            "role": "system",
            "content": "You are a helpful assistant."
        },
        {
            "role": "user",
            "content": "한국의 수도를 알려줘."
        },
        {
            "role": "assistant",
            "content": "한국의 수도는 서울입니다."
        },
        {
            "role": "user",
            "content": "미국은?"
        }
    ]
}
```

"미국은?"이라고 짧게 질문했음에도 과거의 대화 이력을 고려해서 '미국의 수도'를 대답해준다(코드 4-5).

코드 4-5 **대화 이력을 고려한 요청의 응답**

```
{
    "choices": [
        {
            "message": {
                "content": "미국의 수도는 워싱턴 D.C.입니다.",
                "role": "assistant"
            }
        }
    ]
}
```

이처럼 과거의 대화 이력을 포함시키면 자연스럽게 대화를 이어갈 수 있다.

단, 대화의 수가 늘어날수록 입력 토큰양도 증가하므로 애플리케이션을 설계할 때는 토큰 사용량 제한을 초과하지 않도록 대화를 초기화하는 기능을 구현해야 한다.

4.9.2 Embeddings API

Embeddings API의 URL도 Chat Completions API와 동일하게 리소스 이름 등을 사용한다. `input`에는 입력할 텍스트를 지정하고, `embedding`으로 반환된 벡터값을 얻는다(코드 4-6).

코드 4-6 **Embeddings API 요청 및 응답**

```
# URL
POST
https://{리소스 이름}.openai.azure.com/openai/deployments/{배포 이름}/embeddings?api-version={api 버전}
# Header
Content-Type: application/json
api-key: {본인의 api 키}
# Body
{
  "input": "Azure OpenAI에서 사용 가능한 모델을 알려줘."
}
# Response
{
    "object": "list",
    "data": [
```

```
        {
            "object": "embedding",
            "index": 0,
            "embedding": [
                0.0011356566,
                -0.031008508,
                ...,
                0.00057782675
            ],
        }
    ],
    "model": "text-embedding-ada-002",
    "usage": {
        "prompt_tokens": 18,
        "total_tokens": 18
    }
}
```

4.10 마무리

4장에서는 LLM에 학습된 지식을 넘어 외부로부터 정보를 검색해서 응답하는 RAG의 개요와 애저를 활용한 구현 방법을 살펴봤다.

> **COLUMN　RAG vs. 파인 튜닝**
>
> LLM 시스템 개발로 작업의 효율성을 높일 수 없을 때는 대량의 학습 데이터를 사용해서 LLM의 매개변수를 튜닝하는 방법을 고려해볼 수 있다. 이 방법을 **파인 튜닝**fine-tuning이라고 하며 Azure OpenAI의 GPT-3.5 Turbo 같은 모델에도 적용이 가능하다. 파인 튜닝을 하려면 특정 작업에 관한 프롬프트와 이상적인 답변을 짝지은 학습 데이터를 준비하면 된다. 주의할 점은 파인 튜닝은 지식이나 논리를 기억시키는 용도로는 적합하지 않다는 것이다. 파인 튜닝은 출력 형식의 조정이나 특정 작업의 효율성을 높이는 목적으로 사용하는 것이 적합하다.
>
> 애초에 GPT 모델 활용법 중에는 프롬프트에 몇 가지 입출력 예시를 제공해서 작업의 정확도를 비약적으로 향상시킬 수 있는 퓨샷 학습이라는 방법이 있다. 이 퓨샷 학습만으로 생성 정확도가 부족해서 더 많은 학습 데이터를 사용하고 싶을 때 고려하는 것이 파인 튜닝이다.
>
> 또, 파인 튜닝은 대량의 GPU를 사용하기 때문에 운영을 시작한 후에도 지속적인 재학습 비용이 들어간다는 점을 주의해야 한다. RAG는 실행 시에 검색 시스템에 있는 도큐먼트를 검색해서 그 결과를 프롬프트에 삽입하기 때문에, 검색 시스템을 최신 상태로 유지만 한다면 재학습 비용이 들지 않는다.

따라서 지식을 획득하는 것이 목적이면 RAG를 활용하고, 출력 형식의 조정이나 작업의 효율성 강화가 퓨샷 학습만으로 충분치 않을 때는 파인 튜닝을 활용하는 것을 권장한다(표 4-7).

표 4-7 파인 튜닝과 RAG 비교

	파인 튜닝(API 사용)	RAG
권장 사례	• 출력 형식, 톤 조정 • 작업의 정확도 강화 • 토큰 절약	지식 및 논리 획득
비용	GPU 학습 비용 전용 엔드포인트 가동 비용	• 검색엔진 이용료 • 정보 추가에 사용한 토큰 비용
생성 속도에 미치는 영향	입력 토큰 처리량이 감소하므로 생성 속도에는 영향이 없다.	검색을 활용하거나 프롬프트 입력 토큰 수와 같은 이유로 파인 튜닝에 비하면 더 많은 시간이 필요하다.
데이터 수집 시간	데이터셋의 크기에 따라 몇 분~몇 시간의 학습 시간이 걸린다.	검색엔진에 데이터가 수집되면 즉시 반영된다.
리소스	GPU가 필요하므로 특정 리전에서만 이용할 수 있다.	검색엔진은 대부분의 리전에서 이용할 수 있다.
기술	신경망 학습에 대한 식견과 학습 데이터 작성 및 품질확보 기술이 필요하다.	청크 튜닝, 벡터 검색, 프롬프트 엔지니어링에 대한 지식이 필요하다.

※ 데이터나 작업의 성격에 따라 다르므로 참고만 하자. 그리고 ChatGPT의 API에 국한된 비교이므로 LLM 전반에 적용되는 것이라 생각해선 안 된다.

CHAPTER 5

RAG 구현 및 평가

5장에서는 실제로 사내 문서 검색 애플리케이션의 예제 코드를 보면서 RAG의 구현 방법을 다룬다. 후반부에는 구현한 시스템을 평가하는 방법도 살펴볼 것이다.

5.1 아키텍처

우선 예제 애플리케이션의 아키텍처를 살펴보자. 사내 문서를 저장할 **지식 저장소**knowledge store는 Azure AI Search를 사용한다. 사내 문서를 Azure AI Search의 색인에 저장하고, 채팅 UI에서 질문 및 답변이 가능한 시스템을 구축할 것이다(그림 5-1).

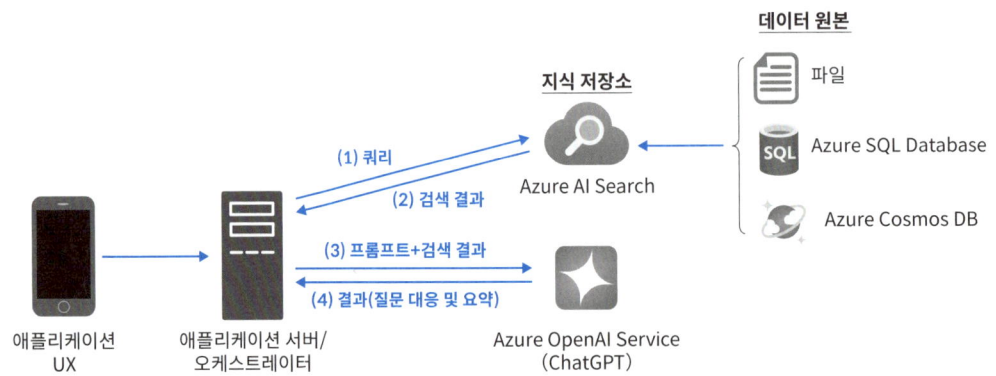

그림 5-1 Azure AI Search를 활용한 RAG 아키텍처

Azure AI Search를 활용한 RAG 아키텍처의 내부 처리 과정은 다음과 같다(그림 5-2).

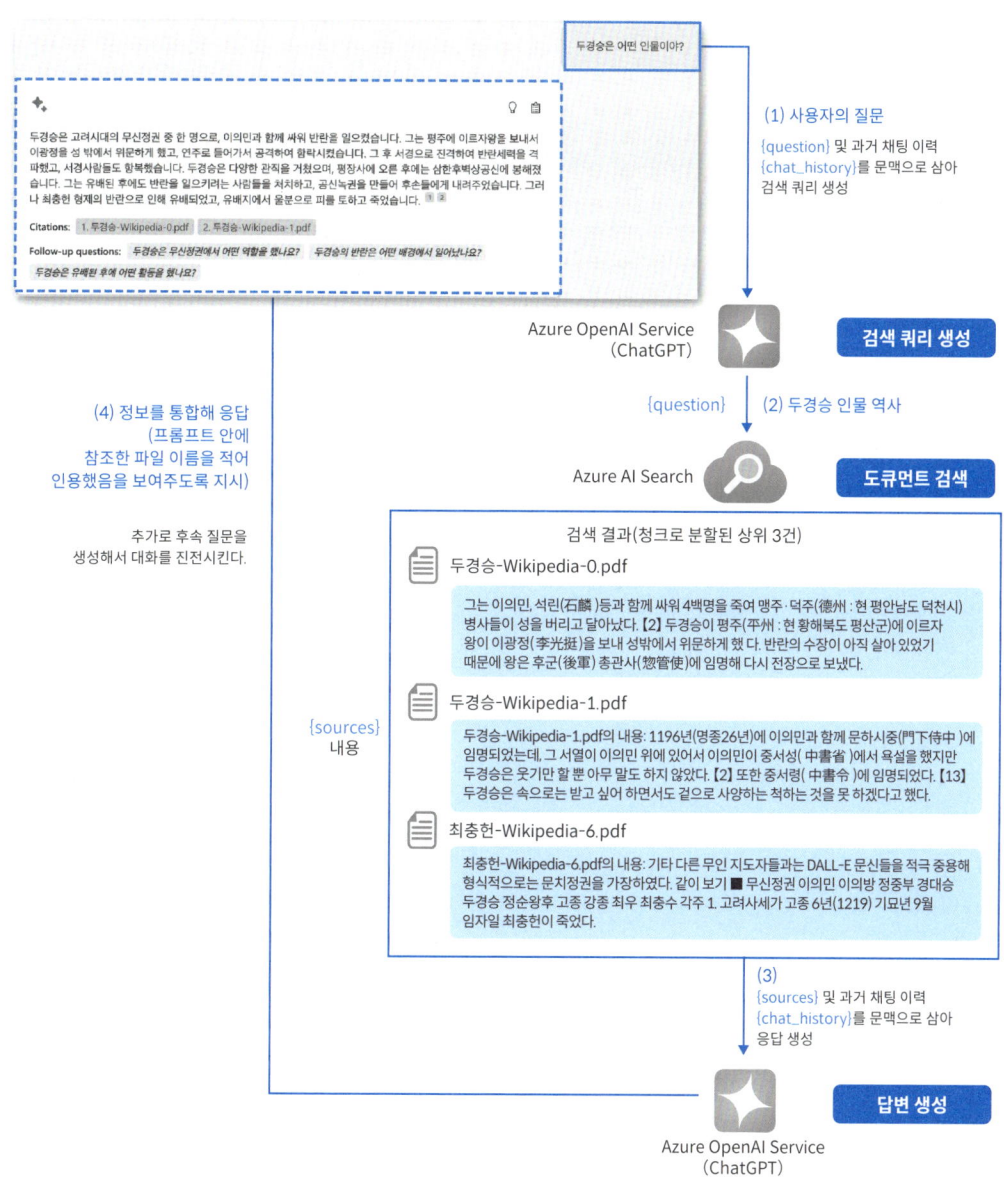

그림 5-2 RAG 아키텍처의 내부 처리 과정

그림 5-2의 내부 처리 과정 중에서 검색은 구체적으로 다음과 같은 단계를 거쳐 이루어진다.

❶ ChatGPT를 활용한 검색 쿼리 생성

GPT-3.5 Turbo/GPT-3.5 Turbo Instruct 모델과 프롬프트 엔지니어링을 활용해서 최근 질문 및 채팅 이력에 기반한 전문 검색 쿼리를 생성한다(코드 5-1).

코드 5-1 검색 쿼리 생성

```python
#===============================================================================
# STEP 1: 최근 질문 및 채팅 이력을 기반으로 GPT에 최적화된 키워드 검색 쿼리를 생성한다.
#===============================================================================
user_q = 'Generate search query for: ' + history[-1]["user"]
messages = self.get_messages_from_history(
    self.query_prompt_template,
    self.chatgpt_model,
    history,
    user_q,
    self.query_prompt_few_shots,
    self.chatgpt_token_limit - len(user_q)
)

# ChatCompletion API로 검색 쿼리를 생성한다.
chat_completion: ChatCompletion = await self.openai_client.chat.completions.create(
    messages=messages,
    model=self.chatgpt_deployment if self.chatgpt_deployment else self.chatgpt_model,
    temperature=0.0,
    max_tokens=100,
    n=1)

query_text = chat_completion.choices[0].message.content
if query_text.strip() == "0":
    query_text = history[-1]["user"] # 더 나은 쿼리를 생성하지 못하면 마지막에 입력된 쿼리를
사용한다.
```

❷ 검색 인덱스로부터 관련 문서 취득

❶에서 생성한 검색 쿼리를 사용해서 Azure AI Search로부터 문서(예: 상위 3개)를 취득한다(코드 5-2). 5장에서는 전문 검색뿐만 아니라 벡터 검색과 하이브리드 검색 활용법도 다룬다.

코드 5-2 관련 문서 취득

```python
#===============================================================================
# STEP 2: GPT로 생성한 쿼리를 사용해서 검색 인덱스로부터 관련 문서를 취득한다.
#===============================================================================
# 검색 모드에 벡터가 포함되어 있으면 쿼리를 임베딩한다.
if has_vector:
    embedding = await self.openai_client.embeddings.create(
```

```
            model=self.embedding_deployment,
            input=query_text
        )
        query_vector = embedding.data[0].embedding
    else:
        query_vector = None

    # 검색 모드로 텍스트를 사용하면 텍스트 쿼리만 남기고 나머지는 삭제한다.
    if not has_text:
        query_text = None

    # 검색 모드로 텍스트나 하이브리드(벡터 + 텍스트)를 사용하면 요청에 따라 의미 체계 검색을 사용한다.
    if overrides.get("semantic_ranker") and has_text:
        r = await self.search_client.search(search_text=query_text,
            filter=filter,
            query_type=QueryType.SEMANTIC,
            semantic_configuration_name="default",
            top=top,
            query_caption="extractive|highlight-false" if use_semantic_captions else None,
            vector_queries=[VectorizedQuery(vector=query_vector, k_nearest_neighbors=top, fields="embedding")] if query_vector else None)
    else:
        r = await self.search_client.search(search_text=query_text,
            filter=filter,
            top=top,
            vector_queries=[VectorizedQuery(vector=query_vector, k_nearest_neighbors=top, fields="embedding")] if query_vector else None)

    if use_semantic_captions:
        results =[" SOURCE:" + doc[self.sourcepage_field] + ": " + nonewlines(" . ".join([c.text for c in doc['@search.captions']])) async for doc in r]
    else:
        results =[" SOURCE:" + doc[self.sourcepage_field] + ": " + nonewlines(doc[self.content_field]) async for doc in r]
    content = "\n".join(results) # 검색 결과
```

❸ ChatGPT를 활용한 응답 생성

Azure AI Search의 검색 결과나 채팅 이력을 활용해서 문맥이나 내용과 조응하는 응답을 생성한다. 이 단계에서 프롬프트로 출처를 출력하도록 지시한다. 출처로는 Azure AI Search의 파일명 필드값을 사용한다. 또, 앞선 대화에 덧붙여 더 자세한 정보를 요청하는 후속 질문도 생성한다(코드 5-3).

코드 5-3 **응답 생성**

```
#===========================================================================
# STEP 3: 검색 결과와 채팅 이력을 사용해서 문맥이나 내용에 맞는 응답을 생성한다.
#===========================================================================

follow_up_questions_prompt = self.follow_up_questions_prompt_content if overrides.
get("suggest_followup_questions") else ""
# 프롬프트 템플릿 덮어쓰기
# 클라이언트가 프롬프트 전체를 변경하거나, 접두사 '>>>'를 사용해서 기존 프롬프트에 주입할 수
있도록 한다.
prompt_override = overrides.get("prompt_template")
if prompt_override is None:
    system_message = self.system_message_chat_conversation.format(injected_prompt="",
follow_up_questions_prompt=follow_up_questions_prompt)
elif prompt_override.startswith(">>>"):
    system_message = self.system_message_chat_conversation.format(injected_prompt=prompt_
override[3:] + "\n", follow_up_questions_prompt=follow_up_questions_prompt)
else:
    system_message = prompt_override.format(follow_up_questions_prompt=follow_up_questions_
prompt)

print(system_message) # 합성된 시스템 프롬프트 확인

messages = self.get_messages_from_history(
    system_message,
    self.chatgpt_model,
    history,
    history[-1]["user"]+ "\n\n " + content, # 모델은 시스템 메시지가 너무 길어지면 프롬프트를
제대로 처리하지 못한다. 후속 질문 프롬프트의 처리를 위해 사용자의 최근 대화로 소스를 이동한다.
    max_tokens=self.chatgpt_token_limit)
msg_to_display = '\n\n'.join([str(message) for message in messages])

extra_info = {"data_points": results, "thoughts": f"Searched for:<br>{query_text}<br><br>Con
versations:<br>" + msg_to_display.replace('\n', '<br>')}

# ChatCompletion 방식으로 응답을 생성한다.
chat_coroutine = self.openai_client.chat.completions.create(
    model=self.chatgpt_deployment if self.chatgpt_deployment else self.chatgpt_model,
    messages=messages,
    temperature=overrides.get("temperature") or 0.0,
    max_tokens=1024,
    n=1,
    stream=should_stream
)
return (extra_info, chat_coroutine)
```

이렇게 시스템을 구축하면 검색 결과에서 직접 응답을 찾는 수고가 줄어드는 장점이 있다. 또, 원한다면 요약된 응답을 받거나('3줄로 요약해줘', '초등학생도 이해할 수 있게 요약해줘' 등) 검색 결과의 파일명을 출처로 얻을 수도 있다. 그리고 기존에 사내에 전문 검색엔진이 있다면 친숙하게 사용할 수 있는 것도 장점이다.

5.2 사내 문서 검색 구현

그림 5-3과 같은 애플리케이션을 실제로 구축해보자.

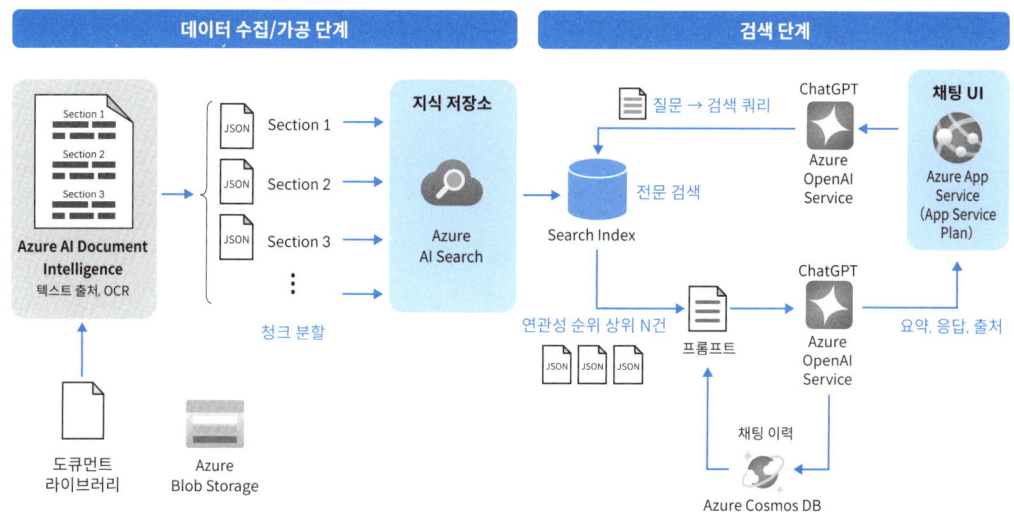

그림 5-3 Azure PaaS로 구현하는 RAG 아키텍처

필요한 리소스는 총 6개로, 모두 직접 구축하려면 시간이 많이 걸리기 때문에 자동으로 구축할 수 있는 스크립트를 사용한다.

5.2.1 사용할 애저 서비스 목록 및 요금

예제 코드를 실행하려면 Azure OpenAI Service 사용 승인이 완료된 애저 구독이 필요하다. 또한, 표 5-1에 정리한 대로 요금이 발생하므로 주의하기를 바란다.

표 5-1 사용할 애저 서비스 및 요금

서비스	사용 목적	플랜 및 스펙	과금 체계
Azure OpenAI Service	검색 쿼리 및 응답 생성에는 gpt-35-turbo-16k 모델을, 임베딩에는 text-embedding-ada-002 모델을 사용한다(할당량은 어느 쪽이든 30K TPM이 필요하다).	Standard S0 플랜	사용한 토큰 1,000개당 과금되며 질문 하나에 최소 1,000개의 토큰을 사용한다. 간단한 테스트면 하루에 1,000원 정도가 과금된다.
Azure App Service	채팅 UI 애플리케이션의 호스팅에 사용한다.	Basic B1 플랜. 1CPU 코어, 1.75GB RAM	시간당 종량제로 1시간에 30원 정도가 과금된다.
Azure AI Document Intelligence	PDF의 내용을 추출하고 정확하게 구조화한다. 사전 정의된 레이아웃 모델을 사용한다.	Standard S0 플랜	100쪽당 1,460원 정도가 과금된다.
Azure AI Search	검색 인덱스 및 벡터 인덱스로 사용한다.	Basic 플랜	1개의 복제본, 무료 단위 의미 체계 검색 사용 시 시간당 200원 정도가 과금된다.
Azure Blob Storage	PDF 파일 저장에 사용한다.	Standard LRS(로컬 중복 저장소)	저장 및 불러오기 작업당 과금되는 종량제이며, 월에 100원 정도가 과금된다.
Azure Cosmos DB(옵션)	채팅 이력 저장에 사용한다.	프로비저닝된 처리량 400RU/s	시간당 60원 정도가 과금된다.

요금은 첨부한 예제 데이터를 기준으로 대략적인 가격을 추정한 것이며 실제 사용량에 따라 달라진다. 애저 포털에서 생성된 리소스 그룹을 선택하고 좌측 메뉴에서 [비용 분석]을 클릭하면 현재 요금을 확인할 수 있다.

비용 절감을 위해 infra 폴더 하위에 있는 매개변수 파일을 변경해 Azure App Service, Azure AI Search, Azure AI Document Intelligence를 무료 플랜으로 변경할 수 있다. 무료 AI Search 리소스는 구독당 1개까지만 사용할 수 있으며, 무료 Azure AI Document Intelligence 리소스는 각 문서에서 처음 2쪽만 분석한다. 또한, data 폴더의 문서를 줄여서 비용을 절감할 수도 있다.

주의 사항 애플리케이션을 사용하지 않게 되면 불필요한 비용이 발생하지 않도록 잊지 말고 반드시 애플리케이션을 삭제해야 한다. 애저 포털에서 리소스 그룹을 삭제하거나 azd down을 실행하면 된다. 애플리케이션을 삭제하지 않아서 발생한 요금에 대해서 저(역)자와 출판사는 어떤 책임도 지지 않는다.

5.2.2 로컬 개발 환경 구축하기

로컬 개발 환경 구축에는 다음과 같은 환경이 필요하다.

- Azure Developer CLI
- 파이썬Python 3.10 이상
- Node.js 18 이상
- 깃Git
- 파워셸PowerShell 7 이상(pwsh): 윈도우 사용자 한정

자세한 설치방법은 부록 A를 참고하기를 바란다.

1 자동 구축 스크립트 사용

그림 5-1의 아키텍처 전체를 구현한 채팅 애플리케이션을 구축한다. 예제 코드의 라이선스는 MIT 허가서MIT License다. 우선 파워셸 혹은 터미널을 키고 다음 커맨드를 실행한다.

```
git clone https://github.com/1mlines/book-azureopenai-sample.git
cd book-azureopenai-sample/aoai-rag
```

자동으로 애저에 리소스를 구축하고 예제 데이터를 업로드하는 스크립트를 실행한다.[1] 예제 데이터는 data 폴더에 저장된 것들을 업로드한다.

```
azd auth login
azd up
```

콘솔 대화 모드로 각 질문에 답변을 입력한 후 엔터 키를 누른다. 동일본 리전(japaneast)에 모든 리소스를 배포한다.

```
? Enter a new environment name: [? for help] 원하는 환경 이름
? Select an Azure Subscription to use: 사용할 구독 선택(Azure OpenAI 사용이 승인된 구독)
? Select an Azure location to use: 9. (Asia Pacific) Japan East (japaneast)
```

이어서 리소스 그룹 위치에 대한 질문이 나오면 그대로 엔터 키를 누른다.

```
? Enter a value for the 'openAiResourceGroupLocation' infrastructure parameter: 1.
(Asia Pacific) Japan East (japaneast)
```

---

1 옮긴이 macOS 사용자는 ./scripts/prepdocs.sh에 실행 권한을 부여하기 위해 터미널에 chmod 755 ./scripts/prepdocs.sh를 먼저 실행한 뒤 azd up을 입력해야 한다.

잠시 기다리면 다음과 같이 1개의 리소스 그룹에 6개의 리소스가 생성된다.

```
(√) Done: Resource group: rg-입력한 환경 이름
(√) Done: App Service plan: plan-gwxbqh3gbweas
(√) Done: Azure OpenAI: cog-gwxbqh3gbweas
(√) Done: Storage account: stgwxbqh3gbweas
(√) Done: Document Intelligence: cog-fr-gwxbqh3gbweas
(√) Done: Search service: gptkb-gwxbqh3gbweas
(√) Done: App Service: app-backend-gwxbqh3gbweas
```

리소스 배포가 완료되면 자동적으로 파이썬 가상환경이 구축되고 scripts/prepdocs.py가 실행된다. 이 스크립트는 data 폴더에 저장된 예제 PDF 파일에서 텍스트를 추출해서 청크로 분할한 뒤 Azure AI Search의 검색 인덱스로 등록한다.

또한, 검색 결과 화면의 파일 미리보기를 위해 쪽 단위로 분할한 PDF 파일도 Azure Blob Storage에 업로드한다.

애플리케이션이 정상적으로 배포되면 콘솔에 다음과 같은 형태로 URL이 출력된다.

```
- Endpoint: https://app-backend-gwxbqh3gbweas.azurewebsites.net/
```

URL을 클릭해 브라우저에서 애플리케이션을 실행한다. 애플리케이션이 작동하려면 몇 분 기다려야 한다.

`:( Application Error`라는 화면이 나타났을 때는 잠시 기다린 뒤 화면을 새로고침하면 된다. 절차에 따라 실행했지만 배포가 되지 않을 때는 원서 혹은 번역서 저장소에 이슈를 남기면 확인하는 대로 답변할 것이다.

App Service에 호스팅된 채팅 애플리케이션을 중지시키려면 애저 포털에서 리소스 그룹을 열고 App Service 리소스를 선택한 뒤 [중지]를 클릭하면 된다.

2 액세스 제한 설정

애저 포털에서 방금 생성한 리소스 그룹으로 들어간 뒤 App Service 리소스를 클릭한다. 좌측 메뉴의 [설정] → [인증]을 클릭하고 'ID 공급자 추가'는 [Microsoft]를 선택한다(그림 5-4).

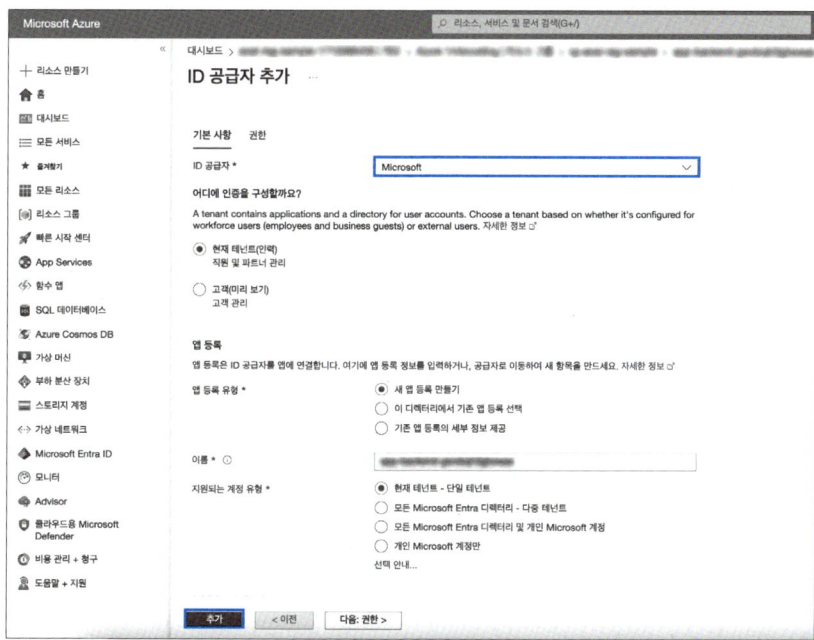

그림 5-4 ID 공급자 추가

'액세스 제한'에 [인증 필요]가 선택되어 있는지 확인하고 [추가]를 클릭한다(그림 5-5).

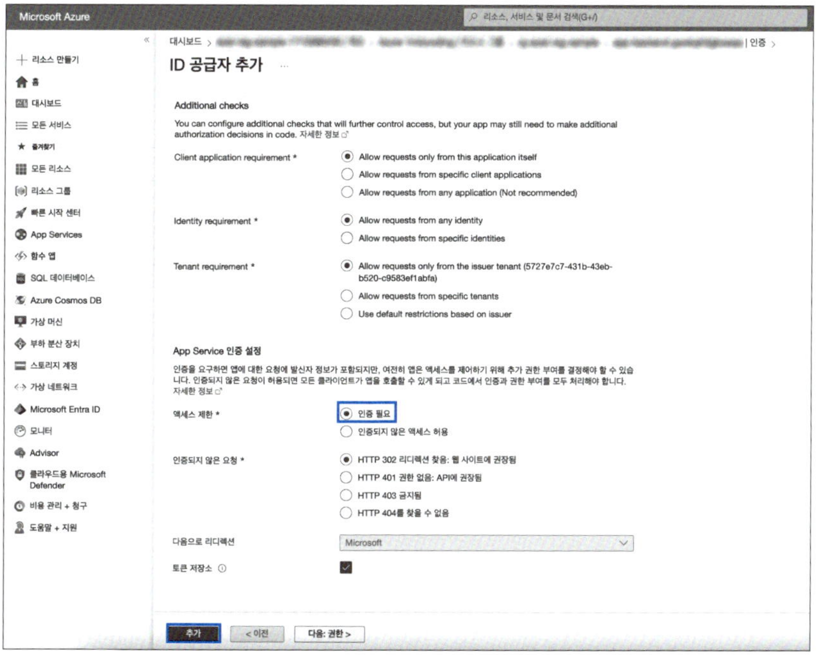

그림 5-5 액세스 제한 설정

5.2 사내 문서 검색 구현 109

IP 주소 제한도 추가할 수 있다. App Service 리소스 좌측 메뉴에서 [네트워킹]을 클릭한 뒤 '인바운드 트래픽 구성'의 [공용 네트워크 액세스 설정](기본값으로 '액세스 제한 없이 사용'이 적용되어 있다)을 클릭한다. [추가]를 클릭하면 우측에 규칙 추가 폼이 나오는데, 여기에 개인 장비나 회사의 IP 주소 등을 허가하는 IP 주소 규칙을 추가한 뒤 [규칙 추가]를 누른다. 규칙 추가를 완료했으면 [저장]을 클릭한다(그림 5-6).

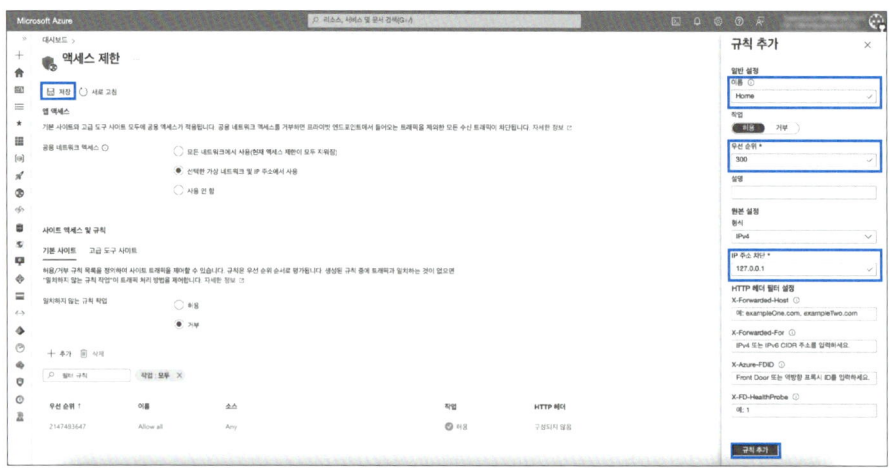

그림 5-6 IP 주소 제한 추가

주의 사항 적절한 액세스 제한을 설정하지 않은 상태로 사내 문서를 업로드해선 안 된다. 정보 유출 위험을 피하려면 반드시 액세스 정책을 먼저 수립한 뒤 문서를 업로드해야 한다.

5.2.3 로컬 환경에서 실행하기

배시$_{Bash}$/Z 셸$_{zsh}$ 혹은 파워셸에서 아래 커맨드를 입력하면 채팅 애플리케이션을 로컬 개발 환경에서 실행한다.

배시/Z 셸(리눅스/macOS)

```
cd app
bash start.sh
```

파워셸(윈도우)

```
cd app
.\start.ps1
```

커맨드가 입력되면 자동적으로 파이썬 가상환경이 실행된다. .azure 폴더에 있는 각 환경 이름 내부의 .env 파일에서 환경변수를 불러와서 백엔드 서버를 실행하고 프런트엔드를 빌드한다(그림 5-7).

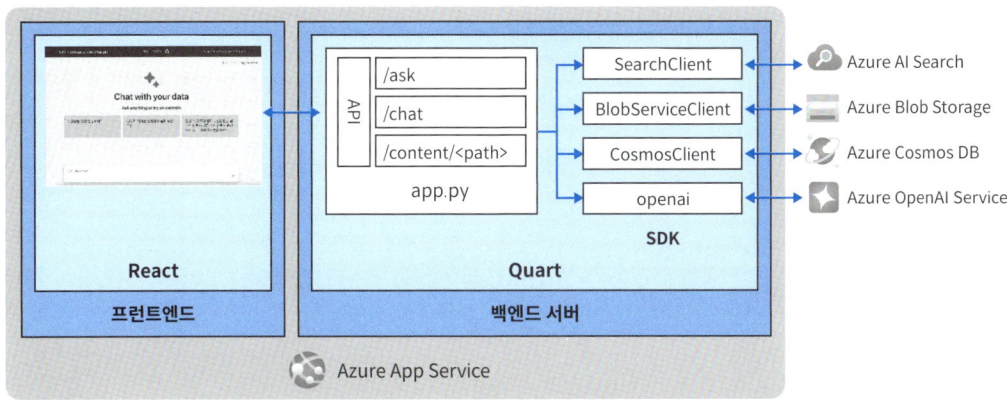

그림 5-7 App Service에 호스팅된 채팅 애플리케이션의 내부 구성

실행이 완료된 후 브라우저에서 http://127.0.0.1:50505/[2]을 열면 채팅 UI가 나타난다(그림 5-8).

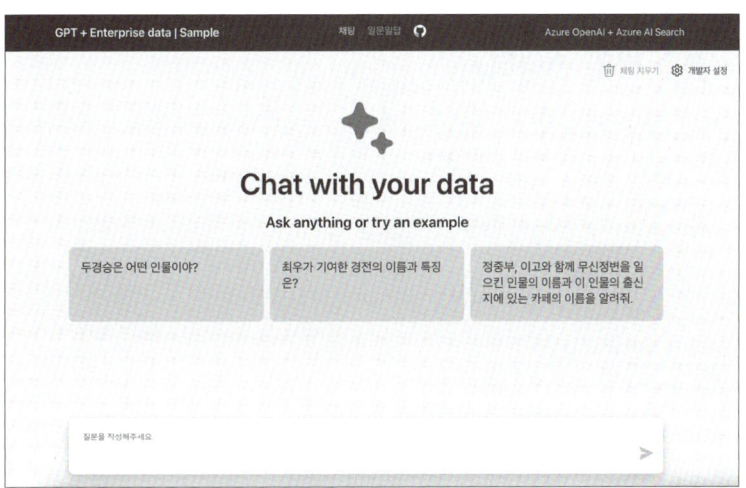

그림 5-8 채팅 UI 메인 화면

---

2 윈도우 운영체제에 WSL2를 사용해서 리눅스 서버를 설치하는 경우, 호스트인 윈도우 측에서는 127.0.0.1로 접근할 수 없다. 그 대신 localhost로 접속할 수 있다.

포트가 이미 사용 중이라는 에러가 나타나면 운영체제에 따라 사용한 스크립트 파일의 포트(start.sh의 85번째 줄 혹은 start.ps1의 68번째 줄의 --port 50505)를 사용하지 않는 임의의 포트로 변경한다.

실행을 중단하려면 Ctrl+C 키를 누른다.

5.2.4 로컬 변경사항을 App Service에 배포하기

app 폴더 내부의 백엔드/프런트엔드 코드만 변경한 경우에는 리소스를 다시 프로비저닝하지 않고 다음 커맨드만 입력하면 된다.

```
azd deploy
```

인프라 관련 파일(infra 폴더 혹은 azure.yaml)을 변경한 경우에는 애저 리소스를 다시 프로비저닝해야 한다. 다시 프로비저닝할 때는 다음 커맨드를 입력한다.

```
azd up
```

5.2.5 환경 설정 파일 변경하기

자동구축시 지정한 환경 이름과 설정들은 .azure 디렉터리에 저장되어 있다. Azure OpenAI Service의 리소스 이름 혹은 배포 이름, Azure AI Search의 검색 인덱스 등을 변경하려면 .azure/<환경 이름>/.env 파일의 설정을 변경하면 된다. 만약 환경을 완전히 새로 구축하고 싶다면 .azure 디렉터리를 삭제해야 한다.

5.2.6 문서를 추가로 인덱싱하기

문서를 추가로 업로드하려면 추가할 문서를 data 폴더에 넣고 script/prepdocs.sh 혹은 scripts/prepdocs.ps1을 실행한다.

5.2.7 실제로 질문하기

GPT-3.5 Turbo나 GPT-4 모델만으로는 이상한 응답을 하거나 알지 못할 가능성이 높은 고려 무신

정권의 역사[3]에 대해서 질문해보자. 앞서 구축한 환경에는 무신정권 집권자들에 관한 위키백과 데이터가 Azure AI Search의 색인으로 등록되어 있기 때문에 파운데이션 모델이 모르는 내용을 보완해서 검색할 수 있다.

메인 화면(그림 5-8)에서 기본 질문을 클릭해 질문할 수도 있고 채팅창에 질문을 직접 입력할 수도 있다. 채팅창에 질문을 입력하고 엔터 키를 누르면 그림 5-9처럼 응답 생성에 활용한 출처 링크를 첨부해서 응답한다.

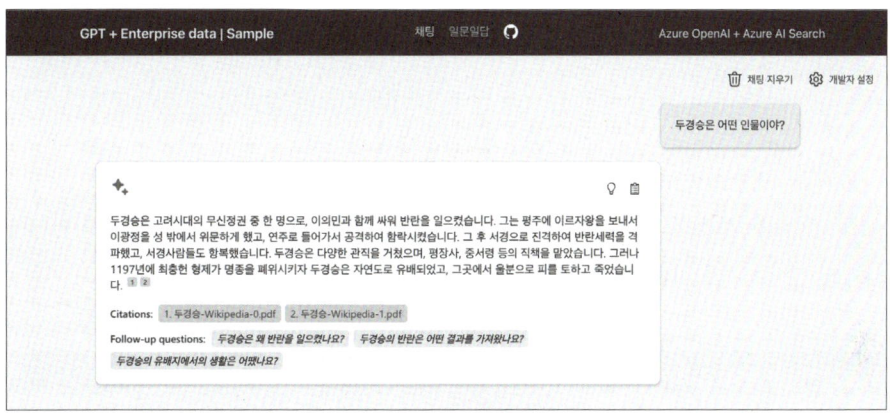

그림 5-9 채팅 UI에 질문하기

Azure AI Search의 검색 모드는 '전문 검색'이 기본값으로 설정되어 있어, 검색어와 일치하는 단어가 포함된 도큐먼트를 검색한다.

5.2.8 기능 소개

이 애플리케이션에는 '채팅(이력 첨부)'과 '일문일답' 기능이 있다. 채팅 기능을 사용하려면 화면 상단에 있는 바에서 [채팅]을 클릭하고, 일문일답 기능을 사용하려면 [일문일답]을 클릭한다.

1 채팅 기능

실제로 생성한 검색어나 사용한 프롬프트, 콘텍스트를 확인하려면 전구 버튼을 클릭한다(그림 5-10). 전구 모양(💡)의 버튼을 클릭하면 [추론 과정] 탭이 열리면서 백그라운드에서 검색 처리가 어떻게 이루어지는지 확인할 수 있다.

---

3 옮긴이 원서는 가마쿠라 막부와 관련된 내용으로 예제가 구성되어 있다. 현지화를 위해 시기적, 성격적으로 유사한 무신정권으로 재구성했다. 역사에 깊은 관심이 있어 둘 사이의 차이점에 민감한 독자에게는 양해를 구한다.

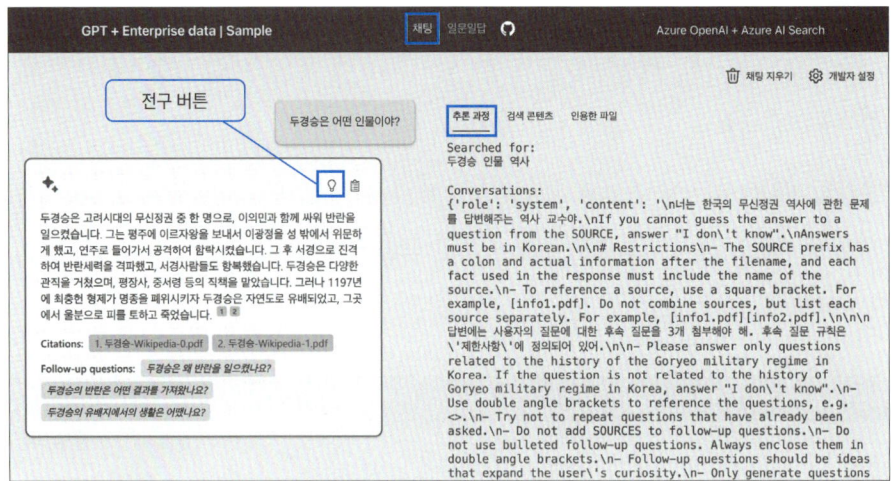

그림 5-10 채팅 UI의 추론 과정 탭

Azure AI Search의 검색 결과를 확인하려면 클립보드 모양(📋)의의 버튼을 클릭하거나 [검색 콘텐츠] 탭을 클릭한다. 그림 5-11처럼 검색에 활용된 콘텐츠 중 상위 3건이 표시된다.

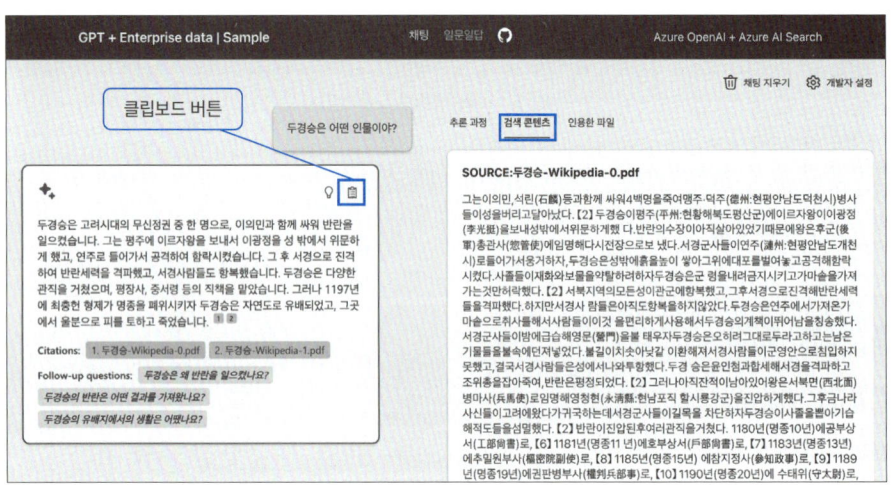

그림 5-11 채팅 UI의 출처 목록(검색 결과)

응답 생성에 사용한 출처 파일을 확인하려면 파일 링크를 클릭하거나 [인용한 파일] 탭을 클릭한다. 클릭하면 그림 5-12와 같이 PDF 파일 미리보기가 표시된다.

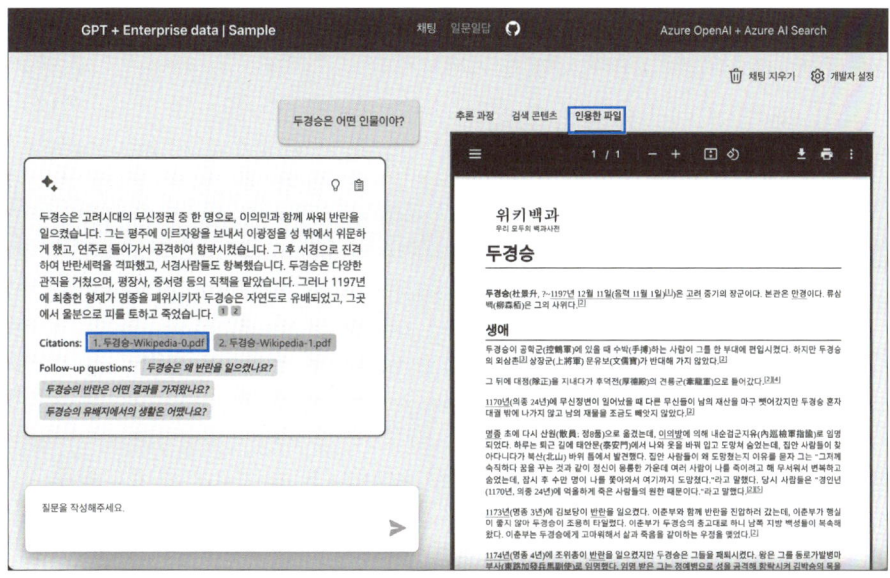

그림 5-12 채팅 UI의 인용한 파일 탭

이 예제에서는 PDF 파일 미리보기에 누구나 접근할 수 있지만 실제 프로젝트에서는 사용자에 따라 접근 제한을 걸어야 한다. 일반적으로는 사용자의 식별자를 Azure AI Search의 인덱스 필드에 저장하고 쿼리에 보안 필터를 적용해서 제한하는 방법[4]을 사용한다.

2 채팅의 하위 기능

[채팅]의 하위 메뉴인 [채팅 지우기]와 [개발자 설정]은 다음과 같은 기능이 있다.

- 채팅 지우기: 브라우저에 저장된 채팅 이력 제거
- 개발자 설정: 개발자가 설정을 변경하기 위한 기능
  - 프롬프트 템플릿 재정의: 프롬프트 템플릿 커스터마이징
  - 검색된 문서의 개수: 검색 결과 중 상위 몇 건을 대상으로 할 것인지 지정
  - 전체 문서가 아닌 요약된 쿼리 텍스트 사용: 의미론적 캡션[5] 기능
  - 후속 질문 제안: 후속 질문을 생성해서 표시하는 기능
  - 검색 모드: 검색 모드. 전문 검색, 벡터 검색, 하이브리드 검색 중에서 선택 가능. 기본값은 전문 검색.

---

4 https://learn.microsoft.com/ko-kr/azure/search/search-security-trimming-for-azure-search
5 [옮긴이] 검색 결과에 포함된 문서에서 중요한 정보를 추출하고 요약해서 제공하는 기능이다.

3 일문일답의 하위 기능

[채팅]의 하위 메뉴인 [개발자 설정]은 다음과 기능이 있다.

- 개발자 설정: 개발자가 설정을 변경하기 위한 기능
  - 일문일답: 간단한 일문일답 기능
  - 툴 선정(ReAct): 직접 정의한 툴 중에서 응답에 필요한 툴을 선택해서 응답을 생성한다. ReAct를 사용한다.
  - ChatGPT 플러그인: 여러 ChatGPT 플러그인 중에 응답에 필요한 플러그인을 선택해서 응답을 생성한다. 로컬 개발 환경에서만 동작한다.

> 주의 사항 채팅 애플리케이션을 사용하지 않고 학습하고 싶은 사람을 위해 주피터 노트북으로 학습 자료를 만들었다. 노트북 파일은 https://github.com/1mlines/book-azureopenai-sample/tree/main/aoai-rag/notebooks에 있다.

5.3 채팅 이력 저장

Azure OpenAI Service의 Chat Completions API는 stateless 방식을 사용하기 때문에 새로운 질문을 보낼 때마다 지금까지의 채팅 이력을 포함시켜 전송해야 이전 질문과 응답의 문맥을 고려한 응답을 얻을 수 있다. 이 채팅 애플리케이션은 기본적으로 채팅 이력을 일시적인 것으로 취급한다. 만약 채팅 이력을 영속화하고 싶다면 데이터베이스를 사용해서 질문과 응답을 쌍으로 저장해야 한다. 이렇게 데이터베이스를 사용하면 새로운 채팅 세션을 시작하더라도 과거의 질문과 응답을 참고할 수 있다.

Chat Completions API의 응답은 JSON 타입이기 때문에 별도로 스키마를 정의하지 않고 그대로 Azure Cosmos DB(SQL API)에 저장할 수 있다(그림 5-13).

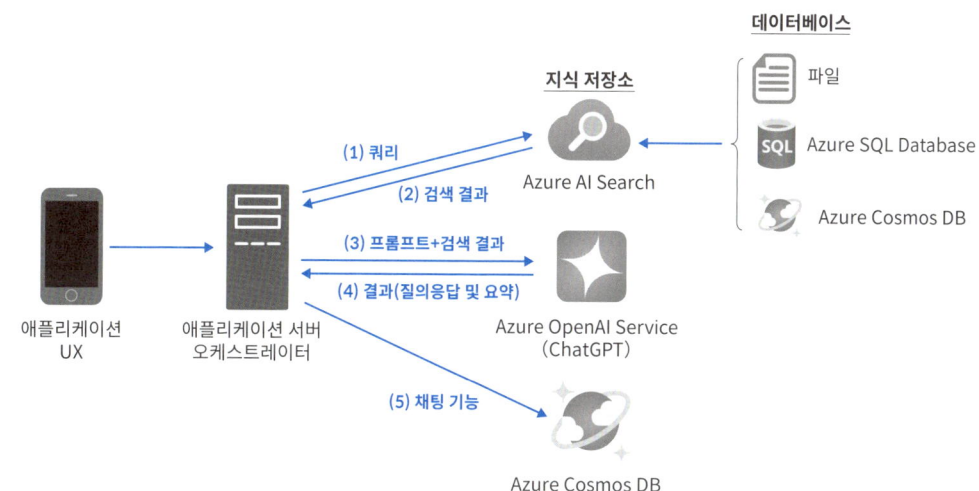

그림 5-13 채팅 이력을 저장하는 RAG 아키텍처

채팅 이력을 저장해두면 사용자 경험을 향상시킬 수 있는 것과 더불어 향후 파인 튜닝 시에 기존 모델의 오류를 분석해서 고품질의 훈련 데이터를 확보할 수 있다는 점에서도 가치가 크다.

5.3.1 채팅 이력 저장 구현 예시

1 Cosmos DB 데이터베이스 생성하기

우선 애저 포털에 로그인한다. 화면 상단의 검색 박스 우측에 있는 [Cloud Shell]을 열고 다음 `curl` 커맨드를 실행해서 깃허브에 있는 `setup-sql-cosmosdb.sh` 스크립트를 복사한다.

```
curl https://raw.githubusercontent.com/1mlines/book-azureopenai-sample/main/aoai-rag/scripts/setup-sql-cosmosdb.sh > setup-sql-cosmosdb.sh
```

다음 커맨드로 스크립트를 실행한다. `rg-환경 이름`을 자신의 리소스 그룹 이름으로 대체한다. 이 커맨드 실행에는 몇 분가량 소요될 수 있다.

```
bash setup-sql-cosmosdb.sh rg-환경 이름
```

스크립트 실행이 완료되면 Cloud Shell에 다음 프로퍼티의 값이 나타난다.

- Cosmos DB 계정 ID$_{\text{account ID}}$
- Cosmos DB 데이터베이스 이름$_{\text{database name}}$

- Cosmos DB 컨테이너 이름_{container name}
- Cosmos DB 액세스 키_{access key}
- Cosmos DB 접속 문자열_{connection string}

Cloud Shell에 나타난 값을 안전한 곳에 저장한다. 위 프로퍼티 중에서 '계정 ID'와 '액세스 키'를 사용할 것이다.

❷ Cosmos DB에 채팅 이력 저장하기

애플리케이션은 기본적으로 app/backend/approaches/chatreadretrieveread.py를 사용한다. Cosmos DB를 사용하려면 이를 변경해야 한다.

app/backend/app.py의 245번째 줄의 `ChatReadRetrieveReadApproach`를 주석 처리하고, 254번째 줄의 `ChatReadRetrieveReadApproachCosmosDB`를 사용하도록 주석을 해제한다(코드 5-4).

코드 5-4 사용할 어프로치 변경

```
"rrr": ChatReadRetrieveReadApproachCosmosDB (
    search_client,
    openai_client,
    cosmos_container,
    AZURE_OPENAI_CHATGPT_DEPLOYMENT,
    AZURE_OPENAI_CHATGPT_MODEL,
    AZURE_OPENAI_EMB_DEPLOYMENT,
    KB_FIELDS_SOURCEPAGE,
    KB_FIELDS_CONTENT,
)
```

그리고 183번째 줄에 저장해둔 Cosmos DB의 연결 정보를 설정한다. `<Your-CosmosDB-Account>`에 계정 ID를, `<Your-CosmosDB-Key>`에 액세스 키를 입력한다(코드 5-5).

코드 5-5 Cosmos DB 연결 정보

```
endpoint = 'https://<Your-CosmosDB-Account>.documents.azure.com:443/'
key = '<Your-CosmosDB-Key>'
```

코드 5-6은 Cosmos DB에 저장할 채팅 이력 예시다.

코드 5-6 Cosmos DB에 저장할 데이터 예시

```
new_item = {
    "id": str(uuid.uuid4()),
    "chat_session_id": self.chat_session_id,
    "user_id": "A00000001",
    "timestamp": datetime.utcnow().strftime('%Y-%m-%dT%H:%M:%S.%fZ'),
    "conversation": [
        {"role": "user", "content": history[-1]["user"]},
        {"role": "assistant", "content": chat_content}
    ],
    "feedback": 1
}
```

이 예시는 app/backend/approaches/chatreadretrieveread_cosmosdb.py의 206번째 줄에 있다. 이후에 책임 있는 AI라는 관점에서 결과를 평가하기 위해 가능하면 사용자 피드백도 함께 저장하는 것을 권장한다.

5.3.2 Cosmos DB에 저장된 채팅 이력 확인

이것으로 채팅 이력을 Cosmos DB에 저장할 수 있게 됐다. 채팅 UI에서 채팅을 주고받은 뒤 다음 절차에 따라 Cosmos DB 데이터베이스를 조회해서 저장된 채팅 이력을 확인해보자.

1. 애저 포털에서 애플리케이션을 배포한 리소스 그룹을 열고 리소스 목록에서 [openai-demo-cosmosdb-xxxxx]를 선택한다.
2. 좌측 메뉴창에서 [데이터 탐색기]를 선택한다.
3. 데이터 탐색기의 좌측 메뉴에서 데이터베이스 [ChatGPT]를 선택한다.
4. 하위 컬렉션 중 [ChatLogs]→[Items]를 클릭한다.
5. 컬렉션에 저장된 채팅 이력 데이터 목록이 나온다.
6. 각 데이터의 id를 클릭하면 JSON 타입의 데이터를 가져올 수 있다.

5.4 검색 기능

지금부터 4장에서 소개한 전문 검색 외의 세 가지 검색 방법을 구현해보겠다.

5.4.1 벡터 검색

그림 5-2에서는 사용자가 입력한 질문으로부터 검색어를 생성해서 검색하는 방법을 사용했다. 하지만 이 방법은 검색할 도큐먼트에 있는 단어가 검색어[6]와 일치하지 않으면 검색되지 않기 때문에 사용자의 의도를 충분히 반영하지 못한다는 문제점이 있다. 이를 보완하기 위해 전문 검색엔진에서는 유사한 의미를 가진 용어를 검색하기 위한 동의어 사전을 만들어왔다.

Embeddings API를 사용하면 '검색 쿼리'와 '도큐먼트 청크 텍스트' 간의 유사도를 계산하기 때문에 검색어 일치에 의존하지 않고 유사한 의미를 가진 도큐먼트를 쉽게 검색할 수 있다.

검색할 도큐먼트에 대한 처리 흐름은 다음과 같다. 우선 Azure AI Document Intelligence(구 Azure Form Recognizer)로 도큐먼트를 스캔하고 텍스트를 추출한다. 그런 다음 텍스트를 섹션마다 청크 단위로 분할한 뒤 각각의 청크를 임베딩한다. 마지막으로 검색 결과에 표시하기 위해 원본 텍스트와 한 세트로 데이터베이스에 저장한다(그림 5-14).

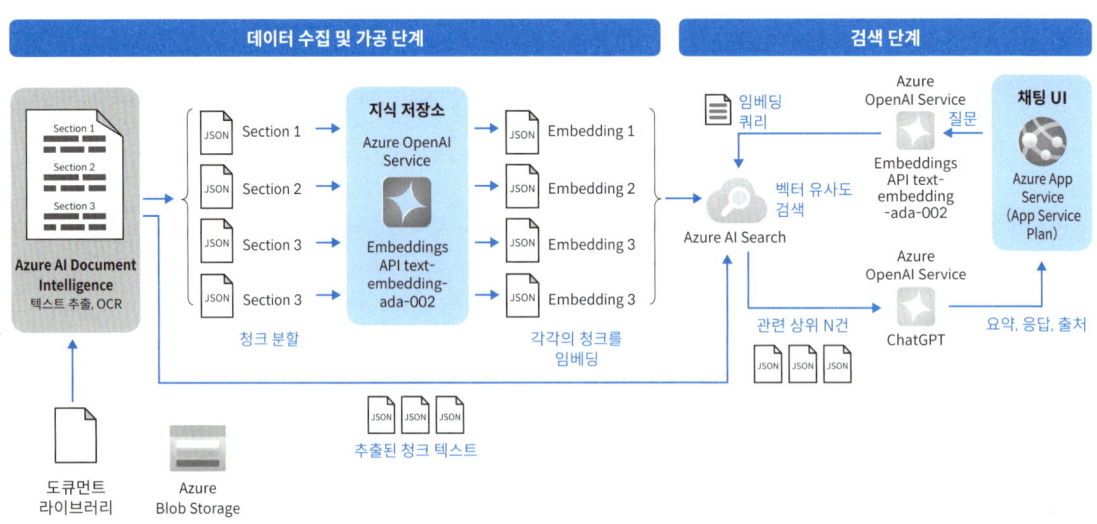

그림 5-14 데이터 수집 및 청킹 후 임베딩

실제 검색 시에는 검색 쿼리를 임베딩한 값과 벡터로 저장된 청크들과의 코사인 거리를 계산한다. 하지만 매번 검색 시마다 데이터베이스에 있는 모든 도큐먼트와의 거리를 비교하는 것은 시스템에 너무 많은 부하를 일으킨다. 이런 사태를 방지하려면 벡터 데이터 검색에 최적화된 알고리즘이

---

[6] 정확히는 역색인과 검색 쿼리를 분석해서 추출한 토큰을 지칭한다.

있는 벡터 데이터베이스를 사용해야 한다. 이 예제에서 사용하는 Azure AI Search는 벡터 데이터베이스로도 사용할 수 있도록 벡터를 고속으로 검색할 수 있는 HNSW라는 **ANN**approximate nearest neighbor 알고리즘이 구현되어 있다. 벡터 데이터는 최대 2,048차원까지 저장할 수 있으며, 마이크로소프트는 text-embedding-ada-002 모델로 생성한 1,536차원의 벡터를 권장한다.

1 벡터 검색 쿼리

chatreadretrieveread.py의 127번째 줄에서는 코드 5-7처럼 gpt-35-turbo 모델로 생성한 검색 쿼리를 Embeddings API에 전송한다.

코드 5-7 검색 쿼리 임베딩

```
embedding = await self.openai_client.embeddings.create(
    model=self.embedding_deployment,
    input=query_text
)
query_vector = embedding.data[0].embedding
```

chatreadretrieveread.py의 137번째 줄에서는 검색 관련 인수인 `query_text`를 None으로 설정해서 벡터 필드인 `query_vector`로만 검색하도록 만들고 있다(코드 5-8).

코드 5-8 벡터 필드 검색

```
query_text = None
r = await self.search_client.search(search_text=query_text,
    filter=filter,
    top=top,
    vector_queries=[VectorizedQuery(vector=query_vector, k_nearest_neighbors=top, fields="embedding")] if query_vector else None)
```

벡터 검색의 검색 쿼리에는 전문 검색의 문자열 매칭과는 대조적으로 부동소수점인 벡터가 있다. 벡터 검색 쿼리와 일치하는 도큐먼트에는 인덱스로 정의되어 있는 벡터 필드에 벡터 유사도 알고리즘을 적용해서 순위를 책정한다. Azure AI Search에서는 유사도 측정 도구로 코사인 유사도(`cosine`), 유클리드 거리(`euclidean`), 내적(`dotProduct`)을 지원한다. Azure OpenAI Embedding 모델을 사용하는 경우에는 코사인 유사도를 사용할 것을 권장한다.

2 채팅 UI에서 사용하기

채팅 UI 우측 상단의 [개발자 설정]에서 Azure AI Search의 검색 모드를 변경할 수 있다. '검색 모드'를 [Vectors]로 변경하면 벡터 검색을 사용한다(그림 5-15).

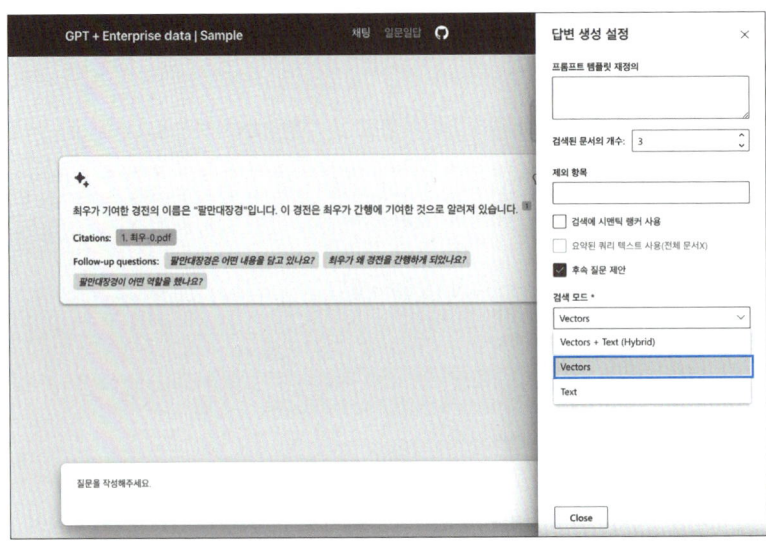

그림 5-15 검색 모드 변경(벡터 검색)

이제 직접 '최우'를 '최주'로 일부러 틀리게 변경한 다음 검색했을 때 전문 검색과 벡터 검색의 결과 차이를 비교해보자.[7]

COLUMN 청크 분할의 중요성

임베딩에 사용되는 모델에는 입력 가능한 토큰 수 상한이 정해져 있다. 가령 text-embedding-ada-002 모델에는 최대 8,191개의 입력 토큰을 사용할 수 있다. 이 모델로 임베딩할 때는 상한을 초과하지 않도록 입력 텍스트를 제한하는 것이 중요하다. 이를 위해 도큐먼트를 청크로 분할하는 작업이 필수적인데, 청크 분할 시에는 주의할 점이 있다. 단순히 상한을 초과하지 않도록 특정 수의 토큰만큼 잘라내는 것은 작업의 효율성을 떨어뜨린다. 그래서 일반적으로 청크를 의미 있는 단락 단위로 분할하거나, 전후의 청크에서 10~15% 정도의 단어를 중복시키는 방법을 사용한다. 이런 방법들을 사용하면 청크 간에 의미적인 연결성을 부여하면서도 모델의 토큰 수 제한을 지킬 수 있다. 참고할 만한 데이터로서 마이크로소프트가 실시한 정량평가에서는 청크 간 중복을 '25%', '512토큰'으로 설정해 분할했을 때 가장 좋은 결과를 얻을 수 있었다.[8]

---

7 [옮긴이] 임의성이나 모델 업그레이드로 인해 큰 차이가 나지 않을 때도 있다.
8 https://techcommunity.microsoft.com/t5/ai-azure-ai-services-blog/azure-ai-search-outperforming-vector-search-with-hybrid/ba-p/3929167

5.4.2 하이브리드 검색

Embeddings API를 사용해서 벡터 검색을 했을 때에도 질문 내용에 따라 유사한 도큐먼트를 발견하지 못할 때가 있다. 이런 상황에서 보다 확실하게 관련 있는 도큐먼트를 발견하고 싶으면 벡터 검색의 결과와 전문 검색의 결과를 조합하는 하이브리드 검색을 사용하는 것이 해결책이 될 수 있다. Azure AI Search에서는 그림 5-16과 같이 양쪽의 쿼리를 조합한 하이브리드 검색 쿼리를 지원한다.

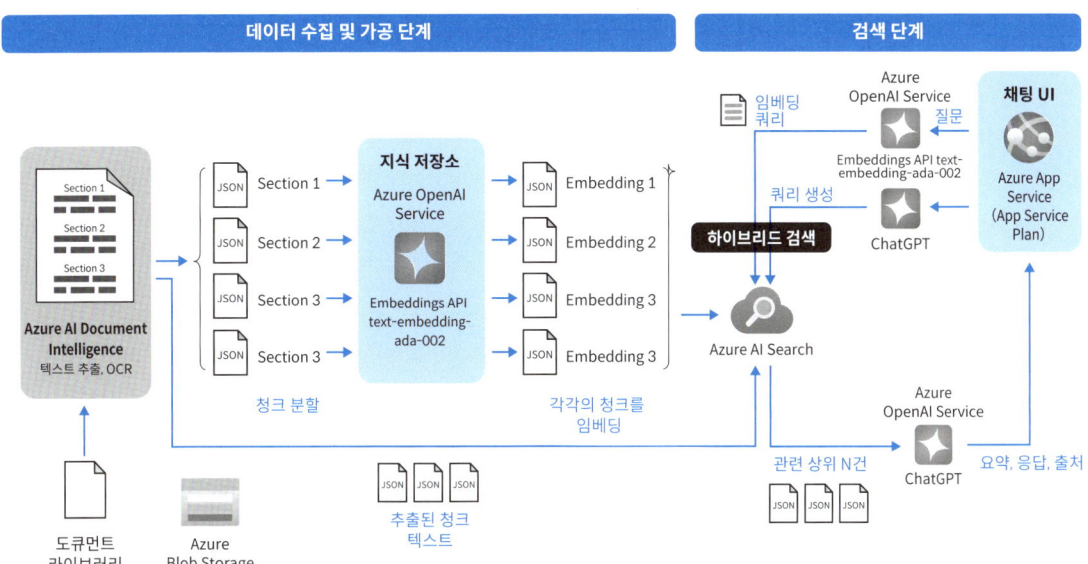

그림 5-16 전문 검색과 벡터 검색을 조합한 하이브리드 검색

1 하이브리드 검색 쿼리

chatreadretrieveread.py의 149번째 줄을 보면 검색 관련 인수로 검색어인 `query_text`와 벡터값인 `query_vector`를 함께 설정해서 하이브리드 검색으로 변경하고 있다(코드 5-9).

코드 5-9 하이브리드 검색으로 변경하기

```
r = await self.search_client.search(search_text=query_text,
    filter=filter,
    top=top,
    vector_queries=[VectorizedQuery(vector=query_vector, k_nearest_neighbors=top, fields="embedding")] if query_vector else None)
```

하이브리드 검색 시에 검색 순위 책정을 위해 어떻게 검색 스코어를 계산하는지 알아보자. 키워드 검색과 벡터 검색은 각각 BM25 알고리즘,[9] 코사인 유사도를 사용해서 서로 다른 방식으로 스코어를 계산한다(자세한 내용은 4장 참고). 하이브리드 검색 쿼리는 이 두 방식을 병렬로 실행하고 최종적으로 1개의 응답으로 통합한다.

2 채팅 UI에서 사용하기

채팅 UI 우측 상단의 [개발자 설정]에서 Azure AI Search의 검색 모드를 변경할 수 있다. '검색 모드'를 [Vectors + Text (Hybrid)]로 변경하면 하이브리드 검색을 사용한다(그림 5-17).

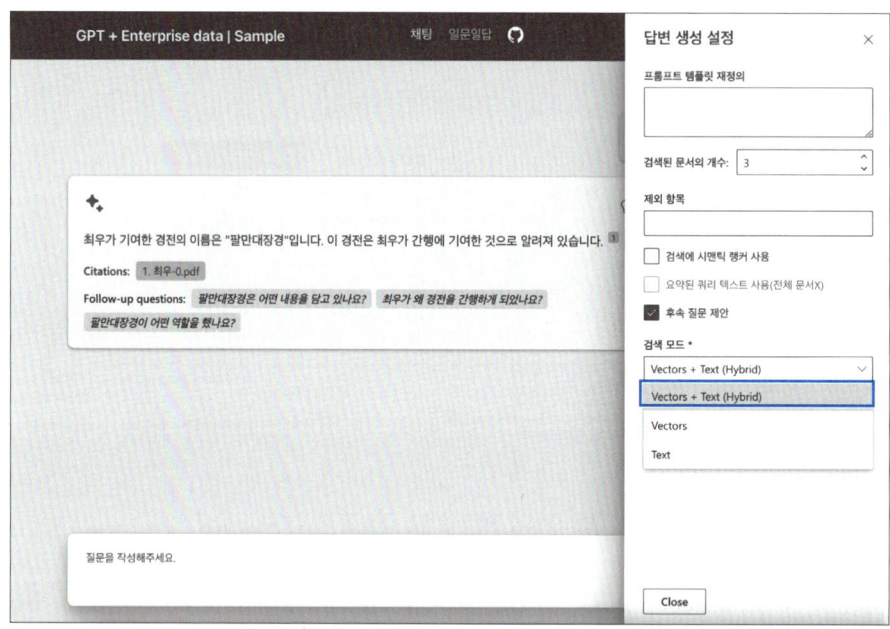

그림 5-17 검색 모드 변경(하이브리드 검색)

예시로 제공한 질문들을 검색 모드를 변경하면서 결과를 비교해보자.

5.4.3 의미 체계 하이브리드 검색

의미 체계 하이브리드 검색 semantic hybrid search(하이브리드 검색+의미 체계 순위 지정)은 Azure AI Search의 독자적인 검색 기능으로, 하이브리드 검색과 검색 결과를 높은 정확도 순으로 재정렬하는 순위 지정 기능을 조합한 고도화된 검색 방법이다. 순위 지정 기능은 마이크로소프트가 개발한 언어

---

[9] https://en.wikipedia.org/wiki/Okapi_BM25

모델인 Turing[10]을 기반으로 작동한다.

❶ 의미 체계 검색 사용료

의미 체계 검색은 Azure AI Search의 검색 요금과 더불어 의미 체계 순위 매기기 사용료가 별도로 발생한다. 자세한 내용은 가격표[11]를 참고하자. 무료 플랜으로는 매월 최대 1천 건의 의미 체계 쿼리를 무료로 사용할 수 있다.

❷ 의미 체계 하이브리드 검색 쿼리

Azure AI Search의 기능을 총동원한 검색 쿼리다. 하이브리드 검색의 결과를 의미 체계 검색의 순위 매기기 기능을 활용해서 재정렬한다. 여기에 의미 체계 캡션[12] 혹은 의미 체계 답변[13]을 사용해서 얻은 추출적 요약extractive summarization[14]을 검색 결과에 추가한다(코드 5-10).

코드 5-10 의미 체계 하이브리드 검색

```python
if overrides.get("semantic_ranker") and has_text:
    r = await self.search_client.search(search_text=query_text,
        filter=filter,
        query_type=QueryType.SEMANTIC,
        semantic_configuration_name="default",
        top=top,
        query_caption="extractive|highlight-false" if use_semantic_captions else None,
        vector_queries=[VectorizedQuery(vector=query_vector, k_nearest_neighbors=top,
 fields="embedding")] if query_vector else None)
```

의미 체계 하이브리드 검색에서는 하이브리드 검색의 결과 중 상위 50건을 재정렬해서 새로운 스코어를 생성한다. 이 기능은 고성능 처리가 필요해서 검색에 많은 시간이 소요될 수 있으므로 주의가 필요하다.

---

10 https://techcommunity.microsoft.com/t5/ai-azure-ai-services-blog/introducing-multilingual-support-for-semantic-search-on-azure/ba-p/2385110
11 https://azure.microsoft.com/ko-kr/pricing/details/search/#pricing
12 도큐먼트에서 연관성이 높은 부분을 추출하는 기능이다. 문장을 별도로 생성하지 않으며 신뢰도가 중요한 설명이나 정의를 보여줘야 할 때 사용하는 것이 적합하다.
13 도큐먼트에서 질문에 대한 응답으로 가장 적절한 구절을 추출하는 기능이다. 검색 쿼리에 질문이 명확하게 제시되며 검색할 도큐먼트에 답변의 특성을 가진 구절 혹은 문장이 있어야 추출한다.
14 옮긴이 원본 콘텐츠에서 가장 중요하고 연관성 있는 문장을 추출해서 요약한 문장을 가리키는 용어다.

3 채팅 UI에서 사용하기

채팅 UI 우측 상단의 [개발자 설정]에서 '검색에 의미 체계 순위 지정 사용'과 '요약된 쿼리 텍스트 사용(전체 문서X)'를 체크하고, '검색 모드'를 [Vectors + Text (Hybrid)]로 변경한다. 이 상태로 질문을 던져서 다른 검색 모드를 선택했을 때와 비교해보자.

이름에 일부러 오타를 내거나 의도를 알지 못하면 답변하기 어려운 질문도 던져보면서 결과를 비교해보자.

> **COLUMN 가장 좋은 결과를 내는 검색 모드는 어떤 것일까?**
>
> 마이크로소프트가 실시한 정량평가에서는 고객 데이터셋, BEIR 데이터셋, MIRACL 데이터셋 모두에서 의미 체계 하이브리드 검색이 가장 좋은 순위 품질(NDCG@3or10)을 보여주는 것으로 나타났다.[15]

> **COLUMN 커스터마이징 포인트**
>
> 예제를 커스터마이징할 때 고려해야 할 포인트들을 알아보자.
> - ChatGPT를 사용해서 검색 쿼리를 생성하는 코드를 우회해서 직접 임베딩을 생성하거나 검색하는 방법도 있다. 전문 검색은 필드에 지정한 언어 분석기를 사용해서 토큰화와 검색을 수행한다. 벡터 검색이나 의미 체계 검색은 질문자의 의도가 직접적으로 반영된다.
> - 검색 쿼리를 변환하는 프롬프트를 확장해서 동의어나 관련 용어를 생성하거나 HyDE(hypothetical document embedding)[16]라는 방법으로 질문에 대한 가상 응답을 생성하고 이를 임베딩해 벡터 검색을 수행해서 정확도를 향상시키는 방법을 많이 사용한다(코드 5-11).
>
> **코드 5-11** 검색 쿼리 생성 프롬프트
>
> ```
> query_prompt_template="""
> 아래는 사용자들의 질문이야. 과거 대화 이력과 한국사 지식을 검색해서 응답해야 해.
> 대화 이력과 질문에 기반해서 검색 쿼리를 생성해줘.
> 검색 쿼리에는 인용한 파일이나 문서명(info.txt 혹은 doc.pdf)을 포함시켜야 해.
> 검색 쿼리에는 괄호([] 혹은 <<>>) 안에 있는 텍스트는 포함시키면 안 돼.
> 검색 쿼리를 생성할 수 없으면 숫자 0만 응답해줘.
> """
> ```

---

[15] https://techcommunity.microsoft.com/t5/ai-azure-ai-services-blog/azure-ai-search-outperforming-vector-search-with-hybrid/ba-p/3929167
[16] https://arxiv.org/abs/2212.10496

- 예제의 시스템 메시지는 무신정권 검색용으로 최적화되어 있다. 이를 프롬프트 엔지니어링 기법을 활용해서 자신만의 데이터에 적합하게 커스터마이징할 수 있다(코드 5-12).

코드 5-12 무신정권 질문에 최적화된 시스템 메시지(일부 한국어 번역)

```
system_message_chat_conversation = """
너는 한국의 무신정권 역사에 관한 문제를 답변해주는 역사 교수야.
If you cannot guess the answer to a question from the SOURCE, answer "I
don't know".
Answers must be in Korean.

# Restrictions
- The SOURCE prefix has a colon and actual information after the filename,
and each fact used in the response must include the name of the source.
- To reference a source, use a square bracket. For example, [info1.pdf].
Do not combine sources, but list each source separately. For example, [info1.
pdf] [info2.pdf].

{follow_up_questions_prompt}
{injected_prompt}
"""
```

- 의미 체계 답변 혹은 의미 체계 캡션에 의한 추출적 요약을 검색 결과로 사용했을 때의 답변과 원본을 사용했을 때의 답변을 비교해보자.

5.5 데이터 수집 자동화

예제에서는 스크립트를 사용해서 직접 파일을 등록하고 인덱싱했다. 실제로 서비스를 운영할 때는 Azure AI Search에 데이터 수집을 자동화해주는 **인덱서**[17] 기능(크롤러)을 사용해서 Azure Blob Storage나 Azure Data Lake Storage Gen2와 같은 스토리지로부터 데이터를 수집할 수 있다. 또한, **사용자 지정 기술**[18] 기능을 사용하면 인덱서가 추출한 텍스트를 외부 웹 API에 전송할 수 있기 때문에 Azure AI Document Intelligence와 연동하거나 추론 엔드포인트[19]에 자체 머신러닝 모델을 배치해 결과를 필드에 추가할 수 있다.

예제와 같이 Azure OpenAI Service와 연동된 채팅 UI 애플리케이션은 파일 가져오기, 인덱싱, 청킹, 임베딩, 청크 인덱싱에 이르는 일련의 작업들을 그림 5-18처럼 자동화해서 편리하게 사용할 수 있다.

---

[17] https://learn.microsoft.com/ko-kr/azure/search/search-indexer-overview
[18] https://learn.microsoft.com/ko-kr/azure/search/cognitive-search-custom-skill-interface
[19] https://learn.microsoft.com/en-us/azure/machine-learning/concept-endpoints?view=azureml-api-2

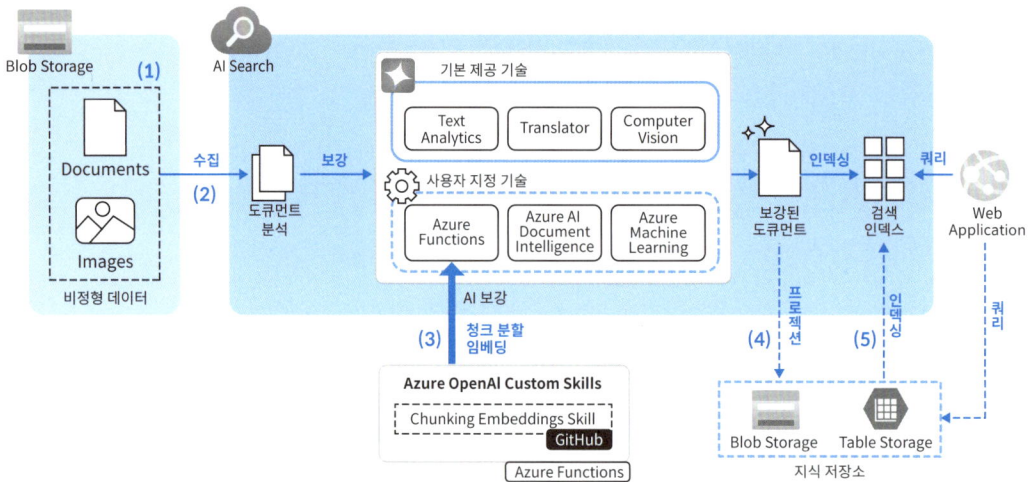

그림 5-18 데이터 수집 자동화 및 청크 인덱스 구축

이처럼 자동화를 사용하면 일단 문서를 가져온 뒤 도큐먼트마다 청크로 분할해 별도의 색인으로 저장하는 방식으로 데이터를 처리한다. 조금 더 자세히 과정을 나열해보면 다음과 같다.

1. Azure Blob Storage에 파일 업로드
2. 인덱서가 Azure Blob Storage로부터 파일을 가져와서 인덱싱
3. 사용자 지정 기술이 가져온 문서의 본문을 청킹하고 청크를 임베딩
4. 사용자 지정 기술이 청크를 지식 저장소[20]에 프로젝션(접근 가능한 테이블로 출력)
5. 청크용 인덱서가 지식 저장소의 청크를 가져와서 인덱싱

더 자세한 내용은 다음 저장소를 참고하길 바란다.

- Azure OpenAI Embeddings Generator Skill
  - https://github.com/Azure-Samples/azure-search-power-skills/tree/main/Vector/EmbeddingGenerator

또, Azure AI Search에는 도큐먼트의 청킹 기능과 벡터화(임베딩) 기능도 있다.[21] 텍스트 분할 기술을 활용한 청킹 기능과 Azure OpenAI Embedding 기술 혹은 사용자 지정 스킬을 활용한 임베딩 기능을 사용하면 코드를 작성하지 않고도 검색할 도큐먼트의 벡터 인덱스를 생성할 수 있다. 이

---

20 https://learn.microsoft.com/ko-kr/azure/search/knowledge-store-concept-intro?tabs=portal
21 https://learn.microsoft.com/ko-kr/azure/search/vector-search-integrated-vectorization

기능들은 애저 포털에서 손쉽게 사용할 수 있기 때문에 먼저 이 기능들을 사용해서 벡터 검색을 해보고 이 기능들로는 충분하지 않을 때 코드를 작성하는 것을 권장한다.

5.6 RAG 평가 및 개선

여기서부터는 RAG의 평가 및 개선 방법에 대한 몇 가지 중요한 팁들을 설명한다. RAG의 응답 정확도가 저하되는 주원인은 크게 두 가지로 나눌 수 있다(그림 5-19).

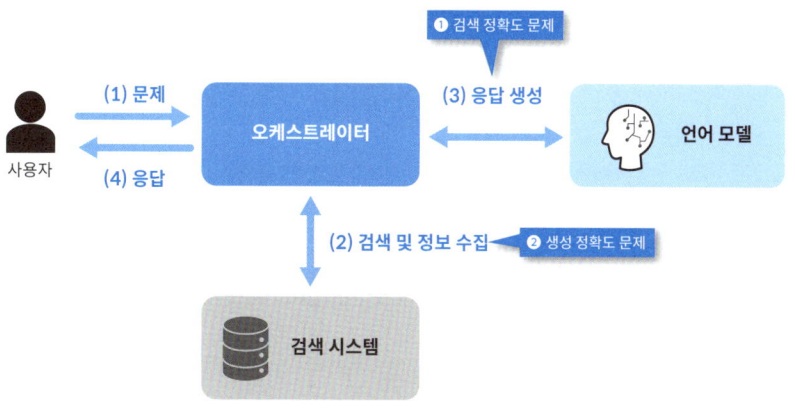

그림 5-19 응답 정확도 저하의 주원인

첫째, **검색 정확도 문제**는 사용자의 질문과 연관된 도큐먼트를 적절하게 검색하지 못해서 발생하는 문제다. 이 문제가 발생하면 적절한 정보를 프롬프트에 입력할 수 없기 때문에 기대하는 응답을 받기가 어려워진다.

둘째, **생성 정확도 문제**는 프롬프트 작성법에 잘못된 부분이 있거나 복잡한 문맥의 이해를 요구할 때 생성된 응답의 정확도가 낮아지는 문제다.

정확도 평가 방법은 크게 **온라인 평가**와 **오프라인 평가**로 나눠진다. 온라인 평가는 시스템 운용 중에 사용자가 실시간으로 평가하는 방법이다. 또, 오프라인 평가는 사전에 준비한 데이터셋과 평가 지표에 기반한 배치 실행으로 평가를 수행한다. 오프라인 평가는 실제 운영 환경 수준에 도달했는지를 평가하는 것이 목적이다. 어느 쪽이든 제품의 개선과 신기능 도입에 배놓을 수 없는 평가 방법이다.

이 책은 주로 오프라인 평가에 중점을 두고 설명한다.

5.7 검색 정확도 평가

검색 시스템을 평가하려면 사전에 정답 데이터셋을 준비해야 한다. 정답 데이터셋은 특정 쿼리로 검색했을 때 조회할 수 있는 도큐먼트 목록을 만드는 것으로 준비한다(그림 5-20).

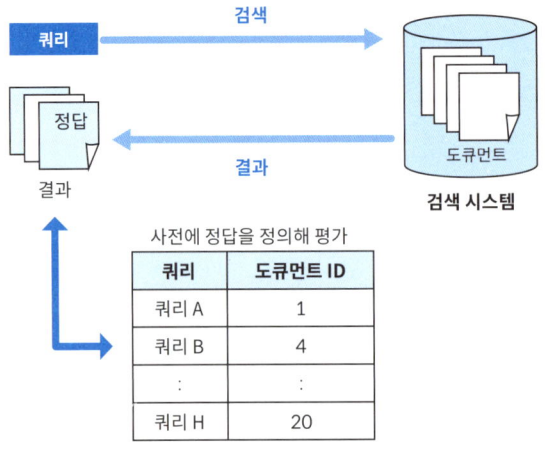

그림 5-20 오프라인 평가

5.7.1 기본 평가 지표

검색 시스템의 기능을 평가하기 위한 가장 기본적인 지표에는 정밀도, 재현율, F 스코어가 있다. 이 지표들은 검색 결과의 연관성을 중심으로 질적 측면을 평가하기 위한 지표로서 널리 사용되고 있다.

그림 5-21은 이후에 설명할 지표에 사용하는 값을 정의한 것이다.

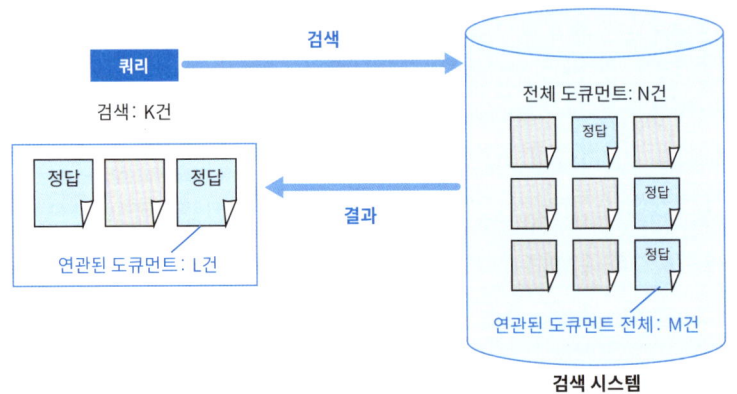

그림 5-21 오프라인 평가에 사용할 값의 정의(K/L/M/N)

1 정밀도

정밀도precision는 검색 결과로서 제시된 도큐먼트 중에서 실제로 사용자의 질문과 관련된 도큐먼트의 비율을 나타낸다. 수식으로 표현하면 다음과 같다.

$$\text{Precision} = \frac{(\text{연관된 도큐먼트 수(L)})}{(\text{검색된 도큐먼트 수(K)})}$$

가령 10건의 검색 결과가 표시되고 그 중에서 7건이 연관된 경우, 정밀도는 0.7 혹은 70%가 된다.

2 재현율

재현율recall은 실제로 연관이 있는(그렇기를 바라는) 모든 도큐먼트 중에서 검색 결과에 포함된 도큐먼트의 비율을 나타낸다. 수식으로 표현하면 다음과 같다.

$$\text{Recall} = \frac{(\text{연관된 도큐먼트 수(L)})}{(\text{연관된 전체 도큐먼트 수(M)})}$$

가령 연관된 전체 도큐먼트가 10건이고 그 중에서 7건이 검색 결과로 표시된 경우, 재현율은 0.7 혹은 70%가 된다.

3 F 스코어

검색 시스템에서 정밀도는 검색 노이즈의 크기를, 재현율은 누락된 검색의 크기를 나타낸다. 정밀도와 재현율은 종종 트레이드 오프 관계를 가진다. 높은 정밀도를 원하면 재현율이 낮아지며, 그 반대도 마찬가지다. 이 두 가지 지표를 균형 있게 조합한 평가 지표가 **F 스코어**F-measure, F-score다. F 스코어는 정밀도와 재현율의 조화평균으로 계산한다.

$$\text{F-measure} = \frac{(2 \times \text{Precision} \times \text{Recall})}{(\text{Precision} + \text{Recall})}$$

이 지표들을 활용하면 검색엔진의 기본 성능을 정량적으로 파악할 수 있다.

5.7.2 순위를 고려한 평가 지표

기본 평가 지표를 넘어 더욱 자세하게 검색엔진의 성능을 평가하려면 순위를 고려한 지표가 필요하다. 순위를 고려한 지표를 사용하면 순위의 질이나 특정 위치에서의 성능 등 더욱 세부적인 측면들을 파악할 수 있다.

❶ Precision@k, Recall@k

Precision@k와 **Recall@k**는 검색 결과 상위 k건까지의 정밀도와 재현율을 계산한 것이다. 사용자들은 검색 결과 중 상위 항목에 더 많은 주목을 기울이는데, 그럴 때 이 지표들로 특정 위치(상위 항목)의 성능을 평가할 수 있어 유용하다. 가령 검색 결과 상위 5건(k=5) 중 3건이 연관성 있는 항목일 때 Precision@5는 3/5=0.6 혹은 60%가 된다.

❷ 평균 정밀도

평균 정밀도mean average precision, MAP[22]는 여러 쿼리들의 평균적인 정밀도를 나타내는 지표다. 각 쿼리별로 연관된 항목을 발견할 때마다 정밀도를 계산해서 이 값들의 평균을 내는 것으로 **MAP**를 얻을 수 있다. 이는 검색 시스템이 여러 쿼리를 대상으로 얼마나 일관성 있게 고품질의 결과를 내는지를 평가하는 데 유용하다.

❸ Normalized DCG

Normalized DCGnormalized discounted cumulative gain, nDCG[23]는 전체 검색 결과 순위의 질을 평가하는 지표다. 각 항목에 연관성 정도를 나타내는 값gain을 설정하고 상위부터 순차적으로 누적해서 더한다. 이 누적합을 최적화된 순위[24]로 정규화한 것이 **nDCG**다. 이 지표를 활용하면 연관성 높은 항목이 상위에 표시됐는지 정량적으로 평가할 수 있다.

5.8 생성 정확도 평가

RAG의 생성 정확도 평가에는 다양한 지표와 방법들이 계속 발표되고 있으며, 사례에 따라서도 적합한 지표가 달라지기 때문에 표준으로 확립된 방법은 아직 없는 상태다. 널리 알려진 평가 지표로는 Azure Machine Learning의 프롬프트 흐름에서 제공하는 평가 방법[25]과 오픈 소스로 개발된 Ragas[26]가 있다.

---

22 https://en.wikipedia.org/wiki/Evaluation_measures_(information_retrieval)#Mean_average_precision
23 https://en.wikipedia.org/wiki/Discounted_cumulative_gain
24 (옮긴이) 순위가 낮은 항목이 평가 지표에 미치는 영향을 줄였다는 의미다.
25 https://learn.microsoft.com/en-us/azure/machine-learning/prompt-flow/how-to-bulk-test-evaluate-flow?view=azureml-api-2#understand-the-built-in-evaluation-metrics
26 https://docs.ragas.io/en/latest/concepts/metrics/index.html

평가 지표의 특성을 이해하고 목적에 알맞은 적절한 지표를 선택하는 것이 중요하다. 단일 메트릭으로 평가하지 말고 여러 가지를 조합해서 평가하는 것을 권장한다. 그림 5-22는 RAG 프롬프트의 대표적인 컴포넌트와 평가 지표를 매핑한 것이다. **(4)** 맥락의 정밀도와 재현율은 5.7절에서 설명했기 때문에 여기서는 **(1)** 연관성 평가, **(2)** 일관성 평가, **(3)** 유사도 평가에 대해서만 설명한다.

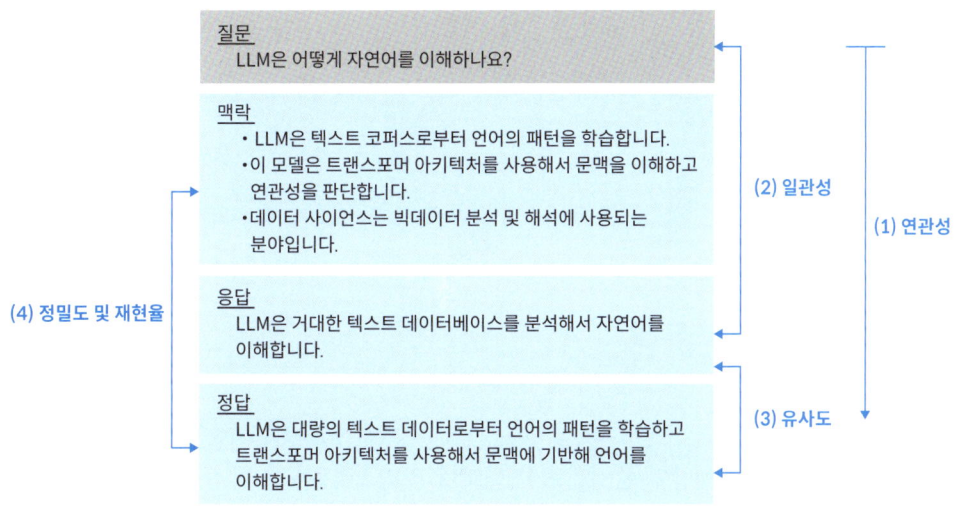

그림 5-22 **RAG 프롬프트의 대표적인 컴포넌트와 평가 지표**

5.8.1 연관성 평가

연관성 평가는 질문의 맥락에 기반해서 응답을 생성하는지를 평가한다. 이 복잡한 평가는 GPT가 자체적으로 수행할 수 있다. 코드 5-13은 연관성을 평가하기 위한 프롬프트(영어)를 한국어로 번역한 것이다.

코드 5-13 **연관성 평가 프롬프트**

> 연관성은 문맥에 기반해 응답이 질문의 중요한 측면들을 얼마나 반영하고 있는지 측정한 것이다. 연관성을 평가할 때는 응답에 질문의 중요한 측면 전체가 포함되어 있는지, 아니면 그 중 일부만 포함되어 있는지를 고려해야 한다. 문맥과 질문을 고려하면서 다음과 같은 평가 척도를 사용해 응답의 연관성을 별 1개~5개로 평가한다:
> 별 1개: 전혀 연관성 없음
> 별 2개: 거의 연관성 없음
> 별 3개: 부분적으로 연관성 있음
> 별 4개: 대부분의 응답에 연관성이 있음
> 별 5개: 완전하게 연관성이 있음
> 이 평가 값은 항상 1~5 사이의 정수여야 한다.
> 다시 말해, 생성된 평가는 1 혹은 2 혹은 3 혹은 4 혹은 5여야 한다.

> 맥락: 마리 퀴리는 폴란드 출신의 물리학자이자 화학자로, 방사능 연구의 선구자이자 여성 최초로 노벨상을 수상했다.
> 질문: 퀴리 부인의 전문 분야는?
> 응답: 마리 퀴리는 주로 인상파 사조에 영향을 받은 유명한 화가입니다.
> 별: 1
> ...

이 프롬프트에서는 퓨샷 학습으로 연관성 평가 지표 예시를 별 1~5개로 정의했다. 그리고 질문, 맥락, 응답을 프롬프트 하단에 배치해서 연관성 평가 지표를 별의 숫자로 산출하고 있다.

단, GPT 평가에 GPT를 사용할 때는 주의가 필요하다. GPT를 사용한 평가는 특정 태스크에 사용할 수 있는 결정론적인 평가 지표들과 DALL-E 프롬프트 작성법에 좌우되기 때문에 특정 조건에서만 적용될 수도 있다. 또한, GPT가 학습한 데이터에 평가할 데이터가 포함되어 있을 가능성도 고려해야 한다.

5.8.2 일관성 평가

일관성 평가에서는 질문과 응답이 문장으로서 얼마나 자연스러운지를 중점적으로 평가한다. 코드 5-14는 일관성 평가를 수행하는 프롬프트 예시다.

코드 5-14 일관성 평가 프롬프트 예시

> 응답의 일관성은 문장 전체가 얼마나 논리 정연하고, 자연스럽게 들리는가를 기준으로 평가한다.
> 일관성 평가는 답변 전체의 질을 고려해야 한다.
> 질문과 응답이 주어지면 다음과 같은 평가 척도를 사용해 응답의 일관성을 별 1개~5개로 평가한다:
> 별 1개: 전혀 일관성 없음
> 별 2개: 거의 일관성 없음
> 별 3개: 부분적으로 일관성 있음
> 별 4개: 대부분의 응답에 일관성이 있음
> 별 5개: 일관성 있음
> 이 평가 값은 항상 1~5 사이의 정수여야 한다.
> 다시 말해, 생성된 평가는 1 혹은 2 혹은 3 혹은 4 혹은 5여야 한다.
> 질문: 가장 좋아하는 실내 활동과 그 이유를 알려주세요.
> 응답: 피자를 좋아합니다. 태양이 눈부셔서요.
> 별: 1
> ...

이 예시에서도 연관성 평가와 동일하게 퓨샷 학습으로 각각의 평가 지표를 정의했다. 이 평가 지표를 통해 프롬프트 하단에 질문 및 응답을 배치하면 일관성 평가를 할 수 있다.

5.8.3 유사도 평가

유사도 평가에서는 사용자가 사전에 정의한 이상적인 응답과 생성된 응답이 얼마나 비슷한지 그 유사도를 평가한다. 유사도 평가 방법은 프롬프트를 활용한 평가, 임베딩 모델을 활용한 평가로 나뉜다. 코드 5-15는 프롬프트를 활용한 평가의 예시다.

코드 5-15 유사도 평가 프롬프트 예시

```
등가성은 예상 응답과 실제 응답의 유사도를 측정하는 평가 지표다. 예상 응답에 포함된 정보와
콘텐츠가 실제 응답과 비슷하거나 동일하면 Equivalence라는 측정값이 높아지고, 반대면 낮아진다.
질문, 응답, 예상 응답이 있으면 다음과 같은 평가 척도를 사용해 Equivalence 측정값을 결정한다:
별 1개: 예상 응답과 실제 응답이 전혀 유사하지 않음
별 2개: 예상 응답과 실제 응답이 거의 유사하지 않음
별 3개: 예상 응답과 실제 응답이 다소 유사함
별 4개: 예상 응답과 실제 응답이 거의 유사함
별 5개: 예상 응답과 실제 응답이 완전히 유사함
이 평가 값은 항상 1~5 사이의 정수여야 한다.
다시 말해, 생성된 평가는 1 혹은 2 혹은 3 혹은 4 혹은 5여야 한다.
질문: 리보솜의 역할은?
실제 응답: 리보솜은 단백질 합성을 담당하는 세포소기관으로 전령 RNA(mRNA)가 전달하는 유전
정보를 해석하고, 이를 사용해서 아미노산을 단백질로 조합한다.
예상 응답: 리보솜은 복합 탄수화물로부터 영양소를 제거해 탄수화물 분해에 관여한다.
별: 1
```

다른 평가 방법과 동일하게 유사도를 별의 개수로 평가한다.

임베딩 모델을 활용한 평가에서는 이상적인 응답과 생성된 응답 양쪽을 벡터로 변환해 코사인 유사도를 계산한다.

> **COLUMN** RAG 응답의 정확도를 향상시키는 방법
>
> RAG 응답의 정확도가 낮아지는 대부분의 원인은 응답의 토대가 되는 도큐먼트가 검색되지 않는 것이다. 검색 시스템에 등록된 도큐먼트의 양이 증가함에 따라 관계없는 도큐먼트가 검색 결과에 포함되는 것도 응답의 정확도가 낮아지는 주요 원인이다.
>
> 이런 문제가 발생했을 때는 검색 시스템의 색인을 유스 케이스에 따라 나눠서 생성하는 것이 가장 효율적인 대책이다. 가령 '사내 도큐먼트'라는 큰 범주로 색인을 생성하면 관계없는 도큐먼트도 검색되지만, '인사 메뉴얼' 같이 유스 케이스 단위로 색인을 생성하면 검색 범위를 한정시킬 수 있다.
>
> 또, 검색 시에 필터링 기능을 활용하는 것도 효과적이다. 가령 사용자 질문이 어떤 카테고리에 속하는지 판별하는 로직을 만들 수 있다. 그리고 색인에는 도큐먼트의 카테고리를 정의해두고 검색 시에 필터를 걸면 검색 범위를 카테고리 내로 한정시킬 수 있다. 이러한 방법들로 검색 시스템의 정확도를 향상시키면 RAG 응답의 정확도 향상까지도 기대할 수 있다.

5.9 마무리

이 장에서는 사내 문서 검색 애플리케이션으로 구체적인 RAG 구현 방법을 살펴봤다. RAG의 정확도 개선은 아직 미지의 영역이 많아서 시행착오를 동반한다. 하지만 여기서 배운 방법들이 조금이나마 정확도를 개선하는 데 도움이 될 것이다. 6장에서는 RAG의 개념을 'AI 오케스트레이터'로 확장해 외부 정보를 기반으로 응답을 생성하는 기능과 함께 다양한 외부 툴을 실행하는 기능에 대해서도 다룬다. 5장에서 사용한 예제 코드는 6장에서도 동일하게 사용한다.

PART III

코파일럿 스택을 사용한 LLM 애플리케이션 구현

CHAPTER 6	AI 오케스트레이션
CHAPTER 7	파운데이션 모델과 AI 인프라스트럭처
CHAPTER 8	코파일럿 프런트엔드

- ChatGPT 등 LLM을 탑재한 애플리케이션인 코파일럿의 작동 원리 소개
- 코파일럿 개발에 필요한 요소를 추상화한 코파일럿 스택 설명
- AI 오케스트레이션, 파운데이션 모델, AI 인프라스트럭처, LLM 애플리케이션의 프런트엔드(코파일럿 프런트엔드) 개요

CHAPTER 6

AI 오케스트레이션

6장에서 8장까지는 ChatGPT 등 LLM을 탑재한 애플리케이션인 코파일럿 개발을 위한 기술 스택인 코파일럿 스택의 구성 요소들을 소개한다. 코파일럿 스택에는 LLM 애플리케이션 개발의 효율성을 높여주는 요소들이 응집되어 있기 때문에 반드시 학습해야 한다. 이 장에서는 코파일럿 스택의 전반적인 개념을 소개하면서 그중 핵심인 AI 오케스트레이션을 자세히 살펴볼 것이다.

6.1 코파일럿 스택이란

코파일럿Copilot은 원래 부조종사라는 의미를 가진 단어다. 이 단어를 AI 애플리케이션에서는 채팅 UI 등 사용자 작업을 지원하는 AI 툴이라는 의미로 사용한다. 코파일럿은 이미 마이크로소프트 클라우드의 각종 제품에 탑재된 상태다.

코파일럿 스택 Copilot stack은 LLM을 오케스트레이터로 사용해 여러 툴 혹은 외부 시스템 정보와 연동하는 ChatGPT 플러그인을 사용한다. 또, 마이크로소프트의 각 제품에 탑재된 코파일럿과 연동해 자체 코파일럿을 개발할 때에도 참고할 수 있는 기술 스택이다. 이 스택에는 LLM 애플리케이션 개발의 효율성을 높여주는 요소들이 응집되어 있기 때문에, 자체적인 코파일럿 개발을 시작하려는 개발자는 각각의 요소와 연관관계를 반드시 학습하길 권장한다.

코파일럿 스택의 아키텍처를 나타낸 그림 6-1을 보면 2장과 4장에서 배운 프런트엔드 엔지니어링과 RAG가 하나의 요소로 포함된 것을 알 수 있다.

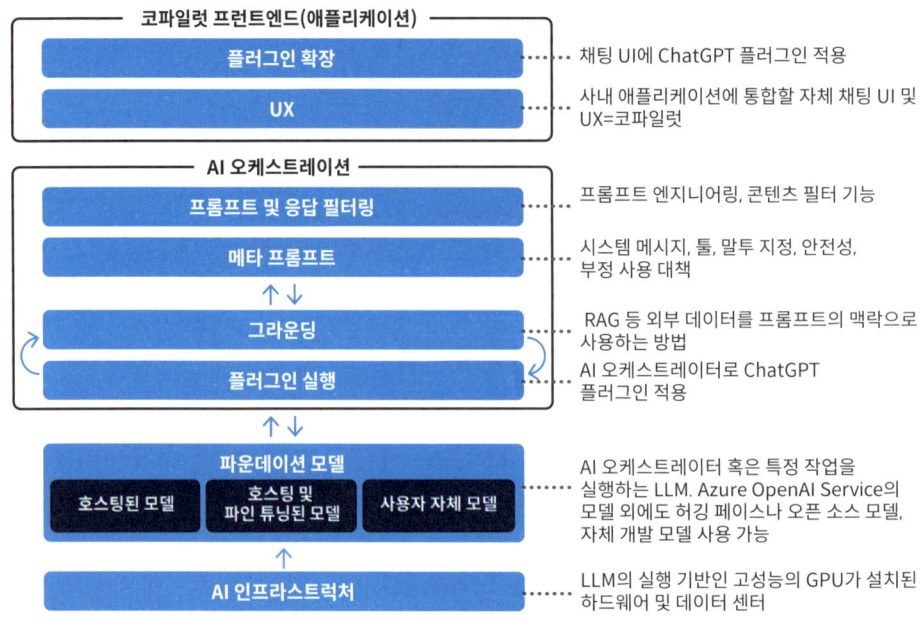

그림 6-1 **코파일럿 스택의 아키텍처**

6.1.1 1계층: 코파일럿 프런트엔드

코파일럿 프런트엔드 Copilot frontend는 애플리케이션에서 프런트엔드를 담당하는 계층으로, 마이크로소프트 제품에 탑재된 코파일럿 혹은 사내 애플리케이션에 통합된 자체 채팅 UI/UX를 의미한다. OpenAI가 운영 중인 브라우저용 GPT-4와 같이 프런트엔드에 ChatGPT 플러그인을 적용해서 확장성을 높일 수도 있다.

6.1.2 2계층: AI 오케스트레이션

AI 오케스트레이션AI orchestration은 코파일럿의 비즈니스 로직을 담당한다. LLM이 사용자의 질문을 여러 개의 작업으로 분할해서 외부로부터 필요한 정보를 수집하거나 실행하는 계층이다. 오케스트레이션 계층의 가장 핵심적인 요소는 프롬프트다. 개발자는 기본적으로 프롬프트를 잘 활용해야 여러 작업을 처리할 수 있다. 또, 이 계층에서는 사용자의 입력과 모델의 출력을 필터링해 AI의 안정성을 향상시킬 수 있다. 추가로 메타 프롬프트(시스템 메시지)를 사용하면 코파일럿에 반복적으로 지시를 내릴 수 있다. 가령 챗봇에 캐릭터 혹은 개성을 부여하거나 응답의 안전성을 높이고 싶을 때 사용한다.

모델에 새로운 정보를 전달할 때는 그라운딩 기법을 사용해서 프롬프트에 특정 정보를 맥락으로 사용하게 만든다. 가령 코파일럿(구 빙챗)은 사용자의 검색 쿼리를 보고 모델이 모르는 정보가 있으면 Bing의 검색 인덱스와 쿼리를 활용해서 연관된 도큐먼트를 찾는다. 연관된 도큐먼트를 발견하면 프롬프트에 맥락으로 추가해서 모델에 전송하면 적절한 응답을 얻을 수 있다. 이처럼 검색엔진에 질문하는 방법을 RAG라고 한다(4장 참조). 이와 더불어 **ChatGPT 플러그인**[1]을 호출해서 외부 서비스로부터 정보를 취득하거나 액션을 실행할 수도 있다.

오케스트레이션을 구현할 때는 랭체인이나 시맨틱 커널 같은 오픈 소스 라이브러리나 프롬프트 흐름 같은 툴을 사용해서 구현하는 것이 편리하다.

6.1.3 3계층: 파운데이션 모델

파운데이션 모델foundation model은 오케스트레이션에 사용되는 OpenAI 모델이나 기타 호스팅된 LLM 혹은 자체적으로 파인 튜닝한 LLM을 말한다. OpenAI 모델로 불충분한 상황에서는 자체 개발한 모델을 불러와서 사용할 수 있다.

지금까지 살펴본 요소들을 고려하며 개발하면 보다 효율적으로 LLM 애플리케이션을 개발할 수 있다.

6.2 AI 오케스트레이션과 에이전트

코파일럿 스택에서 중심적인 역할을 하는 AI 오케스트레이션에 대해서 알아보자. 코파일럿은 사용자의 복잡한 지시를 해결해야 한다. 이를 위해 작업을 여러 요소로 분해해서 단계별로 나눈 뒤 수립한 계획에 따라 작업을 처리하는 오케스트레이션 구조를 만든다. 이 구조를 **에이전트**agent라고도 부르며, LLM 개발을 위한 라이브러리 중에는 다양한 종류의 에이전트가 있다.

6.2.1 Reasoning & Acting

Reasoning & Acting(**ReAct**)은 작업 처리 흐름을 GPT가 동적으로 판단해서 다양한 툴과 연계해 응답을 생성하는 방법이다. 이는 GPT만으로는 해결이 어려운 작업은 보완적인 툴이나 플러그인을 활용해서 해결할 수 있다는 사고방식에 기반한 것이다.

---

1 [옮긴이] 현재는 deprecated 상태다.

가령 단순한 곱셈 문제를 해결하는 사례를 살펴보자(그림 6-2).

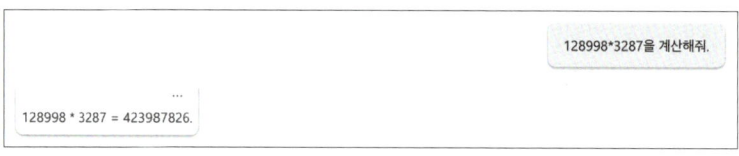

그림 6-2 GPT의 계산 실수(정답은 424,016,426)

이 문제를 해결하려면 정확하게 계산하는 툴을 준비해야 한다. 그런 다음 GPT가 이 툴을 사용하면 정확한 결과를 얻을 수 있다(그림 6-3).

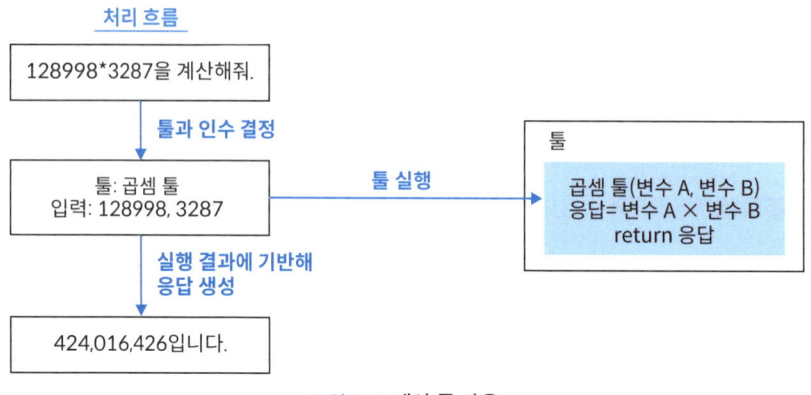

그림 6-3 계산 툴 사용

최신 정보를 포함한 미학습 정보는 RAG 같은 검색 시스템을 사용하면 정확한 응답을 얻을 수 있다(그림 6-4).

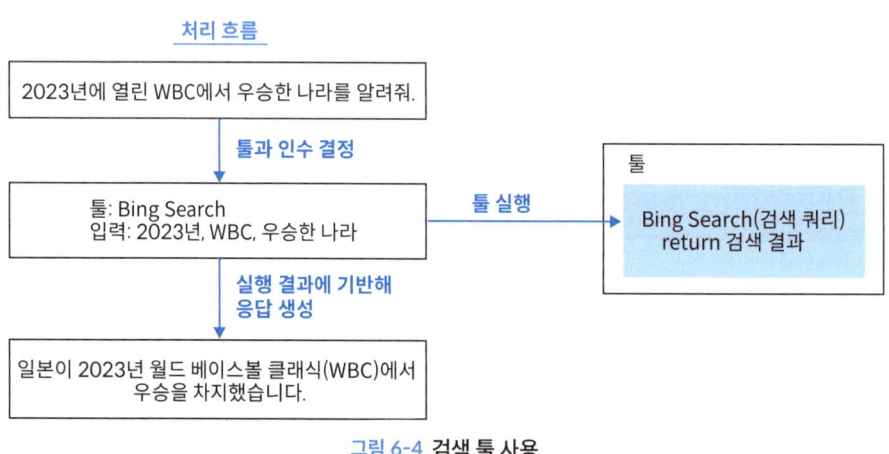

그림 6-4 검색 툴 사용

이 같은 툴들을 조합하면 복잡한 문제를 해결할 수 있다. 가령 현재 한국과 미국의 인구 차이를 알고 싶다면 최신 인구 데이터가 있는 툴을 가져와서 계산 툴로 나라별 인구 데이터 간 차이를 계산하면 정확한 응답을 제공할 수 있다(그림 6-5).

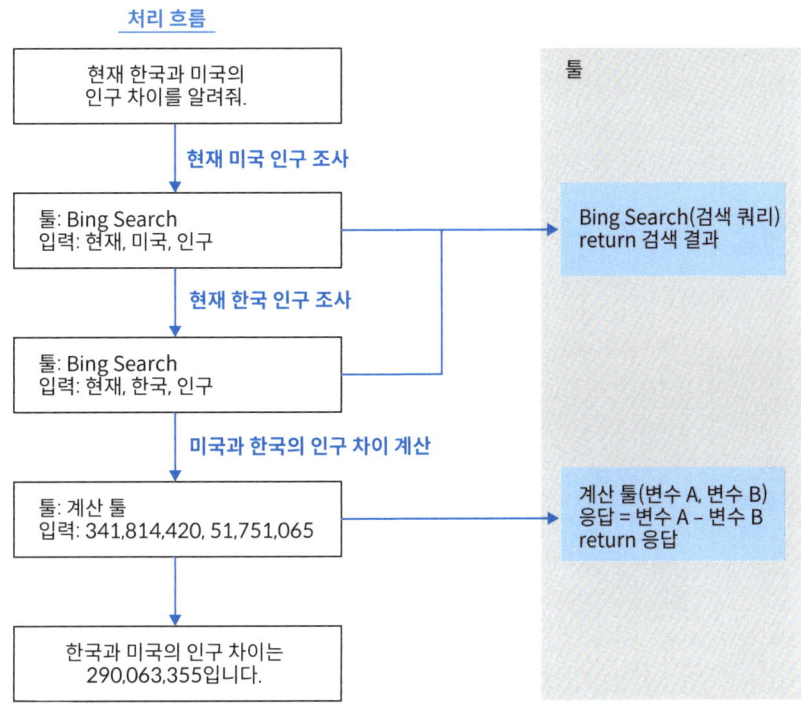

그림 6-5 툴 조합 예시

ReAct의 핵심인 에이전트는 해결해야 할 문제에 따라 최적의 툴을 선택해서 작업을 처리한다. ReAct를 연구한 논문 <ReAct: Synergizing Reasoning and Acting in Language Models>[2]을 참고해서 에이전트의 동작을 다이어그램으로 나타낸 것이 그림 6-6이다.

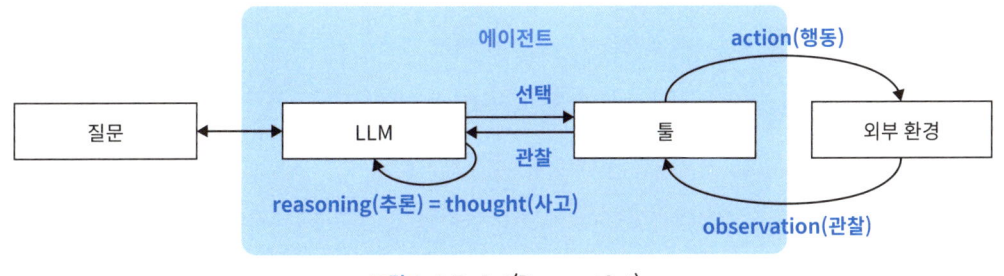

그림 6-6 ReAct(Reason+Act)

---

2   https://react-lm.github.io/

여기서 중요한 것은 LLM이 어떤 툴을 선택해야 하는지를 추론한 것뿐만 아니라 외부 환경의 실행 결과를 관찰해서 목적 달성 여부를 확인하고, 어떤 행동을 해야 하는지 추론을 반복해서 검증하고 있다는 점이다. 이러한 과정을 '사고$_{thought}$'라고 부른다(그림 6-7).

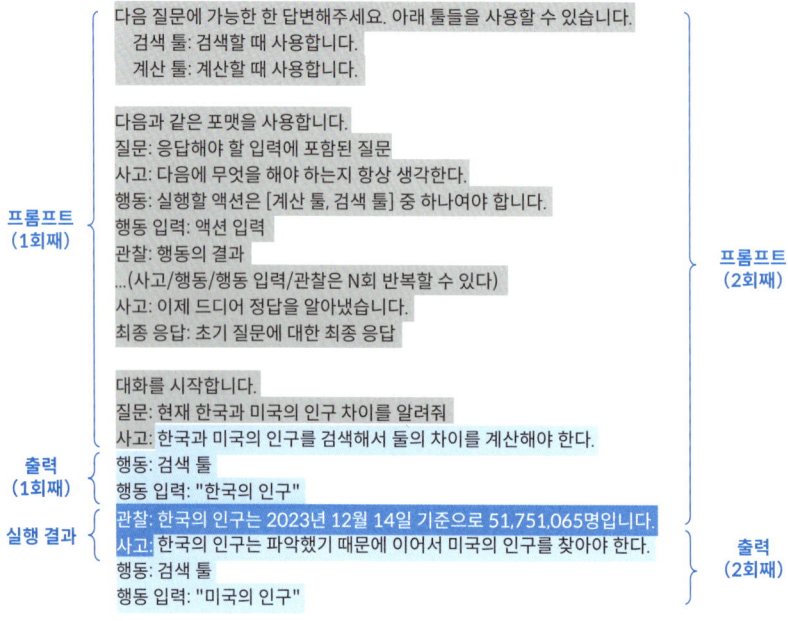

그림 6-7 ReAct 프롬프트 예시

에이전트는 다음 순서대로 작업을 실행한다.

1. 사용할 툴 정의
2. 응답 포맷 설정
3. 질문과 정의된 툴에 기반해 어떤 행동이 필요한지 사고
4. 툴을 실행해 결과 취득
5. 결과를 관찰한 뒤 다음에 어떤 행동이 필요한지 사고
6. 사고를 통해 목적이 달성된 것으로 판단되면 최종 응답 생성

이 같은 처리 흐름을 그림으로 나타내면 다음과 같다(그림 6-8).

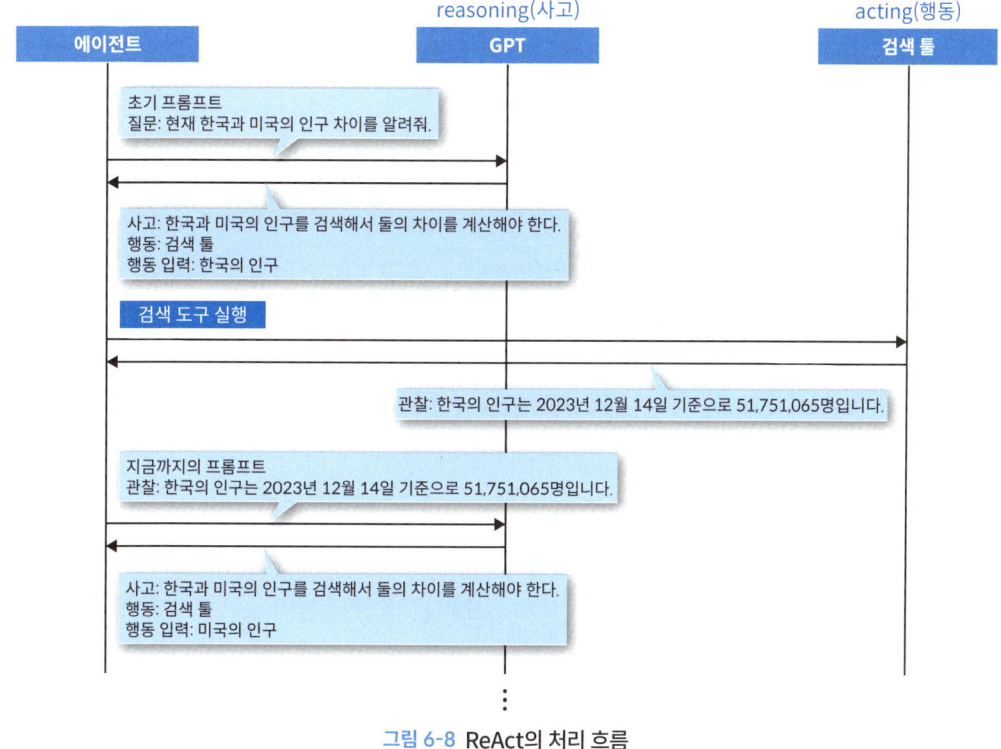

그림 6-8 ReAct의 처리 흐름

이처럼 ReAct를 사용하면 복잡한 문제를 만나도 유연하게 대응할 수 있다.

6.2.2 Planning & Execution

Planning & Execution(계획 및 실행)은 처음에 무엇을 수행할지 계획을 수립한 다음에 하위 작업을 실행해 목적을 달성하는 방법이다. 이 방법은 ReAct처럼 동적으로 액션을 결정하는 것이 아니라 액션을 사전에 정의해서 복잡한 문제에 일관성 있는 추론을 사용하는 것을 지향하는 접근법이다. 이 에이전트는 2단계 프로세스를 사용한다.

- LLM을 사용해서 명확한 순서대로 지시를 따르는 계획 작성
- 사전에 준비한 툴을 실행해서 단계별 문제 해결

이때 첫 번째 역할을 **플래너**planner, 두 번째 역할을 **실행기**executor라고 부른다. 코드 6-1은 플래너 프롬프트 예시다.

코드 6-1 플래너 프롬프트 예시 및 출력

```
# 플래너 프롬프트
할당된 목표를 충족하기 위해 단계적으로 플랜을 생성한다.
다음 툴 중에서 선택해 플랜의 작업을 해결할 수 있다.
작업 해결에 필요하지 않은 툴은 선택하지 말아야 한다.

지시:
내일은 밸런타인데이라 몇 가지 데이트 아이디어가 필요해.
여자친구가 셰익스피어를 좋아하니까 셰익스피어 스타일로 작성해줘.
아이디어 작성이 끝나면 여자친구에게 메일로 보내줘.

툴:
1, 툴 이름: 브레인스토밍, 툴 설명: 아이디어를 브레인스토밍 할 수 있다.
2, 툴 이름: 메일 작성, 툴 설명: 메일 내용을 작성한다.
3, 툴 이름: 셰익스피어, 툴 설명: 문장을 셰익스피어 스타일로 변환한다.
4, 툴 이름: 메일 송신, 툴 설명: 메일을 송신할 수 있다.
5, 툴 이름: 쇼핑, 툴 설명: 웹쇼핑몰을 이용할 수 있다.

# 플래너 프롬프트의 출력
플랜:
1. 브레인스토밍 툴을 사용해서 밸런타인데이 아이디어를 떠올린다.
2. 셰익스피어 툴을 사용해서 셰익스피어 스타일 문장으로 변환한다.
3. 메일 작성 툴을 사용해서 아이디어를 옮겨 쓴다.
4. 메일 송신 툴을 사용해서 메일을 보낸다.
```

이처럼 계획을 수립한 뒤 실행기를 구현할 라이브러리를 사용해서 단계별로 실행한다. 랭체인에서는 Plan-and-Execute 에이전트를, 시맨틱 커널에서는 `execute_plan` 함수를 사용한다(파이썬 버전).

> **COLUMN 랭체인**
>
> 랭체인LangChain[3]은 LLM 애플리케이션 프레임워크로서 LLM을 활용해서 다양한 애플리케이션을 개발할 때 사용한다. 파이썬과 자바스크립트 버전을 지원하며, 두 버전 모두 오픈 소스로 공개됐다. 랭체인은 LLM 모델, 메모리, 에이전트, 리트리버Retriever, 프롬프트 템플릿 등의 기능을 추상화해서 제공하기 때문에 적은 코드로도 효율적인 애플리케이션 개발이 가능하다.
>
> 코드 6-2는 RAG 애플리케이션의 AI 오케스트레이션으로 랭체인을 사용하는 예시 코드다.
>
> 코드 6-2 RetrievalQA 예시
>
> ```
> class AzureCognitiveSearchVectorRetriever(BaseRetriever):
>     def get_relevant_documents(self, query):
>         arr = []
> ```

---

[3] https://www.langchain.com/과 https://github.com/langchain-ai/를 참고하자.

```
        for result in results:
            arr.append(Document(page_content=result['content']))
        return arr
retriever = AzureCognitiveSearchVectorRetriever()
qa_chain = RetrievalQA.from_chain_type(llm=chat,
    retriever=retriever,
    return_source_documents=True
)
result = qa_chain({"query": user_question})
```

RetrievalQA 클래스[4]에 모델(`llm`)과 리트리버(`retriever`)를 지정하고 `qa_chain`에 사용자의 질문을 전달하는 것 만으로 질문과 연관된 지식을 검사하고, 문장을 생성하기까지 필요한 일련의 처리들을 수행해준다. 이렇게 몇 줄 안되는 코드로 프롬프트와 워크플로 설정을 알아서 처리해주기 때문에 상당히 편리하다.

아직 애플리케이션의 완성도가 높지 않은 개발초기 단계에서는 프롬프트를 꼼꼼하게 설계했음에도 모델을 교체한 것만으로 프롬프트의 유효성이 현저하게 떨어져서 처음부터 프롬프트를 다시 작성해야 하는 상황이 자주 발생한다. 이러한 수고스러움을 덜기 위해서는 일단 유스 케이스와 일치하는 모듈을 찾아서 실행 가능한 상태로 빠르게 개발하는 것이 중요하다.

랭체인에는 훌륭하게 구조화된 프롬프트 템플릿이 내장되어 있다. 따라서 고도로 추상화된 기능을 활용하는 것만으로도 내부적으로 잘 짜인 프롬프트 템플릿을 이용할 수 있기 때문에 매우 빠른 속도로 애플리케이션의 완성도를 높일 수 있다. 일단 랭체인의 기능들을 충실히 활용해서 어느 정도 애플리케이션이 잘 동작하고, 사용 중인 모델의 평가도 충분한 상태로 만든 다음에 프롬프트를 커스터마이징하는 등 변경사항을 확인하며 개발하는 접근법을 권장한다.

랭체인은 아직 공개된 지 1년 정도밖에 안 된 툴임에도 새로운 서비스를 빠르게 추가하고 사양 변경에도 빠르게 대응하고 있다. 기본적인 기능(`langchain-core`)부터 실험적인 기능(`langchain-experimental`)까지 여러 패키지를 제공하고 있어 무언가 만들고 싶을 때 앞서 고민한 사람들의 지혜를 체인chain(랭체인의 인터페이스)으로 활용할 수 있다(없다면 직접 기여해보자). 랭체인의 다양한 기능들을 꼭 활용해보길 바란다.

COLUMN 시맨틱 커널

시맨틱 커널semantic kernel[5]은 마이크로소프트가 발표한 오픈 소스 소프트웨어open source software, OSS로, LLM을 애플리케이션에 신속하고 간편하게 통합할 수 있는 소프트웨어 개발 키트software development kit, SDK다. 시맨틱 커널은 C#, 파이썬, 자바 등 기존 프로그래밍 언어로 최신 LLM을 간편하게 조합할 수 있으며, 프롬프트 템플릿, 체인, 임베딩 기반 메모리, 플래닝(실행 계획 수립) 기능을 제공한다(그림 6-9).

---

4 [옮긴이] RetrievalQA는 deprecated됐다. 대신 `create_retrieval_chain`를 사용하면 된다. 자세한 내용은 다음 링크를 참고하길 바란다. https://python.langchain.com/v0.2/docs/tutorials/rag/#built-in-chains

5 https://github.com/microsoft/semantic-kernel

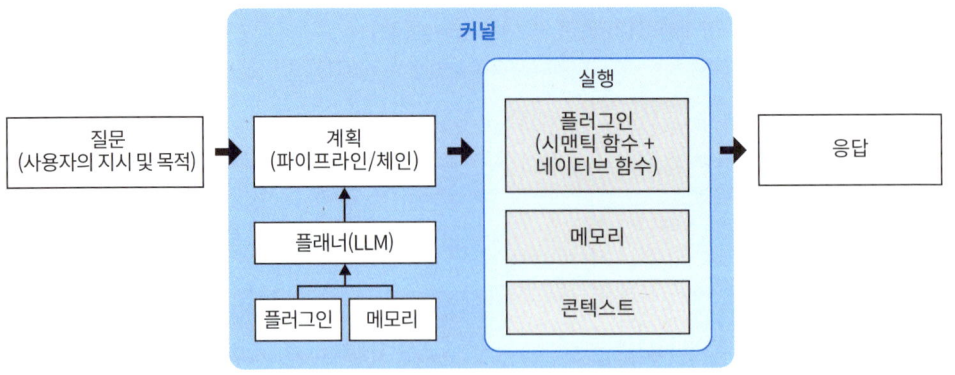

그림 6-9 시맨틱 커널의 처리 흐름

- 커널

  시맨틱 커널의 핵심으로, 모든 작업을 관리한다. 커널은 작업들의 관리를 위해 정의된 파이프라인과 체인을 실행한다. 커널은 체인을 실행할 때 함수 간에 공유할 수 있는 데이터를 콘텍스트로 제공한다.

- 플래너

  커널에 있는 플러그인을 조합해 실행 계획을 만들어 파이프라인과 체인을 실행한다. 이는 ChatGPT, 코파일럿, 마이크로소프트 365 코파일럿이 UI/UX에 플러그인을 적용하는 방법과 유사하다.

- 플러그인

  LLM 프롬프트(시맨틱 함수) 혹은 네이티브 C#/파이썬/자바 코드(네이티브 함수)로 만들 수 있다. 플러그인에 새로운 AI 기능을 추가하는 방식으로 기존 애플리케이션 혹은 서비스를 시맨틱 커널과 통합할 수 있다(시맨틱 커널과 ChatGPT는 플러그인이라는 단어를 다른 의미로 사용하므로 주의가 필요하다).

- 메모리

  메모리용 플러그인을 사용하면 콘텍스트를 호출해서 벡터 데이터베이스에 저장할 수 있다. 이 기능으로 AI 애플리케이션 내부의 기억 능력을 시뮬레이션 할 수 있다.

시맨틱 커널에 있는 LLM, 플러그인, 메모리 등 다양한 기능을 잘 조합하면 복잡한 문제를 자동화해서 해결하는 고도화된 파이프라인을 구축할 수 있다. 가령 어제 있었던 회의를 요약한 내용과 관련 문서를 첨부한 이메일을 팀원들에게 자동으로 전송하는 파이프라인을 만든다고 가정해보자. 이 때, 메모리는 회의와 관련된 정보를 수집하고 플래너는 상황에 맞는 플러그인을 사용해서 나머지 절차를 자동으로 생성한다. 예를 들어, Microsoft Graph 플러그인은 사용자 질문을 기반으로 데이터를 수집하고 GPT-4o로 응답을 생성해 이메일을 전송한다. 전송이 끝나면 커스텀 플러그인을 사용해서 애플리케이션을 통해 사용자에게 성공 메시지를 띄울 수 있다. 시맨틱 커널은 풍부한 플래닝 기능을 가지고 있는 것이 특징이다. 번역 시점에는 SequentialPlanner, FunctionCallingStepwisePlanner라는 두 종류의 플래너가 구현되어 있다.

6.2.3 플러그인 실행

지금까지 코파일럿 스택에서 오케스트레이터가 문제 해결을 위해 필요에 따라 호출하는 ChatGPT 플러그인을 살펴봤다. ChatGPT 플러그인은 여러 애플리케이션, 데이터베이스, 머신러닝 모델과의 중개자 역할을 하는 인터페이스로서 활용 방식에 따라 무한한 가능성을 가지고 있다. 이미

OpenAI가 서비스 중인 브라우저판 GPT-4o에는 전 세계 기업들이 개발한 플러그인을 검색해서 자신의 채팅 UI에 적용할 수 있는 기능이 있다(그림 6-10).

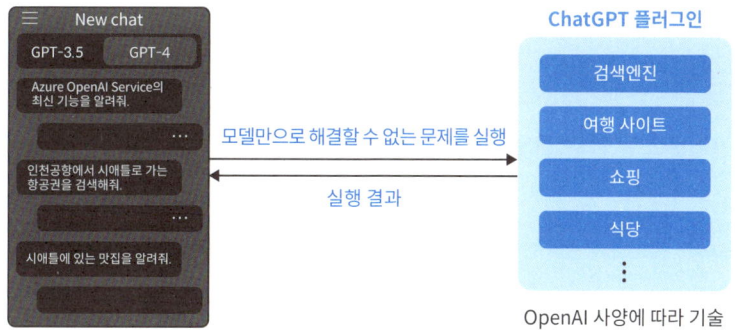

그림 6-10 다양한 서드파티 플러그인을 조합한 예시

ChatGPT 규격에 맞게 플러그인을 개발하면 그림 6-11과 같이 브라우저판 GPT-4o뿐만 아니라 코파일럿(구 빙챗), 마이크로소프트 코파일럿, 윈도우용 코파일럿 등에서도 사용할 수 있다.

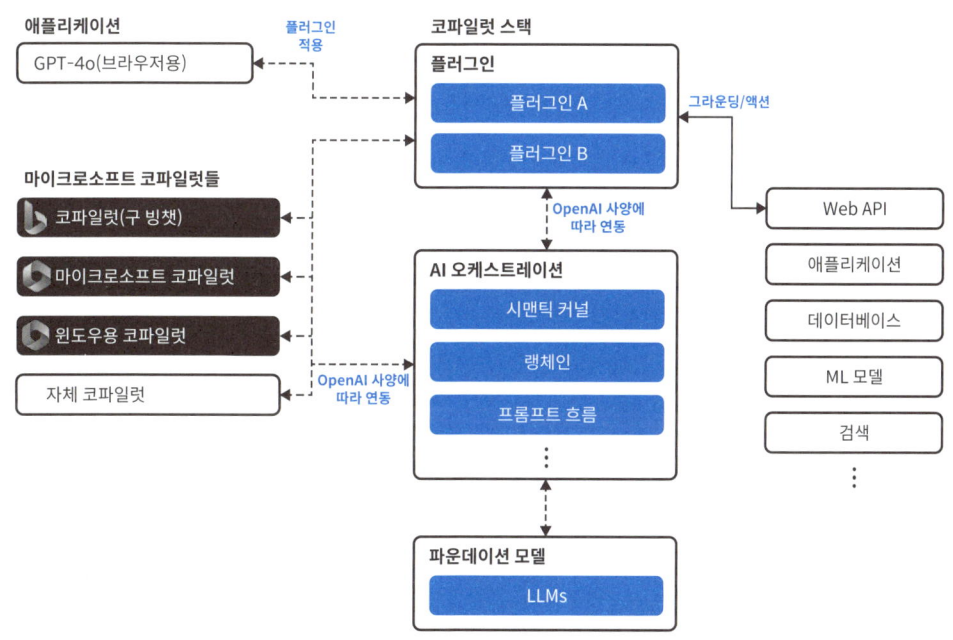

그림 6-11 코파일럿 스택의 플러그인 연동

당연히 사내 코파일럿과 연동도 가능하다. 플러그인은 최신 정보나 사내 데이터를 반영한(그라운딩) 응답을 하거나 ReAct 같은 작업을 수행하게 할 수 있다. 마이크로소프트는 업계 전반의 연동을 촉진하기 위해 OpenAPI 플러그인 사양을 표준으로 채택하는 것을 추진하고 있다.

6.2 AI 오케스트레이션과 에이전트

6.3 자체 코파일럿 개발 시 아키텍처 및 구현

6.3.1 툴 선정(ReAct) 기능 구현

이번 절에서는 4, 5장에서 사용한 채팅 애플리케이션을 계속 사용한다. 여기서는 사용자 질문에 누락된 정보가 있는지 반복적으로 평가하며 모든 정보가 갖춰졌을 때 응답을 생성하도록 할 것이다. 사용할 툴은 ReAct로 툴의 설명description에 기반해 결정한다.

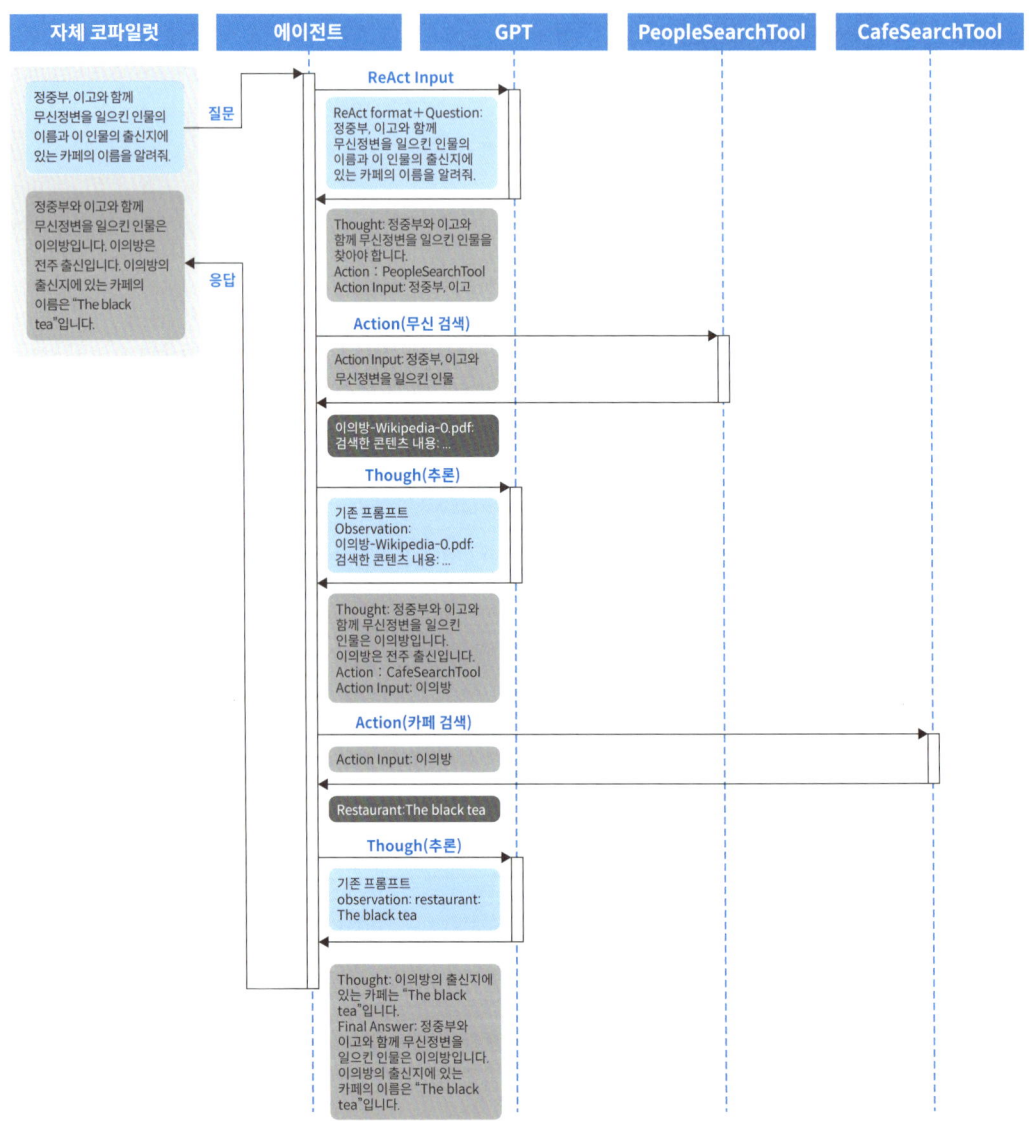

그림 6-12 Azure AI Search와 CSV 룩업 툴을 사용한 ReAct 처리 흐름

예제 코드에서는 두 가지 툴(Azure AI Search, CSV 룩업)을 사용해서 정보를 검색한다. 에이전트 처리는 랭체인의 ZERO_SHOT_REACT_DESCRIPTION 에이전트로 구현했다. 한국사 인물 정보와 무신(인물)의 연고지에 있는 카페 정보는 CSV 파일에서 검색하도록 구현되어 있다(그림 6-12).

코드 6-3, 코드 6-4와 같이 자체 툴을 정의하고 ZERO_SHOT_REACT_DESCRIPTION 에이전트로 선택한다.

코드 6-3 무신 검색 툴(Azure AI Search) 정의

```
Tool(name="PeopleSearchTool",
    func=retrieve_and_store,
    coroutine=retrieve_and_store,
    description="한국사 인물 정보를 편리하게 검색할 수 있습니다. 사용자의 질문으로부터 검색 쿼리를 생성해서 검색을 수행합니다. 쿼리는 문자열만 받습니다."
    ),
```

코드 6-4 카페 검색 툴(CSV 룩업) 정의

```
class CafeSearchTool(BaseTool):
    data: dict[str, str] = {}
    name = "CafeSearchTool"
    description = "무신과 연고가 있는 카페를 검색할 때 유용합니다. 카페 검색 쿼리에는 무신의 **이름**만 입력해주세요."
    …
```

에이전트는 툴의 `description`을 보고 사용할지 판단한다. 툴은 `Tool`이라는 데이터 클래스를 사용하는 방법과 `BaseTool` 클래스의 하위 클래스로 구현하는 방법이 있다(app/backend/approaches/readretrieveread.py 참고).

코드 6-5는 룩업할 CSV 파일의 내용이다(app/backend/data/restaurantinfo.csv 참고).

코드 6-5 무신 카페 데이터 예시

```
name,category,restaurant,ratings,location
이의방,카페,"The black tea",3.5,전주
경대승,카페,"Café Moderate",3.4,청주
두경승,카페,"Rice punch café",3.6,김제
최충헌,카페,"Escape room",3.2,부산
```

예제 코드에서는 CSV 파일을 사용했지만 데이터베이스나 웹 API 등 다른 데이터 원본으로 대체할 수 있다.

6.3.2 채팅 UI에서 사용하기

채팅 UI에서 [일문일답] 모드를 클릭한 후, [개발자 설정]에서 [툴 선정(ReAct)] 모드를 선택한다(그림 6-13).

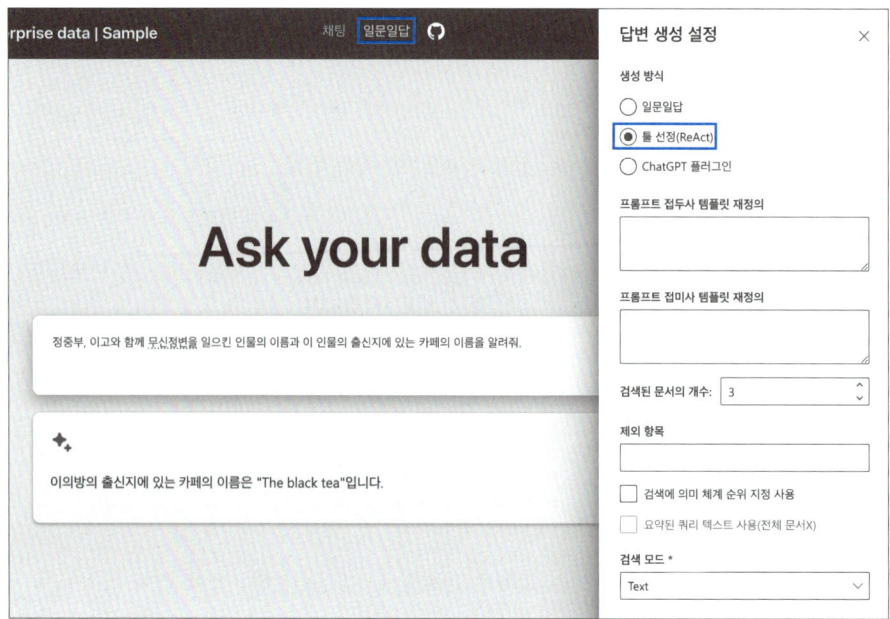

그림 6-13 툴 선정(ReAct 활성화)

"정중부, 이고와 함께 무신정변을 일으킨 인물의 이름과 이 인물의 출신지에 있는 카페의 이름을 알려줘"처럼 2개의 데이터 원본이 필요한 질문을 던지고 결과를 확인해보자.

❶ 추론 과정 확인

채팅 UI의 [추론 과정] 탭을 클릭하면 코드 6-6과 같이 추론 과정이 나타난다. 또한, 로컬 환경에서 개발하는 경우에는 터미널의 표준 출력(stdout)으로도 추론 과정을 볼 수 있다.

코드 6-6 ReAct의 추론 과정(일부 생략)

```
Question: 정중부, 이고와 함께 무신정변을 일으킨 인물의 이름과 이 인물의 출신지에 있는
카페의 이름을 알려줘.
Thought:정중부와 이고와 함께 무신정변을 일으킨 인물을 찾아야 합니다. 그리고 그 인물의
출신지에 있는 카페를 찾아야 합니다.
Action: PeopleSearchTool
Action Input: 정중부, 이고
Observation: 이의방-Wikipedia-0.pdf: (검색한 콘텐츠 내용 생략)
```

```
Thought: 정중부와 이고와 함께 무신정변을 일으킨 인물은 이의방입니다. 이의방은 전주 출신입니다.
Action: CafeSearchTool
Action Input: 이의방
Observation: name: 이의방
category: 카페
restaurant: The black tea
ratings: 3.5
location: 전주
Thought: 이의방의 출신지에 있는 카페는 "The black tea"입니다.
Thought: I now know the final answer
Final Answer: 이의방의 출신지에 있는 카페의 이름은 "The black tea"입니다.
Finished chain
```

질문에 정중부, 이고와 함께 무신정변을 일으킨 인물의 이름이 기재되어 있지 않기 때문에 '정중부와 이고와 함께 무신정변을 일으킨 인물'을 검색 쿼리로 해 `PeopleSearchTool`(Azure AI Search)에 검색한다. 검색한 결과, 인물의 이름이 이의방임을 추론해냈다. 이어서 이의방의 출신지에 있는 카페를 검색하기 위해 `CafeSearchTool`(CSV 룩업)을 사용해서 검색 결과를 얻는다. 최종적으로 이의방의 출신지에 있는 카페 이름이 The black tea임을 추론해냈다. 이렇게 추론해낸 최종 결과를 응답으로 출력한다.

2 함수 호출 사용하기

Azure OpenAI Service에서도 **함수 호출**function calling[6] 기능을 사용할 수 있다. 이를 사용하면 프롬프트로 수행하던 툴 선정 작업을 모델 쪽에서 대신 실행해준다. 요청에 1개 이상의 함수가 포함되어 있으면 모델은 프롬프트의 맥락에 기반해 어떤 함수를 호출할지 판단한다.

모델은 호출할 함수를 판단하면 해당 함수의 인수를 포함한 JSON 객체를 응답으로 반환한다. 이 기능 덕분에 프로그램과 편리하게 연동할 수 있다. 번역 시점에는 gpt-35-turbo(0613, 1106, 0125), gpt-35-turbo-16k(0613), gpt-4(0613, 1106-preview, 0125-preview, vision-preview, 2024-04-09), gpt-4-32k(0613), gpt-4o(2024-05-13), gpt-4o-mini(2024-07-18) 모델에서 작동한다.

Chat Completions API로 함수 호출 기능을 사용하려면 요청에 `functions`(`tools`)와 `function_call`(`tool_choice`)이라는 2개의 프로퍼티를 포함시켜야 한다.[7] 코드 6-7처럼 요청에 1개 이상의 `function`을 포함시킬 수도 있다.

---

[6] https://learn.microsoft.com/ko-kr/azure/ai-services/openai/how-to/function-calling?tabs=non-streaming%2Cpython
[7] 2023-12-01-preview 이후의 API 버전에서는 `functions`와 `function_call` 대신에 `tools`와 `tool_choice`라는 명칭을 사용한다.

코드 6-7 function 정의

```
tools= [
    {
        "type": "function",
        "function": {
            "name": "PeopleSearchTool",
            "description": "한국사 인물 정보를 편리하게 검색할 수 있습니다. 사용자 질문으로 검색 쿼리를 생성해 검색합니다. 쿼리는 문자열만 받습니다.",
            "parameters": {
                "type": "object",
                "properties": {
                    "query": {
                        "type": "string",
                        "description": "검색 쿼리"
                    }
                },
                "required": ["query"]
            }
        }
    },
    {
        "type": "function",
        "function": {
            "name": "CafeSearchTool",
            "description": "무신과 연관된 카페를 검색하는 데 특화된 도구입니다. 카페 검색 쿼리에는 무신의 이름을 입력해주세요.",
            "parameters": {
                "type": "object",
                "properties": {
                    "query": {
                        "type": "string",
                        "description": "검색 쿼리"
                    }
                },
                "required": ["query"]
            }
        }
    }
]
```

`function`(함수)에는 `name`, `description`, `parameters`라는 세 가지 매개변수가 있다. `description`은 모델이 함수를 호출하는 타이밍과 방법을 판단할 때 사용하므로 어떤 작업을 수행하는 함수인지 알기 쉽게 설명해야 한다. `parameters`는 함수가 매개변수로 받은 값들을 기술하는 JSON 스키마 오브젝트다.

코드 6-8처럼 tools라는 매개변수를 추가해서 실행하면 코드 6-9와 같은 결과를 얻을 수 있다.

코드 6-8 Chat Completions API로 함수 호출 요청 실행하기

```
messages= [
    {"role": "user", "content": "무신정권 기간 중에 최씨 정권의 시대를 연 인물을 알려줘."}
]

response = client.chat.completions.create(
    model="gpt-4o",
    messages= messages,
    tools = tools,
    tool_choice="auto",
)

print(response.choices[0].message.model_dump_json(indent=2))
```

코드 6-9 함수 호출 실행 결과

```
{
    "content": null,
    "role": "assistant",
    "function_call": null,
    "tool_calls": [
        {
            "id": "call_10ZmNN6C1pM8x4c8U1CPdFyQ",
            "function": {
                "arguments": "{\"query\":\"최씨 정권의 시대를 연 인물\"}",
                "name": "PeopleSearchTool"
            },
            "type": "function"
        }
    ]
}
```

무신정권 기간 중에 최씨 정권의 시대를 연 인물을 알려줘라는 질문에 대해 자동적으로 PeopleSearchTool이 선정되어 최씨 정권의 시대를 연 인물이라는 인수가 추출됐다. 이어서 코드 안에 PeopleSearchTool 함수와 인수를 정의해두면 JSON을 전달하는 것만으로 실제로 작업을 실행할 수 있다. 코드 6-10처럼 질문을 전달하고 결과를 확인해보자.

코드 6-10 후속 질문

```
messages= [
    {"role": "user", "content": "무신정권 기간 중에 최씨 정권의 시대를 연 인물의 이름은
```

최충헌이었다. 이번에는 최충헌과 관련된 카페를 알려줘."}
]

6.3.3 ChatGPT 플러그인 구현하기

6.3.1절에서는 코드로 커스텀 툴을 구현했다. 그런데 ChatGPT 플러그인을 사용하면 외부 서비스와도 연동할 수 있다.

이번 절에서는 그림 6-14처럼 2개의 서로 다른 시스템을 ChatGPT 플러그인으로 공개하고 이를 AI 오케스트레이터인 랭체인에서 호출하는 예시를 구축할 것이다.

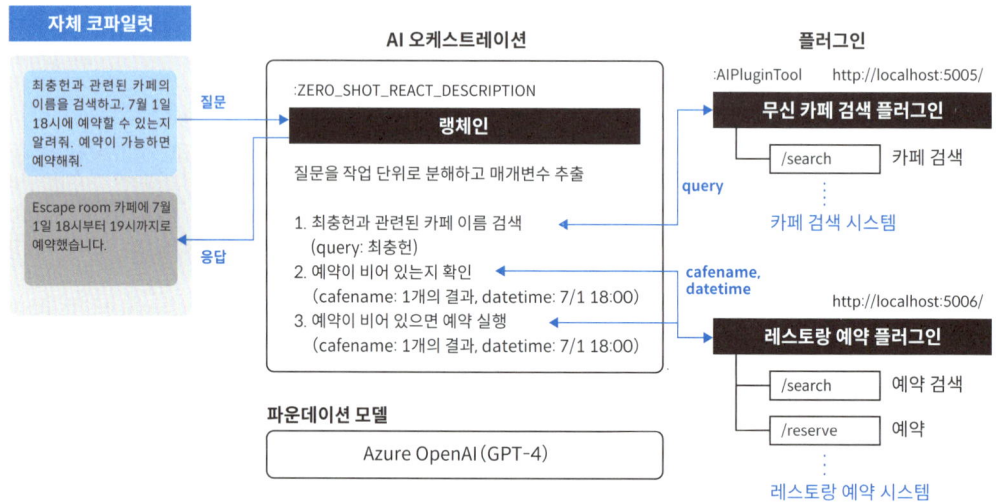

그림 6-14 랭체인을 사용한 AI 오케스트레이션 내부 처리

"최충헌과 관련된 카페의 이름을 검색하고, 7월 1일 18시에 예약할 수 있는지 알려줘. 예약이 가능하면 예약해줘"와 같은 복잡한 지시에 응답할 수 있는 시스템을 구축한다.

1 개발할 플러그인 및 엔드포인트

- 무신 카페 검색 플러그인: 카페 검색 시스템의 스텝
  - /search: 카페 검색
- 레스토랑 예약 플러그인: 레스토랑 예약 시스템의 스텝
  - /search: 예약 검색
  - /reserve: 예약

2 흐름 설명

1. 채팅 UI에서 지시를 전송한다.
2. 랭체인이 쿼리를 받고 `ZERO_SHOT_REACT_DESCRIPTION` 에이전트로 추론을 수행한다.
3. '무신 카페 검색 플러그인'에 접근해 API 사양으로부터 엔드포인트 정보와 사용 방법을 수집한다. 수집한 정보를 통해 이 API로 원하는 정보의 검색이 가능한지 판단한다. 실제로 검색하면 GET 요청을 /search 엔드포인트에 전송해서 쿼리 매개변수로 카페 이름을 지정해야 한다고 판단해 5005번 포트에 접근하고 최충헌으로 검색 요청을 한다.
4. 다음으로 '식당 예약 플러그인'을 호출해 'Escape room'에 7월 1일 18시에 예약할 수 있는지 확인한다. 이를 위해 /search 엔드포인트에 GET 요청을 보내야 한다. 매개변수로 q(레스토랑 이름)와 datetime(일시)을 지정한다. 5006번 포트에 접근해 카페 이름과 예약 정보를 검색한다.
5. 카페 예약이 가능함을 확인했기 때문에 /reserve 엔드포인트에 POST 요청을 보내서 예약한다. `OK`가 반환되면 예약이 완료된 것이다.
6. 마지막으로 UI에 `Escape room 카페에 7월 1일 18시부터 19시까지로 예약했습니다.`라는 메시지를 반환한다.

3 AIPluginTool로 플러그인 불러오기

예제 코드에는 `localhost`에서 동작하는 2개의 플러그인 엔드포인트 URL이 지정되어 있다(코드 6-11, app/backend/approaches/readpluginsretrieve.py 26번째 줄).

코드 6-11 AIPluginTool로 플러그인 불러오기

```
llm = AzureChatOpenAI(azure_deployment=self.openai_deployment,
    api_version=self.openai_api_version,
    azure_endpoint=self.openai_endpoint,
    azure_ad_token_provider= self.openai_ad_token,
    temperature=overrides.get("temperature") or 0.0,
)

tools = load_tools(["requests_all"])
plugin_urls = ["http://localhost:5005/.well-known/ai-plugin.json", "http://localhost:5006/.well-known/ai-plugin.json"]
tools += [AIPluginTool.from_plugin_url(url) for url in plugin_urls]
```

4 에이전트 초기화

예약 조건과 언어 설정을 프롬프트에 포함시키고 있다(코드 6-12, app/backend/approaches/readpluginsretrieve.py의 38번째 줄).

코드 6-12 에이전트 초기화 설정

```
SUFFIX = """
Answer should be in Korean. Use http instead of https for endpoint.
If there is no year in the reservation, use the year 2024.
"""

agent_chain = initialize_agent(tools,
    llm,
    agent=AgentType.ZERO_SHOT_REACT_DESCRIPTION,
    verbose=True,
    agent_kwargs=dict(suffix=SUFFIX + prompt.SUFFIX),
    handle_parsing_errors=True,
    callback_manager = cb_manager,
    max_iterations=10,
    early_stopping_method="generate"
)
```

5 에이전트에 함수 호출 사용하기

최신 모델(gpt-4o, gpt-4-turbo, gpt-3.5-turbo)에는 함수 호출 기능이 추가되어 지금까지 에이전트나 프롬프트로 수행했던 툴 선정 작업을 모델 쪽에서 실행할 수 있다. 랭체인에서는 이 기능을 `AgentType.OPENAI_FUNCTIONS`으로 지정해 사용할 수 있다.

6 ChatGPT 플러그인 실행하기

plugins 폴더로 이동해 2개의 플러그인을 로컬 서버에서 실행한다. 여기서 사용할 플러그인은 파이썬의 Quart 라이브러리[8]를 활용한다. 설치되지 않은 상태라면 `pip install -r requirements.txt`로 설치한다.

코드 6-13 무신 카페 검색 플러그인 실행

```
cd cafe-review-plugin
python main.py
```

---

[8] Quart는 웹 애플리케이션 프레임워크 중 하나로, 인기 있는 파이썬 웹 프레임워크인 플라스크(Flask)를 비동기 처리에 특화시킨 것이다. https://pgjones.gitlab.io/quart/

코드 6-14 레스토랑 예약 플러그인 실행

```
cd restaurant-reservation-plugin
python main.py
```

별도의 터미널에서 2개의 플러그인을 실행하면 localhost:5005와 localhost:5006에 플러그인 엔드포인트가 공개된다.

7 채팅 UI에서 질문하기

채팅 UI에서 [일문일답] 모드를 클릭하고 [개발자 설정]에서 [ChatGPT 플러그인] 모드를 선택한다 (그림 6-15).

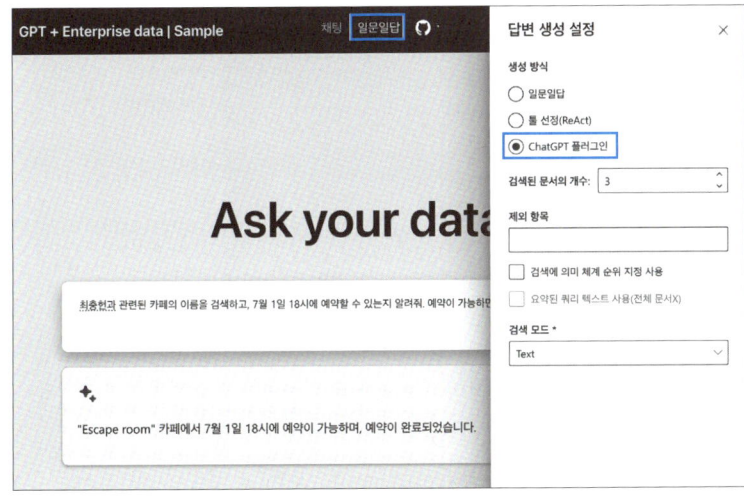

그림 6-15 ChatGPT 플러그인 모드 활성화

"최충헌과 관련된 카페의 이름을 검색하고, 7월 1일 18시에 예약할 수 있는지 알려줘. 예약이 가능하면 예약해줘"라고 질문을 입력하면 자동으로 카페를 검색하고 예약 상황을 조사한 뒤 예약까지 완료한다. 실제 내부 처리는 [추론 과정] 탭이나 터미널의 표준 출력(stdout)에서 확인할 수 있다. 이 예제는 어디까지나 테스트를 위해 만든 것이므로 실제 서비스에 도입할 때는 예제 코드를 기반으로 자체 플러그인과 오케스트레이션을 개발해야 한다.

8 플러그인 예제 저장소

- ChatGPT plugins quickstart
  - https://github.com/openai/plugins-quickstart

- ChatGPT Plugin Quickstart using Python and FastAPI
  - https://github.com/Azure-Samples/openai-plugin-fastapi

주의 사항 [ChatGPT 플러그인] 모드는 로컬 환경에서만 동작한다. 또한 이 예제에서는 단순화를 위해 사용자로부터 확인 절차를 거치는 등의 작업을 생략했다. 하지만 AI의 안전성 및 책임 있는 AI의 관점에서는 실제로 작업을 실행하기 직전에 사람으로부터 최종 확인을 받는 절차를 도입해야 한다. 그리고 고도화된 추론은 GPT-3.5 Turbo보다 GPT-4o 모델에 특화된 기능이므로, 가능하면 GPT-4o를 사용하는 것이 좋다.

6.3.4 스트리밍 출력 구현하기

채팅 UI에는 스트리밍 출력 모드가 구현되어 있다. 모드를 활성화하면 OpenAI의 ChatGPT와 동일하게 부분적인 응답이 실시간으로 나타난다(그림 6-16).

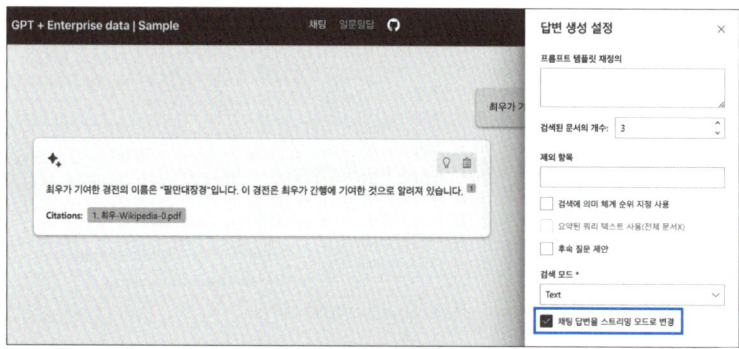

그림 6-16 스트리밍 출력 모드 활성화

파이썬의 `openai` 라이브러리로 `chat.completions.create()` 메서드를 사용할 때는 스트리밍 출력 활성화를 위해 `stream=True` 옵션을 사용해야 한다. `stream=True` 옵션을 사용하면 ChatGPT와 동일하게 부분적인 메시지 증분이 전송된다. 모델에서 토큰을 사용할 수 있게 되면 SSE$_{\text{server-sent events}}$로 전송되며, 스트림은 `data:[DONE]` 메시지로 종료된다. 또, 프런트엔드 쪽에서도 스트림을 받는 처리를 추가해야 한다. 자세한 내용은 8장에서 설명한다.

6.4 마무리

6장에서는 ChatGPT 등 LLM을 탑재한 애플리케이션인 코파일럿을 개발하는 기술 스택(코파일럿 스택)과 그 중 핵심이라고 할 수 있는 AI 오케스트레이션을 중점적으로 다뤘다. 사용자의 지시를 처리하기 위해 LLM이 필요한 툴을 선정하는 기능은 애플리케이션에 LLM을 탑재하는 중요한 이유라고

할 수 있다. 이 장에서는 심화된 내용들을 다뤘는데, 그 중에서도 ReAct나 Planning&Execution으로 대표되는 에이전트와 AI 오케스트레이션의 사용법을 잘 익혀두길 바란다.

> **COLUMN** **Azure AI Studio의 등장**
>
> 2023년 11월에 개최된 마이크로소프트의 제품 발표 이벤트인 'Microsoft Build 2023'에서 **Azure AI Studio**가 발표됐다.[9] Azure AI Studio는 LLM을 탑재한 애플리케이션(코파일럿)을 개발하기 위한 통합 플랫폼으로, 웹브라우저에서 사용할 수 있는 스튜디오(통합 개발 환경)는 물론이고 명령줄 인터페이스command-line interface, CLI와 SDK 등 개발자용 툴도 제공한다(그림 6-17).
>
>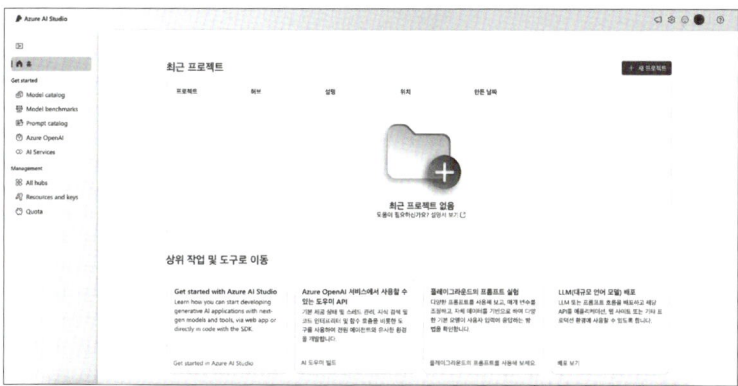
>
> 그림 6-17 Azure AI Studio 화면
>
> Azure AI Studio는 여러 Azure AI 서비스의 기능을 통합한 통합 개발 포털이다. 지금까지는 LLM 애플리케이션을 개발하기 위해 다음과 같이 여러 애저 서비스의 스튜디오나 CLI/SDK를 사용해야 했다.
>
> - OpenAI 모델 배포 및 관리, 플레이그라운드를 통한 검증에 Azure AI Foundry 사용
> - 프롬프트 흐름으로 AI 오케스트레이션의 부분적 개발, 프롬프트 평가, 모델 카탈로그를 통한 LLM 배포 및 비교에 Azure Machine Learning 스튜디오 사용
> - 유해한 입출력 필터링을 위해 Azure OpenAI 모델을 사용할 때는 Azure AI Foundry를, 다른 모델을 사용할 때는 Azure AI Content Safety 스튜디오를 사용
> - 음성 대화나 다른 Azure AI 서비스와 조합이 필요할 때는 각 스튜디오를 사용
>
> Azure AI Stuido는 이 같은 각종 인터페이스들을 통합해 내부적으로는 각각의 서비스를 사용하지만 하나의 스튜디오, CLI, SDK에서 모든 기능을 횡단적으로 사용할 수 있는 서비스를 지향한다. 2023년 12월 시점에는 미리보기로 제공 중이지만 앞으로 더 많은 기능이 추가될 것이다.[10]

---

[9] https://ai.azure.com/
https://learn.microsoft.com/ko-kr/azure/ai-studio/what-is-ai-studio

[10] (옮긴이) 2024년 5월 일반 공개(generally available)로 업데이트됐다. https://learn.microsoft.com/ko-kr/azure/ai-studio/whats-new#azure-ai-studio-ga 또한, 2024년 11월에 Azure AI Foundry로 리브랜딩됐다. https://news.microsoft.com/ignite-2024

CHAPTER 7

파운데이션 모델과 AI 인프라스트럭처

7장에서는 코파일럿 스택의 구성 요소 중 파운데이션 모델과 AI 인프라스트럭처 계층을 살펴볼 것이다.

7.1 파운데이션 모델과 AI 인프라스트럭처 정의

파운데이션 모델과 AI 인프라스트럭처는 코파일럿 스택에서 스택 전체를 지탱하는 중요한 계층이다(그림 7-1).

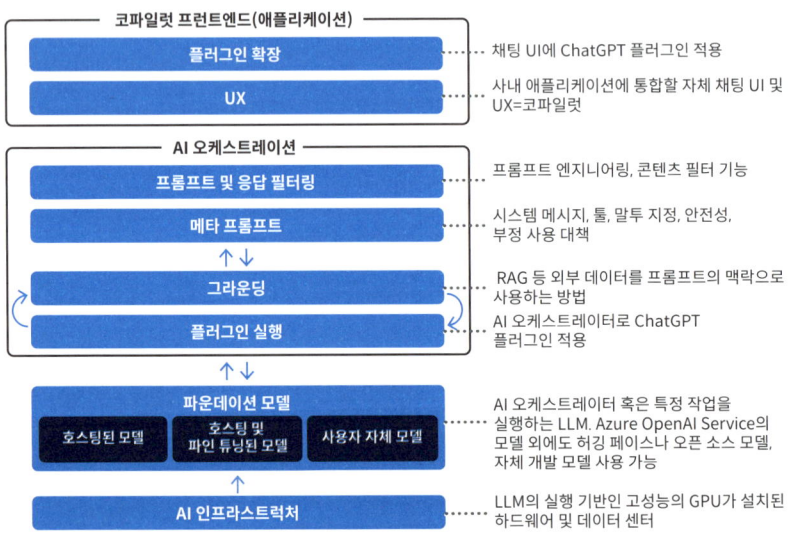

그림 7-1 코파일럿 스택 아키텍처

파운데이션 모델은 오케스트레이션 계층에서 활용하는 OpenAI 모델, 타사의 유사 모델, 오픈 소스 LLM, 자체적으로 파인 튜닝한 LLM, LLM과 연동해서 사용할 각종 특화형 모델을 총칭한다.

AI 인프라스트럭처AI infrastructure는 파운데이션 모델을 호스팅할 컴퓨팅 리소스를 의미한다. 가장 대표적인 사례로는 자체 제작한 특화형 모델 혹은 오픈 소스 LLM의 호스팅을 위한 GPU 탑재 컴퓨팅 리소스와 로드밸런서가 있다. LLM을 제공하는 Azure OpenAI Service나 각종 특화형 모델을 제공하는 Azure AI Services와 같은 API 형식의 파운데이션 모델은 기본적으로 AI 인프라스트럭처가 숨겨져 있어 인프라 설정을 신경 쓸 필요가 없다. 예외적으로 Azure AI Services에는 컨테이너를 사용해서 자체적으로 **스케일 업**scale-up/**스케일 아웃**scale-out[1]할 수 있는 기능이 있어서 AI 인프라스트럭처를 직접 설정하여 스케일 업/아웃을 직접 사용할 수 있다.

7.2 호스팅 가능 모델

파운데이션 모델 선정 시에는 AI 인프라스트럭처의 관리가 필요 없으면서도 고성능을 기대할 수 있는 Azure OpenAI Service를 우선적으로 검토해야 한다.

7.2.1 GPT-3.5와 GPT-4

Azure OpenAI Service에서는 텍스트 생성을 위해 표 7-1에 있는 모델을 선택할 수 있다(2025년 1월).

표 7-1 **Azure OpenAI 모델 목록**

모델 이름	모델 버전	콘텍스트 사이즈
o1	2024-12-17	입력: 200,000, 출력: 100,000
o1-preview	2024-09-12	입력: 128,000, 출력: 32,768
o1-mini	2024-09-12	입력: 128,000, 출력: 65,536
gpt-4o	2024-05-13	입력: 128,000, 출력: 4,096
	2024-08-06	입력: 128,000, 출력: 16,384
gpt-4o-mini	2024-07-18	입력: 128,000, 출력: 16,384
gpt-4	0314	8,192
	0613	8,192

---

1 (옮긴이) 스케일 업은 더욱 고성능/저성능의 컴퓨팅 리소스로 변경하는 수직 확장/축소를, 스케일 아웃은 컴퓨팅 리소스의 수를 늘리거나 줄이는 수평 확장/축소 방식을 의미한다.

표 7-1 Azure OpenAI 모델 목록(표 계속)

모델 이름	모델 버전	콘텍스트 사이즈
gpt-4	1106-preview[2]	입력: 128,000, 출력: 4,096
	vision-preview[3]	입력: 128,000, 출력: 4,096
	0125-preview	입력: 128,000, 출력: 4,096
	turbo-2024-04-09	입력: 128,000, 출력: 4,096
gpt-4-32k	0314	32,768
	0613	32,768
gpt-35-turbo	0301	4,096
	0613	4,096
	1106	입력: 16,385, 출력: 4,096
	0125	입력: 16,385, 출력: 4,096
gpt-35-turbo-16k	0613	16,384
gpt-35-turbo-instruct	0914[4]	4,097

파운데이션 모델은 크게 고성능인 대신 **추론 속도**가 느리고 가격이 비싼 GPT-4 계열[5]과 고속 추론이 가능하고 가격이 저렴하지만 성능이 약간 떨어지는 GPT-3.5 계열로 나뉜다. 언어 모델 자체의 성능은 GPT-4 계열이 높지만 추론 속도와 비용을 생각하면 GPT-3.5 계열의 상위 호환이라고 단정하기는 어렵기 때문에 사용자 경험이나 운용 비용을 고려해서 적절한 모델을 선택해야 한다.

1 모델 성능

성능 비교에는 OpenAI가 공표한 <GPT-4 Technical Report>[6]를 참고할 수 있다. LLM의 성능 평가는 각종 자연어 문제의 벤치마크를 다각도로 평가하고 비교하며 수행한다. GPT-4 Techinical Report를 보면 대부분의 벤치마크에서 GPT-4가 GPT-3.5보다 높은 정확도를 가진 것을 알 수 있다. 성능 개선의 폭은 문제에 따라 편차가 있다. 가령 GPT-3.5에서는 10% 정도였던 정답률이 90% 근처까지 개선된 사례도 있고, 반대로 개선의 폭이 한 자릿수에 그친 사례도 있었다.

---

2 GPT-4 Turbo
3 GPT-4 Turbo with Vision(이미지 입력 대응)
4 Completions API
5 〔옮긴이〕 GPT-4o는 GPT-4 Turbo와 동일한 성능을 가지지만 텍스트를 2배 더 빠르게 생성하고 가격도 50% 더 저렴하다. https://platform.openai.com/docs/models/gpt-4o
6 https://arxiv.org/abs/2303.08774

2 입출력 토큰당 가격

두 계열의 모델 모두 토큰당 가격으로 과금되지만 비용은 두 자릿수 차이가 난다. 뒤에서 언급하겠지만 추론 속도에도 꽤나 큰 차이가 있다. 이때, 두 자릿수의 가격 차와 추론 속도 차이를 정당화할 정도의 성능 차이가 있는지는 해결할 문제에 따라 달라진다. 따라서 실제로 해결하려는 문제에 대해서 이상적으로는 수백, 수천 건을 테스트해보는 것이 좋겠지만, 현실적으로 어렵다면 우선 수십 건 정도의 간단한 데이터셋을 만들어 테스트하면서 성능 차이를 비교해보는 것을 권장한다. 데이터셋을 만드는 과정에서도 최대 토큰 수가 16,385개인 gpt-35-turbo(1106)로 충분한지 아니면 128,000개인 gpt-4(1106-preview)가 필요한지도 결정된다.

3 추론 속도

추론 속도는 네트워크 상태나 서비스 부하 상태 등 다양한 요인에 의해 변동되므로 정량적으로 어느 정도의 차이가 발생한다고 단언하기 어렵다. 추론 속도가 모델 선정에 있어 중요한 포인트라면 실제로 두 계열의 모델로 몇 가지 패턴을 추론하도록 테스트해서 실제 속도를 측정해봐야 한다. 이때, 시간을 바꿔가며 여러 차례 테스트하거나, (리전 제약이 없다면) 리전을 바꿔서 테스트하면 더 정확한 결과를 얻을 수 있다. 대규모의 사용자가 있다는 전제하에 일정한 추론 속도와 처리량을 확보하고 싶을 때는 프로비저닝된 처리량 기능을 검토해야 한다.[7]

4 입출력(API) 형식

gpt-3.5-turbo-instruct만 약간 특이하게 Chat Completions API가 아닌 Completion API를 사용한다. 이 모델은 대화 형식으로 특화된 다른 모델들과 다르게 사용자 입력의 뒷부분을 보충해서 완성하는 전통적인 언어 모델처럼 동작한다. 이 모델은 text-davinci-002 등 폐기 예정인 레거시 모델을 대체하기 위한 후속 모델로 고안됐다. 이러한 모델이 필요한 이유는 사용자에게는 보이지 않는 곳에서 LLM이 필요한 상황이나, 대화 형식이 오히려 불필요하게 많은 정보를 반환하는 것이 싫을 때 대안으로 선택할 수 있기 때문이다. 이런 특징을 기억해두고 상황에 따라 장단점에 맞게 적절한 모델을 선택해야 한다.

---

[7] https://learn.microsoft.com/ko-kr/azure/ai-services/openai/concepts/provisioned-throughput

> **COLUMN GPT-4 Turbo**
>
> 2023년 11월에 열린 OpenAI DevDay에서 GPT-4 Turbo라는 새로운 모델이 발표됐다. GPT-4 Turbo는 이름에서 알 수 있듯이 기존 GPT-4와 비교하면 매우 속도가 빠르다. 작업 성능의 대폭 개선과 더불어 32K 토큰을 아득히 상회하는 128K 콘텍스트 사이즈를 가지고 있으며 2023년 4월까지의 지식을 보유하고 있다.
>
> Azure OpenAI Service에서는 2023년 11월 중순부터 지원을 시작했으며, 표 7-1에 있는 gpt-4(1106-preview) 모델이 이에 해당한다.

> **COLUMN GPT-4o와 o1[8]**
>
> 2024년 5월에 GPT-4o라는 새로운 모델이 발표됐다. GPT-4o는 영어 텍스트 및 코드에 대한 성능은 GPT-4 Turbo와 비슷한 수준이다. 하지만 비영어권 언어의 텍스트에 대한 성능이 크게 향상된 동시에 훨씬 빠르고 50% 더 저렴하다. GPT-4o는 특히 기존 모델에 비해 시각 및 오디오 이해 능력이 뛰어난 것이 특징이다.
>
> 2024년 9월에 발표된 o1은 이전 모델들에 비해 추론 능력을 극대화한 모델이며 사용자 요청을 처리하는 데 더 많은 시간을 할애한다. 덕분에 과학, 코딩, 수학 같은 분야에서 매우 강력한 성능을 보여주지만 그만큼 가격은 비싸다.

7.2.2 파인 튜닝

Azure OpenAI Service에는 자체 데이터로 GPT-3.5 Turbo 모델을 조정하는 파인 튜닝 기능이 있다. 파인 튜닝 모델 제작 시에도 학습이나 모델의 호스팅 리소스가 은닉되어 있기 때문에 AI 인프라스트럭처는 신경 쓰지 않아도 된다.

1 유스 케이스

파인 튜닝은 학습용 데이터를 수집해야 하는 특성상 모델의 유스 케이스가 어느 정도 정해져 있어야 한다. 파인 튜닝을 수행하면 모델이 특정 작업에 알맞게 변경되어 해당 작업 한정으로 GPT-3.5 Turbo 성능이 GPT-4 수준으로 올라오기도 한다. 파인 튜닝은 응답 속도가 중요해서 GPT-3.5 Turbo를 선택하고 입출력 예시 등을 지정하는 프롬프트 엔지니어링 기법을 활용했음에도 성능이 불만족스럽거나, 성능이 중요해서 GPT-4를 선택했지만 응답에 질적인 문제가 있을 때 검토한다.

OpenAI의 공식 문서[9]에 따르면 파인 튜닝으로 응답을 개선할 수 있는 주요 유스 케이스는 다음과 같다.

---

8 [옮긴이] 원서 출간 후 널리 사용되고 있는 모델이기에 설명을 추가했다.
9 https://platform.openai.com/docs/guides/fine-tuning/introduction

- 스타일, 톤, 형식, 기타 정성적인 설정
- 원하는 출력 형식 강화
- 복잡한 프롬프트를 사용해도 실패하는 작업 수정
- 여러 에지 케이스를 특정 방식으로 처리하는 경우
- 프롬프트로 명확히 설명할 수 없는 새로운 기술 혹은 작업 실행

2 학습용 데이터

파인 튜닝 시에는 아무리 적어도 10개 이상, 가능하면 50-100개 정도의 데이터를 먼저 수집해서 모델을 튜닝한다. 기본적으로 데이터 양은 많을수록 좋지만 동시에 데이터의 품질도 중요하다. 우선은 소량의 데이터로 학습을 시켜 개선할 수 있는 문제인지 확인한 다음에 고품질의 데이터를 늘려가는 것이 바람직하다.

데이터를 수집할 때는 해결하려는 문제가 가진 다양한 패턴을 포괄할 수 있는 예시를 수집해야 한다. 파인 튜닝은 LLM이 사람이 선호하는 출력을 할 수 있게 패치하는 이미지를 떠올리면 된다. 출현 빈도가 비교적 낮은 케이스는 데이터 양도 적기 때문에 파인 튜닝이 끝나도 제대로 패치되지 않고 성능만 저하시키는 결과를 얻을 수 있다. 따라서 파인 튜닝을 하려면 데이터 다양성을 확보하기 위한 충분한 노력을 기울여야 한다.

3 코드 예시

파인 튜닝을 실행하기 위한 코드는 비교적 간단하다. `jsonl`(JSON Lines) 타입 데이터를 Azure OpenAI Service에 업로드해 학습 데이터와 검증 데이터를 생성한 뒤 파인 튜닝 잡$_{job}$을 생성하는 흐름으로 진행된다. 이를 코드 7-1처럼 간결하게 구현할 수 있다.

코드 7-1 **파인 튜닝 잡 실행**

```python
import os
from openai import AzureOpenAI

client = AzureOpenAI(
    azure_endpoint = os.getenv("AZURE_OPENAI_ENDPOINT"),
    api_key=os.getenv("AZURE_OPENAI_KEY"),
    api_version="2024-02-01"
)

# 학습 데이터, 검증 데이터 준비
training_file_name = 'training_set.jsonl'
```

```
validation_file_name = 'validation_set.jsonl'

training_response = client.files.create(
    file=open(training_file_name, "rb"), purpose="fine-tune"
)
training_file_id = training_response.id

validation_response = client.files.create(
    file=open(validation_file_name, "rb"), purpose="fine-tune"
)
validation_file_id = validation_response.id

# 파인 튜닝 잡 생성 및 실행
response = client.fine_tuning.jobs.create(
    training_file=training_file_id,
    validation_file=validation_file_id,
    model="gpt-35-turbo-0613",
)
```

완성된 모델은 코드 마찬가지로 간단한 커맨드를 사용해서 배포할 수 있다.[10]

```
az cognitiveservices account deployment create
    --resource-group <RESOURCE_GROUP>
    --name <AOAI_RESOURCE_NAME>
    --deployment-name <DEPLOYMENT_NAME>
    --model-name <FINE_TUNED_MODEL_ID>
    --model-version "1"
    --model-format OpenAI
    --sku-capacity "1" a --sku-name "Standard"
```

4 가격

GPT-3.5 Turbo로 파인 튜닝을 하려면 학습에 1시간당 0.01달러를, 파인 튜닝 모델 호스팅에 한 시간당 1.7달러를 지불해야 한다.[11][12] 편의를 위해 1달러를 1,300원으로 환산하면 호스팅에만 한 달에 약 160만 원가량의 비용이 든다. 파운데이션 모델로 파인 튜닝된 GPT-3.5 Turbo를 사용할지 말지는 이처럼 높은 비용을 부담하면서도 해결하고 싶은 문제가 있는지에 따라 결정해야 한다. 추

---

[10] https://learn.microsoft.com/en-us/azure/ai-services/openai/how-to/fine-tuning?tabs=turbo%2Cpython-new&pivots=programming-language-python

[11] https://azure.microsoft.com/ko-kr/pricing/details/cognitive-services/openai-service/

[12] (옮긴이) 번역 시점인 2025년 1월을 기준으로 확인한 것이다. 원서에는 학습 시간당 102달러, 호스팅 시간당 7달러로 적혀 있었는데 빠르게 저렴해지고 있다. 읽는 시점에는 더 저렴할 수 있으니 꼭 확인하자.

론 비용 자체는 일반 GPT-3.5 Turbo와 동일하다.

> **COLUMN　GPT-4의 파인 튜닝**
>
> Azure OpenAI Service에서 GPT-4의 파인 튜닝은 미리 보기(preview) 형태로 공개되어 있다.[13] 아직 일반 공개 형태로는 제공되지 않지만 가까운 시일 내로 업데이트될 것이다.

7.3 공개 모델

메타가 공개한 Llama 3나 업스테이지가 공개한 Solar 등 학습된 머신러닝 모델을 OSS 라이선스나 일부 사용 제약을 둔 라이선스에 기반해 무상으로 공개한 사례들이 있다.[14] 이처럼 대규모 사전 학습을 마친 모델을 파인 튜닝해 특정 작업에 특화하는 것으로 큰 성과를 낸 BERT가 등장한 이래로 학습된 모델을 공개하는 유행이 지속되고 있다. 허깅 페이스Hugging Face[15] 같은 플랫폼에는 다양한 모델이 공개되어 있으며, 이러한 공개 모델들을 다시 파운데이션 모델로 활용할 수 있다.

현재 시점에서 ChatGPT와 동일한 방식으로 텍스트를 생성하는 공개 모델 중 가장 강력한 모델은 **Llama 3**[16]다. Llama 3를 기반으로 한국어에 특화한 모델이나 여러 종류의 데이터 형식을 처리할 수 있는 모델(**멀티모달** 모델) 등 파생 모델들이 등장하면서 성능이 급속도로 향상되고 있다.

단, 성능이 Azure OpenAI Service의 GPT-3.5 Turbo나 GPT-4o를 대체할 정도는 아니어서 현재 시점에서 공개 모델을 Azure OpenAI Service의 대용으로 사용하는 경우는 거의 없다. 기본적으로 공개 모델은 특정 작업에 특화하는 파인 튜닝과 결부된다. **트랜스포머 인코더**transformer encoder 계열 모델이나 그 외의 이미지 혹은 음성을 다루는 모델을 사용할 때에도 Azure AI Services로는 해결이 불가능한 문제를 해결하는 것을 목적이며, 원칙적으로 파인 튜닝이 전제된다.

13　https://news.microsoft.com/ignite-2023-book-of-news/
14　이후에 나올 칼럼에서도 언급하겠지만 오픈 소스에는 명확한 정의가 있다. 예컨대 상업 용도 활용에 제약이 있는 모델은 정의와 맞지 않기 때문에 오픈 소스라고 할 수 없다. 이처럼 '오픈 소스 모델'은 무상 공개된 모델을 지칭하는 단어로 자리잡았다. 이 책에서는 오픈 소스 라이선스에 기반한 모델, 사용 제약이 있는 라이선스에 기반한 모델, 무상으로 공개된 모델을 통틀어 '공개 모델'이라고 부른다.
15　https://huggingface.co/
16　[옮긴이] 2025년 1월 시점의 최신 버전은 Llama3.3이다.

API를 통해 학습시킬 수 있는 OpenAI 모델과 DALL-E 공개 모델을 사용할 때는 모델을 활용하기 위해 작성한 코드가 필요하다. 그리고 Azure OpenAI Service 같은 API 서비스를 사용할 때는 신경 쓸 필요가 거의 없었던 AI 인프라스트럭처 관리도 중요하다.[17]

모델을 파인 튜닝하는 코드는 모델과 해결하려는 문제에 따라 천차만별이다. 또, 적절한 매개변수 설정을 찾아내기 위한 테스트도 어느 정도 필요하다. Azure OpenAI Service를 사용하면 학습을 위한 컴퓨팅 리소스는 쉽게 확보할 수 있다. 하지만 모델의 사이즈에 따라서는 일반적인 학습 방법 외에 **분산 학습**distributed learning이나 **LoRA**Low-Rank Adaptation[18] 같은 방법을 함께 사용해야 한다. 파인 튜닝의 구현 난이도는 API를 통한 학습에서 호스팅까지 제공해주는 Azure OpenAI Service를 사용할 때보다 꽤 높다. 공개 모델을 파운데이션 모델로서 사용할 때 겪는 허들 중 하나가 바로 이 높은 구현 비용 문제다.

또한, 모델을 학습시켰다고 모든 작업이 끝난 것이 아니라 이 모델을 호스팅할 인프라를 사전에 준비해야 한다. 정리하면 공개 모델을 사용하기 위해서는 다음과 같은 조건들을 갖춰야 한다.

- GPT-3.5 Turbo의 파인 튜닝과 동일하게 공개 모델을 사용해서 해결하려는 문제가 명확하게 정해져 있다.
- Azure OpenAI Service로는 문제를 해결할 수 없고, 공개 모델을 사용할 때만 해결 가능성이 있다.
- 문제 해결로 개발 비용과 호스팅 비용을 정당화할 만큼의 이익을 남길 수 있다는 전망이 있어야 한다.

파운데이션 모델로 공개 모델 사용을 검토할 때는 관리형 서비스인 Azure OpenAI Service를 사용할 때보다 더 많은 선택지와 고려 사항을 신경 써야 한다. 현실적으로 공개 모델의 불편함을 감수하면서까지 사용해야 하는 상황은 거의 없지만, 이 책에서는 공개 모델의 발전을 염원하는 의미를 담아 다양한 선택지들과 고려 사항을 다뤘다.

---

[17] 이 문제를 해결하기 위해 Llama 3나 Mistral 등의 공개 모델을 API로 제공하는 MaaS(Model as a Service) 기능이 2023년 11월에 발표됐다. 자세한 내용은 이번 절 후반부에 있는 칼럼을 참고하자.
[18] 원본 매개변수를 변경하지 않고 차이점 도출을 위한 저차원(옮긴이) 소수 핵심 정보) 행렬을 도입해서 학습하는 방법이다. 학습에 사용할 매개변수 수는 10,000분의 1 정도로, GPU 메모리는 3분의 1 정도까지 줄일 수 있어 더욱 작은 리소스로도 파인 튜닝을 할 수 있다. 다음 논문을 참고하자. https://arxiv.org/abs/2106.09685

7.3.1 모델 종류

모델 선정은 풀어야 할 문제에 따라 달라진다. 단순히 ChatGPT를 대체하려는 목적이면 ChatGPT와 동일한 **트랜스포머 디코더**transformer decoder 계열의 사전 학습 모델(부록 B 참조)에 인간 피드백을 통한 강화 학습(1장 참조)으로 조정을 거친 모델을 사용하면 된다. 분류 작업에는 트랜스포머 인코더를 사용한 **RoBERTa** 등의 모델이 적합하고, 번역 등 문장을 변환하는 작업에는 **인코더-디코더**encoder-decoder 모델이 적합하다. 약간 결이 다른 이야기지만, RAG의 벡터 검색에 사용할 임베딩을 얻을 때는 트랜스포머 인코더 계열 모델의 출력을 사용하거나, 유사한 의미를 가진 문장의 벡터값이 가까운 곳에 배치되도록 파인 튜닝하는 SimCSE 방식을 사용한다.

모델 선정은 먼저 해결하려는 문제가 일반적으로 머신러닝의 맥락에서 어떤 종류의 작업에 해당되는지 조사하는 일부터 시작한다. 이 시점에는 예컨대 텍스트 분류text classification 작업인지 텍스트 요약text summarization 작업인지를 구분하는 정도면 충분하다.

이어서 작업과 관련된 대표적인 벤치마크를 조사하고, 벤치마크에서 높은 성능을 내는 모델의 아키텍처를 분석해 모델의 아키텍처 선정범위를 좁힌다.

모델의 아키텍처 선정범위가 좁혀지면 유사한 계열의 모델 중 상업적 이용이 가능한 라이선스에 기반해 공개된 모델이 있는지 확인한다. 물론 직접 코퍼스(대규모 자연어 데이터셋)를 수집해서 모델을 만들 수도 있지만, 처음부터 모든 것을 학습시키는 것은 파인 튜닝과 비교하면 상당히 많은 비용이 든다. 많은 비용을 감수하더라도 모델을 처음부터 직접 만들어야 할 이유가 있는 조직은 그리 많지 않다. 기존 시스템을 개선할 목적으로 모델 선정을 검토하고 있다면, 먼저 공개 모델 중에서 적합한 모델이 있는지 조사하는 것이 효율적이다. 공개 모델만으로는 목적을 달성할 수 없고, 많은 자본을 투입해야 할 분명한 이유가 있는 경우에만 자체 모델을 만드는 것이 적합하다.

표 7-2에는 상업적 이용이 가능한 라이선스에 기반해 공개된 모델과 대표적인 유스 케이스가 정리돼 있다.

표 7-2 공개 모델

공개한 조직	모델	크기	유스 케이스	상업 이용
메타	Llama 3	1B, 3B, 8B, 11B, 70B, 405B	채팅, 텍스트 생성, ChatGPT 대용	월간 활성 사용자 7억 명 이상인 경우 별도 라이선스 취득 필요
Technology Innovation Institute	Falcon LLM	1B, 7B, 40B, 180B	채팅, 텍스트 생성, ChatGPT 대용	모델을 호스팅해서 API로 제3자에 제공하는 용도로만 한정

표 7-2 공개 모델(표 계속)

공개한 조직	모델	크기	유스 케이스	상업 이용
Mistral AI	Mistral 7B	7B	영문 채팅, 텍스트 생성, ChatGPT 대용	제한 없음
	Mixtral 8x7B	46.7B	영어, 불어, 이탈리아어, 독일어, 프랑스어, 스페인어 채팅, 텍스트 생성, ChatGPT 대용	제한 없음
	Mixtral 8x22B	140.6B	다국어 능력, 코딩, 수학	제한 없음
엔비디아	Nemotron	4B, 8B, 15B, 22B, 340B	채팅, 텍스트 생성, QA 응답, ChatGPT 대용	NVIDIA AI Enterprise 계약 필요
업스테이지	SOLAR-10.7B-v1.0	10.7B	텍스트 생성	제한 없음
EleutherAI	polyglot-ko	1.3B, 3.8B, 5.8B, 12.8B	한국어 텍스트 생성	제한 없음
야놀자	EEVE-Korean-Instruct-10.8B-v1.0	10.8B	한국어 텍스트 생성	제한 없음
고려대학교 NLP&AI	KULLM3	10.7B	한국어, 영어 텍스트 생성	제한 없음

성능과 응답 속도를 높은 수준으로 유지하려면 적절한 아키텍처로 설계된 모델을 품질 높은 데이터로 파인 튜닝하는 것과 동시에 모델 크기나 호스팅할 리소스에도 주의를 기울여야 한다.

7.3.2 모델 크기와 압축 방법

일반적으로 모델의 크기가 커질수록 성능이 높아지는 반면에 추론 속도가 느려진다. 반대로 모델의 크기가 작을수록 성능이 낮아지는 반면에 추론 속도가 빨라진다. 공개 모델 중에는 크기에 따라 여러 종류의 모델을 공개한 것들이 있는데, 이런 경우에는 해결할 문제에 따라 어느 정도 크기의 모델이 필요한지 판단해야 한다. 이는 GPT-3.5 Turbo와 GPT-4 중에서 하나의 모델을 선택해야 하는 상황과 일정 부분 비슷하다. 차이점이 있다면 공개 모델의 경우 비슷한 성격을 가진 여러 종류의 모델이 있고, 각각의 모델마다도 매개변수 수와 튜닝 방법이 천차만별이라 훨씬 선택지가 많다는 것이다.

파인 튜닝을 전제로 모델을 선택할 때는 필요한 성능과 원하는 응답 속도를 얻기 위해 어느 정도의 크기가 적절한지 알아내야 한다. 또, 모델의 경량화에도 신경을 써야 한다. 가능한 성능을 유지하면서도 경량화할 수 있어야 하는데, 이를 위해 모델을 압축하는 방법을 사용한다. 대표적인 압축 방법에는 양자화, 가지치기, 증류가 있다.

1 양자화

양자화quantization는 모델을 구성하는 개별 매개변수의 비트 수를 낮춰서 메모리와 계산 횟수를 줄이는 압축 방법이다. 머신러닝에는 단정밀도 부동 소수점을 사용할 때가 많아서 보통 매개변수 1개당 32비트의 크기를 차지하는데, 이를 정수로 변환하면 8비트로 압축이 가능하다. 물론 이렇게 매개변수의 정밀도를 떨어뜨리면 성능에 악영향이 발생한다. 하지만 정밀도 유지 수단을 사용하면서 16비트나 8비트까지 압축하면 일반적으로 정밀도 저하가 그렇게 크지 않다. 이렇게 하면 약간의 정밀도 저하를 감수하는 대신 모델 크기가 상당히 작아져서 추론 속도가 빨라진다.

LLM 등의 모델 공개에 사용하는 허깅 페이스에는 대체로 파이토치PyTorch의 모델 저장형식에 기반해 공개하기 때문에 파이토치의 양자화 구조를 사용할 수 있다. 다만 파이토치의 양자화 방법은 아직 실험적 단계이기 때문에 안정적인 사용을 원하면 **개방형 신경망 교환**open neural network exchange, ONNX으로 양자화하는 것이 바람직하다.

ONNX는 모델의 범용적인 저장 형식으로서 모델의 구조와 모델의 가중치를 포함하는 형식이다. ONNX 형식의 모델을 사용해서 고속으로 추론하기 위한 라이브러리 중에는 ONNX Runtime이 있는데, 이 라이브러리가 ONNX의 양자화 기능을 제공한다. 코드 7-2는 정밀도 저하를 억제하면서 양자화하는 **동적 양자화**dynamic quantization를 수행하는 코드다.

코드 7-2 ONNX Runtime을 사용한 양자화(동적 양자화)

```
import onnx
import onnxruntime

model_original = './model_original.onnx'
model_quantized = './model_quantized.onnx'
quantized_model = onnxruntime.quantization.quantize_dynamic(model_original, model_quantized)
```

양자화는 완성된 모델에 약간의 작업을 추가하는 것으로 처리할 수 있기 때문에 손쉽게 사용할 수 있다는 것이 장점이다.

또한, 양자화를 중심으로 한 가속화 작업을 API 작성시에 일괄적으로 적용하는 방법도 있다. 마이크로소프트가 OSS로 개발한 **DeepSpeed**라는 라이브러리는 이름에서 알 수 있듯이 심층학습 모델의 학습 및 추론을 가속화하는 테크닉이 포함된 라이브러리다. 딥스피드에서 추론과 관련된 기능들은 DeepSpeed Inference라고 부르며, 멀티 GPU에 기반한 가속화나 혼합 정밀도(유연한 양자화)를 사용한 추론 같은 기능이 포함돼 있다. 기능은 개별적으로 적용해도 되지만, 대응되는 모델에 한정해 적용하고 Azure Machine Learning에 배포까지 도와주는 DeepSpeed MII_{DeepSpeed Model Implementations for Inference}[19]라는 라이브러리를 사용해도 된다.

그림 7-2와 같은 흐름으로 허깅 페이스에 공개된 모델을 Azure Machine Learning에 가속화하면서 배포할 수 있다. 이처럼 라이브러리를 활용하면 AI 인프라스트럭처까지 비교적 손쉽게 구현할 수 있다.

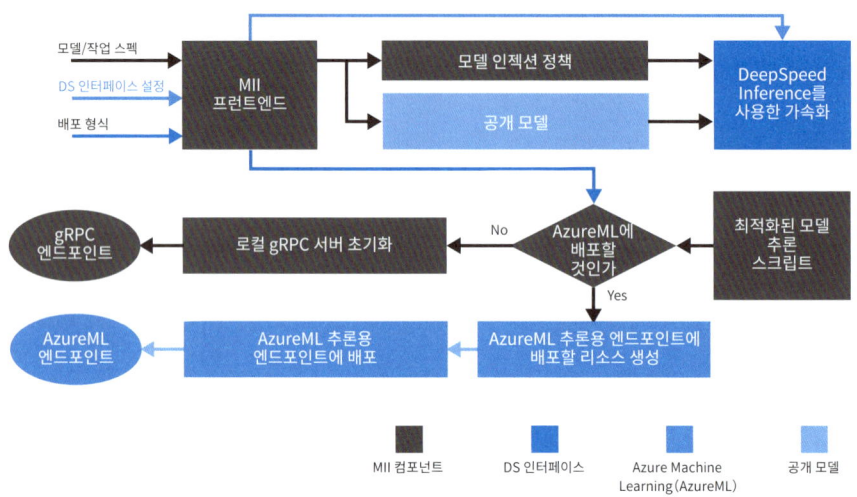

그림 7-2 DeepSpeed MII 아키텍처

2 가지치기

가지치기pruning는 정밀도에 영향을 미치지 않을 것 같은 모델의 매개변수를 줄여서 메모리와 계산 횟수를 줄이는 압축 방법이다. 특정 기준에 기반해 몇 개의 매개변수의 가중치를 0으로 설정해 제거하고, 제거된 매개변수와 연관된 계산을 수행하지 않도록 만든다. 가지치기는 크게 두 가지 방법이 존재한다.

그림 7-3은 뉴런을 제거(중간 벡터의 특정 차원 무시)하는 가지치기 방법으로, 모델의 구조 자체를 변경한다. 이 방법은 모델의 대칭성을 유지할 수 있어서 하드웨어 가속기의 이점을 활용할 수 있지만 정밀도 저하가 커지기 쉽다는 단점이 있다. 이 정밀도 저하를 방지하기 위한 연구는 현재진행형이다.

---

[19] https://github.com/microsoft/DeepSpeed-MII

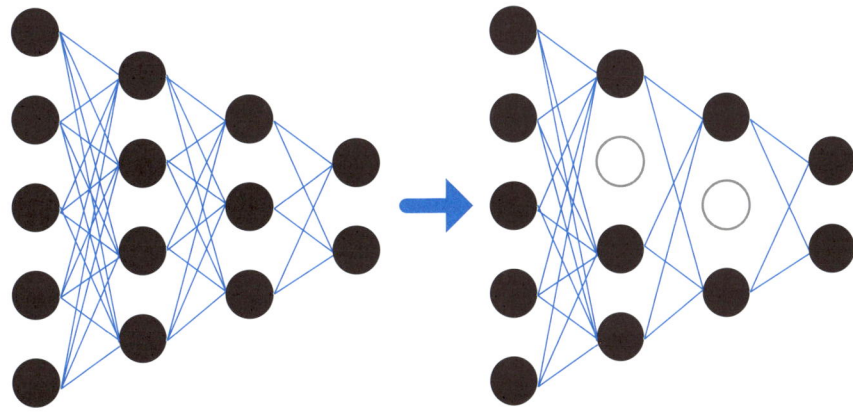

그림 7-3 뉴런 가지치기

그림 7-4는 뉴런 간 연결을 제거(가중치 행렬의 매개변수를 불규칙적으로 무시)하는 가지치기 방법으로, 성능을 유지하기 쉽지만 가지치기의 불규칙성 때문에 하드웨어 가속기를 사용할 수 없다는 단점이 있다. 기본적으로 가속화보다는 모델의 경량화에 중점을 둔 방법이다.

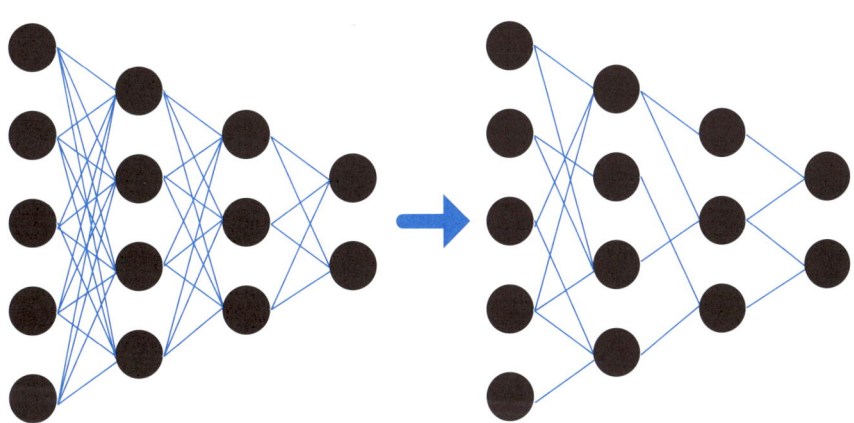

그림 7-4 뉴런 간 연결 가지치기

파이토치에는 가지치기용 함수가 있다(코드 7-3).

코드 7-3 파이토치를 사용한 가지치기

```
import torch.nn.utils.prune as prune
import torch

module = torch.nn.Conv2d(1, 6, 5)

prune.global_unstructured(
```

```
    module,
    pruning_method=prune.L1Unstructured,
    amount=0.3
)
```

3 증류

증류distillation 혹은 **지식 증류**knowledge distillation는 대형 모델을 교사 모델로 지정하고, 교사 모델의 출력으로 소형 모델을 학습시켜 소형 모델로 대형 모델의 정밀도를 달성하는 압축 방법이다. 실질적으로 모델을 재생성하는 수준이라서 앞서 소개한 모델 경량화 방법들과 비교했을 때 구현 비용이 가장 크다(그림 7-5).

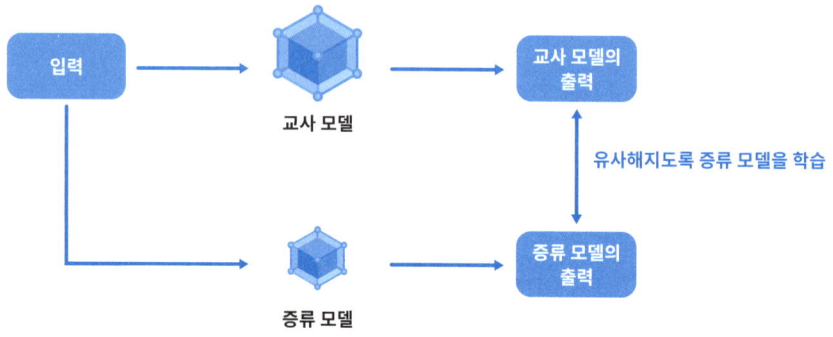

그림 7-5 **증류 방법 시각화**

증류 방법에는 단순히 출력된 벡터 간 차이를 가능한 줄이는 방법 외에도, 은닉층hidden layer의 벡터 간 차이를 줄이는 방법 등 다양한 방법이 존재한다.

증류 결과는 모델이나 사용할 방법에 따라 크게 달라진다. 가령 임베딩을 발전시키기 위해 BERT를 특화한 **Sentence-BERT** 모델을 증류시킨 사례[20]에서는 문장의 유사도를 측정하는 작업 시에 1% 수준의 성능 저하로 50% 이상의 크기를 축소시킬 수 있었다. 또, OpenAI가 개발한 음성 인식 모델인 Whisper를 증류시킨 사례[21]에서는 단어 오류율word error rate에 1%의 성능 저하가 발생한 것으로 매개변수 수를 50% 줄일 수 있었다.

직접 증류 작업을 수행하지 않고 증류된 공개 모델을 사용해도 된다. 원본 모델의 성능과 비교하면서 어느 쪽을 선택할지 검토해보기를 바란다.

---

20 https://arxiv.org/abs/2209.05869
21 https://arxiv.org/abs/2311.00430

7.3.3 모델 호스팅

파운데이션 모델로 OpenAI 모델을 선택하면 AI 인프라스트럭처까지 함께 API를 통해 손쉽게 사용할 수 있다는 장점이 있다. 반대로 공개 모델을 사용하면 모델을 실행할 인프라 설정 작업을 직접 수행해야 한다. 모델 크기가 충분히 작을 때는 ONNX 같은 형식 그대로 소프트웨어에 직접 탑재할 수도 있지만, 메인 시스템과는 부하의 성격이 달라서 대부분은 독립 API로 호스팅한다. 따라서 이를 위한 별도의 운용 체계 구축이 필요하다.

애저에서 사용할 수 있는 아키텍처는 IaaS를 활용하는 방법과 PaaS를 활용하는 방법으로 나뉜다 (그림 7-6).

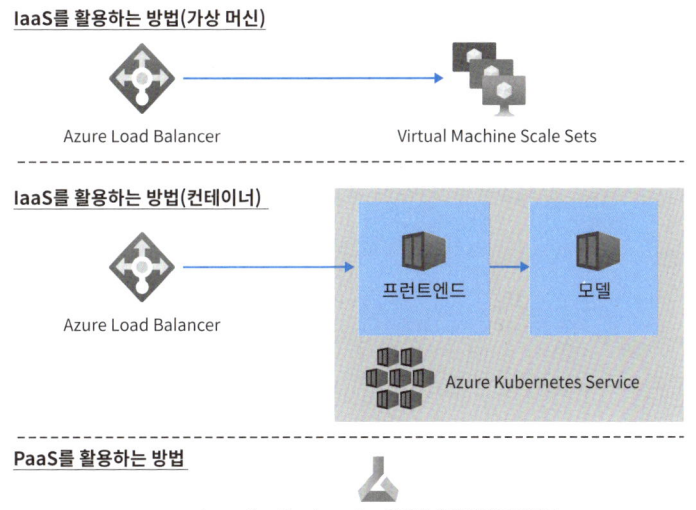

그림 7-6 모델 호스팅 스택을 구현하는 애저 아키텍처 예시

1 IaaS 활용

IaaS를 선택하면 컴퓨팅 리소스로 가상 머신 기반인 경우에는 Azure Virtual Machines Scale Sets(VMSS)를 사용하고, 컨테이너 기반인 경우에는 **Azure Kubernetes Service**를 사용한다. 그리고 이 컴퓨팅 리소스들의 요청을 받는 통로로 로드 밸런서를 배치한다. 로드 밸런서는 L4 로드 밸런서인 Azure Load Balancer, L7 로드 밸런서인 Azure Application Gateway, L7 로드 밸런서이면서 CDN 기능을 갖춘 Azure Front Door 등을 선택할 수 있다. VMSS와 Azure Kubernetes Service 중에서 선택할 때는 사내 혹은 Azure Virtual Network 내부의 프라이빗한 환경에서 사용할 것인지, 인터넷에 API를 공개할 것인지 등 요구사항에 따라 적절히 나눠 사용하면 된다.

2 PaaS 활용

PaaS를 선택하면 GPU를 활용해야 하는 사정상 Azure Machine Learning의 관리형 온라인 엔드포인트를 사용해야 한다. 관리형 온라인 엔드포인트는 위에서 살펴본 IaaS 기반 아키텍처와 유사한 구조를 머신러닝 모델에 특화된 관리형 서비스 방식으로 제공한다. 관리형 온라인 엔드포인트를 사용하면 구현 비용을 줄일 수 있다. 그리고 노코드 배포, 간편한 스케일링, 무중단 모델 업데이트 등 운용을 염두에 둔 기능들을 공식적으로 지원하기 때문에 개발 공수는 물론이고 개발 후의 운용 공수도 줄일 수 있다. 단, 극단적인 스케일링 조건이나 요청 횟수 조건 또는 세부적인 보안 조건이 있을 때는 관리형 서비스 특성상 세밀한 조건 설정이 불가능하기 때문에 IaaS 기반 아키텍처를 선택해야 한다.

3 컴퓨팅 리소스

IaaS와 PaaS 중 어떤 것을 선택하든 컴퓨팅 리소스로 사용할 가상 머신의 스펙을 정해야 한다. 이번 절에서 다룬 공개 모델을 사용할 때는 충분한 추론성능을 확보하기 위해 대부분 GPU가 탑재된 가상 머신을 선택한다. 단, GPU가 탑재된 가상 머신을 선택할 때 NVIDIA T4, V100, A100, H100 등 GPU에도 다양한 종류가 있기 때문에 모델이나 시스템이 요구하는 성능에 따라 적절한 모델을 선택해야 한다. 어떤 GPU를 선택하는지에 따라 추론 속도는 크게 달라지며, 응답 속도와 운용 비용으로 즉각 반영된다.

가령 ND H100 v5 시리즈처럼 초고성능 GPU인 NVIDIA H100이 탑재된 가상 머신을 사용하면 그만큼 추론속도를 높일 수 있지만, 운용 비용이 극단적으로 늘어난다. 따라서 서비스에 할당할 수 있는 예산을 고려해 한도 내에서 가장 빠른 인스턴스를 선정하는 것이 중요하다.

ONNX나 DeepSpeed를 사용한 양자화 등의 가속화 기법은 파운데이션 모델로 사용할 공개 모델이 AI 인프라스트럭처에 요구하는 성능을 억제해 운용 비용을 대폭 줄여준다. 공개 모델을 파운데이션 모델로 사용할 때는 AI 인프라스트럭처의 아키텍처를 고정하기 전에 이 같은 기법을 사용할 것인지를 함께 고민해야 한다.

| COLUMN | **Azure AI Foundry 모델 카탈로그** |

Azure AI Foundry에는 '모델 카탈로그'라는 기능이 있는데, 여기에 Llama 3 등 여러 공개 모델이 등록돼 있다(그림 7-7).

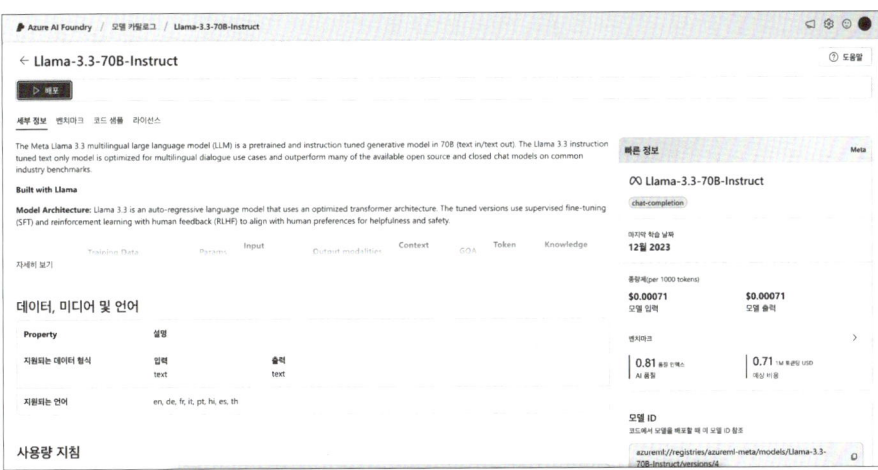

그림 7-7 모델 카탈로그에 등록된 Llama 3

대부분의 모델은 관리형 온라인 엔드포인트를 통한 노코드 배포를 지원한다. 따라서 특별한 커스터마이징 없이 API로 이용하고 싶은 것이라면 구현 작업 없이 공개 모델을 배포할 수 있다. 모델에 따라서는 파인 튜닝 실행도 지원한다. 사전에 정의한 형식으로 데이터셋을 생성해서 Azure Machine Learning에 등록하는 것만으로 손쉽게 파인 튜닝을 실행할 수 있다.

또, 2023년 11월에는 최첨단 LLM을 API 엔드포인트로 제공하는 Models as a Service 기능이 발표됐다. 메타의 Llama 2를 시작으로 Cohere의 Command, G42의 Jais, Mistral AI의 Mistral 등 고성능의 LLM을 사용할 수 있다.[22] 이 중 일부 모델은 호스팅 형식의 파인 튜닝도 지원할 예정이다. 이렇게 각종 모델을 API 엔드포인트로 제공하면 AI 인프라를 관리하는 부담이 없어진다. 비용도 사용한 토큰 수에 기반해 종량제로 과금되므로 Azure OpenAI 모델과 유사한 방식으로 공개 모델을 사용할 수 있다.

모델 카탈로그에 있는 모델에는 서드파티 라이선스가 적용된다. 따라서 사용할 모델의 라이선스를 파악해 라이선스가 유스 케이스에 적합한지 확인해야 한다.[23]

---

[22] https://techcommunity.microsoft.com/t5/ai-machine-learning-blog/welcoming-mistral-phi-jais-code-llama-nvidia-nemotron-and-more/ba-p/3982699

[23] https://learn.microsoft.com/en-us/azure/machine-learning/concept-model-catalog?view=azureml-api-2#model-catalog-and-collections

7.4 마무리

7장에서는 AI 오케스트레이터(에이전트)를 지탱하는 파운데이션 모델과 파운데이션 모델을 실행시키기 위해 필요한 AI 인프라스트럭처에 대해서 살펴봤다. 파운데이션 모델로 OpenAI 모델은 물론, 다른 기업이나 조직이 연구/개발한 모델도 활용할 수 있다. 이 책에서는 파운데이션 모델로 OpenAI 모델을 사용하고 있지만, 애저에는 OpenAI 모델에 구애받지 않고 다양한 파운데이션 모델을 사용할 수 있는 서비스가 있다. 파운데이션 모델의 활용을 위해 애저와 코파일럿 스택의 구조를 사용해보기 바란다.

COLUMN **OSS와 머신러닝 모델**

OSS는 오픈 소스 소프트웨어를 가리키는 단어로 명확한 정의를 가지고 있다. Open Source Group Japan이 공개한 오픈 소스의 정의[24]에 따르면 오픈 소스 소프트웨어는 다음과 같은 정의를 충족하는 프로그램을 의미한다.

- 자유 배포

  오픈 소스인 라이선스(이하 라이선스)는 다양한 출처의 프로그램이 결합된 소프트웨어 배포물(distribution)의 한 종류로서, 소프트웨어를 판매하거나 무료로 배포하는 것을 제한해서는 안 된다. 이처럼 라이선스는 판매에 관한 인세 및 기타 보수를 요구해선 안 된다.

- 소스 코드 공개

  오픈 소스 프로그램에는 소스 코드가 포함돼 있어야 하며, 컴파일 완료된 형식과 동일하게 소스 코드로 배포하는 것도 허용해야 한다. 어떤 사정에 의해 소스 코드와 함께 배포하지 않은 경우에는 소스 코드를 복사하는 것과 동일한 수준의 비용으로 얻을 수 있는 방법을 마련해야 하며, 이를 분명하게 공표해야 한다. 예컨대 인터넷에 무료 다운로드 통로를 만드는 것이 가장 바람직하다. 소스 코드는 프로그래머가 변경하기 쉬운 형태여야 한다. 의도적으로 소스 코드를 이해하기 어렵게 만드는 것은 허용되지 않으며, 전처리기나 변환 프로그램에 의한 출력 같은 중간 형식은 인정되지 않는다.

- 2차적 저작물(파생 소프트웨어) 허용

  라이선스는 소프트웨어 수정과 파생 소프트웨어 생성은 물론, 파생 소프트웨어를 원본 소프트웨어와 동일한 라이선스로 배포할 수 있도록 허용해야 한다.

- 저작자의 소스 코드 수정 제한

  바이너리 빌드 시 프로그램 수정을 위해 소스 코드와 함께 패치 파일 배포를 허용하는 경우에만 라이선스를 통해 수정된 소스 코드의 배포를 제한할 수 있다. 라이선스는 수정된 소스 코드로 제작된 소프트웨어의 배포를 명시적으로 허용해야 하지만, 파생 소프트웨어에 원본 소프트웨어와는 다른 이름이나 버전 번호를 붙이도록 할 수는 있다.

---

[24] https://opensource.jp/osd/osd17/
　(옮긴이) 한국어 자료는 다음 링크를 참고 바란다. https://www.oss.kr/oss_intro

- 개인이나 단체에 대한 차별 금지
  라이선스는 특정 개인이나 단체를 차별해선 안 된다.
- 사용 분야에 대한 제한 금지
  라이선스는 어떤 특정 분야에서 프로그램을 사용하는 것을 제한해선 안 된다. 가령 프로그램의 기업 내 사용이나 유전자 연구 분야에서의 사용을 제한할 수 없다.
- 라이선스 배포
  프로그램에 수반되는 권리는 프로그램을 재배포한 모든 사람에게 동등하게 인정되어야 하며, 추가적으로 라이선스에 동의할 필요가 없어야 한다.
- 특정 제품에만 유효한 라이선스 금지
  프로그램에 부여되는 권리를 어떤 특정 소프트웨어 배포물의 일부일 때로 제한할 수 없다. 프로그램을 배포물에서 분리하더라도 프로그램 자체의 라이선스의 범위 안에서 사용되거나 배포되는 한, 프로그램을 재배포하는 모든 개인이 원본 소프트웨어 배포물에 부여된 권리와 동등한 권리를 가짐을 보증해야 한다.
- 다른 소프트웨어를 방해하는 라이선스 금지
  라이선스는 해당 소프트웨어와 함께 배포되는 다른 소프트웨어에 제한을 설정할 수 없다. 가령 라이선스는 동일한 매체에 배포된 다른 프로그램이 모두 오픈 소스 소프트웨어일 것을 강요해선 안 된다.

일반적으로 지도 학습을 통해 머신러닝 모델을 만들 때는 모델 생성을 위한 코드와 학습에 사용할 데이터가 필요하다. 모델 종류에 따라 다양한 것들이 만들어지는데, 대부분은 일련의 수치 데이터를 획득하며 이것이 '사전 학습 모델' 혹은 '가중치'로 불리는 머신러닝 모델의 본체다. 모델 정의를 위한 코드와 사전 학습 모델이 함께 있어야 의미 있는 '머신러닝 모델'로 기능할 수 있다.

최근에는 오픈 소스로서 모델 정의를 위한 코드와 사전 학습 모델을 함께 공개하는 사례가 늘고 있지만, 여전히 모델을 선정할 때는 어떤 라이선스에 기반해 공개된 것인지 주의를 기울여야 한다.

특히 용도 제한을 설정해 공개된 모델에는 각별한 주의가 필요하다. '상업적 이용 금지' 같은 용도 제한이 있는 라이선스로 공개된 모델은 실제로 상당히 많다. 메타가 공개한 Llama가 대표적인 사례다. 이처럼 용도 제한을 두게 되면 '사용 분야에 대한 제한 금지'를 충족시킬 수 없기 때문에 오픈 소스라고 부를 수 없게 된다. 때문에 이 책에서는 이런 모델을 지칭할 때 '유사 오픈 소스'로 구별해서 표기한다. 이 같은 '유사 오픈 소스' 모델을 영리기업이 운영하는 서비스에서 사용할 경우 라이선스를 위반할 가능성이 있다.

여기에 대한 판단은 해석이 갈리는 부분도 있지만, 안전한 운영을 위한다면 처음부터 상업 이용이 가능한 라이선스로 공개된 모델을 선정하는 것이 바람직하다. 또, 비영리단체나 교육기관에서 사용하는 것은 상업적 이용에 해당되지 않으므로 문제되지 않는다. 라이선스에 따라서는 학술적 용도에 한정하는 등 엄격한 제한을 거는 사례도 있기 때문에, 소속된 조직이 어떤 사례에 해당되며 라이선스가 허용하는 용도가 무엇인지를 주의 깊게 살펴봐야 한다.

CHAPTER 8

코파일럿 프런트엔드

8장에서는 실제로 심플한 LLM 애플리케이션의 프런트엔드(코파일럿 프런트엔드)를 만들면서 사용자 경험을 향상시키는 방법을 학습할 것이다.

8.1 사용자 경험 정의

사용자 경험user experience, UX은 애플리케이션에서 중요한 요소다. 사용자가 편리함을 느끼는지 여부가 애플리케이션의 성공을 좌우하기 때문이다. 편리하다고 느끼는 지점을 만들려면 사용자와 애플리케이션이 어떻게 상호작용해야 하는지를 이해하고 효율적으로 작업이 실행되도록 설계하는 것이 중요하다. 또, LLM 애플리케이션은 특성상 의도치 않게 편견이 포함된 내용을 출력할 때가 있어서 윤리적 관점의 정립에 기반해 편리한 설계를 구상해야 한다. 나아가 입력 수단을 키보드를 통한 문자 입력으로 한정하지 말고 음성 입력을 문자로 변환하는 등 접근성을 고려해 설계하는 것이 바람직하다.

8.1.1 사용성

사용성usability은 사용자의 목적에 부합하는 기능을 갖추고 있으며, 이를 정확하고 효율적으로 실행할 수 있는 능력을 말한다. 가령 아직 익숙하지 않은 사용자에게는 이 애플리케이션으로 무엇이 가능하며 구체적으로 어떤 기능을 지원하는지 안내를 제공해 편리하게 사용할 수 있도록 해야 한다(그림 8-1).

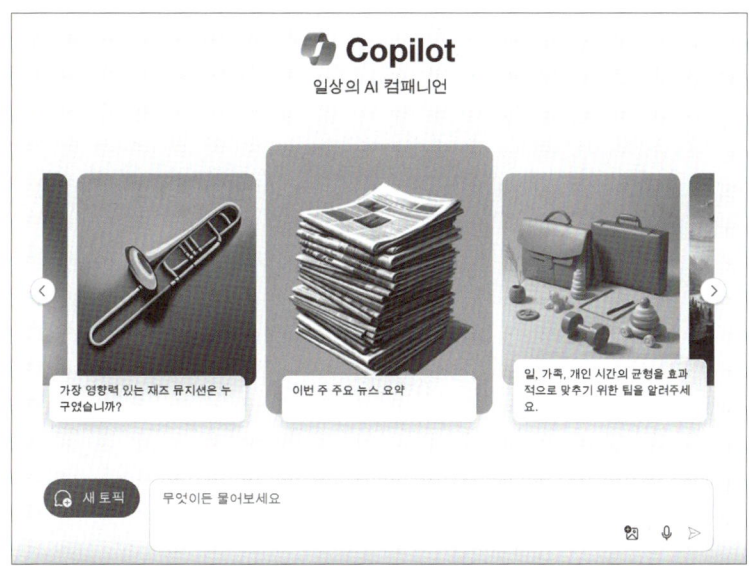

그림 8-1 코파일럿의 안내 화면

8.1.2 정지 버튼과 재생성 버튼

애플리케이션의 만듦새에 따라 다르겠지만 콘텐츠 생성에는 상당히 많은 시간이 소요될 수 있다. 이때, 정지 버튼으로 작업을 취소해서 사용자가 곧바로 재입력할 수 있도록 하거나, 같은 입력으로 손쉽게 콘텐츠를 재생성하기 위해 내부적으로 온도 매개변수(3장 참조)를 변경해 재생성할 수 있으면 사용자가 원하는 콘텐츠를 보다 편리하게 얻을 수 있다(그림 8-2).

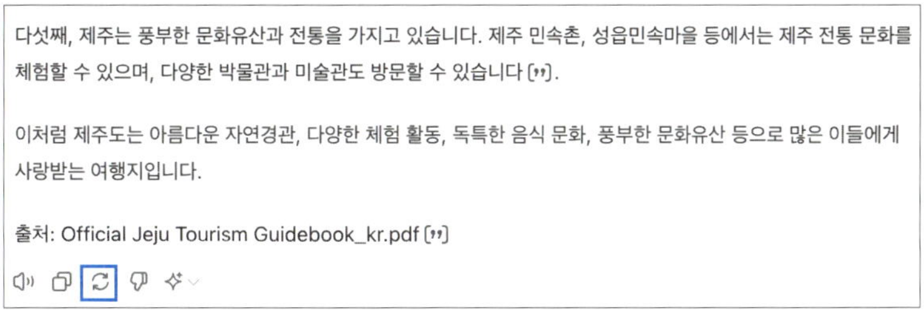

그림 8-2 재생성 버튼

코드 8-1은 재생성 버튼(⟳)을 클릭해서 콘텐츠를 재생성하는 기능을 구현한 것이다. 여기서 조금 더 사용자 경험을 향상시키고자 한다면 병렬처리로 여러 콘텐츠를 생성할 수 있게 만든 뒤 생성된 콘텐츠들 중에서 보다 사용자 의도에 부합하는 것을 선택하도록 수정할 수 있다.

코드 8-1 지시 횟수에 따른 온도 변경(1회째 0.5 → 2회째 1.0 → 3회째 1.5 → 4회째 2.0 → 리셋)

```
function insertOnceAgain() {
    const dom = '
        <div id="onceAgain" class="once-again">재생성</div>
    ';
    content.insertAdjacentHTML("beforeend", dom);
    const onceAgain = g('onceAgain');

    onceAgain.addEventListener('click', e => {
        temperature += 0.5
        if (temperature > 2.0) {
            resetTemperature();
        }
        resetTemperatureFlag = false;
        onSubmit();
    });
}
```

8.1.3 캐시를 고려한 구현

동일한 지시를 여러 차례 내릴 수 있는 애플리케이션에서는 이전에 생성한 결과를 반환하는 방식으로 응답 처리를 개선할 수 있다. 랭체인은 동일한 지시를 인메모리 혹은 캐시용 서비스에 캐싱된 내용을 응답하는 방식으로 구현돼 있다.[1] 가령 그림 8-1의 예시처럼 애플리케이션에서 제공하는 예시를 선택한 경우에는 캐싱한 답변을 사용해서 응답 지연을 방지하고 토큰도 절약할 수 있다.

코드 8-2는 주피터 노트북에서 간단히 실험해본 예제다. 이 예제를 실행하려면 `openai`와 `langchain` 라이브러리를 다시 설치해야 한다. 단, 이 코드는 `openai` 라이브러리 버전이 v0.28 계열일 때에만 작동한다. v1 이후 버전은 Azure OpenAI 전용 클라이언트의 인스턴스를 생성하는 방식으로 동작하기 때문에 `set_llm_cache`를 LLM 클라이언트가 지원하지 않는다. 또, Azure OpenAI가 지원하는 것 외의 다른 모델을 사용하고 싶을 때에도 수정이 필요하다.

코드 8-2 랭체인의 캐시 처리

```
import os
import openai

from langchain.llms import AzureOpenAI
from langchain.globals import set_llm_cache
```

---

[1] https://python.langchain.com/v0.2/docs/how_to/llm_caching/

```
from langchain.cache import InMemoryCache

os.environ["OPENAI_API_TYPE"] = "azure"
os.environ["OPENAI_API_VERSION"] = "<AZURE_OPENAI_VERSION>" # ex) "2024-02-01"
os.environ["OPENAI_API_BASE"] = "<AZURE_OPENAI_ENDPOINT>"
os.environ["OPENAI_API_KEY"] = "<AZURE_OPENAI_KEY>"

set_llm_cache(InMemoryCache())

llm = AzureOpenAI(model_name="gpt-3.5-turbo")
llm.predict("Tell me a joke")
```

8.2 LLM의 부정확한 응답에 대처하기

RAG 애플리케이션은 사용자의 질문에 부합하는 내용을 재빨리 수집하는 것이 중요하다. 이를 위해 다음과 같은 기능들을 구현할지 검토해야 한다.

8.2.1 정확성

RAG 응답의 정확성을 향상시키려면 검색 정확도가 높은(사용자가 기대한 정보에 가까운) 서비스나 옵션을 선택하는 것이 중요하다. 또, 문서를 인덱싱할 때 청크 크기를 조정하거나, 그라운딩 기법으로 전달할 지식의 수를 변경해 응답의 정확도를 조정할 수도 있다. 이런 작업들은 백엔드와 관련된 내용이기 때문에 여기서 자세히 다루지는 않지만, Azure AI Search 사용법을 다룬 장들을 참고하면 어떤 내용인지 파악할 수 있을 것이다.

8.2.2 투명성(정보 출처 제시)

외부 지식을 검색해서 응답을 생성하는 RAG 애플리케이션에서는 응답에 어떤 문서를 이용한 것인지 참조를 남겨 응답 내용의 투명성을 향상시킴과 동시에 사용자가 응답의 신뢰성을 판단하기 쉽게 만들 수 있다(그림 8-3).

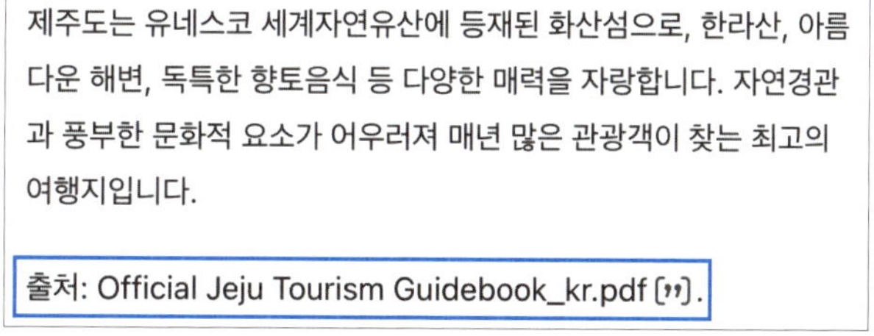

> 제주도는 유네스코 세계자연유산에 등재된 화산섬으로, 한라산, 아름다운 해변, 독특한 향토음식 등 다양한 매력을 자랑합니다. 자연경관과 풍부한 문화적 요소가 어우러져 매년 많은 관광객이 찾는 최고의 여행지입니다.
>
> 출처: Official Jeju Tourism Guidebook_kr.pdf [1].

그림 8-3 참조 표시

가령 Azure AI Search의 인덱스에는 Blob Storage 등에 저장된 문서 경로나 파일 이름을 필드로 추가할 수 있기 때문에 응답 생성시에 이를 참조 정보로 표시할 수 있다. 또, 에이전트를 사용해서 외부 지식을 참조할 때에도 마찬가지로 출처를 명시해서 응답의 신뢰성을 판단하기 쉽게 만들어야 한다.

8.2.3 UX 향상을 위한 스트리밍 처리

RAG 애플리케이션에서 응답 속도 측면의 사용자 경험을 향상시키려면 채팅을 스트리밍 형식으로 구현해야 한다.

우선 애저 포털에서 Azure OpenAI에 접속하고 필요한 환경 정보들을 메모해두자. 7장에서 학습할 때 메모해둔 정보가 있다면 재활용해도 된다.

- 애저 포털의 Azure OpenAI 리소스 → 리소스 관리 → 키 및 엔드포인트
  - `api_base`: 엔드포인트에 있는 URL
  - `api_key`: 키 1
- Azure AI Foundry portal → 공유 리소스 → 배포
  - model: 모델 이름 ※ gpt-35-turbo와 같은 모델 이름
  - engine: 배포 이름(`deployment_id`) ※ 모델 배포 시에 지정한 이름

8.2.4 OpenAI 엔드포인트의 스트리밍 출력을 직접 처리하기

GPT-3.5 Turbo나 GPT-4에는 `chat.completions.create()` 메서드의 옵션에 `stream=True`를 지정하면 스트리밍 형식으로 출력할 수 있다. 코드 8-3은 Azure OpenAI의 엔드포인트에 직접 액세스해 스트리밍 출력을 처리한 예시다. 주피터 노트북으로 간편하게 실행해볼 수 있다.

코드 8-3 스트리밍 처리

```python
import os
from openai import AzureOpenAI

client = AzureOpenAI(
    azure_endpoint = "https://<your-api-endpoint>.openai.azure.com/",
    api_key = "<your-api-key>",
    api_version = "2024-02-01" # 고정
)

response = client.chat.completions.create(
```

```
        model = "<your-deployment-id>",
        messages = [
            {"role": "user", "content": "제주도의 매력을 3,000자 이내로 작성해줘."},
        ],
        stream=True
    )

    for chunk in response:
        if chunk.choices[0].delta.role == 'assistant' or chunk.choices[0].finish_reason == 'stop':
            continue
        else:
            delta = chunk.choices[0].delta.content
            print(delta, end='')
```

응답이 스트리밍 형식으로 출력되는지 확인해보자. 기존에 OpenAI API를 사용해본 적이 있다면 한번에 출력되는 문자의 양이 더 많다고 느껴질 수 있다. 이는 Azure OpenAI Service에 기본적으로 콘텐츠 필터가 설정되어 있기 때문이다.

8.2.5 플라스크 애플리케이션의 응답을 스트림 형식으로 처리하기

서버 사이드는 파이썬의 플라스크Flask를 사용하고, 클라이언트 사이드는 자바스크립트를 사용해서 간단한 애플리케이션을 구현해보자. 예제 코드는 저장소[2]에서 확인할 수 있다.

1 1단계

우선, 앞서 메모한 환경변수를 `python-dotenv`로 불러올 수 있도록 .env 파일을 작성한다. 저장소를 클론했다면 .env.template를 복사해서 이름을 .env로 변경한 뒤 코드 8-4처럼 각각의 값을 채워넣으면 된다.

코드 8-4 .env 파일

```
PORT=5000
OPENAI_API_TYPE="azure"
OPENAI_API_MODEL="<your-model-name>"
OPENAI_TEMPERATURE=0.5
AZURE_OPENAI_VERSION="2023-05-15"
AZURE_OPENAI_ENDPOINT="https://<your-api-endpoint>.openai.azure.com/"
AZURE_OPENAI_KEY="<your-api-key>"
AZURE_DEPLOYMENT_ID="<your-deployment-id>"
```

---

2 (옮긴이) https://github.com/1mlines/book-azureopenai-sample/tree/main/aoai-flask-sse

2 2단계

서버 사이드의 플라스크 애플리케이션을 구현한다. 코드 8-5를 app.py라는 이름으로 저장한다.

코드 8-5 **app.py**

```python
import os, flask
from openai import AzureOpenAI
from flask import Flask, render_template, request
from dotenv import load_dotenv

load_dotenv()
app = Flask(__name__)

client = AzureOpenAI(
    azure_endpoint = os.getenv("AZURE_OPENAI_ENDPOINT"),
    api_key=os.getenv("AZURE_OPENAI_KEY"),
    api_version=os.getenv("AZURE_OPENAI_VERSION")
)

@app.route('/')
def index():
    return render_template('index.html')

@app.route('/chat')
def chat():
    prompt = request.args.get("prompt")
    response = client.chat.completions.create(
        model=os.getenv("AZURE_DEPLOYMENT_ID"),
        messages=[
            {"role": "system", "content": "You are a helpful assistant."},
            {"role": "user", "content": prompt},
        ],
        stream=True
    )

    def stream():
        for chunk in response:
            finish_reason = chunk.choices[0].finish_reason
            if finish_reason == 'stop':
                yield 'data: %s\n\n' % '[DONE]'
            else:
                delta = chunk.choices[0].delta.content or ""
                yield 'data: %s\n\n' % delta.replace('\n', '[NEWLINE]')
    return flask.Response(stream(), mimetype='text/event-stream')

if __name__ == "__main__":
    app.run()
```

3 3단계

프런트엔드 사이드의 자바스크립트를 구현한다. 코드 8-6은 static/js/app.js라는 이름으로 저장한다.

코드 8-6 static/js/app.js

```javascript
const form = g('form');
const keyword = g('keyword');
const content = g('content');
let CHAT_ID;

function g(id) {
    return document.getElementById(id);
}
function reset() {
    keyword.value = '';
}

function scorllToBottom() {
    content.scrollTo(0, content.scrollHeight);
}

function onSubmit(event) {
    event.preventDefault();
    const prompt = keyword.value;
    CHAT_ID = Date.now();
    updateDOM('user', prompt);
    invokeAPI(keyword.value)
    reset();
    return false;
}

function invokeAPI(prompt) {
    const source = new EventSource('/chat?prompt=${prompt}');
    source.onmessage = function (event) {
        if (event.data === "[DONE]") {
            source.close();
        }
        updateDOM('ai', event.data);
    };
}

function updateDOM(type, text) {
    let html = '';
    if (type === 'user') {
        html = '<div class="card question">${text}</div>';
    } else if (type === 'ai' && text !== '[DONE]') {
        const card = g(CHAT_ID);
```

```
        if (card) {
            card.innerText += text.replaceAll('[NEWLINE]', '\n');
        } else {
            html = '<div class="card answer" id="${CHAT_ID}">${text}</div>';
        }
    }
    content.insertAdjacentHTML("beforeend", html);
    scorllToBottom();
}

form.addEventListener('submit', onSubmit);
```

❹ 4단계

코드 8-7을 static/templates/index.html로 저장한다.

코드 8-7 index.html

```html
<!DOCTYPE html>
<html lang="en">
  <head>
    <meta charset="UTF-8" />
    <meta name="viewport" content="width=device-width, initial-scale=1.0" />
    <title>Azure OpenAI Demo</title>
    <link rel="stylesheet" href="static/css/app.css" />
  </head>
  <body>
    <div class="app">
      <div class="chat">
        <div class="content" id="content"></div>
        <form class="form" id="form">
          <div class="form-control">
            <input
              type="text"
              id="keyword"
              class="input"
              placeholder="무엇이든 말씀해주세요."
            />
          </div>
        </form>
      </div>
    </div>
    <script src="static/js/app.js"></script>
  </body>
</html>
```

5 5단계

코드 8-8을 static/css/app.css로 저장한다.

코드 8-8 app.css

```css
* {
  box-sizing: border-box;
}

html,
body {
  margin: 0;
  padding: 0;
}

.app {
  min-width: 370px;
  padding: 0 10px;
  height: calc(100vh - 20px);
  margin: 10px auto;
}

.chat {
  height: 100%;
  width: 100%;
  border: 1px solid rgba(102, 102, 102, 0.2);
  display: flex;
  flex-direction: column;
}

.content {
  flex: 1;
  padding: 10px;
  flex: 1;
  overflow: auto;
  display: flex;
  flex-direction: column;
}

.form {
  height: 80px;
  padding: 10px;
}

.form-control {
  height: 100%;
  display: flex;
```

```css
    align-items: center;
}

.input {
  flex: 1;
  height: 60px;
  border: 1px solid #dbdbdb;
  border-radius: 10px;
  padding: 16px;
  font-size: 16px;
  outline: none;
}

.btn {
  width: 80px;
}

.card {
  height: auto;
  padding: 8px 16px;
  background: #ffffff;
  border: 1px solid #9eb2c7;
  border-radius: 10px;
  margin-bottom: 16px;
  width: fit-content;
  white-space: pre-wrap;
}

.card a {
  color: #007bc3;
  text-decoration: none;
}

.card .answer {
  color: #333;
}

.card.question {
  background-color: #007bc3;
  color: #fff;
  align-self: flex-end;
  border: none;
}
```

6 6단계

마지막으로 라이브러리 설치를 위한 requirements.txt를 작성한다(코드 8-9).

코드 8-9 requirements.txt

```
annotated-types==0.6.0
anyio==3.7.1
blinker==1.7.0
certifi==2023.7.22
click==8.1.7
distro==1.8.0
Flask==3.0.0
h11==0.14.0
httpcore==1.0.1
httpx==0.25.1
idna==3.4
itsdangerous==2.1.2
Jinja2==3.1.2
MarkupSafe==2.1.3
openai==1.2.2
pydantic==2.4.2
pydantic_core==2.10.1
python-dotenv==1.0.0
sniffio==1.3.0
tqdm==4.66.1
typing_extensions==4.8.0
Werkzeug==3.0.1
```

7 7단계

이제 준비가 완료됐다. 실행을 위해 가상환경을 사용하고 싶으면 다음 명령어를 입력하면 된다.

```
python -m venv .venv
source .venv/bin/activate
```

8 8단계

다음 명령어로 애플리케이션을 실행한다.

```
pip install -r requirements.txt
flask run --debug
```

9 9단계

로컬에서 실행한 애플리케이션에 접속한다.[3] http://127.0.0.1:5000에 접속하면 그림 8-4와 같은 화면이 나타난다.

그림 8-4 채팅 UI의 스트리밍 옵션

8.3 UX 향상을 위한 참고 자료

이 장에서 UX 향상을 위한 몇 가지 힌트를 얻었을 것이다. 그런데 개발할 애플리케이션의 종류에 따라 인터랙션 디자인은 크게 달라질 수밖에 없다. 다음 자료를 통해 상황에 맞게 애플리케이션의 UX를 향상시키는 방법을 학습할 수 있을 것이다.

- Designing UX for AI Applications(AI 애플리케이션을 위한 UX 디자인)
  - https://github.com/microsoft/generative-ai-for-beginners/tree/main/12-designing-ux-for-ai-applications

---

[3] 윈도우 운영체제에 WSL2를 사용해서 리눅스 서버를 설치하는 경우, 호스트인 윈도우 측에서는 127.0.0.1로 접근할 수 없다. 대신 localhost로 접속할 수 있다.

- 사용자 환경과 디자인 사고의 기초
  - https://learn.microsoft.com/ko-kr/training/modules/ux-design/

> **COLUMN   채팅 외의 인터페이스**
>
> ■ 음성 인터페이스
>
> LLM이 탑재된 애플리케이션에서는 문장을 입력해서 정보를 검색하거나 특정 이벤트를 발생시켰을 때 자연어 형식의 응답을 받을 수 있다. 이는 사용자 경험 측면에서 엄청난 변화라고 할 수 있다.
>
> 자연어 입력은 확실히 매우 편리하다. 특히 의도를 명확하게 전달할 수 있는 키워드가 잘 떠오르지 않거나 다른 문맥에서도 자주 사용되는 단어로 검색을 해야 할 때 위력을 발휘한다. 가령 '리스트 컴프리헨션list comprehension'이라는 파이썬 문법 이름이 생각나지 않을 때, 기존의 키워드 검색 방식을 사용하면 '리스트 for 문'과 같은 키워드로 시행착오를 거치며 찾아야 한다. 하지만 자연어 입력으로는 '파이썬 문법 중에 기존 리스트에서 for 문으로 하나씩 값을 꺼내서 새로운 리스트를 만드는 작업을 한 줄로 처리하는 문법의 이름은?'과 같이 코파일럿에 질문하면 바로 정답을 찾을 수 있다.
>
> 하지만 여기에는 커다란 단점도 있다. OpenAI의 ChatGPT나 코파일럿 등 자연어로 지시하는 서비스를 사용 중인 독자라면 이미 경험했을 수도 있는데, 자연어 입력이 생각보다 매우 번거롭다는 것이다. 기존 검색엔진으로는 키워드를 대충 입력해도 정보를 수집할 수 있다는 점이 장점으로 느껴질 정도로 의도를 명확하게 문장으로 입력하는 것은 쉽지 않다. 검색엔진이 LLM 기반 애플리케이션으로 완전히 대체되지 않은 이유도 키워드가 떠오른다면 기존 방식으로 검색하는 것이 압도적으로 편리하기 때문일 것이다.
>
> 이 번거로움을 줄이는 대책의 일환으로서 음성을 텍스트로 변환하는 음성 인식speech-to-text, STT 모델과 텍스트를 음성으로 변환하는 음성 합성text-to-speech, TTS 모델을 조합해 UI를 음성 기반으로 변경하는 것을 고려해볼 수 있다(그림 8-5).
>
>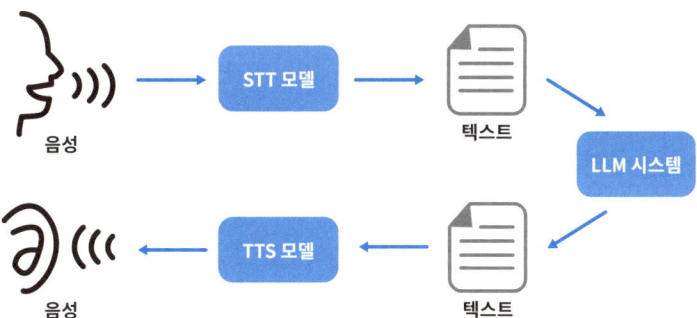
>
> 그림 8-5 UI를 음성 기반으로 변경한 LLM 애플리케이션
>
> 하지만 애플리케이션을 사용하고 싶은데 목소리는 낼 수 없는 상황도 있고, 장애가 있어서 음성 인터페이스를 사용할 수 없는 경우도 있다. 따라서 텍스트 인터페이스와 음성 인터페이스를 함께 제공하는 것이 바람직하다.

- 이미지 입력

    GPT-4는 초기부터 이미지와 텍스트를 함께 다루는 멀티모달 모델이었다. GPT-4는 텍스트뿐만 아니라 이미지를 입력받아 이미지에 있는 내용을 해석할 수 있도록 설계된 모델이다. 릴리스 당시에는 컴퓨팅 리소스 문제로 인해 텍스트 입력만을 받았지만, 현재는 GPT-4로 이미지 입력도 지원한다. 이미지 입력의 장점은 텍스트로 상황을 설명하지 않고 스마트폰 카메라만 가지고도 정보를 입력할 수 있다는 점이다. 이 역시 자연어 입력의 대안 중 하나로 볼 수 있다.

- 멀티모달 인터페이스

    멀티모달 LLM 개발은 급속도로 진전되고 있으며 이미지, 텍스트에 더해 음성 등의 기능까지 지원하고 있다. 또, 입력뿐만 아니라 출력 시에도 텍스트, 이미지, 음성을 사용할 수 있는 모델이 나오면서 새로운 방향성이 제시되고 있다. 다양한 인터페이스를 제공하기 위해 여러 개의 모델을 사용하지 않고 하나의 모델로 커버할 수 있는 날이 그리 머지않았을지도 모른다.

8.4 마무리

8장에서는 LLM이 탑재된 애플리케이션을 프런트엔드와 UX의 관점에서 어떻게 개발하는 것이 바람직한지 다뤘다. 마이크로소프트의 코파일럿이나 OpenAI의 ChatGPT는 LLM 애플리케이션의 모범 사례라 할 수 있다. 이 애플리케이션들의 참고할 만한 요소를 자신의 애플리케이션에도 적용해보기 바란다.

PART

IV

거버넌스와
책임 있는 AI

CHAPTER 9 거버넌스
CHAPTER 10 책임 있는 AI

- LLM 애플리케이션을 조직 전체에 적용하기 위한 기반 구축 방법
- 비기능 요건의 정의와 함께 인증 및 인가, 로그 관리, 과금, 호출 제한, 폐쇄망, 부하 분산 방법 설명
- 책임 있는 AI 활용을 위한 데이터 처리방침과 콘텐츠 필터 기능 설명

CHAPTER 9

거버넌스

지금까지는 LLM을 코파일럿으로 업무에 활용하는 데 필요한 Azure OpenAI Service(이하 Azure OpenAI)의 개별 기능 구현을 중점적으로 다뤘다. 9장에서는 조직 내에 Azure OpenAI의 개별 기능을 도입할 때 발생할 수 있는 문제를 살펴보고, 해결책으로 사용 가능한 공통 기반 요건을 제시한다. 그리고 이 요건들을 애저로 구현하는 아키텍처를 살펴본 뒤 실제로 배포해볼 것이다. 또, 각각의 요건을 Azure OpenAI 애플리케이션으로 구현할 때 필요한 비기능 요건들도 함께 살펴볼 것이다.

9.1 공통 기반이란

Azure OpenAI가 릴리스된 후 직접 LLM 애플리케이션을 개발하려는 수요가 폭증함에 따라 Azure OpenAI의 활용 범위는 개별 부서나 팀을 넘어 조직 전체로 확장됐다. 이 같은 수요에 대응하기 위해 개별 부서나 팀 단위로 Azure OpenAI의 리소스를 사용하면 표 9-1과 같은 문제가 발생할 수 있다.

표 9-1 개별적으로 Azure OpenAI 환경을 사용할 때 발생하는 문제

분류	항목	설명
바퀴의 재발명	눈덩이처럼 불어나는 개발 및 유지보수 비용	부서나 팀별로 Azure OpenAI를 사용하기 위해 필요한 구독, 리소스 그룹, 가상 네트워크 등의 리소스를 구축하거나 RBAC로 적절한 권한을 부여해서 서비스를 이용할 수 있게 해야 한다. 구축된 환경별로 유지보수에 드는 공수까지 고려해야 한다.
	신청 및 승인 대기시간 증가로 인한 비즈니스 기회 손실	구독마다 이용 목적에 따른 신청이 필요하다. 승인까지 걸리는 시간은 신청 내용에 따라 다르다. 현재는 ❶ Azure OpenAI의 사용 승인 신청, ❷ 부정 사용 감시 옵트아웃 신청, ❸ 할당량 제한 증가 신청 순으로 많은 시간이 소요된다.
	수집된 로그의 사일로화[1]	프롬프트나 대화 이력을 활용해서 비즈니스 과제를 분석하거나 유해 콘텐츠를 생성하는지 감시하기 위해 로그를 수집할 때가 많다. 하지만 개별 환경별로 로그를 수집하면 분석해야 할 로그가 사일로화된다. 로그를 한 곳에 모아 분석하려면 통합된 환경을 구축해야 한다.
Azure OpenAI의 단점	이용 증가에 따른 리소스 고갈	Azure OpenAI는 동일한 구독 및 리전에서 처리할 수 있는 TPM(토큰/분) 할당량이 제한되어 있다. 따라서 동일 리전 내에 여러 Azure OpenAI를 생성한 뒤 여러 부서에서 사용하게 하면, 특정 부서가 TPM을 소진했을 때 다른 부서에서는 사용할 수 없게 된다.
	공유된 키 사용에 따른 누설 위험 증가	Azure OpenAI 사용 시 API 키 인증을 활용하면 API 키가 메일이나 채팅으로 불특정 다수에게 공유되거나 하드코딩된 소스 코드가 퍼블릭 저장소에 업로드되어 누설될 위험이 증가한다.
	유해 콘텐츠 생성	누설된 API 키를 입수한 제3자가 사익이나 범죄행위의 목적으로 유해 콘텐츠를 생성할 가능성이 있다.

이러한 문제들을 해결하고 조직 전체에서 Azure OpenAI 활용 시에 거버넌스가 잘 작동하려면 표 9-2의 요건을 충족하는 공통 기반을 만들어 사용자들에게 공개해야 한다.

표 9-2 필수 공통 기반 요건

번호	항목	요건
1	인증 및 인가	Microsoft Entra ID(구 Azure Active Directory)를 활용한 인증방식으로 통일해 인가받은 애플리케이션이나 사용자에게만 Azure OpenAI의 사용을 허용한다.
2	과금	Azure OpenAI 이용료가 부서별 혹은 이용자별로 과금되도록 만든다.
3	호출 제한	특정 부서나 팀이 할당량 제한을 전부 소모하지 않도록 부서나 이용자 단위로 요청수를 제한한다.
4	로그 통합	Azure OpenAI 이용시에 사용한 프롬프트나 생성된 출력 결과를 한 곳에 통합한다.
5	폐쇄망	레이어드 시큐리티의 관점에서 프라이빗 네트워크에 은닉한 형태로 Azure OpenAI를 이용할 수 있게 만든다.
6	부하 분산	Azure OpenAI는 동일한 구독이나 리전에서 처리 가능한 TPM(토큰/분)을 제한하고 있으며, 할당량 제한 증가 신청에는 다소 시간이 걸릴 수 있다. 보다 신속하게 TPM 제한에 대응하려면 여러 리전으로의 부하 분산을 통해 사용 가능한 TPM을 증가시키는 방법도 있다.

---

1 [옮긴이] 단절되어 여러 시스템 간 상호 연계 운용이 불가능한 상태를 의미한다.

9.2 공통 기반 아키텍처

그림 9-1은 표 9-2의 요건을 애저 서비스들의 조합으로 충족시키기 위해 고안한 아키텍처다.

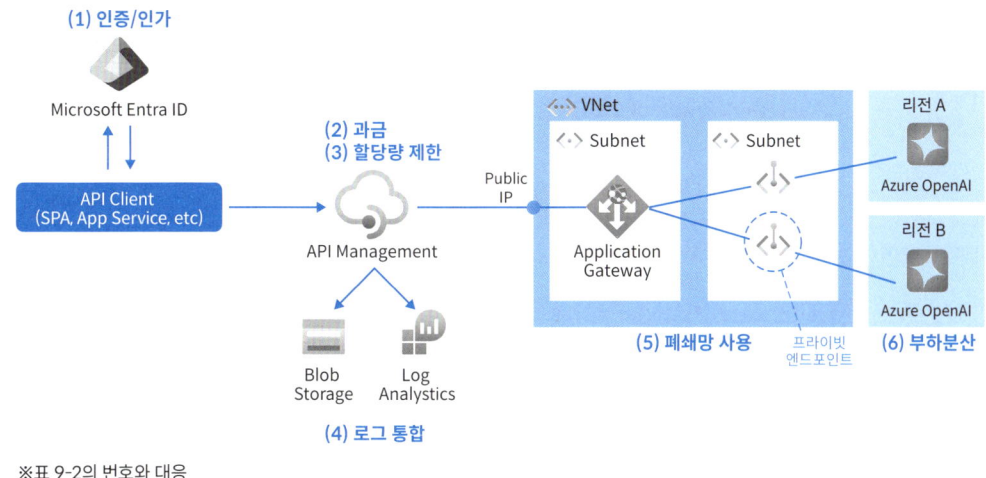

그림 9-1 Azure OpenAI 공통 기반 아키텍처

API 클라이언트의 인증 및 인가는 Microsoft Entra ID에서 처리한다. 또, Azure OpenAI API 실행은 API Management를 거쳐 이루어지는데, 여기서 로그를 출력(프롬프트나 부서 혹은 이용자별로 과금하기 위해 필요한 이용 내역 정보)하거나 호출을 제한한다. 그리고 Azure OpenAI는 **Azure Private Link**를 생성해서 프라이빗 네트워크에서만 접근할 수 있도록 폐쇄망을 사용한다. 마지막으로 Azure Application Gateway를 사용해서 멀티 리전으로 부하를 분산하도록 구성되어 있다.

9.2.1 사용할 애저 서비스 목록 및 요금

그림 9-1의 아키텍처에서 사용하는 서비스를 표 9-3으로 정리했다.

표 9-3 공통 기반 아키텍처 서비스 목록

서비스 이름	사용 목적	플랜	가격
Microsoft Entra ID	API 클라이언트의 인증/인가	Free 이상의 플랜부터 사용 가능	Free 플랜은 무료
Azure OpenAI Service	Completion, Chat Completions에 gpt-35-turbo 모델을, 임베딩 생성에 text-embedding-ada-002 모델을 사용한다.	Standard S0 플랜	Azure OpenAI 입력에 사용한 프롬프트의 토큰 수와 생성된 Completion 토큰 수에 따라 과금된다. 간단한 테스트라면 하루에 1,000원가량이 과금된다.

표 9-3 공통 기반 아키텍처 서비스 목록(표 계속)

서비스 이름	사용 목적	플랜	가격
Microsoft Entra ID	API 클라이언트의 인증/인가	Free 이상의 플랜부터 사용 가능	Free 플랜은 무료
Azure OpenAI Service	Completion, Chat Completions에 gpt-35-turbo 모델을, 임베딩 생성에 text-embedding-ada-002 모델을 사용한다.	Standard S0 플랜	Azure OpenAI 입력에 사용한 프롬프트의 토큰 수와 생성된 Completion 토큰 수에 따라 과금된다. 간단한 테스트라면 하루에 1,000원가량이 과금된다.
Azure API Management	Microsoft Entra ID를 사용한 인증/인가, 로그 출력(프롬프트나 과금 청구에 필요한 이용 내역 수집), 호출 제한	Standard 플랜	유닛별로 시간당 약 1,400원
Azure Application Gateway	Azure OpenAI의 부하 분산	Standard V2 플랜	시간당 약 450원
Log Analytics (Azure Monitor)	로그 검색	Analytics 로그 플랜	로그 용량과 쿼리 검색으로 스캔된 데이터 양에 따라 과금된다. 월에 1GB당 약 4,750원이 과금된다.
Azure Blob Storage	로그 장기보관	Standard ZRS(영역 중복)	종량과금제. 스토리지와 읽기 작업에 따라 과금된다. 월에 약 100원이 과금된다.

9.2.2 배포

예제 코드로 그림 9-1의 아키텍처를 배포해보자. 배포 후에 파이썬 예제 코드로 Azure OpenAI API를 호출할 때는 배포를 위한 사전 준비 과정에서 생성되는 몇몇 값들이 필요하다. API 호출을 해보고 싶은 사람은 반드시 이 값들을 메모해두어야 한다.

배포를 하려면 우선 부록 A의 환경 구축이 완료된 상태여야 한다. 그리고 Azure OpenAI 사용 승인이 완료된 상태여야 한다. 이 두 가지 전제 조건이 충족된 상태인지 먼저 확인하기 바란다.

1 사전 준비

❶ Microsoft Entra ID에 애플리케이션 등록

Azure OpenAI API를 호출하는 애플리케이션을 Microsoft Entra ID에 등록한다. 이 작업을 수행하려면 Microsoft Entra ID에서의 애플리케이션 관리를 위한 권한이 필요하다. 아래의 Microsoft Entra ID 역할들은 작업에 필요한 권한을 가지고 있다.

- 애플리케이션 관리자

- 애플리케이션 개발자
- 클라우드 애플리케이션 관리자

다음 순서대로 애플리케이션을 등록할 것이다.

1. 애저 포털(https://portal.azure.com/)에서 '앱 등록'을 검색해 선택한다.
2. **[새 등록]**을 선택한다.
3. '애플리케이션 등록'이 나타나면, 다음과 같이 애플리케이션 등록 정보를 입력한다
   - 이름

     임의의 애플리케이션 이름을 입력한다. 특별히 원하는 이름이 없으면 common-openai-api 라고 지정한다.

   - 지원되는 계정 유형

     상황에 맞는 옵션을 선택하면 된다. 특별히 원하는 옵션이 없으면 **[이 조직 디렉터리의 계정만(기본 디렉터리만 - 단일 테넌트)]**을 선택한다.

   - 리다이렉션 URI

     리다이렉트시키고 싶은 애플리케이션 URI가 있으면 입력한다. 이후에 살펴볼 아키텍처 해설에서는 예제 파이썬 코드를 사용해서 실제로 Azure OpenAI API를 호출한다. 예제 파이썬 코드를 사용할 사람은 플랫폼 선택에서 웹을 선택하고 URI에 http://localhost:5000/callback을 입력한다. 리다이렉션 URI는 이후에 사용하므로 메모가 필요하다(그림 9-2).

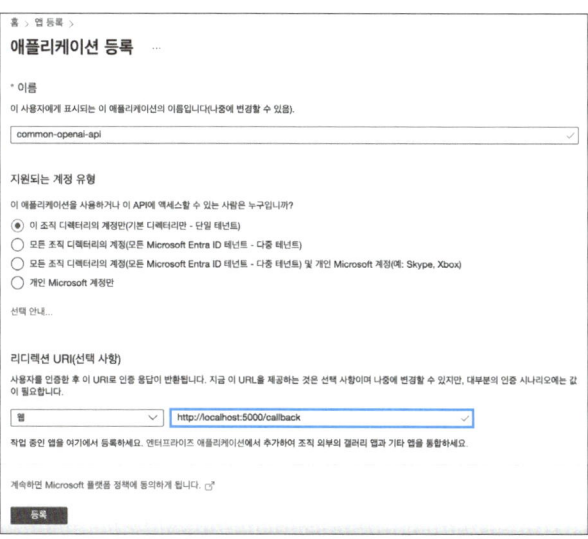

그림 9-2 **애플리케이션 등록**

4. 하단의 [등록]을 클릭해서 애플리케이션 생성
   - 애플리케이션의 [개요]에 표시된 '애플리케이션 ID'를 메모한다(그림 9-3).

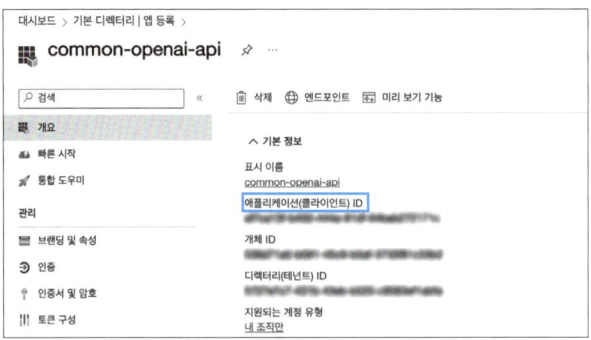

그림 9-3 애플리케이션(클라이언트) ID

5. 사이트 상단에 '애플리케이션 등록'을 검색해서 선택한 뒤 [모든 애플리케이션] 탭에서 방금 생성한 애플리케이션으로 들어간다. 그리고 '관리' 섹션에 있는 [API 표시]를 선택한 뒤 [범위 추가] 버튼을 클릭한다.

6. '애플리케이션 ID URI' 값은 변경하지 않고 [저장 후 계속] 버튼을 선택한다.
   - '범위 이름'에는 API로 보호 중인 데이터와 기능에 대한 접근을 제한하기 위한 범위를 지정한다. 여기서는 'chat'을 지정한다(그림 9-4).
   - '동의할 수 있는 사람'에는 사용자도 동의할 수 있도록 [관리자 및 사용자]를 선택한다(그림 9-4).
   - 관리자나 사용자의 동의 표시 이름과 설명에는 임의의 값을 지정하면 된다(그림 9-4).
   - '상태'는 [사용]으로 지정한다(그림 9-4).

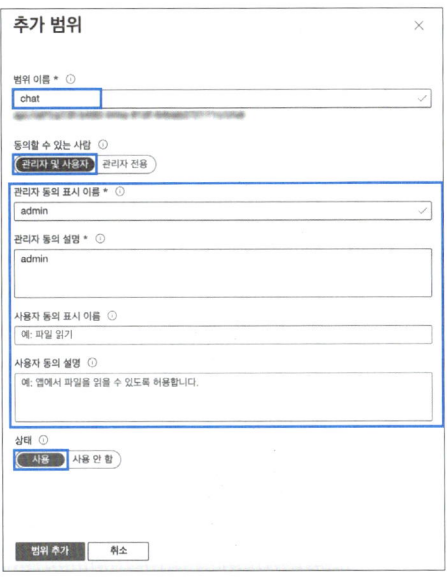

그림 9-4 범위 추가

7. 하단의 [범위 추가] 버튼을 클릭해서 범위를 생성한다.
   - 추가된 범윗값(예: api://{애플리케이션 ID}/chat)은 이후에 사용하므로 메모한다(그림 9-5). 우측의 복사 버튼으로 복사할 수 있다.

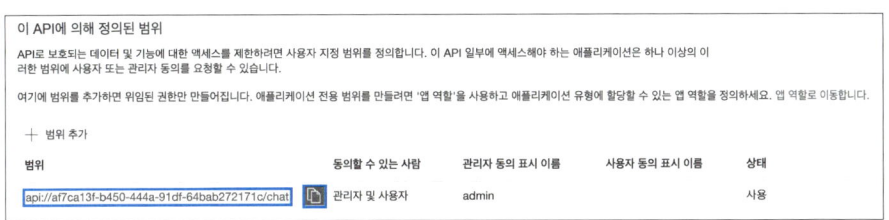

그림 9-5 범윗값과 복사 버튼

❷ 배포할 사용자에 권한 부여
배포할 사용자의 Microsoft Entra ID 계정에 배포할 구독에 대한 소유자 권한을 부여해야 한다.

2 배포 순서
❶ 예제 코드 다운로드
예제 코드를 아직 다운받지 않았다면 `git clone`으로 다운로드한 뒤 아래 디렉터리로 이동한다. 예제 코드의 라이선스는 MIT License다. 파워셸이나 배시/Z 셸을 열고 다음 커맨드를 실행한다.

```
git clone https://github.com/1mlines/book-azureopenai-sample.git
cd book-azureopenai-sample/aoai-apim
```

❷ 매개변수 설정

배포에 필요한 모든 매개변수 정보는 aoai-apim/infra/main.parameters.json에 있다. main.parameters.json의 내용을 다음 표를 보면서 수정한다.

표 9-4 배포에 필요한 매개변수

매개변수 이름	입력값	입력값 예시
`environmentName`	배포 시 미지정	
`location`	배포 시 미지정	
`aoaiFirstLocation`	Azure OpenAI 모델을 배포할 첫 번째 리전	`japaneast` 등
`aoaiSecondLocation`	Azure OpenAI 모델을 배포할 두 번째 리전	`eastus` 등
`corsOriginUrl`	인증할 싱글 페이지 애플리케이션single-page application, SPA의 도메인을 지정한다. 도메인이 정해져 있지 않으면, 기본값으로 *를 지정할 수도 있다. 하지만 확정되는 대로 실제 도메인을 지정하는 것을 권장한다.	`*`, `example.com`, `yourapp.azurewebsites.net` 등
`audienceAppId`	등록한 애플리케이션의 개요에 기재된 '애플리케이션(클라이언트) ID'	`bcd1234-abcd-1234-abcd-1234abcd1234`
`scopeName`	범위 이름	`chat`
`tenantId`	Microsoft Entra ID 개요에 기재된 '테넌트 ID'	`abcd1234-abcd-1234-abcd-1234abcd1234`
`aoaiCapacity`	배포할 모델의 TPM(토큰/분) 제한을 지정한다. 여기에 지정한 수치에 1,000이 곱해진다(10으로 지정하면 1분당 10,000 토큰까지 처리할 수 있음을 의미한다).	`1`, `10`, `100` 등

❸ Azure Developer CLI 로그인

다음 커맨드를 사용해서 배포할 구독에 포함된 Microsoft Entra ID 테넌트로 로그인한다.

```
azd auth login
```

브라우저가 없는 환경에서는 `--use-device-code`를, 테넌트를 명시적으로 지정하고 싶을 때는 `--tenant-id`를 추가로 지정해야 한다.

❹ 배포 실행

다음 커맨드를 실행한다.

```
azd up
```

질문이 나오면 다음과 같이 내용을 설정한다.

- 환경 이름(Enter a new environment name)

  임의의 환경 이름을 입력한다. rg-<환경 이름>으로 리소스 그룹이 생성된다.

- 구독 선택(Select an Azure Subscription to use)

  리소스 그룹을 생성할 구독을 선택한다.

- 위치 선택(Select an Azure location to use)

  Azure OpenAI 이외의 Azure 서비스를 배포할 리전을 Japan East 등으로 지정한다.

배포 완료까지는 20~30분가량이 소요될 수 있다. 지정한 환경 이름 등은 .azure 디렉터리 하위에 저장되므로 매번 재지정하지 않아도 된다. 환경을 처음부터 재정의하고 싶다면 .azure 디렉터리를 삭제해야 한다.

> [주의 사항] 배포한 구성에서는 API Management에서 Application Gateway로 요청 시에 도메인 네임으로 퍼블릭 IP의 DNS 이름 레이블을 사용한다. 그리고 API Management에서 Application Gateway로 SSL 통신시에는 자체 서명 인증서를 사용한다. 이러한 구성은 실제 제품용으로는 적합하지 않다. 실제 제품에는 커스텀 도메인과 정식 인증서를 사용해야 한다. 더 자세한 내용은 칼럼 'Application Gateway의 부하 분산을 프로덕션 환경에서 사용할 때의 주의점'을 참고하기를 바란다(그림 9-6).

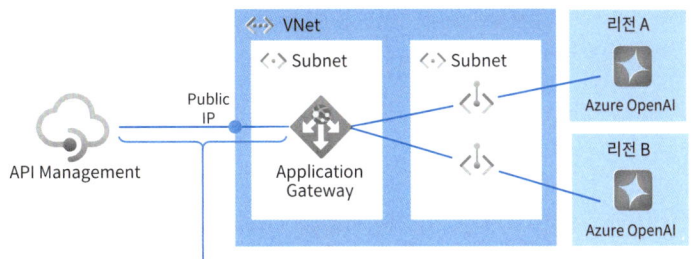

그림 9-6 자체 서명 인증서를 사용하는 통신 구간

이로써 배포가 완료됐다. 이후의 내용은 그림 9-1의 아키텍처를 설명하면서 진행한다.

9.3 인증 및 인가

9.3.1 인증 및 인가 처리 흐름

Azure OpenAI API의 **인증**authentication 및 **인가**authorization 처리 방식에는 API 키와 Microsoft Entra ID를 사용하는 **역할 기반 접근 제어**role-based access control, RBAC[2] 방식이 있다. 또, API Management에서 발행한 Azure OpenAI API의 인증 및 인가를 처리할 때는 OAuth 2.0 프로토콜과 Microsoft Entra ID를 사용해서 API를 보호해야 한다. API 보호는 그림 9-7과 같이 API 클라이언트가 Microsoft Entra ID로 인증을 처리하고, API Management를 통해 Azure OpenAI API를 이용하는 흐름으로 이루어진다.

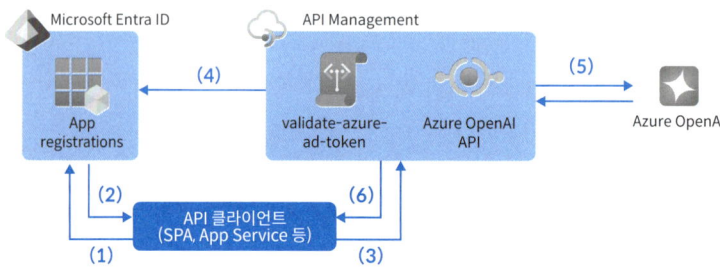

그림 9-7 OAuth 2.0의 인증 작업 이미지

1. API 클라이언트는 클라이언트 애플리케이션의 신원 정보(ClientID, 시크릿 키)를 사용해서 Microsoft Entra ID에 토큰을 요청한다. 이번 절의 칼럼인 '특정 사용자에게만 Azure OpenAI API 접근 허용하기'의 내용과 같이 특정 사용자에 한정된 인가 정책을 사용할 수도 있다.

2. Microsoft Entra ID는 API 클라이언트의 신원 정보를 검증해 검증이 성공하면 토큰(JSON 웹 토큰JSON Web Token, JWT)을 발행한다.

3. API 클라이언트는 취득한 JWT를 Authorization 헤더에 지정해 API Management의 API에 요청을 보낸다.

4. JWT가 Microsoft Entra ID에 의해 API Management의 validate-azure-ad-token 정책을 사용해서 검증된다.

5. 검증이 성공하면 API Management는 Azure OpenAI API에 요청을 보낸다. 요청 시 인증 및 인가는 API Management의 Managed ID에 부여된 권한을 기반으로 처리된다.

---

[2] https://learn.microsoft.com/en-us/azure/ai-services/openai/reference#authentication

6. API 클라이언트에 응답을 반환한다.

9.3.2 예제 코드 실행

예제의 파이썬 코드를 API 클라이언트로 간주하고 직전에 배포한 API Management에 Microsoft Entra ID로 인증을 거친 뒤 요청을 보내는 작업을 실제로 실행해보자. 참고로 예제 코드를 실행하려면 9.2.2절의 '사전 준비'에서 메모한 값이 필요하다. 아직 메모하지 않았다면 이전 내용을 참고해 메모해야 한다.

❶ 등록한 애플리케이션의 시크릿 생성

1. 애저 포털에서 Microsoft Entra ID를 검색해 선택한다. 나중에 사용하기 위해 개요에 있는 '테넌트 ID' 값을 메모해둔다(그림 9-8).

그림 9-8 테넌트 ID와 복사 버튼

2. 사이트 상단에서 '애플리케이션 등록'을 검색하고 선택한다.
3. '모든 애플리케이션'에서 사전 준비 시에 생성한 애플리케이션(예: common-openai-api)을 선택한다.
4. 관리 섹션에서 [인증서 및 암호]로 들어간다.
5. [**클라이언트 비밀**] 탭에서 [**새 클라이언트 암호**]를 클릭한다(그림 9-9).
6. '클라이언트 암호 추가'에서 '설명'란에 애플리케이션 이름 등 식별 가능한 정보를 입력하고 키의 유효기간인 '만료 시간'을 설정한다.
7. [추가]를 클릭한다. 클라이언트 비밀값은 나중에 사용할 것이므로 메모해 놓는다(그림 9.9).

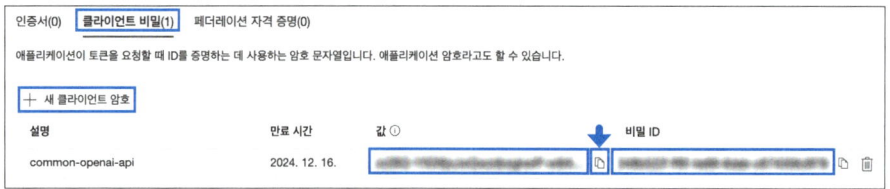

그림 9-9 클라이언트 비밀값과 복사 버튼

❷ 등록한 애플리케이션의 v2 엔드포인트 유효화

1. 등록한 애플리케이션의 관리 섹션에서 [매니페스트]로 들어간다.

2. JSON 형식으로 작성된 매니페스트의 `accessTokenAcceptedVersion`을 `null`에서 2로 변경한다(그림 9-10).

3. [저장]을 클릭한다(그림 9-10).

그림 9-10 애플리케이션 매니페스트

❸ 배포한 Azure OpenAI API 제품에 구독 추가

1. 애저 포털에서 API Management를 선택한다.

2. 배포한 API Management(apim-xxxx)를 선택한다. 배포한 API Management(apim-xxxx)의 이름은 이후에도 사용하므로 메모한다(그림 9-11).

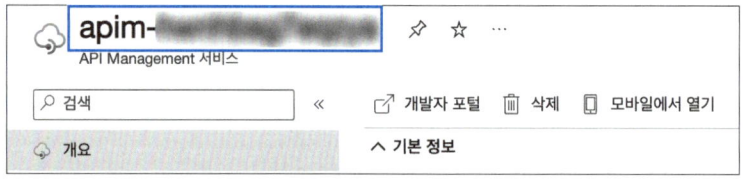

그림 9-11 API Management 이름

3. 좌측 메뉴의 'APIs' 섹션에서 [API]를 선택한다(그림 9-12).

4. [Azure OpenAI API] → [Settings]를 선택한다(그림 9-12).

5. 'Products'란에 'Starter'와 'Unlimited'를 추가한다(그림 9-12).

6. [Save]를 선택한다(그림 9-12).

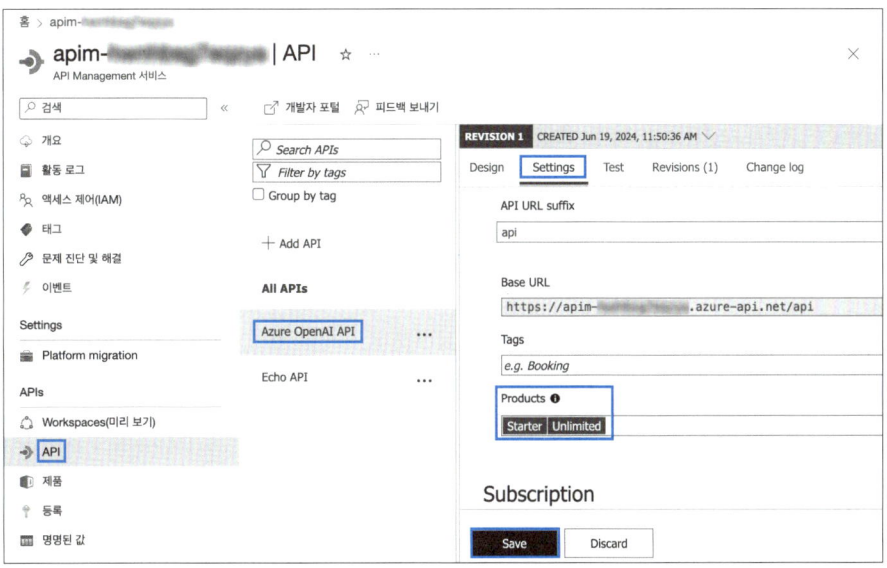

그림 9-12 API Management의 Azure Monitor 설정

7. 좌측 메뉴의 'APIs' 섹션에서 [등록]을 선택한다.

8. 범위가 '제품: Starter'인 행 맨 우측에 있는 [⋯]을 클릭한 뒤 [키 표시/숨기기]를 선택한다.

9. 표시된 기본 키를 이후에 사용하므로 메모한다(그림 9-13).

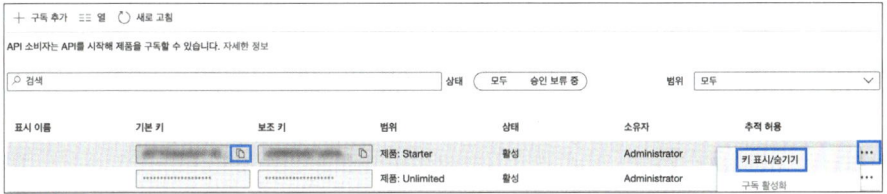

그림 9-13 구독 기본 키 복사하기

❹ 파이썬 가상 환경 생성

다음 커맨드를 실행한다.

```
python -m venv aoai-book-apim
```

❺ 파이썬 가상 환경 활성화

파워셸에서는 다음 커맨드를 실행한다.

```
.\aoai-book-apim\Scripts\Activate.ps1
```

리눅스/macOS의 터미널(배시/Z 셸)에서는 다음 커맨드를 실행한다.

```
source aoai-book-apim/bin/activate
```

❻ 파이썬 라이브러리 설치

다음 커맨드를 실행해서 파이썬으로 Azure OpenAI API를 호출하기 위해 필요한 라이브러리들을 설치한다.

```
pip install Flask==2.3.3 msal==1.24.0 requests==2.31.0 authlib==1.2.1 pandas==2.0.0
```

❼ 파이썬으로 Azure OpenAI API 호출하기

1. 표 9-5의 인수를 지정해서 aoai-apim/code/openai-api-call.py를 실행한다.

표 9-5 인수 설정값

인수명	설정값	설정값 예시
--tenant_id	Microsoft Entra ID의 개요에 기재된 테넌트 ID	abcd1234-abcd-1234-abcd-1234abcd1234
--client_id	등록한 애플리케이션의 개요에 기재된 애플리케이션(클라이언트) ID	abcd1234-abcd-1234-abcd-1234abcd1234
--client_secret	등록한 애플리케이션으로 생성한 클라이언트 시크릿값	abcd1234abcd1234abcd1234abcd1234abcd1234
--redirect_uri	등록한 애플리케이션에 지정한 REDIRECT_URI	http://localhost:5000/callback
--scope	등록한 애플리케이션에 추가한 범위	api://abcd1234-abcd-1234-ab-cd-1234abcd1234/chat
--apim_name	API Management 이름	apim-xxxx
--subscription_key	API Management 구독 키	abcd1234abcd1234abcd1234ab-cd1234

실행을 위한 커맨드는 aoai-apim/command/openai-api-call-command.ps1에 기재되어 있다.

```
Python code/openai_api_call.py '
--tenant_id <TENANT_ID> '
--client_id <CLIENT_ID> '
--client_secret <CLIENT_SECRET> '
```

```
--redirect_uri <REDIRECT_URI> '
--scope <SCOPE> '
--apim_name <APIM_NAME> '
--subscription_key <SUBSCRIPTION_KEY>
```

※위 커맨드는 파워셸용으로 작성된 것이다. 리눅스/macOS의 터미널에서 실행할 때는 `(백틱)을 \(백슬래시)로 변경해야 한다.

2. 브라우저에서 http://localhost:5000/로 접속한다.

3. Microsoft Entra ID 로그인 화면이 나타나면 로그인한다.

4. 로그인에 성공하면 Azure OpenAI API 요청이 실행되고 응답에 생성된 결과가 나타난다.

```
{
  "choices": [
    {
      "content_filter_results": {
        "hate": {
          "filtered": false,
          "severity": "safe"
        },
        "self_harm": {
          "filtered": false,
          "severity": "safe"
        },
        "sexual": {
          "filtered": false,
          "severity": "safe"
        },
        "violence": {
          "filtered": false,
          "severity": "safe"
        }
      },
      "finish_reason": "stop",
      "index": 0,
      "message": {
        "content": "안녕하세요! 무엇을 도와드릴까요?",
        "role": "assistant"
      }
    }
  ],
  "created": 1719021028,
  "id": "chatcmpl-9ckBYL0Pwcii3pUzvBTLzaNQQz9N6",
  "model": "gpt-35-turbo",
  "object": "chat.completion",
  "prompt_filter_results": [
    {
```

```
      "content_filter_results": {
        "hate": {
          "filtered": false,
          "severity": "safe"
        },
        "self_harm": {
          "filtered": false,
          "severity": "safe"
        },
        "sexual": {
          "filtered": false,
          "severity": "safe"
        },
        "violence": {
          "filtered": false,
          "severity": "safe"
        }
      },
      "prompt_index": 0
    }
  ],
  "system_fingerprint": null,
  "usage": {
    "completion_tokens": 21,
    "prompt_tokens": 13,
    "total_tokens": 34
  }
}
```

[주의 사항] **리다이렉션 URI 불일치**[3] 절차에 따라 배포를 실행했음에도 리다이렉션 URI 불일치 오류가 발생할 때가 있다(그림 9-14).

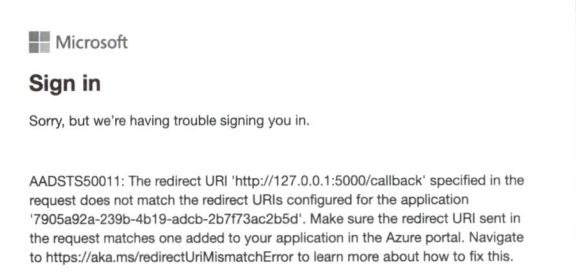

그림 9-14 리다이렉션 URI 불일치 오류

---

3 [옮긴이] 원서 내용대로 진행하면 오류가 나기 때문에 관련 설명을 추가했다.

이 오류를 없애려면 우선 애플리케이션 등록에서 애플리케이션을 선택한 뒤 관리 섹션에서 [매니페스트]로 들어간다. 그리고 `replyUrlsWithType`라는 프로퍼티의 값을 다음과 같이 수정한다(그림 9-15).

```
67      "replyUrlsWithType": [
68          {
69              "url": "http://127.0.0.1:5000/callback",
70              "type": "Web"
71          },
72          {
73              "url": "http://localhost:5000/callback",
74              "type": "Web"
75          }
76      ],
```

그림 9-15 매니페스트 수정

수정을 완료했으면 [저장] 버튼을 누른 뒤 다시 접속한다.

COLUMN   API Management의 구독 키

계약 단위 혹은 애저 리소스 이용을 위한 접근 제어 단위인 애저 구독과 API Management의 구독은 이름이 같기 때문에 자주 혼동되곤 한다. 하지만 API Management의 구독은 API Management의 API를 이용하기 위한 접근 제어 단위로 애저 구독과는 다르다.

API Management로 이용할 애플리케이션이나 부서 단위로 구독을 생성해 API에 할당하면, 구독마다 지급되는 키를 통해 API를 실행할 수 있다. 나아가 API Management에서는 구독 단위로 API 호출 수를 제한하거나, 이용한 토큰 수를 로그로 출력할 수도 있다(그림 9-16).

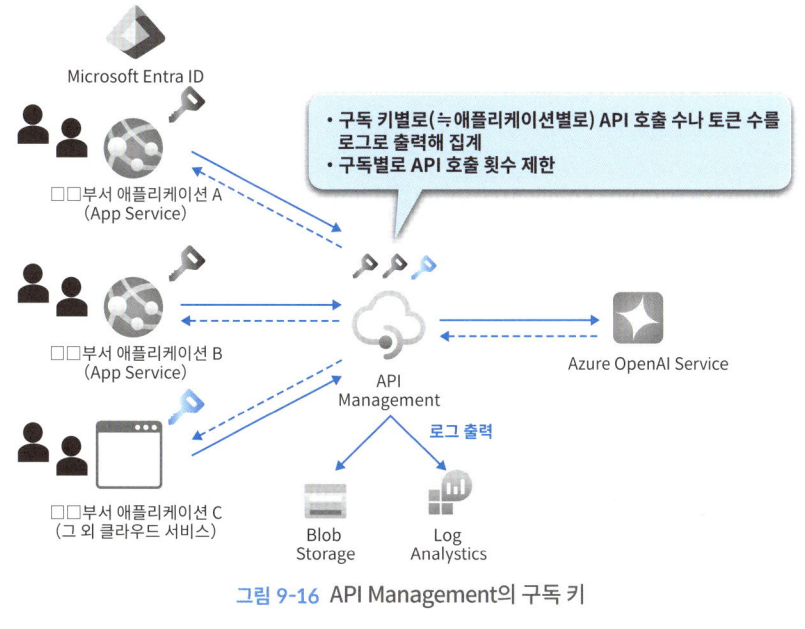

그림 9-16 API Management의 구독 키

| COLUMN | 특정 사용자에게만 Azure OpenAI API 접근 허용하기 |

Microsoft Entra ID에 등록된 애플리케이션은 원칙적으로 Microsoft Entra ID에 등록된 모든 사용자가 이용할 수 있다. 하지만 실서비스에서 Azure OpenAI API를 활용할 때는 특정 사용자에게만 접근을 허용하고 싶은 경우가 있다. 이런 경우에는 Microsoft Entra ID에 등록된 애플리케이션으로 들어가서 특정 사용자에게만 접근을 허용하는 기능[4]을 활용하면 된다. 다음 절차에 따라 특정 사용자에게만 Azure OpenAI API 접근을 허용해보자.

1. 애저 포털에서 Microsoft Entra ID를 검색해서 들어간다.
2. 좌측 메뉴의 '관리' 섹션에서 [엔터프라이즈 애플리케이션]을 선택한다.
3. '모든 애플리케이션'에서 직전에 생성한 애플리케이션을 선택한다(예: common-openai-api).
4. 좌측 메뉴의 '관리' 섹션에서 [속성]을 선택한다(그림 9-17).
5. '할당이 필요합니까?'를 [예]로 설정한다(그림 9-17).

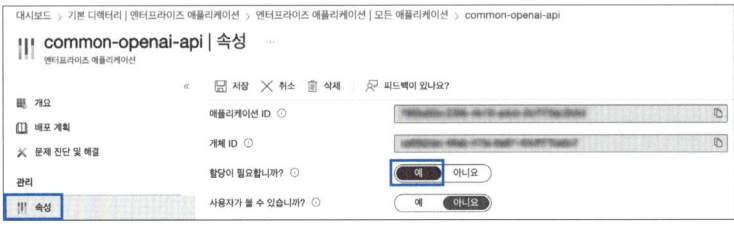

그림 9-17 할당 유효화

6. [저장]을 클릭한다.
7. 좌측 메뉴의 '관리' 섹션에서 [사용자 및 그룹]을 선택하고, [사용자/그룹 추가]로 특정 사용자 혹은 그룹을 추가한다(그림 9-18).

그림 9-18 할당하고 싶은 사용자 혹은 그룹 추가

---

[4] https://learn.microsoft.com/ko-kr/entra/identity-platform/howto-restrict-your-app-to-a-set-of-users

9.4 로그 통합

Azure OpenAI는 다른 애저 서비스들과 동일하게 모니터링 데이터를 수집하고 Azure Monitor와 연동해 경고 알림을 발령할 수 있다.[5] 하지만 Azure OpenAI의 표준 모니터링 형태로는 프롬프트의 내용이나 생성 결과를 로그로 출력할 수 없다. 이럴 때는 API Management의 진단 로그를 활성화해서 요청(프롬프트)과 응답(생성 결과) 내용을 Log Analytics, Blob Storage, Azure Event Hubs로 출력하면 프롬프트와 생성 결과까지 로그로 출력된다.

배포한 API Management는 이미 진단 로그가 활성화되어 있어, Log Analytics 워크스페이스와 스토리지 계정(Blob Storage)에 출력하도록 설정되어 있다(그림 9-19). 하지만 현 상태에서 프롬프트의 내용이나 생성 결과는 로그로 출력되지 않는다.

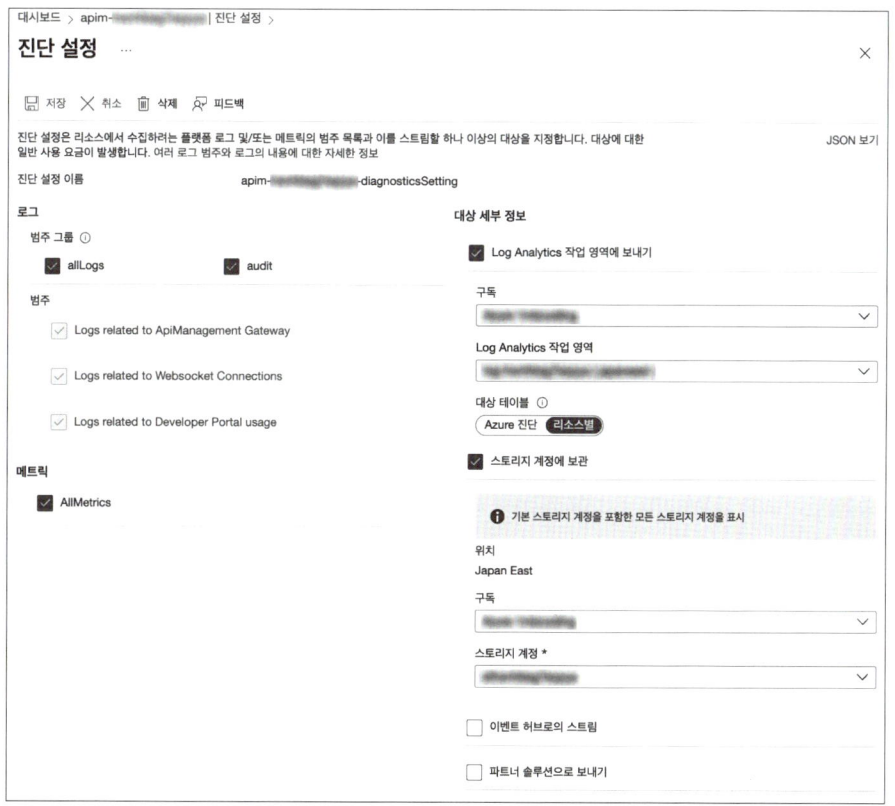

그림 9-19 API Management의 진단 로그 설정

---

[5] https://learn.microsoft.com/ko-kr/azure/ai-services/openai/how-to/monitoring

여기에 프롬프트의 내용이나 생성 결과가 담긴 요청과 응답까지 출력하려면 API Management의 'APIs' 섹션에서 [API] → [All APIs] → [Settings] → [Azure Monitor]로 들어간 뒤 'Number of payload bytes to log'를 설정해야 한다(그림 9-20). 이 값은 8,192까지 설정할 수 있으며 프롬프트의 내용이나 생성 결과의 크기가 이 값을 초과하면 잘라낸다.

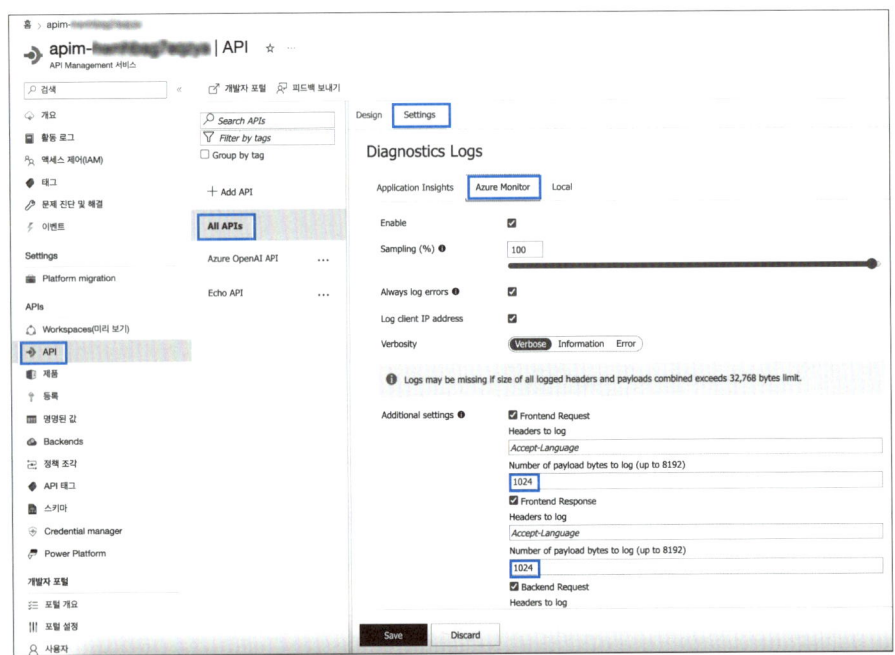

그림 9-20 API Management의 Azure Monitor 추가 설정

또, Azure Cosmos DB나 Azure Data Lake Storage Gen2 등 다른 저장소 서비스에 로그를 출력하고 싶을 때는 **Azure Event Hubs**를 통해서 출력할 수도 있다.

API Management의 '모니터링' 섹션에서 [로그]로 들어가면 초기 화면으로 예제 쿼리들이 있는 대화 상자가 표시되기도 한다. 표시된 대화 상자가 있으면 닫는다. 그리고 다음 쿼리를 쿼리 에디터에 입력해서 `between` 뒤의 일시를 변경하고 실행한다. 실행 쿼리는 aoai-apim/sample/select_diagnostic_log.txt에서 찾을 수 있다.

```
// Azure API Management의 진단 로그를 Log Analytics로 출력하기 위한 쿼리
// between (datetime("<시작일시>") .. datetime("<종료일시>"))를 지정해 실행해야 한다.
ApiManagementGatewayLogs
| where TimeGenerated between (datetime("2024-06-01T00:00:00") .. datetime("2024-06-30T23:59:59"))
```

검색한 로그는 [내보내기]에서 CSV, Excel, Power BI 같은 형식으로 다운받을 수 있다. [CSV(모든 열)]을 선택해서 다운받아보자(그림 9-21).

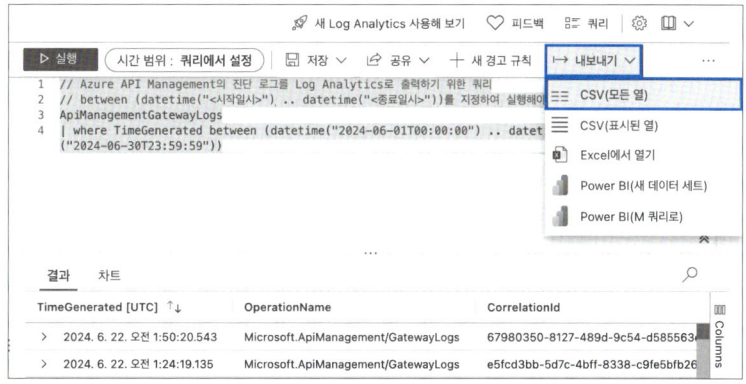

그림 9-21 로그 다운로드

9.5 과금

Azure OpenAI는 입력 프롬프트와 생성 결과의 토큰 수에 따라 **과금**된다. 또한, 이용한 모델에 따라 가격이 달라지므로 부서, 애플리케이션, 이용자가 어떤 모델을 얼마나 이용했는지를 파악해 이용한 만큼만 과금되는 구조가 필요하다.

다음 로그는 API Management의 진단 로그를 활성화해 Blob Storage에 JSON 형식으로 출력된 로그의 일부를 발췌한 것이다.

```
{
    "apimSubscriptionId": "6505c8a38e4cdc005f070001",
    "responseBody": {
        "model": "gpt-35-turbo",
        "usage": {
            "prompt_tokens": 9,
            "completion_tokens": 19,
            "total_tokens": 28
        }
    },
    "traceRecords": [
        {
            "message": aaaa@xxxx.com
        }
    ]
}
```

로그에는 API Management의 구독 키(`apimSubscriptionId`), 사용자(`traceRecords.message`), 모델(`responseBody.model`), 입력 프롬프트 토큰 수(`responseBody.usage.prompt_tokens`), 생성 결과 출력 토큰 수(`responseBody.usage.completion_tokens`)에 관한 정보가 출력되어 있다.

이 정보들은 Log Analytics에 출력된 로그에서도 확인할 수 있다. Log Analytics의 쿼리 에디터에서 코드 9-1의 쿼리를 실행하면, API Management의 구독 키, 모델 혹은 사용자별로 이용한 토큰 수, API 실행 횟수를 산출할 수 있다(그림 9-22).

코드 9-1 API Management의 각종 정보 산출 쿼리

```
// Azure API Management의 구독 키, 모델이나 사용자별로 이용한 토큰 수 혹은 API 실행 횟수를
산출하는 쿼리
// between (datetime("<시작일시>") .. datetime("<종료일시>"))를 지정해 실행해야 한다.
ApiManagementGatewayLogs
| where TimeGenerated between (datetime("2024-06-01T00:00:00") .. datetime("2024-06-
29T23:59:59"))
    and OperationId in ('ChatCompletions_Create', 'completions_create', 'embeddings_create')
    and IsRequestSuccess == true
| extend model_name = tostring(parse_json(BackendResponseBody)['model'])
| extend prompttokens = parse_json(parse_json(BackendResponseBody)['usage'])['prompt_tokens']
| extend completiontokens = parse_json(parse_json(BackendResponseBody)['usage'])
['completion_tokens']
| extend apim_subscription_id =  ApimSubscriptionId
| extend user_name = tostring(parse_json(parse_json(TraceRecords)[0]['message']))
| summarize
    prompt_tokens = sum(todecimal(prompttokens)),
    completion_tokens = sum(todecimal(completiontokens)),
    api_call_count = count()
    by apim_subscription_id, model_name, user_name
```

※실행할 쿼리는 aoai-apim/sample/aggregate_token_and_call.txt에 기재되어 있다.

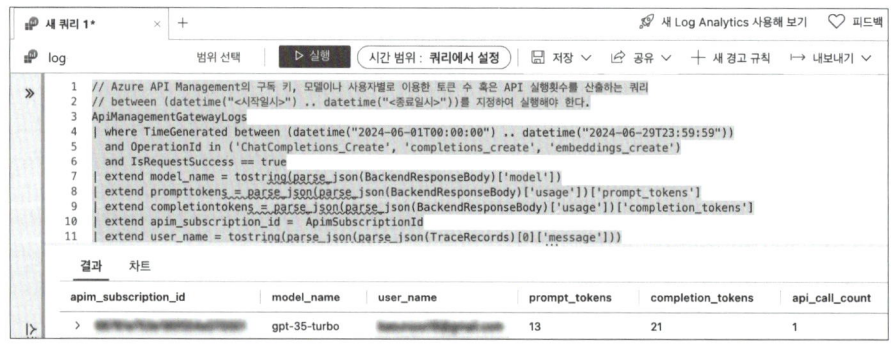

그림 9-22 Azure OpenAI 이용 토큰 수 및 API 실행 횟수 산출 결과

9.6 호출 제한

API Management에는 API 남용으로 다른 API 사용자에게 악영향을 끼치지 못하도록 접근 제한 정책을 통해 통상적인 이용 범위를 제한하는 방법이 있다. API Management의 접근 제한은 '지정 키', '지정 기간', '호출 수 또는 트래픽 양'에 제한을 거는 방식으로 동작한다. 이 중 지정 키에는 API 요청에서 취득한 임의의 요소를 지정할 수 있다(그림 9-23).

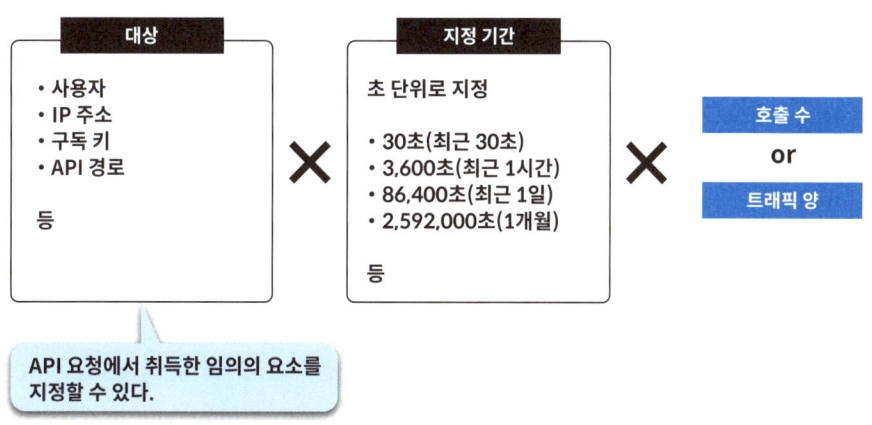

그림 9-23 API Management에서 지정 가능한 접근 제한

배포된 API Management의 정책에는 사용자별로 86,400초(1일)당 300회까지 API 요청을 할 수 있도록 설정되어 있다. 설정값에는 배포된 모델의 TPM(토큰/분)에 상응하는 값을 설정해야 한다. 횟수나 기간을 변경하고 싶을 때는 aoai-apim/infra/app/apim-api-policy-aad.xml의 47번째 줄에 있는 `quota-by-key` 정책의 `calls`와 `renewal-period` 값을 변경해서 재배포해야 한다(코드 9-2). 참고로, `quota-by-key`는 종량제 과금consumption 플랜으로는 이용이 불가능하다.

코드 9-2 정책 내 호출 제한 설정

```
<quota-by-key calls="300" renewal-period="86400" counter-key="@(((Jwt)context.
Variables["jwt-variables"]).Claims.GetValueOrDefault("preferred_username"))" increment-
condition="@(context.Response.StatusCode >= 200 && context.Response.StatusCode < 300)" />
```

9.7 폐쇄망

폐쇄망이란 일반적으로 특정 데이터나 시스템, 네트워크 등을 외부의 접근으로부터 격리시켜 정해진 범위 혹은 환경 안에서 운용하는 것을 의미한다. 애저에서 폐쇄망을 사용할 때는 리소스를 직접 가상 네트워크 안에서 생성하거나, PaaS를 사용한다면 Private Link를 생성해 가상 네트워크 내부에 생성된 **프라이빗 엔드포인트**private endpoint를 통해 PaaS에 접근할 수 있도록 구축한다. 폐쇄망을 사용하면 외부로부터의 통신을 차단할 수 있기 때문에 **레이어드 시큐리티**layered security라는 관점에서 볼 때 네트워크 계층의 보안을 강화할 수 있다.

API Management나 Azure OpenAI도 폐쇄망을 구축하는 데 사용된다. 구체적으로 다음과 같은 세 가지 폐쇄망을 구축할 수 있다.

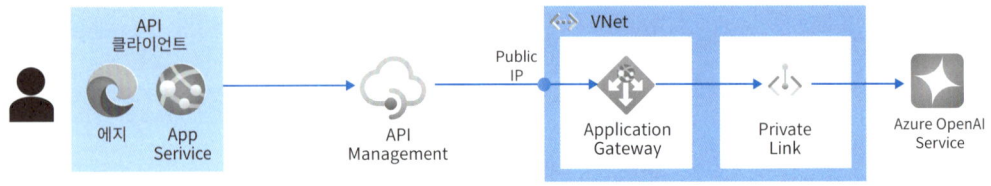

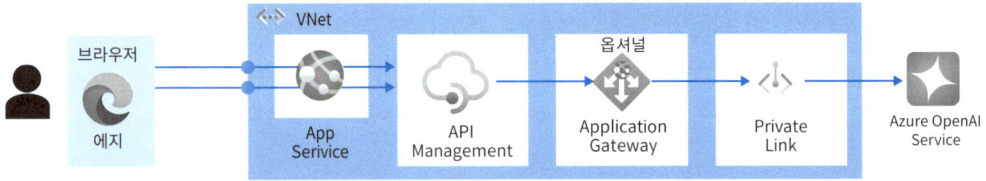

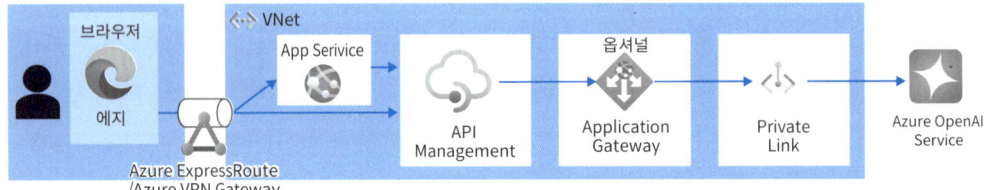

그림 9-24 폐쇄망 패턴

1. 폐쇄망을 통한 백엔드 접근

   Application Gateway를 가상 네트워크 내부에 배포하고 Azure OpenAI는 Private Link를 생성해 백엔드에서만 접근할 수 있도록 폐쇄망을 구성했다.

2. API Management를 포함한 폐쇄망

   1에서 API Management를 가상 네트워크 내부로 이동시킨 구성이다.

3. 사용자 환경을 포함한 폐쇄망

    2에서 VPN 접속을 통해 온프레미스로부터 Azure OpenAI까지 엔드포인트 간 통신이 가능하도록 폐쇄망을 구성한 것이다.

어느 범위까지 폐쇄망을 구성할 것인지는 회사의 보안정책이나 프로젝트 요건에 따라 달라진다. 그런데 2, 3과 같이 API Management를 가상 네트워크 내부에 배포하는 구성[6]을 사용하면 Premium 플랜이 필요[7]하기 때문에 비용 측면에서 미치는 영향을 확인해야 한다. 또, 집필 시점에는 사전 공개이지만, Standard v2 플랜에서 **VNet 통합**[8]을 제공하기 시작했다. 이후에 VNet 통합이 일반 공개로 전환되면 비용 절감 옵션으로 활용할 수 있을 것이다(그림 9-25).

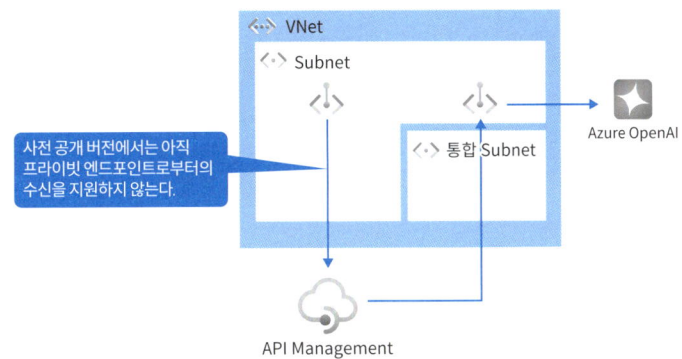

그림 9-25 **API Management의 VNet(가상 네트워크) 통합**

참고로 9장에서 배포한 환경에서는 비용을 고려해 '1 폐쇄망을 통한 백엔드 접근'의 폐쇄망 구성을 사용했다.

9.8 부하 분산

부하 분산은 일반적으로 서버 성능, 용량, 내결함성fault tolerance을 향상시키거나 서비스 안정성 혹은 응답 속도를 높이는 목적으로 사용한다. 부하 분산을 구현할 때는 보통 **로드 밸런서**[9]를 여러 서버의 앞에 배치해 가능한 부하를 균등하게 분산시켜 처리한다. Azure OpenAI는 같은 구독 또는

---

6 SLA가 아니기 때문에 개발 검증 용도에 그치지만, Developer 플랜도 가상 네트워크에 배포할 수 있다.
7 https://learn.microsoft.com/ko-kr/azure/api-management/api-management-using-with-internal-vnet
8 https://learn.microsoft.com/ko-kr/azure/api-management/integrate-vnet-outbound
9 (옮긴이) 일반적인 의미에서 load balancer를 지칭할 때는 '로드 밸런서'라고 표기했으며, 구체적인 애저 서비스를 지칭할 때는 'Azure Load Balancer'라고 표기했다.

리전 내에서 처리할 수 있는 TPM(토큰/분) 제한이 있기 때문에 TPM 허용량을 증가시킬 목적으로 멀티 리전을 통한 부하 분산을 고려하기도 한다. 그림 9-26과 표 9-6은 Azure OpenAI의 부하 분산을 애저 서비스들로 구현하는 대표적인 방법이다.

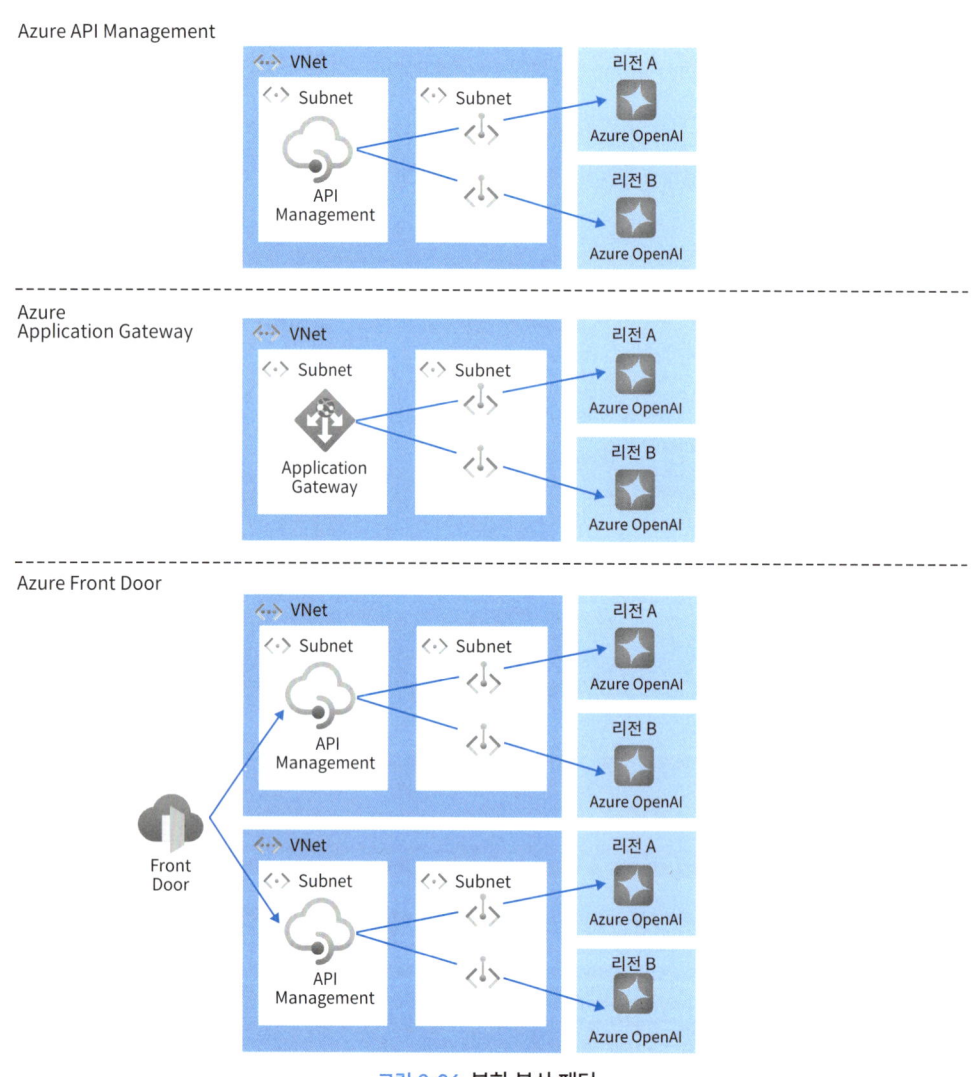

그림 9-26 부하 분산 패턴

표 9-6 패턴별 부하 분산 방식

서비스명	분산 범위	분산 방식	라우팅	백엔드 헬스 체크	폐쇄망 이용
Azure API Management	리전 내부 또는 멀티 리전	정책에 의한 분산	라운드 로빈/고정된 목적지로 분산	X	O
Azure Application Gateway	리전 내부 또는 멀티 리전	L7 로드 밸런서	라운드 로빈	O	O
Azure Front Door	멀티 리전	DNS 로드 밸런서	우선순위/지연시간/가중치	O	X

이 밖에도 애저에서 부하 분산을 구현할 수 있는 서비스로는 Azure Load Balancer, Azure Traffic Manager가 있다. 하지만 **Azure Load Balancer**는 PaaS나 프라이빗 엔드포인트에 대한 부하 분산이 불가능하다. 또한, **Azure Traffic Manager**는 분산 방식이 DNS 기반이어서 Azure Traffic Manager의 호스트 이름으로 Azure OpenAI에 접근하는데, Azure OpenAI는 다른 호스트 이름을 통한 접근을 받지 않는다. 이로 인해 Azure Load Balancer와 Azure Traffic Manager는 사용하지 않았다.

Application Gateway는 일반적으로 리전 내 부하 분산에 이용하는 서비스다. 하지만 그림 9.1과 같이 Application Gateway를 가상 네트워크 내에 생성하고 Azure OpenAI의 프라이빗 엔드포인트를 로드 밸런싱하는 구성으로 만들면 실질적으로 멀티 리전 부하 분산을 구현할 수 있다. 따라서 실질적으로는 표 9-6의 어떤 서비스를 활용하더라도 멀티 리전 부하 분산으로 처리 가능한 TPM이 증가하도록 구현할 수 있다.

개요를 대략적으로 파악했으면 그 이후에는 비용이나 기능 측면을 고려해 어떤 서비스를 이용할지 검토해야 한다. 우선, 비용 측면에서는 API Management를 외부로부터 감추기 위해 VNet 내부에 구성하는 방식을 사용하면 Premium 플랜이 필요해지는 점을 주의해야 한다. 그리고 리전을 넘나들며 통신을 하면 Private Link의 송수신 데이터 양과는 별도로 애저 데이터센터로부터 나가는 송신 데이터 양에 따라 과금이 발생하기 때문에, 대량의 요청이 필요한 경우에는 비용 산출을 먼저 시행하길 권장한다.

기능 측면에서는 백엔드 헬스 체크에 의한 지능적 라우팅이 필수적이면 Application Gateway와 Front Door를 선택해야 한다. 또, 로드 밸런싱 외의 고도화된 라우팅이 필수적일 때는 Front Door만 선택할 수 있다.

9.8.1 Application Gateway 이용

예제로 배포한 환경에서는 비용 측면을 고려해 API Management를 가상 네트워크 내부에 배포하지 않고, Application Gateway와 Azure OpenAI에만 폐쇄망을 사용해서 멀티 리전 부하 분산을 구성했다. 참고로 이 구성에서는 Application Gateway에 퍼블릭 IP를 할당하고 있지만, 사전 공개 버전으로는 퍼블릭 IP를 가지지 않는 프라이빗 Application Gateway 배포[10]도 제공한다.

그림 9-27은 예제로 배포한 퍼블릭 IP가 있는 Application Gateway의 구성을 시각화한 것이다.

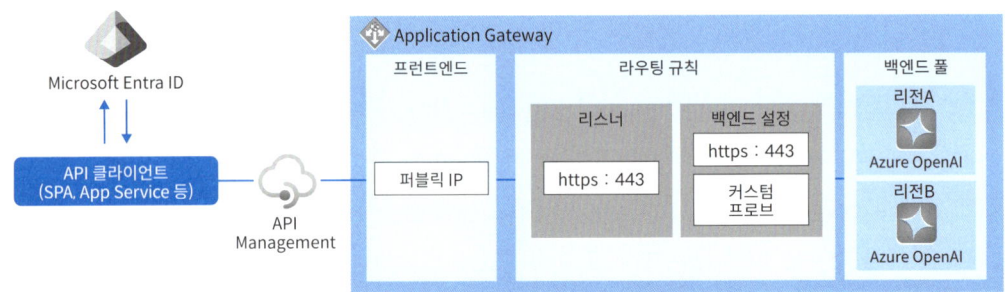

그림 9-27 Application Gateway 구성 시각화

Application Gateway의 구성은 단순하다. 리스너는 https인 443 포트로 요청을 받아서 백엔드 풀에 등록된 Azure OpenAI의 프라이빗 엔드포인트에 https인 443 포트로 요청을 보내는 라우팅 규칙을 가지고 있다.

상태 프로브state probe[11]는 /status-0123456789abcdef라는 경로를 지정해서 Azure OpenAI API를 요청하는 커스텀 프로브로 설정되어 있다. /status-0123456789abcdef는 API Management의 상태를 확인하기 위한 경로다. 공식 문서에는 나오지 않지만, 실제로는 Azure OpenAI Service도 뒤에서 API Management를 사용해서 REST API 기능을 제공한다(그림 9-28).

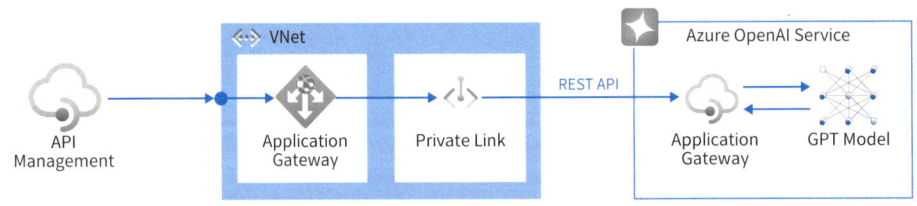

그림 9-28 Azure OpenAI Service의 뒷단

---

[10] https://learn.microsoft.com/ko-kr/azure/application-gateway/application-gateway-private-deployment?tabs=portal
[11] '프로브'는 탐사 혹은 정밀 조사를 의미하는 용어이며, '상태 프로브'는 부하 분산 리소스의 상태가 정상적인지 검사하는 기능이다.

따라서 Azure OpenAI API에 API Management의 상태 확인을 위한 경로(/status-0123456789 abcdef)를 지정해 요청하면 Azure OpenAI API의 헬스 체크를 할 수 있다. 이 구조를 상태 프로브에서 활용하면 특정 리전의 Azure OpenAI가 다운됐을 때 다른 리전에 있는 Azure OpenAI에만 요청이 흘러가도록 만들 수 있다.

그림 9-29 커스텀 프로브 설정

/status-0123456789abcdef를 사용하는 상태 프로브는 Front Door[12]에서도 설정이 가능하다.

주의 사항 상태 프로브에서 사용 중인 헬스 체크는 Azure OpenAI 서비스의 외부에서 사용 중인 API Management 까지만 체크한다. API Management의 안쪽에서 작동하는 리소스나 모델까지 포함한 Azure OpenAI 서비스 전체의 헬스 체크가 아니라는 점에 주의해야 한다.

---

12 https://learn.microsoft.com/ko-kr/azure/api-management/front-door-api-management#update-default-origin-group

| COLUMN | **Application Gateway의 부하 분산을 프로덕션 환경에서 사용할 때의 주의점** |

9장의 배포 구성에서는 API Management에서 Application Gateway로 요청할 때의 도메인 네임에 공용 IP의 DNS 이름 레이블을 사용했다(그림 9-30).

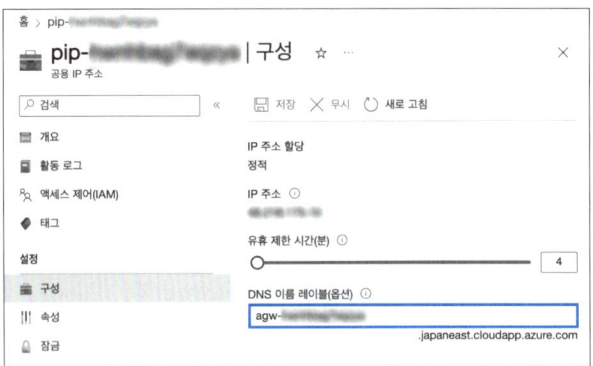

그림 9-30 퍼블릭 IP의 DNS 이름 레이블

또, API Management에서 Application Gateway로의 SSL 통신에 사용하는 인증서에는 자체 서명 인증서를 사용했다. 만약 프로덕션용으로 전환하고 싶다면 도메인 구입과 정규 인증서 발급이 필요하며 다음 내용들을 재검토해야 한다.

API Management의 재검토 사항

1. 애저 포털에서 'API Management'를 검색해서 들어간다.
2. 배포한 'API Management(apim-xxxx)'를 선택한다.
3. 좌측 메뉴의 '보안' 섹션에서 [인증서]를 선택한다(그림 9-31).

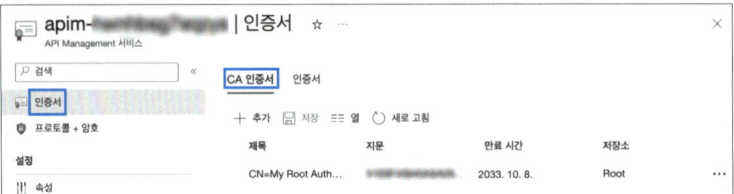

그림 9-31 API Management에 등록된 신원 증명을 위한 CA 인증서

4. [CA 인증서]에 루트 인증서를(그림 9-31), [인증서]에 서버 인증서를 각각 등록한다(그림 9-32).

그림 9-32 API Management에 등록된 신원 증명을 위한 SSL 서버 인증서

5. 좌측 메뉴의 'API' 섹션에서 [API]를 선택한다(그림 9-33).
6. [Azure OpenAI API] → [All operations]를 선택한다(그림 9-33).
7. 'HTTP(s) endpoint'의 펜 아이콘을 선택한다(그림 9-33).

그림 9-33 API Management 백엔드 설정

8. 커스텀 도메인이 있으면 'Service URL'의 도메인을 변경한다.
9. 정규 인증서가 있으면 'Client certificate'를 등록한 서버 인증서로 변경한다(그림 9-34).

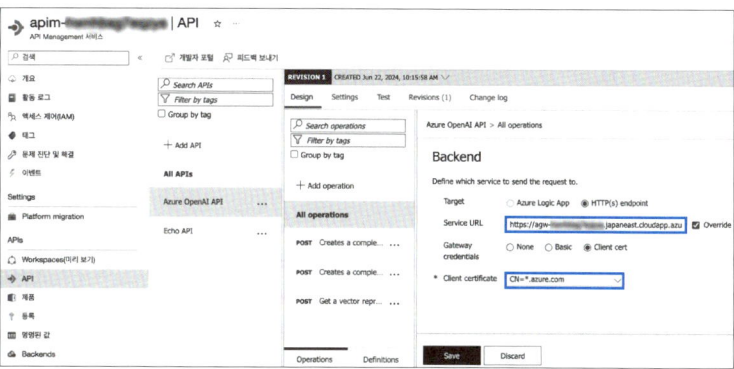

그림 9-34 도메인 및 인증서 교체

Application Gateway의 재검토 사항

1. 애저 포털에서 'Application Gateway'를 검색해서 들어간다.
2. 배포한 'Application Gateway(agw-xxxx)'를 선택한다.
3. 좌측 메뉴의 '설정' 섹션에서 [수신기]를 선택한다.
4. 배포한 리스너를 선택하고 정규 서버 인증서를 업로드해 등록한다(그림 9-35).

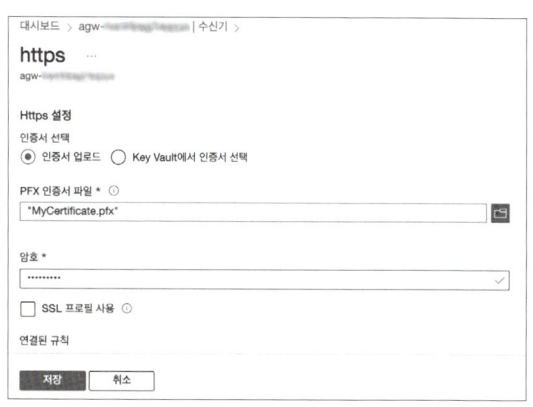

그림 9-35 인증서 교체

9.8.2 API Management 이용

aoai-apim/infra/app/apim-api-policy-aad.xml에 정책을 설정해 요청이 여러 Azure OpenAI 인스턴스에 **라운드 로빈**round-robin, RR 방식으로 분배되도록 만들 수 있다(그림 9-36, 코드 9-3).

프라이빗 엔드포인트

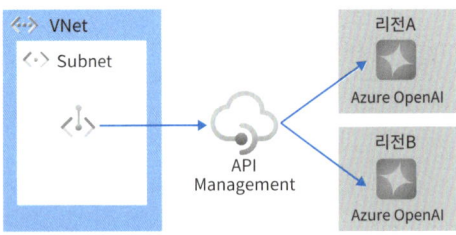

Developer, Basic, Standard, Premium 플랜으로 이용 가능

VNet 통합

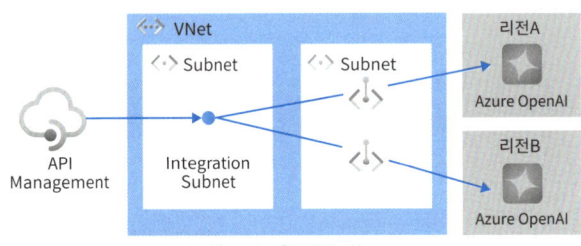

Standard v2(preview)로 이용 가능

VNet에 배포

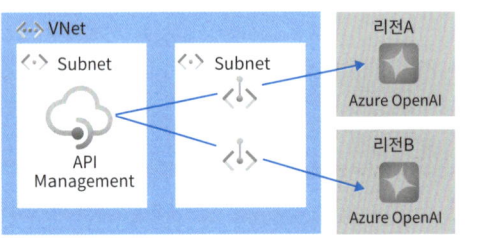

Premium 플랜으로 이용 가능(SLA가 아니면 Developer 플랜으로도 가능)

그림 9-36 API Management의 부하 분산 패턴

코드 9-3 API Management의 라운드 로빈 설정 예시(aoai-apim/sample/apim_load_balancing.txt)

```
<set-variable name="urlId" value="@(new Random(context.RequestId.GetHashCode()).
Next(1, 101))" />
<choose>
    <when condition="@(context.Variables.GetValueOrDefault<int>("urlId") < 51)">
        <set-backend-service base-url="{{backend-url-1}}" />
    </when>
    <when condition="@(context.Variables.GetValueOrDefault<int>("urlId") > 50)">
        <set-backend-service base-url="{{backend-url-2}}" />
```

```
            </when>
        <otherwise>
            <return-response>
                <set-status code="500" reason="InternalServerError" />
                <set-header name="Microsoft-Azure-Api-Management-Correlation-Id" exists-action="override">
                    <value>@{return Guid.NewGuid().ToString();}</value>
                </set-header>
                <set-body>A gateway-related error occurred while processing the request.</set-body>
            </return-response>
        </otherwise>
</choose>
```

RR 외에도 정책을 잘 활용하면 Azure OpenAI에서 이용 가능한 TPM이 고갈됐을 때 우선순위가 높은 애플리케이션(구독 키)에 더 많은 리소스를 할당하는 등 다양한 이용 방식을 만들 수 있다.

배포한 환경을 테스트할 때는 다음 사항을 고려해야 한다.

- backend-url-1, backend-url-2에 각각 Azure OpenAI 엔드포인트를 설정한다.
- authentication-certificate 설정을 삭제한다.
- API Management에서 Azure OpenAI API를 호출할 수 있는 네트워크 구성인지 확인한다.
  - 프라이빗 통신으로 API Management에서 Azure OpenAI API를 실행할 때는 API Management를 가상 네트워크 내부에 배포하는 구성이나 VNet 통합하는 구성의 사용을 검토해야 한다.
  - 퍼블릭 통신으로 API Management에서 Azure OpenAI API를 실행할 때는 Azure OpenAI의 '리소스 관리' 섹션에 있는 [네트워킹]에서 방화벽 및 가상 네트워크firewalls and virtual networks의 액세스 허용 설정을 '모든 네트워크'로 변경해야 한다.

9.9 마무리

9장에서는 사내에서 Azure OpenAI 이용 거버넌스를 정립하는 데 필요한 공통 기반을 다뤘다. 그중에서도 API Management와 Azure Application Gateway는 거버넌스 정립을 위한 핵심적인 서비스다. 특히 API Management는 상당히 다재다능한 서비스여서 이 장에서 소개하지 못한 기능도 많다. 반드시 직접 사용해보길 바란다.

CHAPTER 10

책임 있는 AI

기존의 머신러닝 혹은 딥러닝은 수요 예측이나 이상 감지 등 특정 업무 및 유스 케이스에 특화된 활용이 대부분이었기 때문에 AI 사용에 따른 리스크가 제한적이었다. 하지만 ChatGPT가 등장한 이래로 누구나 자연어로 AI를 활용할 수 있게 됐다. 게다가 앞으로는 코파일럿의 형태로 다양한 업무나 비즈니스 프로세스에 투입될 것이 자명하기 때문에 품질, 윤리, 보안 등 신경 써야 할 리스크가 보다 다양화되고 복잡성도 증가할 것으로 전망된다. 이러한 리스크에 대응하기 위해서는 AI를 적절히 통제할 수 있는 보다 강력한 시스템이 필요하다.

이 장에서는 마이크로소프트가 지금까지 **책임 있는 AI**responsible AI 사용을 위해 어떤 노력을 기울여 왔는지를 되돌아보고, 고객이 책임감을 가지고 Azure OpenAI 모델을 활용한 AI 시스템을 개발하고 활용하도록 어떤 노하우와 기능을 제공하고 있는지 살펴볼 것이다.

10.1 책임 있는 AI를 위한 마이크로소프트의 노력

마이크로소프트는 2017년부터 사내 AI 시스템을 명확한 책임을 바탕으로 설계하기 위해 전사적으로 프로그램에 투자해왔다(그림 10-1).

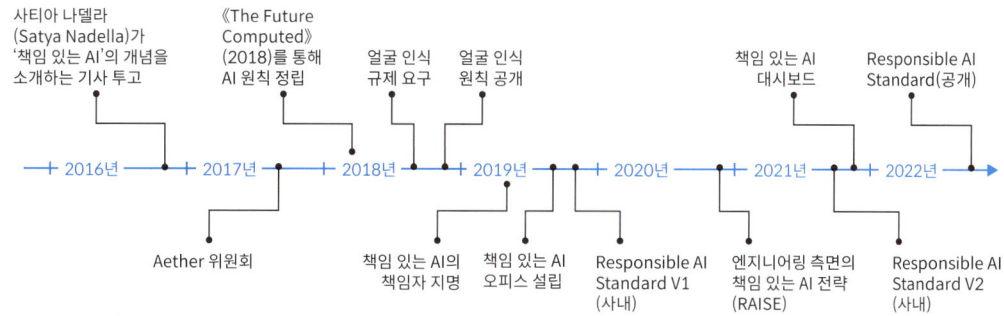

그림 10-1 책임 있는 AI를 위한 마이크로소프트의 노력

2017년에는 연구자, 엔지니어, 정책 전문가들로 구성된 Aether 위원회를 설립해 '책임 있는 AI'라는 문제에 중점을 둔 AI 원칙[1]을 정립하고, 2018년에는 이 원칙을 채택했다.

2019년에는 책임 있는 AI의 거버넌스 조정을 위한 Office of Responsible AI(책임 있는 AI 오피스)를 설립해 **Responsible AI Standard**의 초기 버전을 만들었다. 이는 마이크로소프트에 있던 추상적인 원칙을 엔지니어링 팀을 위해 실용적인 가이던스로 변환한 프레임워크였다. 2021년에는 이 프레임워크를 운용하기 위한 주요 구성 요소[2]의 해설을 발표했다. 여기에는 거버넌스의 확대, 사원들의 새로운 기술 습득을 돕는 트레이닝, 구현을 지원하기 위한 프로세스나 도구 등이 포함되어 있다.

그리고 2022년에는 Responsible AI Standard[3]를 강화한 두 번째 버전을 발표했다. 이 버전은 위해요소를 사전에 식별해 제거할 수 있는 실용적인 방법으로 AI 시스템을 구축할 수 있게 처음부터 시스템 내부에 제어 기능을 포함시키도록 규정한 것이다(그림 10-2).

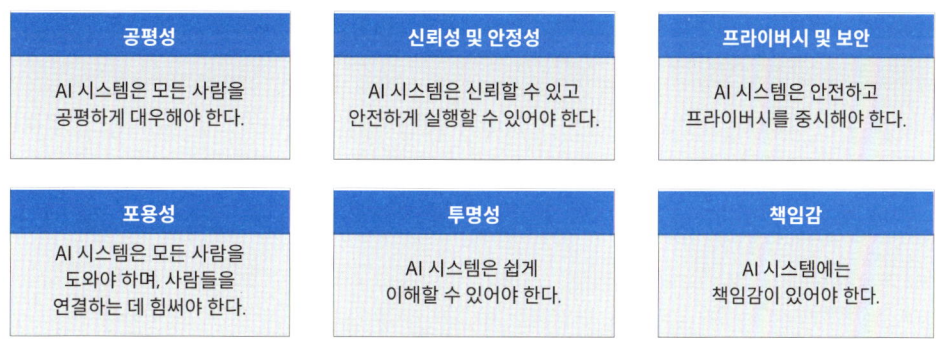

그림 10-2 마이크로소프트의 책임 있는 AI 원칙

1 https://www.microsoft.com/ko-kr/ai/responsible-ai
2 https://news.microsoft.com/ja-jp/2021/02/02/210202-microsoft-responsible-ai-program/
3 https://news.microsoft.com/ja-jp/2022/07/04/220704-microsofts-framework-for-building-ai-systems-responsibly/

10.2 책임 있는 AI 적용

마이크로소프트는 고객이 책임감을 가지고 Azure OpenAI 모델을 활용해 AI 시스템을 설계, 개발, 배포, 사용할 수 있도록 공식 문서에 다음과 같은 내용들을 정리했다. 더 자세히 알고 싶은 내용은 링크를 참고하자.

- 책임 있는 AI 적용 개요[4]
  - 사용자가 책임감을 가지고 Azure OpenAI 모델을 활용해 AI 시스템을 설계, 개발, 배포, 사용할 수 있도록 기술적인 표준 및 리소스를 제공한다. 대부분의 내용은 패턴에 따라 잠재적으로 발생할 수 있는 리스크를 정의 및 완화하고, AI 시스템 운영 계획 수립을 요구하는 것이다. 이 표준의 내용은 Microsoft Responsible AI Standard v2[5]와 NIST AI Risk Management Framework[6]를 기반으로 만들어졌다.

- 투명성 관련 주의 사항 Transparency Note[7]
  - Azure OpenAI로 시스템을 개발할 때 성능을 최대로 끌어내기 위해 알아야 하는 기능, 제한, 유스 케이스, 베스트 프랙티스가 나와 있다.

- 행동 강령 Code of conduct[8]
  - Azure OpenAI 모델을 활용해서 시스템을 개발할 때 준수해야 할 사항이나 금지 사항이 적혀 있다. 이러한 행동 강령은 마이크로소프트의 온라인 서비스 이용약관에 추가되어 있다.

- 제한된 접근[9]
  - Azure OpenAI를 이용하거나 콘텐츠 필터, 부정 이용 감시 등의 설정을 변경하는 데 필요한 신청 요건이 있다.

- 데이터, 프라이버시, 보안[10]
  - Azure OpenAI에 제공된 데이터를 어떻게 처리, 사용, 보존하는지 적혀 있다. 또, Azure OpenAI가 유해한 목적으로 사용되는 것을 방지하기 위해 제공하는 콘텐츠 필터, 남용 모

---

[4] https://learn.microsoft.com/en-us/legal/cognitive-services/openai/overview?context=%2Fazure%2Fai-services%2Fopenai%2Fcontext%2Fcontext
[5] https://blogs.microsoft.com/wp-content/uploads/prod/sites/5/2022/06/Microsoft-Responsible-AI-Standard-v2-General-Requirements-3.pdf
[6] https://www.nist.gov/itl/ai-risk-management-framework
[7] https://learn.microsoft.com/en-us/legal/cognitive-services/openai/transparency-note
[8] https://learn.microsoft.com/en-us/legal/cognitive-services/openai/code-of-conduct
[9] https://learn.microsoft.com/en-us/legal/cognitive-services/openai/limited-access
[10] https://learn.microsoft.com/en-us/legal/cognitive-services/openai/data-privacy

니터링 기능의 면제 신청과 관련된 내용이 있다.

- Customer Copyright Commitment[11]
  - Azure OpenAI가 출력한 콘텐츠에 의해 제3자로부터 지적재산권 침해 신고가 들어왔을 때 고객을 보호하기 위한 마이크로소프트의 의무를 담고 있다.

10.3 콘텐츠 필터

생성형 AI를 사용하는 서비스를 개발할 때 주의해야 할 점 중 하나는 AI를 부정한 목적으로 남용하는 것이다. 마이크로소프트는 책임 있는 AI 사용을 위해 행동 강령을 정의하고, Azure OpenAI의 입출력에 기본적으로 **콘텐츠 필터**[12]를 설정한다. 이로 인해 API 요청이 들어왔을 때 콘텐츠 필터가 내부적으로 아래의 네 가지 관점에서 위험성을 평가하며, 기본 설정 사용 시에는 모델의 입출력으로 위험성이 낮다고$_{low}$ 평가된 내용만 허용한다.

- 증오$_{hate}$
- 성적인 내용$_{sexual}$
- 자해 행위$_{self\text{-}harm}$
- 폭력$_{violence}$

그리고 집필 시점에는 사전 공개로 다음과 같은 네 가지 콘텐츠 필터 옵션 설정이 제공되고 있다. 참고로 Quickstart: Protected Material Detection for Text는 저작권 침해와 관련된 Customer Copyright Commitment의 적용 요건에 포함되어 있다.[13]

- 프롬프트 인젝션 공격(Jailbreak)
- 노래 가사, 레시피, 기사 등 텍스트 콘텐츠(Protected Material for Text)
- 퍼블릭 저장소에 공개된 소스 코드(Protected Material for Code)
- 차단 용어 모음(Block List)

---

[11] https://learn.microsoft.com/en-us/legal/cognitive-services/openai/customer-copyright-commitment
[12] https://learn.microsoft.com/en-us/azure/ai-services/openai/concepts/content-filter
[13] Customer Copyright Commitment는 마이크로소프트가 제공하는 생성형 AI의 출력 결과에 저작권 이의 신청이 들어오면 마이크로소프트가 법적 리스크에 대한 책임을 진다는 내용이다. https://learn.microsoft.com/en-us/azure/ai-services/content-safety/quickstart-protected-material

위험성이 기준을 초과하면 응답의 `choices` 프로퍼티에 있는 `finish_reason`이 `"content_filter"`로 반환되며 작업이 중단된다. 응답의 `prompt_filter_results` 프로퍼티에는 프롬프트의 콘텐츠 필터와 관련된 상세 내용이 있으며, `choices` 프로퍼티의 `content_filter_results`에는 생성 결과에 대한 콘텐츠 필터 결과가 반환된다.[14]

콘텐츠 필터는 Azure AI Foundry portal에서 설정할 수 있다. 스튜디오 화면 좌측 메뉴 하단의 [안전+보안]으로 들어간 뒤 [콘텐츠 필터 만들기] 버튼을 클릭한다(그림 10-3).

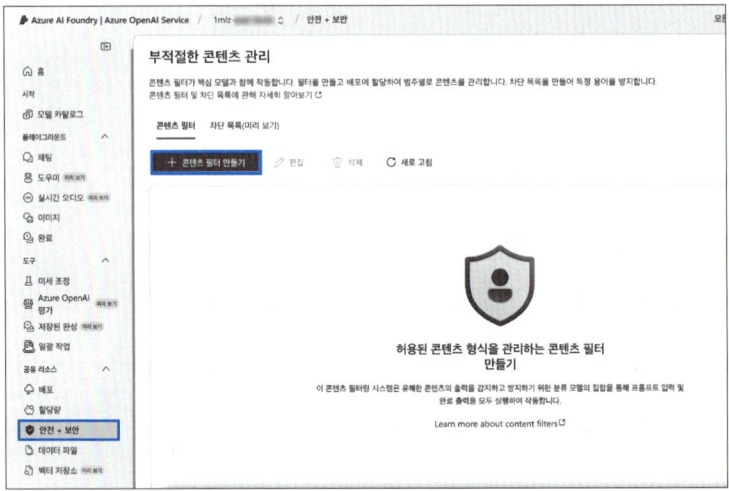

그림 10-3 콘텐츠 필터 설정 방법 ❶

콘텐츠 필터의 이름을 지정하고 [다음] 버튼을 클릭한다(그림 10-4).

그림 10-4 콘텐츠 필터 설정 방법 ❷

---

14   Azure OpenAI의 API 응답은 4.9절 'Azure OpenAI API'를 참고하면 된다.

236   CHAPTER 10 책임 있는 AI

콘텐츠 필터에 원하는 임곗값threshold 수준을 '낮음', '보통', '높음' 중에서 선택한다(그림 10-5). 콘텐츠 필터의 일부 혹은 전체를 Off 상태로 만들고 싶다면 신청 폼[15]을 제출해야 한다.

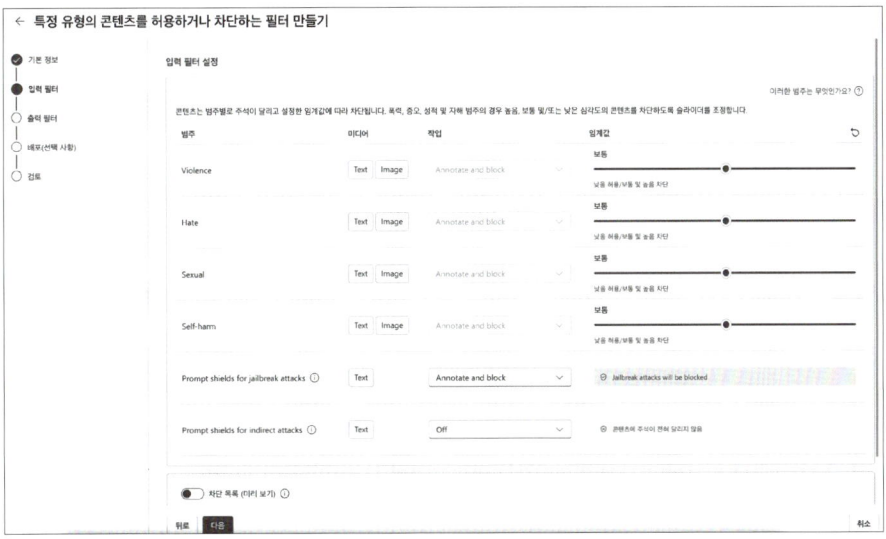

그림 10-5 콘텐츠 필터 설정 방법 ❸

입출력 필터에서는 제공 중인 네 가지 옵션 필터도 설정할 수 있다(그림 10-6, 그림 10-7).

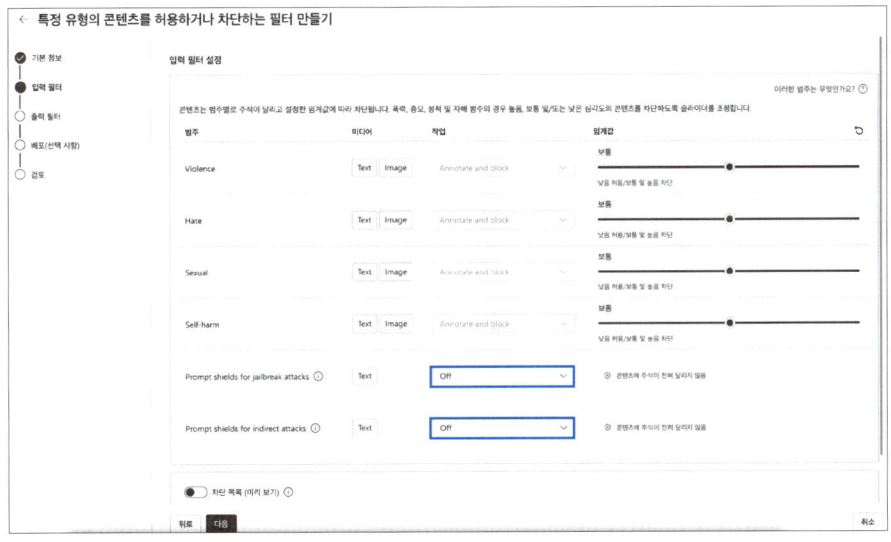

그림 10-6 콘텐츠 필터 설정 방법 ❹-1: 입력 필터

---

15 https://aka.ms/oai/modifiedaccess

그림 10-7 콘텐츠 필터 설정 방법 ❹-2: 출력 필터

Blocklist(차단 리스트) 옵션을 활성화하면 Prebuilt Blocklists(사전 제공 차단 리스트)나 커스텀 차단 리스트를 설정할 수 있다(그림 10-8).

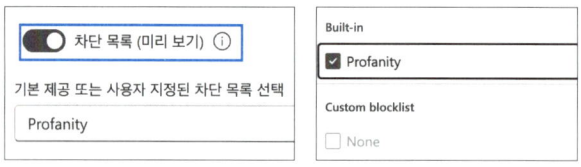

그림 10-8 콘텐츠 필터 설정 방법 ❺

배포된 모델 중에서 콘텐츠 필터를 적용할 모델을 선택한다(그림 10-9).

그림 10-9 콘텐츠 필터 설정 방법 ❻

지금까지 설정한 옵션을 확인한 뒤 [필터 만들기] 버튼으로 콘텐츠 필터 설정을 완료한다(그림 10-10).

그림 10-10 콘텐츠 필터 설정 방법 ❼

생성된 콘텐츠 필터는 생성 후에도 배포된 모델에 적용할 수 있다. '배포'로 들어가 콘텐츠 필터를 설정할 모델의 편집으로 들어가면 사후에 콘텐츠 필터를 적용할 수 있다(그림 10-11).

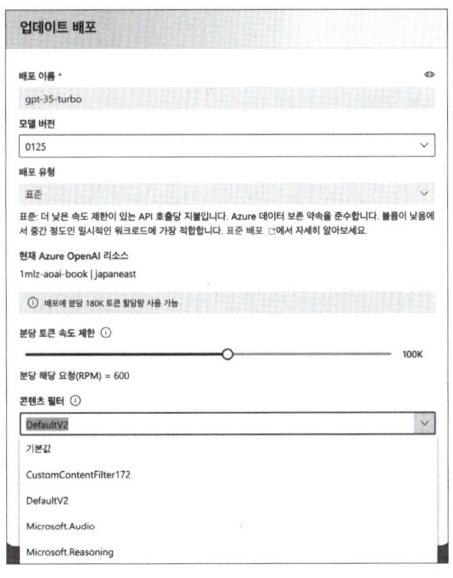

그림 10-11 콘텐츠 필터 설정 방법 ❽

10.4 데이터 취급

GPT 같은 AI 서비스에 사용하는 **데이터 취급** 방침은 특히 데이터가 중요한 자산인 기업일수록 문제가 되기 쉽다. Azure OpenAI는 기업용 서비스이기 때문에 이와 관련된 내용을 공식 문서에 명확히 정리해두었다. Azure OpenAI는 대원칙으로 다음과 같은 데이터 취급 방침을 명시하고 있다.

- 프롬프트(입력), 출력, 임베딩, 훈련용 데이터 취급 방침
- 다른 고객이 접근할 수 없다.
- OpenAI에서 접근할 수 없다.
- OpenAI 모델 개선에 사용하지 않는다.
- 마이크로소프트, 제3자의 제품 및 서비스 개선에 사용하지 않는다.
- 리소스로 사용 중인 Azure OpenAI 모델을 개선할 목적으로 사용하지 않는다(훈련용 데이터를 사용해서 모델을 명시적으로 파인 튜닝하지 않는 한 모델은 추가로 훈련되지 않는다).
- 파인 튜닝된 Azure OpenAI 모델은 해당 고객만 사용할 수 있다.
- Azure OpenAI Service는 완전히 마이크로소프트에 의해 제어된다. 마이크로소프트는 애저 환경에 OpenAI 모델을 호스팅하기 때문에 OpenAI가 운영 중인 다른 서비스(ChatGPT나 OpenAI API 등)와 상호작용하지 않는다.

이와 같은 방침을 기반으로 Azure OpenAI에서 다루는 데이터별 처리 방식을 표 10-1로 정리했다.

표 10-1 Azure OpenAI의 데이터 처리 방식

데이터 종류	개요	Azure OpenAI의 처리 방식
프롬프트와 생성된 콘텐츠	• 각종 입출력 데이터를 지칭한다. • 생성형 AI의 맥락에서는 입력 데이터를 프롬프트라고 부른다. • 출력 데이터는 생성된 문장이나 벡터값, 이미지 등을 가리킨다.	• 기본적으로 오남용 방지를 목적으로 모니터링하기 위해 30일간 보유되며, 부정 사용 시 승인된 마이크로소프트 직원이 리뷰할 가능성이 있다. • 모니터링을 위한 로그 보존 프로세스는 옵트아웃 신청이 가능하며, 승인 시 로그를 저장하지 않는다.
프롬프트에 포함된 추가 데이터	'on your data' 기능을 사용하면 데이터 저장소로부터 데이터를 가져와서 프롬프트에 포함시킨다.	• 위와 같다.

표 10-1 Azure OpenAI의 데이터 처리 방식(계속)

데이터 종류	개요	Azure OpenAI의 처리 방식
훈련 및 검증용 데이터	• ChatGPT 이전에 존재했던 GPT 모델 중에는 파인 튜닝이 가능한 모델들이 있다. • 파인 튜닝에는 프롬프트와 출력값 쌍으로 구성된 독자적인 훈련용 데이터를 사용한다.[1]	• 사용할 훈련용 데이터는 Azure OpenAI 리소스와 동일한 리전에 저장되며, 이중으로 암호화해 저장할 수 있다(기본값으로는 마이크로소프트의 AES-256 암호화를 사용하며 상황에 따라 고객 관리형 키를 사용한다). • 사용자가 언제든지 삭제할 수 있다.

주로 유의해야 할 대상은 프롬프트와 생성된 콘텐츠다. 기밀 정보를 다루는 상황에서는 이 항목을 충분히 검토한 뒤 사용해야 한다. 만약 옵트아웃을 신청했다면 오남용 방지를 위한 시스템이 사전에 구축된 상태여야 한다. 로그 수집 등의 시스템은 9장의 내용을 참고 바란다.

10.5 마무리

10장에서는 책임 있는 AI 활용을 위한 마이크로소프트의 노력을 예시와 함께 살펴봤다. ChatGPT가 등장함에 따라 AI의 적용범위가 폭발적으로 확대되면서 동시에 AI를 적절히 통제하는 방법에 대한 중요성도 높아지고 있다. Azure OpenAI에는 콘텐츠 필터 기능이 있다. 또, 이와 유사한 **Azure AI Content Safety**라는 서비스도 제공한다.[2] 이번 장에서는 자세히 다루지 않았지만, Azure OpenAI 외의 생성형 AI를 사용할 때 활용해보길 바란다.

---

1 https://learn.microsoft.com/en-us/azure/ai-services/openai/how-to/fine-tuning
2 https://learn.microsoft.com/ko-kr/azure/ai-services/content-safety/overview

APPENDIX A

예제 코드 실행 환경 구축

이 책은 4~5장(RAG에 의한 사내 문서 검색 시스템 구현), 9장(거버넌스)에서 예제 코드를 사용하며 내용을 설명한다. 예제 코드를 실행하려면 다음과 같은 환경들이 구축되어 있어야 한다. 환경 구축에 어려움을 겪고 있다면 이 장의 내용을 참고 바란다.

- 파이썬 3.10 이상
- 깃
- Azure Developer CLI
- Node.js 18 이상
- 파워셸 7 이상(Pwsh): 윈도우 사용자 한정

A.1 파이썬 설치

파이썬 공식 사이트[1]에서 자신의 OS와 일치하는 설치 파일을 다운받아 실행한다.

참고로 리눅스(우분투)나 맥에는 처음부터 파이썬이 설치되어 있기 때문에 별도의 설치 없이 그대로 사용할 수 있다. 단, 기본으로 설치된 파이썬은 버전이 약간 오래됐을 수도 있다. 이 책의 예제는 파이썬 3.10.11과 파이썬 3.12.4로 테스트했다. 만약 실행에 문제가 발생하면 테스트한 버전으로

---

[1] https://www.python.org/downloads/release/python-3124/

의 재설치를 권장한다.

윈도우에서는 마이크로소프트 스토어Microsoft Store를 통해 파이썬을 설치하면 제대로 실행되지 않을 수 있다. 반드시 다음 절차에 따라 설치하길 바란다.

A.1.1 설치 방법(윈도우)

파이썬 공식 사이트에서 3.12.4를 검색해 들어간 뒤 하단에서 자신의 OS와 일치하는 설치 파일을 다운받는다. 윈도우 11 사용자는 [Windows installer (64-bit)]를 클릭해서 다운받아야 한다(그림 A-1).

Files

Version	Operating System	Description	MD5 Sum	File Size	GPG	Sigstore	SBOM
Gzipped source tarball	Source release		ead819dab6d165937138daa9e51ccb54	26.0 MB	SIG	.sigstore	SPDX
XZ compressed source tarball	Source release		d68f25193eec491eb54bc2ea664a05bd	19.7 MB	SIG	.sigstore	SPDX
macOS 64-bit universal2 installer	macOS	for macOS 10.9 and later	b6de6aea008605f5d4096014c2ad3c43	44.0 MB	SIG	.sigstore	
Windows installer (64-bit)	Windows	Recommended	f3df1be26cc7cbd8252ab5632b62d740	25.5 MB	SIG	.sigstore	SPDX
Windows installer (ARM64)	Windows	Experimental	f3c2064f11c5f4eee475928a0fc62199	24.8 MB	SIG	.sigstore	SPDX
Windows embeddable package (64-bit)	Windows		8db759b337ac4f6966f52b3662c05dd7	10.6 MB	SIG	.sigstore	SPDX
Windows embeddable package (32-bit)	Windows		19691145551a41114b32a556bb2bcb89	9.4 MB	SIG	.sigstore	SPDX
Windows embeddable package (ARM64)	Windows		0a863fd2485b3057a2eea108f1252160	9.8 MB	SIG	.sigstore	SPDX
Windows installer (32 -bit)	Windows		d9c98b529889aba04ca5ec1c6b5f986f	24.3 MB	SIG	.sigstore	SPDX

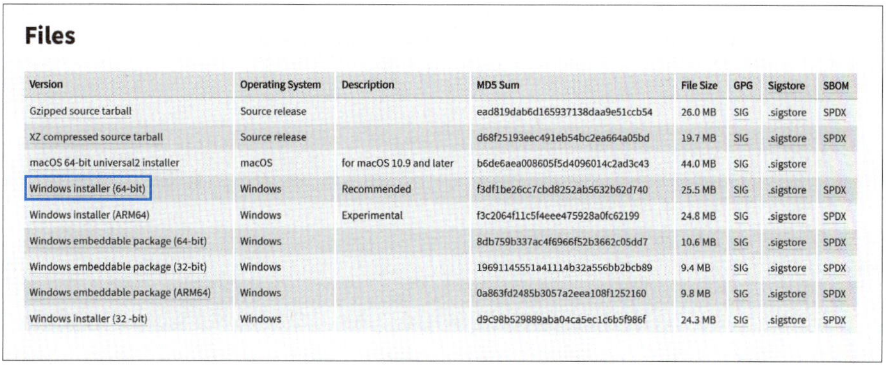

그림 A-1 파이썬 설치 파일 다운로드

설치 파일의 다운로드가 완료되면, 다운로드된 파일 'python-3.12.4-amd64.exe'를 더블 클릭해서 실행한다. 설치 마법사가 실행되면 'Add python.exe to PATH'를 체크하고, [Install Now]를 클릭하면 설치를 시작한다(그림 A-2).

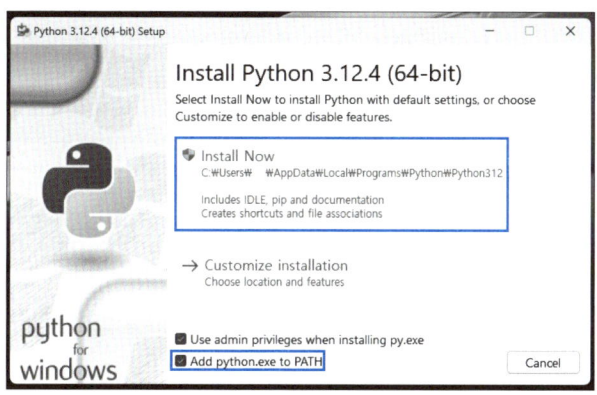

그림 A-2 설치 마법사

설치가 완료되면 [Close] 버튼을 눌러 창을 종료한다(그림 A-3).

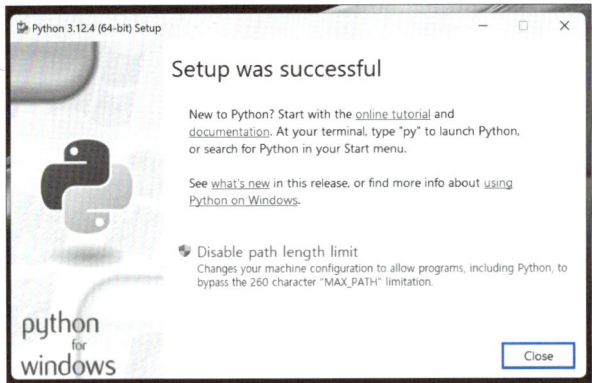

그림 A-3 설치 완료

정상적으로 설치됐는지 확인하려면 명령 프롬프트 혹은 파워셸을 실행해서 `python -V`를 입력한 뒤 엔터 키를 누른다. `Python 3.12.4`가 출력되면 성공한 것이다.

```
python -V
Python 3.12.4
```

A.2 깃 설치

공식 사이트[2]에서 자신의 OS와 일치하는 설치 파일을 다운받아 실행한다.

A.2.1 설치 방법(윈도우)

공식 사이트에서 [Downloads]를 클릭한 뒤 알맞은 OS를 선택한다(그림 A-4). 여기서는 [Windows]를 누른다.

---

2 https://git-scm.com/downloads

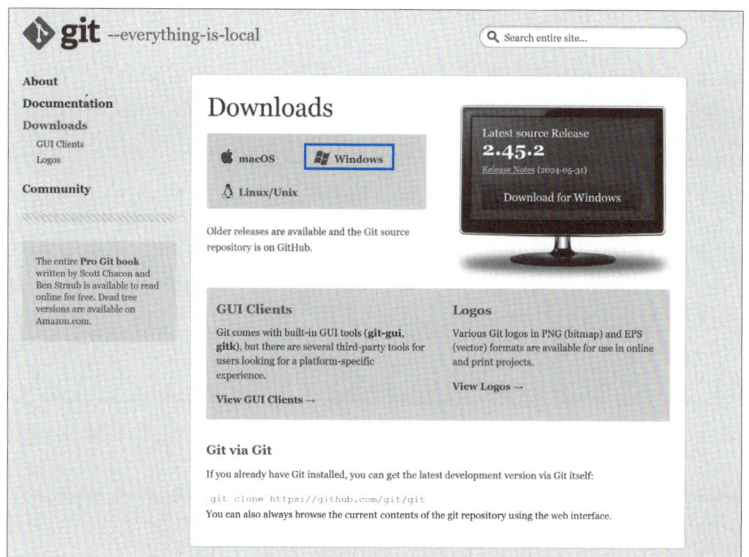

그림 A-4 깃 다운로드 ❶

'Download for Windows' 페이지에서 윈도우 11 사용자는 [64-bit Git for Windows Setup]을 클릭해서 다운받는다. 버전은 최신 버전을 선택해도 상관없다(그림 A-5).

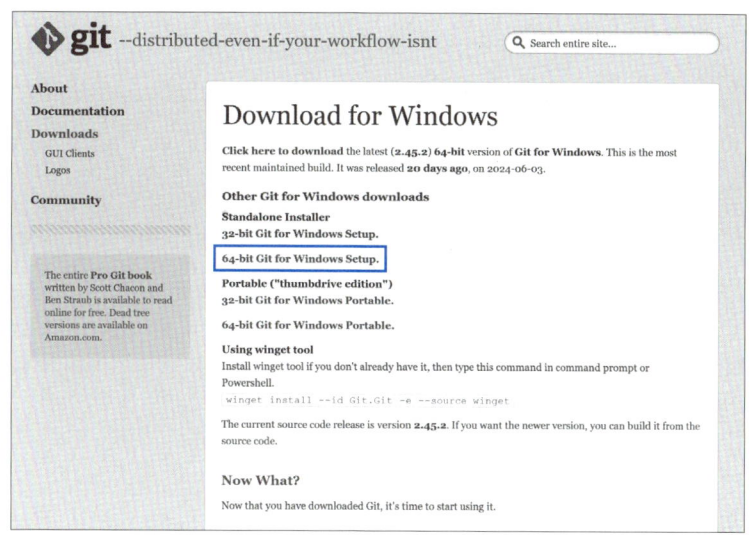

그림 A-5 깃 다운로드 ❷

설치 파일의 다운로드가 완료되면, 다운로드된 파일 'Git-2.45.2-64-bit.exe'을 더블 클릭해서 실행한다. 이후 전부 [Next]를 클릭한다(그림 A-6~A-9).

그림 A-6 깃 설치 마법사 ①

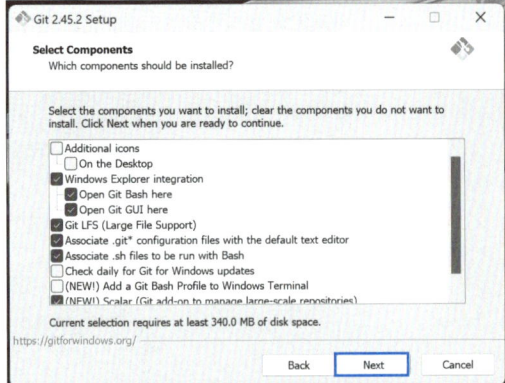

그림 A-7 깃 설치 마법사 ②

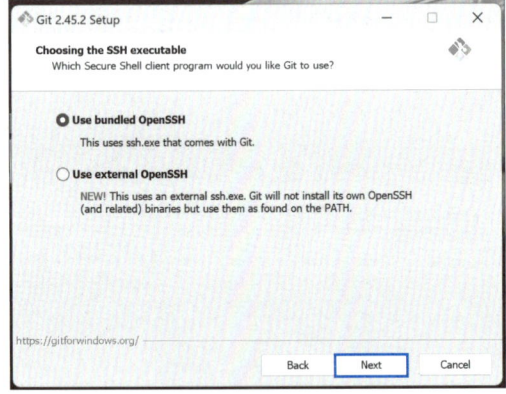

그림 A-8 깃 설치 마법사 ③

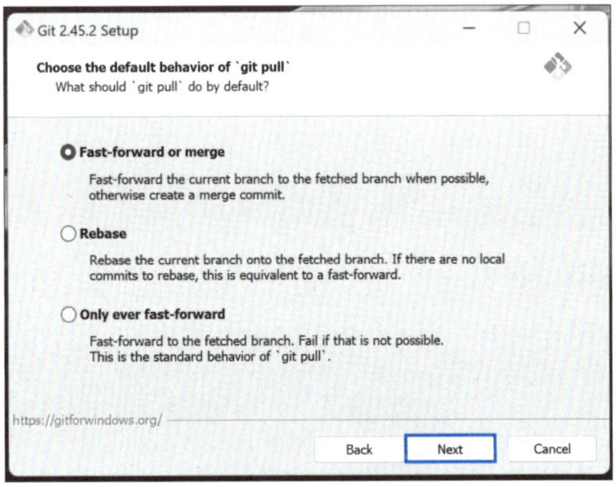

그림 A-9 깃 설치 마법사 ④

'Configuring experimental options' 화면이 나타나면 [Install] 버튼을 누른다(그림 A-10).

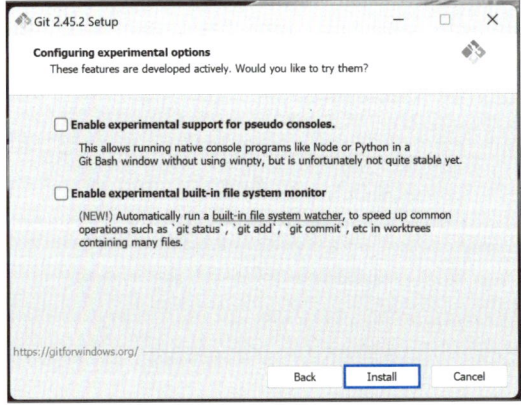

그림 A-10 깃 설치 마법사 ⑤

설치가 완료되면 [Finish] 버튼을 눌러 종료한다(그림 A-11).

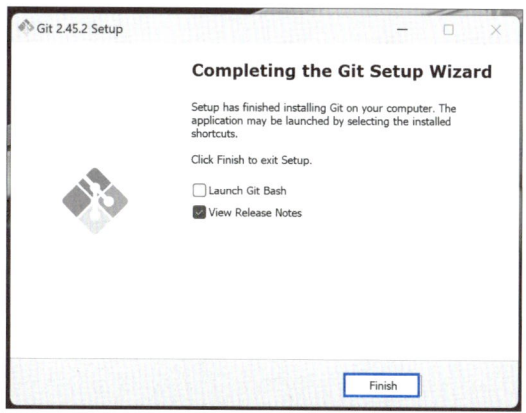

그림 A-11 깃 설치 마법사 ❻

제대로 설치됐는지 확인하기 위해 명령 프롬프트나 파워셸을 실행해서 `git -v`를 입력하고 엔터 키를 누른다. 설치한 버전이 나타나면 성공한 것이다.

```
git -v
git version 2.45.2.windows.1
```

A.3 Azure Developer CLI 설치

Azure Developer CLI는 개발자용 도구로 로컬 개발 환경에 있는 애플리케이션을 애저 환경에 배포할 수 있는 기능을 제공한다. 이 장에서 언급한 내용 외의 설치 방법이나 트러블 슈팅은 공식 문서[3]를 참고하길 바란다.

A.3.1 설치 방법(윈도우)

윈도우 패키지 관리자Windows Package Manager, winget[4]을 사용할 수 있다면 다음 커맨드를 실행한다.

```
winget install microsoft.azd
```

---

[3] https://learn.microsoft.com/ko-kr/azure/developer/azure-developer-cli/overview
[4] winget은 윈도우 10 1709(빌드 16229) 이후의 버전 혹은 윈도우 11에서만 사용할 수 있다.

winget을 사용할 수 없는 환경에서는 파워셸을 열고 앞선 커맨드를 입력한 뒤 엔터 키를 누른다 (그림 A-12).

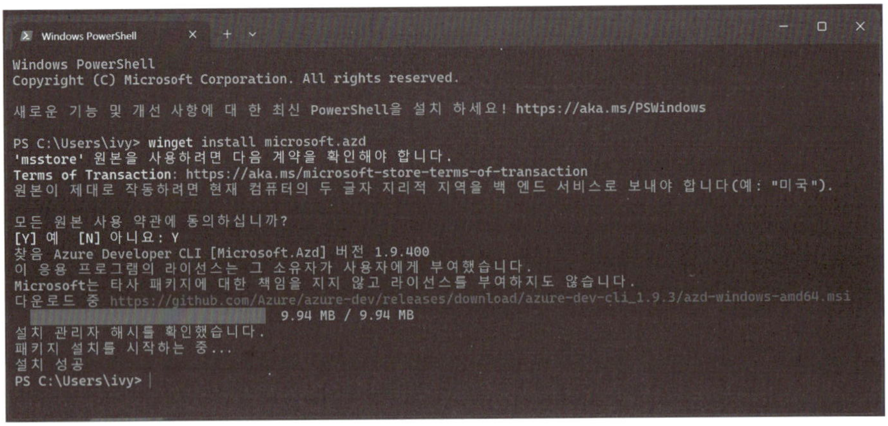

그림 A-12 Azure Developer CLI 설치

'설치 성공'이라는 문자가 출력될 때까지 기다린 뒤 `azd version`이라는 커맨드를 실행했을 때 설치한 버전이 나타나면 성공한 것이다.

```
azd version
azd version 1.9.3 (commit e1624330dcc7dde440ecc1eda06aac40e68aa0a3)
```

A.3.2 설치 방법(리눅스)

다음 커맨드를 실행한다.

```
curl -fsSL https://aka.ms/install-azd.sh | bash
```

A.3.3 설치 방법(macOS)

홈브루Homebrew를 사용한 설치 방법을 권장한다.

```
brew tap azure/azd && brew install azd
```

A.4 Node.js 설치

공식 사이트[5]에서 LTS 버전을 선택하고 자신의 OS와 일치하는 설치 파일을 다운받아 실행한다.

A.4.1 설치 방법(윈도우)

https://nodejs.org/en/blog/release/v18.12.0로 들어가서 자신의 OS와 일치하는 설치 파일을 다운받는다. 윈도우 11 사용자는 [Windows 64-bit Installer]를 클릭해서 다운로드한다. 버전은 v18 계열[6]이면 어떤 것을 받아도 상관없다(그림 A-13).

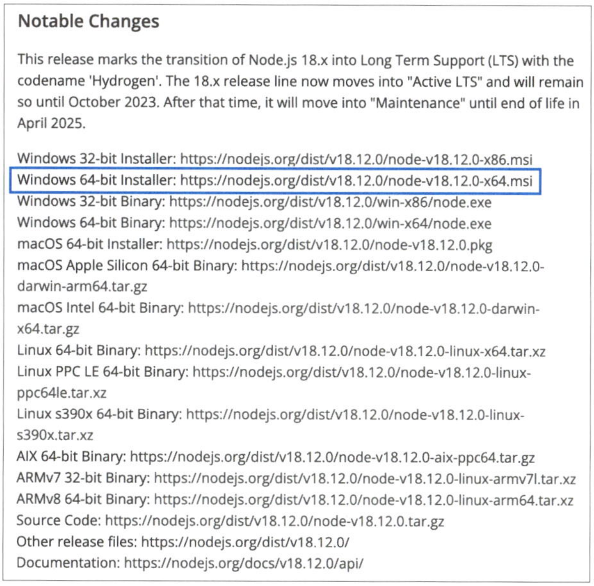

Notable Changes

This release marks the transition of Node.js 18.x into Long Term Support (LTS) with the codename 'Hydrogen'. The 18.x release line now moves into "Active LTS" and will remain so until October 2023. After that time, it will move into "Maintenance" until end of life in April 2025.

Windows 32-bit Installer: https://nodejs.org/dist/v18.12.0/node-v18.12.0-x86.msi
Windows 64-bit Installer: https://nodejs.org/dist/v18.12.0/node-v18.12.0-x64.msi
Windows 32-bit Binary: https://nodejs.org/dist/v18.12.0/win-x86/node.exe
Windows 64-bit Binary: https://nodejs.org/dist/v18.12.0/win-x64/node.exe
macOS 64-bit Installer: https://nodejs.org/dist/v18.12.0/node-v18.12.0.pkg
macOS Apple Silicon 64-bit Binary: https://nodejs.org/dist/v18.12.0/node-v18.12.0-darwin-arm64.tar.gz
macOS Intel 64-bit Binary: https://nodejs.org/dist/v18.12.0/node-v18.12.0-darwin-x64.tar.gz
Linux 64-bit Binary: https://nodejs.org/dist/v18.12.0/node-v18.12.0-linux-x64.tar.xz
Linux PPC LE 64-bit Binary: https://nodejs.org/dist/v18.12.0/node-v18.12.0-linux-ppc64le.tar.xz
Linux s390x 64-bit Binary: https://nodejs.org/dist/v18.12.0/node-v18.12.0-linux-s390x.tar.xz
AIX 64-bit Binary: https://nodejs.org/dist/v18.12.0/node-v18.12.0-aix-ppc64.tar.gz
ARMv7 32-bit Binary: https://nodejs.org/dist/v18.12.0/node-v18.12.0-linux-armv7l.tar.xz
ARMv8 64-bit Binary: https://nodejs.org/dist/v18.12.0/node-v18.12.0-linux-arm64.tar.xz
Source Code: https://nodejs.org/dist/v18.12.0/node-v18.12.0.tar.gz
Other release files: https://nodejs.org/dist/v18.12.0/
Documentation: https://nodejs.org/docs/v18.12.0/api/

그림 A-13 Node.js 다운로드

설치 파일의 다운로드가 완료되면, 다운로드한 'node-v18.12.0-x64.msi'를 더블 클릭해 실행한다. 이후 전부 [Next]를 클릭한다(그림 A-14~A-18).

5 https://nodejs.org/en/blog/release/v18.12.0
6 옮긴이 v20.11.0(LTS)에서도 테스트했다.

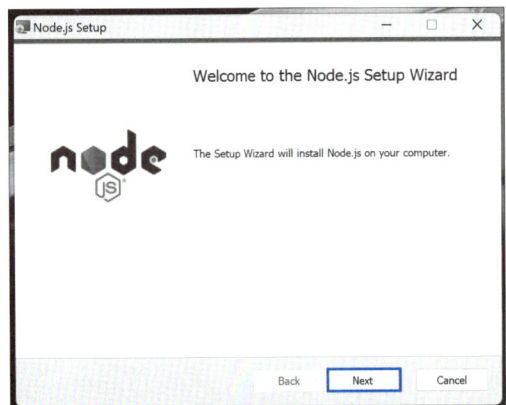

그림 A-14 Node.js 설치 마법사 ❶

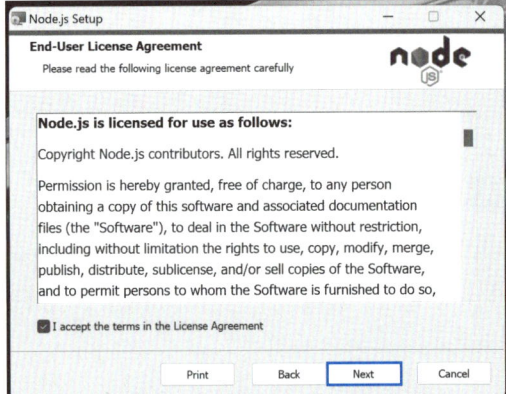

그림 A-15 Node.js 설치 마법사 ❷

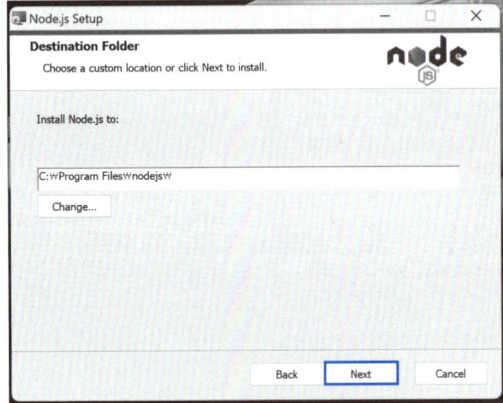

그림 A-16 Node.js 설치 마법사 ❸

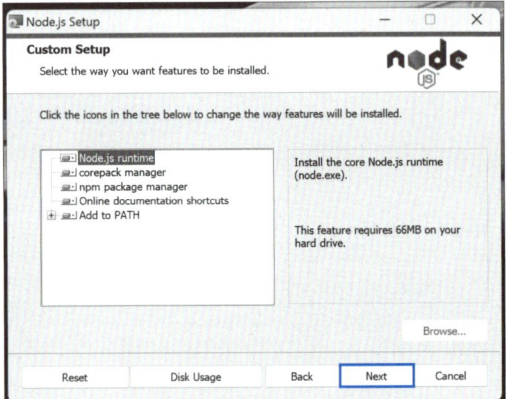

그림 A-17 Node.js 설치 마법사 ❹

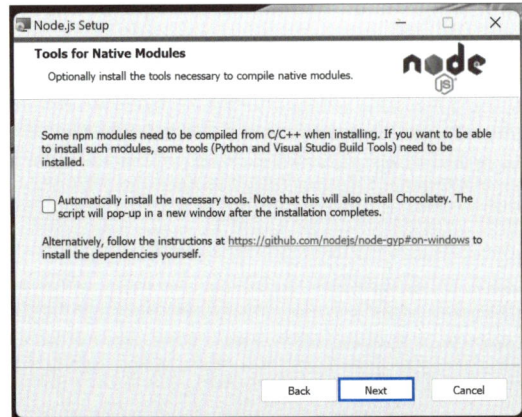

그림 A-18 Node.js 설치 마법사 ❺

'Ready to install Node.js' 화면이 나타나면 [Install] 버튼을 누르면(그림 A-19), 설치가 완료되고 [Finish] 버튼을 눌러 종료한다(그림 A-20).

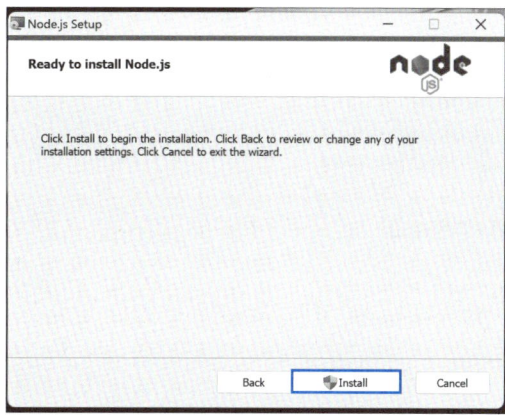

그림 A-19 Node.js 설치 마법사 ❻

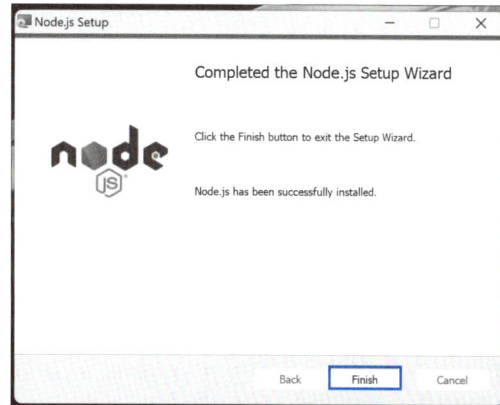

그림 A-20 Node.js 설치 완료

제대로 설치됐는지 확인하기 위해 명령 프롬프트나 파워셸을 실행해서 `node -v`를 입력하고 엔터 키를 누른다. 설치한 버전이 나타나면 성공한 것이다.

```
node -v
v18.12.0
```

A.5 파워셸 설치(윈도우 한정)

애저 공식 문서[7]로 들어가서 자신의 환경(x64 혹은 x86)에 맞는 파워셸을 다운로드받아 설치한다.

A.5.1 설치 방법

애저 공식 문서로 접속한 후 자신의 OS와 일치하는 설치 파일을 다운로드한다(그림 A-21).

---

[7] https://learn.microsoft.com/ko-kr/powershell/scripting/install/installing-powershell-on-windows?view=powershell-7.4#msi

MSI 패키지 설치

Windows에서 PowerShell을 설치하려면 다음 링크를 사용하여 GitHub에서 설치 패키지를 다운로드합니다.

- PowerShell-7.4.3-win-x64.msi
- PowerShell-7.4.3-win-x86.msi

다운로드한 후 설치 관리자 파일을 두 번 클릭하고 프롬프트를 따릅니다.

설치 관리자는 Windows 시작 메뉴에서 바로 가기를 만듭니다.

- 기본적으로 패키지는 `$env:ProgramFiles\PowerShell\<version>`에 설치됩니다.
- 시작 메뉴를 통해 PowerShell을 시작하거나 `$env:ProgramFiles\PowerShell\<version>\pwsh.exe`

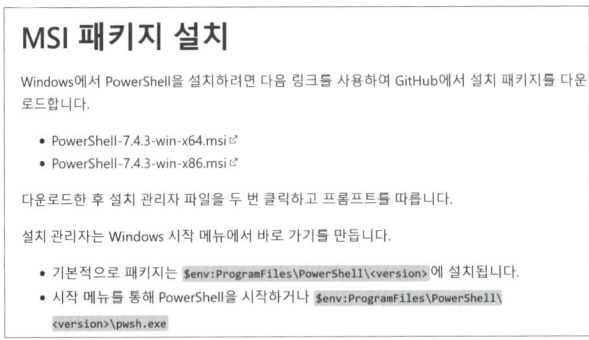

그림 A-21 파워셸 7 다운로드

설치 파일의 다운로드가 완료되면, 다운로드한 'PowerShell-7.4.3-win-x64.msi'를 더블 클릭해서 실행한다. 이후 전부 [Next]를 클릭한다(그림 A-22~A-25).

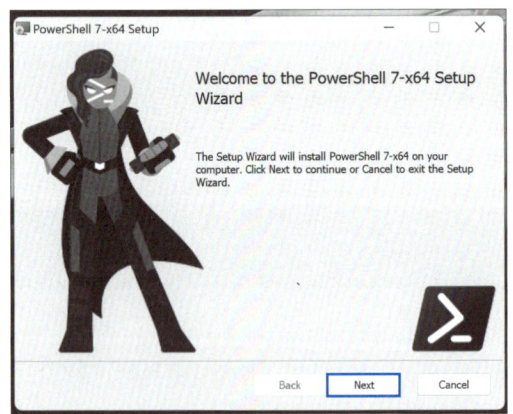

그림 A-22 파워셸 7 설치 마법사 ❶

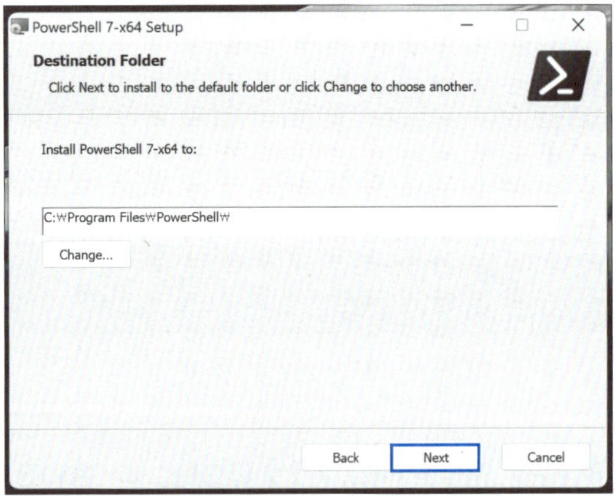

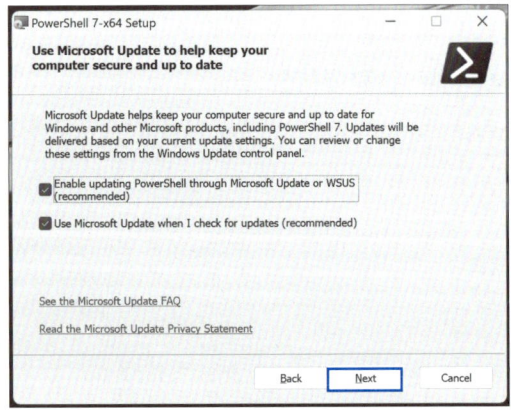

그림 A-23 파워셸 7 설치 마법사 ❷

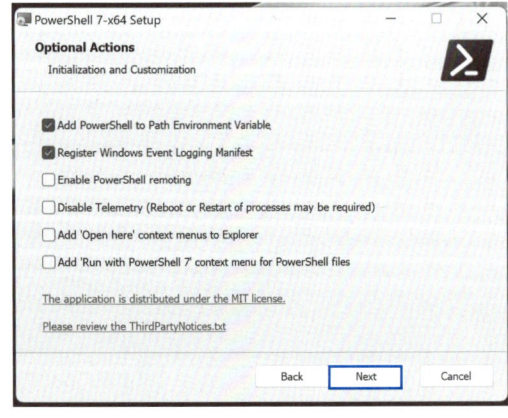

그림 A-24 파워셸 7 설치 마법사 ❸

그림 A-25 파워셸 7 설치 마법사 ❹

'Ready to install PowerShell 7-x64' 화면이 나타나면 [Install] 버튼을 누르면(그림 A-26) 설치가 완료되고 [Finish] 버튼을 눌러 종료한다(그림 A-27).

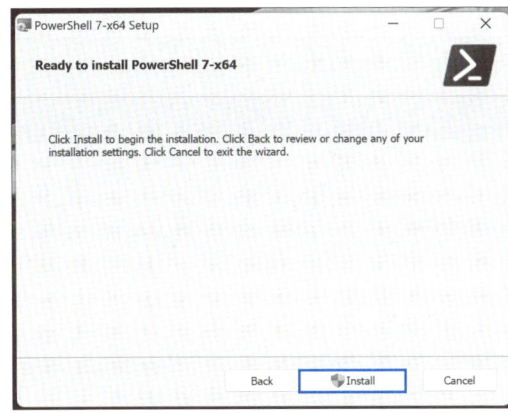
그림 A-26 파워셸 7 설치 마법사 ❺

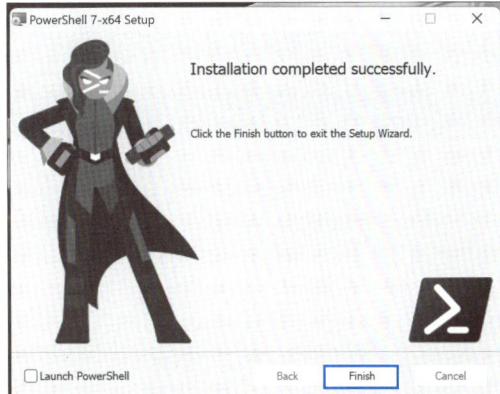
그림 A-27 파워셸 7 설치 완료

먼저 시작 메뉴에서 'powershell 7'으로 검색해 리스트에 띄우고, [관리자 권한으로 실행]을 누른다 (그림 A-28).

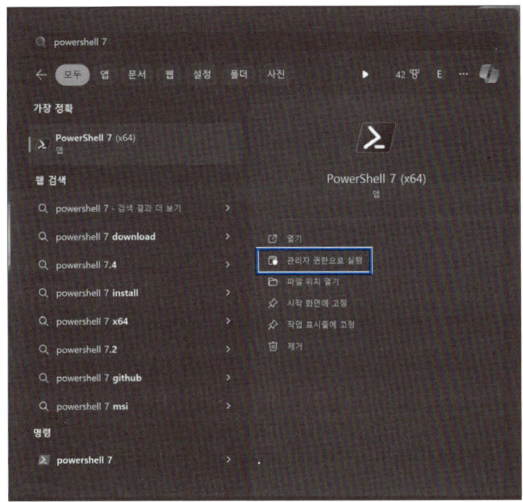
그림 A-28 파워셸 7 실행

관리자 모드로 실행하고 나서 다음 커맨드를 입력한 뒤 엔터 키를 누른다.

```
Set-ExecutionPolicy RemoteSigned
```

다음 커맨드를 입력했을 때 `RemoteSigned`라고 나타나면 설정이 완료된 것이다.

```
Get-ExecutionPolicy
```

APPENDIX B

ChatGPT의 구조

인간의 질문에 자연스럽게 답변하고, 문제까지 해결해주는 ChatGPT는 어떤 원리로 답변을 생성하는 것일까? 부록 B에서는 ChatGPT를 만드는 데 필요한 핵심 기술 몇 가지를 살펴보면서 어떻게 ChatGPT가 자연스러운 문장을 생성할 수 있는지 상세히 설명한다.

ChatGPT의 원리를 이해하는 것은 ChatGPT를 활용한 시스템을 구축하는 것과는 직접적인 연관성이 없다. 하지만 프롬프트 엔지니어링, 파인 튜닝, 공개 모델을 활용할 때 어떤 기법을 선택하는 것이 적합하며, 시스템 구축시에 무엇을 사용해야 하는지 같은 기술적 판단이 필요할 때 많은 도움이 된다. 나아가 ChatGPT 활용의 필요성을 사내에 설명해야 할 때 이해관계자들에게 충분한 설명을 할 수 있기 때문에 설득을 위한 기초 지식으로도 유용하다.

챗봇 개발의 역사는 의외로 오래됐다. 컴퓨터의 여명기인 1960년대에 개발된 ELIZA까지 거슬러 올라가야 한다. 또한, ChatGPT를 '언어 모델'의 측면에서 바라본다면 마르코프 체인Markov chain에 기반한 n-gram 언어 모델이나 신경망을 시간 방향으로 확장한 **순환 신경망**recurrent neural network, RNN을 사용하는 **RNN** 언어 모델 등 원류라고 할 수 있는 기술들이 열거할 수 없을 정도로 많다. 여기서는 ChatGPT와 가장 직접적으로 연관된 기술인 트랜스포머 개념과 트랜스포머의 내부 구조를 더 잘 파악하기 위해 트랜스포머 이전에 존재했던 언어 생성 모델인 seq2seq 모델을 설명하고, 뛰어난 성능의 원천이라 할 수 있는 사전 학습된 언어 모델pre-trained language model과 대화 형식 응답을 위한 튜닝 기법에 대해서 설명한다.

B.1 트랜스포머의 등장

ChatGPT에서 'GPT'는 generative pre-trained transformer라고 불리는 대규모 심층학습 모델을 가리키며, OpenAI가 주관해 현재까지 연구 및 개발을 진행해왔다. ChatGPT의 세부적인 모델 구조는 공개되지 않았지만, OpenAI가 공개한 GPT-4의 기술 보고서[1]나 ChatGPT의 기반이 된 연구 성과들을 보면 ChatGPT도 트랜스포머를 기반으로 만든 것임을 알 수 있다.

트랜스포머는 2017년에 구글의 아시시 바스와니Ashish Vaswani가 발표한 <Attention Is All You Need>라는 인상적인 제목의 논문[2]에서 제안된 텍스트 번역 모델이다. 발표 당시에 텍스트 생성 모델의 주류는 시계열 데이터를 다루기 위한 신경망인 RNN의 일종인 **장단기 메모리**long short term memory, LSTM를 사용하는 seq2seq 모델이었다. 트랜스포머는 seq2seq라는 번역 모델보다 적은 계산 비용으로도 상회하는 성능을 보여주며 최첨단state of the art[3] 기술로 자리매김했다.

B.1.1 어텐션

트랜스포머는 seq2seq 계열 모델과 비교하면 시계열 방향 구조를 가지지 않는다는 점에서는 단순한 구조라고 할 수 있지만, 모델 자체만 보면 **순방향 신경망**feedforward neural network, FNN(가장 기초적인 신경망 중 하나)과 **어텐션**attention(**어텐션 메커니즘**attention mechanism)을 조합한 것을 여러 층으로 겹겹이 쌓아 올린 다소 복잡한 형태로 구성되어 있다.

어텐션은 이후에 자세히 설명하겠지만, 당시 RNN 계열 모델이 가지고 있던 '장문을 입력하면 장기 의존 관계(문장을 구성하는 단어 중 멀리 떨어진 거리에 있는 단어 간 관계)를 제대로 파악하지 못해 성능이 저하되는 문제'의 대응 방법으로 사용하던 구조다.

트랜스포머는 seq2seq가 안고 있던 문제를 해결한 모델로 등장했으나 기술적인 근간은 seq2seq를 답습한 것들이 많았다. 따라서 당시 널리 사용하던 seq2seq 모델부터 살펴봐야 한다.

---

1 https://arxiv.org/abs/2303.08774
2 https://arxiv.org/abs/1706.03762
3 문제 해결 능력 점수가 이전 최고 점수를 갱신해 최고 성능을 달성한 것을 의미한다.

B.1.2 seq2seq

seq2seq는 Sequence-to-Sequence의 줄임말로, 문자 그대로 문장에서 문장으로 변환하는 RNN 계열 모델이다.[4] RNN은 시간(시점) 방향 정보를 고려할 수 있도록 설계된 신경망의 한 종류다. 한 시점의 입력과 과거 시점의 출력을 이어받은 입력이라는 두 가지(개선된 방법인 LSTM의 경우 세 가지) 입력 경로가 있고, 해당 시점의 출력과 다음 시점에 전달하기 위한 출력이라는 두 가지 출력 경로를 가진다. seq2seq에서는 입력 문장을 처리하는 인코더 RNN과 출력 문장을 생성하는 디코더 RNN 두 가지를 결합해, RNN의 시점과 문장을 구성하는 단어의 순서를 대응시킨다. 그림 B-1은 두 가지 RNN을 시점(여기서는 문장을 구성하는 각각의 단어) 방향대로 나열한 이미지다.

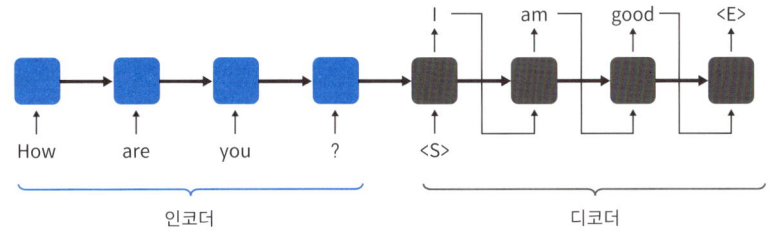

그림 B-1 seq2seq 이미지

문장을 구성하는 단어를 하나씩 인코더 RNN에 입력하면 RNN은 이전 시점에 입력한 단어(문장에서 지금 입력한 단어보다 이전에 있는 단어)를 고려해 처리하고, 최종적으로 1개의 벡터[5]를 출력한다. 이처럼 문장을 사람이 이해할 수 없는 숫자 덩어리인 1개의 벡터로 변환하기 때문에 '인코더 RNN'이라 부른다. 이 벡터에는 입력한 문장의 정보가 포함되어 있을 것이라 기대할 수 있다. 이 벡터와 함께 문장의 시작을 의미하는 특수한 단어(<S>)를 디코더 RNN에 입력해 최초의 단어를 예측한다. 그리고 이 단어를 다음 시점의 입력으로 간주해 두 번째 단어를 얻는다. 이를 반복해 문장의 마지막 단어를 의미하는 특수한 단어(<E>)가 출력되거나 처음에 정해놓은 특정 단어 수를 초과하면 작업이 종료된다. 인코더 RNN이 생성한 벡터인 인코딩된 문장으로 새로운 문장을 생성하기 때문에 이를 **디코더 RNN**이라 부른다.

이 모델 덕분에 번역이나 요약 등 문장에서 문장으로 변환하는 작업의 성능이 급격히 상승했다. 하지만 장문을 번역하거나 장문에서 짧은 문장으로 변환할 때는 짧은 문장만을 다룰 때보다 성능이 저하되는 문제가 발생했다.

---

4 https://arxiv.org/abs/1409.3215
5 대학교에서 배우는 벡터 개념에 익숙하지 않다면, 500개나 1,000개 정도의 숫자를 집약한 묶음 정도로 생각하면 된다.

B.1.3 seq2seq에 도입된 어텐션

장문을 입력으로 사용하면 단어 수가 증가하기 때문에 시점 수도 늘어난다. RNN의 구조상 시점이 늘어날수록 최초 시점(문장 첫 번째 단어)의 정보가 점점 희미해지기 때문에 인코더 RNN이 출력하는 문장의 벡터는 문장의 앞부분보다 뒷부분에 있는 단어의 영향을 많이 받는다. 이로 인해 문장을 구성하는 대명사나 단어 간의 관계성을 제대로 파악하지 못하고 성능이 저하되는 것이 아니냐는 의문이 제기됐다.

이 문제를 해결하기 위해 인코더 RNN을 '문장 처음부터 정방향으로 처리하는 계층'과 '문장 끝에서 역방향으로 처리하는 계층'으로 나눠서 이중화 하는 등 다양한 해결책이 고안됐다. 이러한 대책들 중 하나로 제시된 것이 어텐션을 도입하는 방법이었다.[6]

어텐션은 인코더 RNN의 출력 중에 seq2seq에서는 통상 사용하지 않던 시점별 출력 벡터를 수집하고, 디코더 RNN의 각 시점마다 일정한 처리를 통해 1개의 벡터로 결합해 정리하는 구조다(그림 B-2).

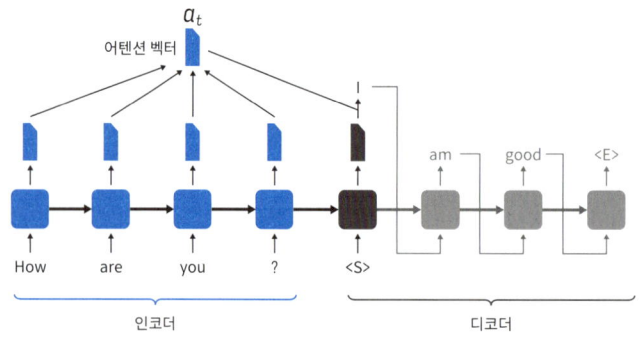

그림 B-2 어텐션의 도입

어텐션은 초기 시점의 정보인 인코더 RNN의 정보에서 디코더 RNN의 시점이 고려해야 하는 정보를 재차 제공하는 역할을 담당한다. 이로 인해 장기 의존 관계를 파악할 수 있게 되어 성능이 개선됐다.[7] 어텐션이 있더라도 그다지 장기 의존 관계가 파악되지 않음을 시사하는 연구[8]도 있었지만, 어텐션의 도입으로 성능이 개선된 것은 부정할 수 없었다.

---

6 https://arxiv.org/abs/1409.0473
7 이 밖에도 입력 문장을 정방향과 역방향으로 처리한 벡터를 혼합해 디코더에 전달하는 등 다양한 연구가 이뤄졌다.
8 https://arxiv.org/abs/1702.04521

B.1.4 어텐션의 계산 처리

어텐션의 핵심은 '현재 처리 중인 정보'에 '다른 여러 정보' 중에서 고려해야 할 정보를 추출해 결합하는 것이다. 이를 '현재 처리 중인 정보'에서 얻은 벡터 q와 '다른 여러 정보'로 서로 다른 처리를 통해 획득한 2종류의 벡터군 k, v를 통해 설명할 수 있다.

고려해야 할 정보를 어떻게 선택하느냐는 꽤 어려운 문제지만 벡터로 정보를 표현하는 어텐션에서는 계산이 단순하고 빠른 내적(아다마르 곱Hadamard product)으로 산출한 일종의 유사도[9]를 사용한다. 벡터 q와 벡터군 k를 구성하는 벡터에 대해서 하나씩 내적을 구하면 벡터군 k의 개수만큼 내적 값을 얻을 수 있다. 이 내적 값의 합계가 1이 되도록 만드는 각 벡터의 가중치를 얻어서 벡터군 v에 곱한 뒤 모두 더하는 것으로 1개의 벡터가 산출된다. 가중치 계산 시에 특정 유사도가 다른 유사 돗값보다 조금이라도 크면, 해당 값이 극단적으로 1에 수렴하도록 계산[10]한다. 따라서 합산된 1개의 벡터는 벡터군 k 중 벡터 q와 가장 유사한 값의 영향이 극단적으로 큰 벡터가 된다. 이 벡터가 바로 어텐션 벡터다(그림 B-3).

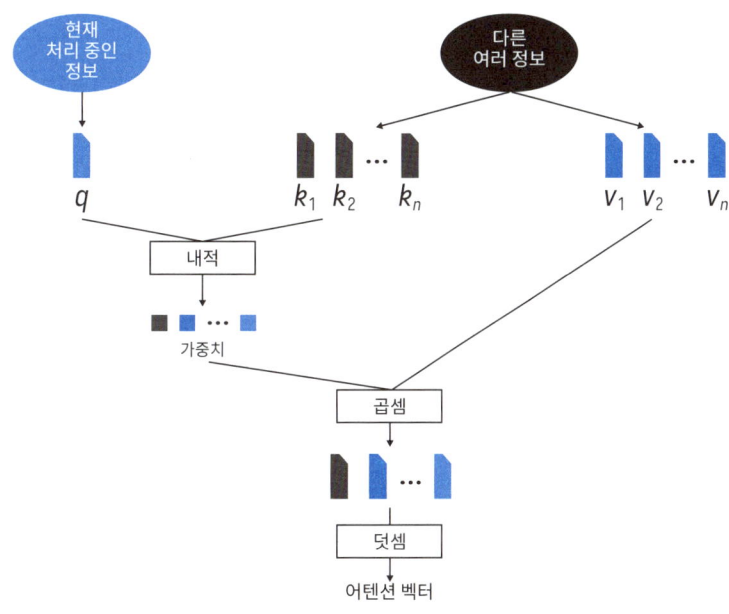

그림 B-3 어텐션을 사용한 계산

---

9 2개의 벡터 중 같은 차원(같은 위치)의 숫자를 곱하는 아다마르 곱을 벡터의 크기로 정규화한 값은 벡터의 방향이 완전히 일치할 때의 최댓값을 가진다.
10 단순히 특정 출력값을 모든 출력 값의 합으로 나눠 정규화한 것이 아니라, softmax 함수(자연로그의 밑인 e를 특정 출력값으로 거듭제곱한 것을 e를 각 출력값으로 거듭제곱한 것들의 총합으로 나눠서 정규화하는 함수)를 사용하므로 출력값에 근소한 차이만 있어도 값이 크게 변한다.

B.1.5 트랜스포머의 구조

이제 본론인 트랜스포머의 구조를 살펴보자(그림 B-4).

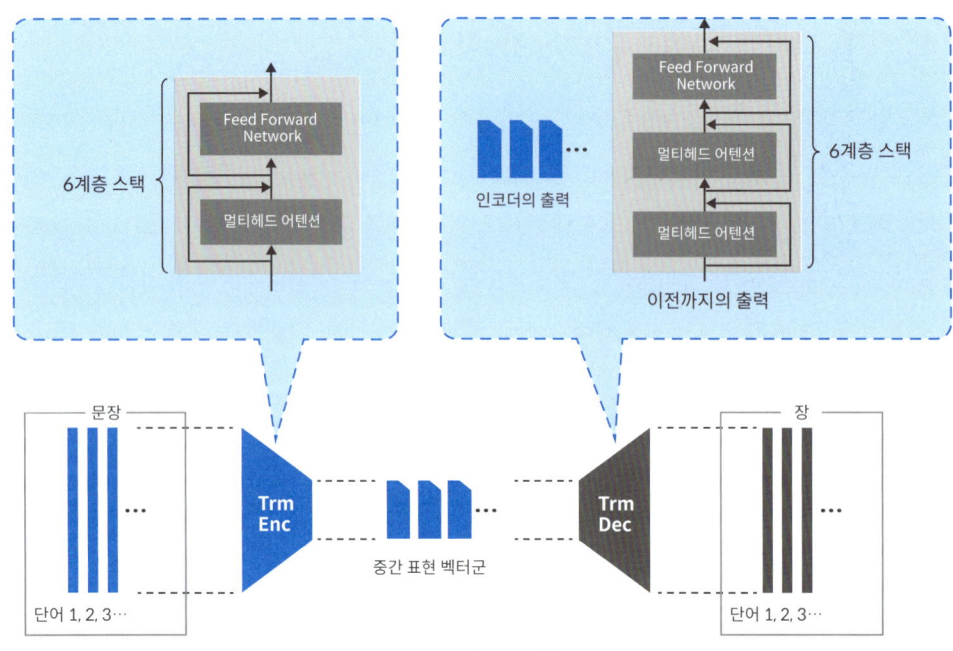

그림 B-4 트랜스포머의 구조

seq2seq와는 구성 요소가 크게 달라졌지만 트랜스포머도 RNN 기반인 seq2seq와 동일하게 문장을 한 차례 벡터로 변환하고 변환한 벡터에서 문장을 재구성하는 문장 변환 모델인 것은 마찬가지다.

seq2seq + 어텐션 모델(그림 B-2)의 어텐션에서 '현재 처리 중인 정보'는 디코더 RNN에 있는 특정 시점의 출력 벡터이고, '다른 여러 정보'는 인코더 RNN에 있는 각 시점의 출력 벡터였다. 트랜스포머에도 이와 동일한 구조가 남아서 디코더 트랜스포머(Trm Dec) 쪽에서 인코더 트랜스포머(Trm Enc) 쪽의 정보를 고려하기 위한 어텐션(source-target-attention) 구조가 있다.

큰 차이점이 있다면 기존의 'RNN을 사용해서 단어를 정방향으로 처리해 이전 시점의 정보를 다음 시점으로 전달하는' 작업을 단어 수만큼 수행해 각 단어의 정보를 혼합하고 문장 벡터를 생성하던 부분을 크게 개선한 것이다. 트랜스포머에서는 '현재 처리 중인 정보'가 문장을 구성하는 특정 단어이고, '다른 여러 정보'가 해당 단어를 포함해 문장을 구성하는 모든 단어가 되는 **셀프 어텐션**self-attention 방식으로 각 단어의 정보를 혼합해 RNN을 대체했다(그림 B-5).

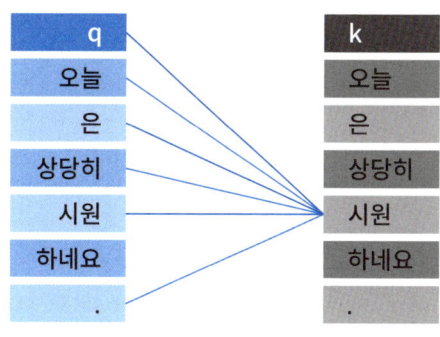

그림 B-5 셀프 어텐션 개요

RNN에서는 한 단어씩 순차적으로 신경망에서 처리해 특정 단어의 정보를 다음 단어의 처리에서도 고려하기 때문에 최종적으로 문장을 구성하는 모든 단어를 고려한 1개의 벡터를 생성했다. 이런 방식은 필연적으로 앞쪽의 정보가 뒤쪽에 비해 희미해지는 문제가 있었다. 이와 반대로 셀프 어텐션에서는 각 단어에 그 이외의 모든 단어의 정보를 혼합한다. 특정 단어의 정보와 혼합할 다른 단어의 정보를 어텐션으로 찾고, 찾아낸 단어를 중첩된 계층 수만큼 혼합하며 단계적으로 단어 간 관계를 내포한 벡터로 변환한다. 이런 방법을 사용하면 문장 안에 있는 단어 간 거리가 얼마나 떨어져 있는지와 무관하게 유사도가 높으면 동일하게 정보가 혼합되어 입력한 전체 문장을 고려한 응답을 생성할 수 있다. 단, 이 방법만으로는 단어의 순서 정보가 반영되지 못하는 문제가 있다. 따라서 실제로는 단어의 위치에 따라 가중치를 부여하는 **positional encoding**이라는 작업으로 어순을 고려한다.

인코더 트랜스포머에 입력된 단어의 정보는 셀프 어텐션에 의해 다른 단어의 정보와 혼합되어 6계층의 처리를 거쳐 최종적으로 단어의 수와 동일한 숫자의 벡터로 출력된다. seq2seq + 어텐션 모델처럼 단 한개의 문장 벡터에 문장의 모든 정보를 맡기는 것이 아니라, 처음부터 디코더 쪽에서도 어텐션을 사용해서 정보를 혼합하는 것을 전제로 단어의 수만큼 벡터를 출력한다. 각각의 벡터는 셀프 어텐션에 의해 꼼꼼하게 다른 단어의 정보가 혼합된 상태이고, 개수도 많기 때문에 트랜스포머 쪽이 seq2seq + 어텐션과 비교하면 보다 많은 정보를 인코더에서 디코더로 전달할 수 있다.

또, 어텐션도 단순한 어텐션이 아니라 1개의 입력 벡터를 보다 작은 크기의 여러 벡터로 변환하고 각각에 독립적인 어텐션 작업을 수행한 뒤 다시 연결하는 **멀티헤드 어텐션**multi-head attention 구조를 사용했다. 이로 인해 **헤드**head[11] 수를 증가시켜 각각의 헤드가 단어의 다른 측면에 주목해 정보를

---

[11] 입력 벡터를 처리하는 어텐션을 분할했을 때 작은 크기로 분할된 개별 어텐션을 헤드라 부른다.

결합하는 것을 기대할 수 있으며, 실제로 1개의 벡터로 어텐션을 수행하는 싱글헤드 어텐션보다도 성능이 향상된 것을 확인할 수 있었다.

디코더 트랜스포머 쪽에서도 마찬가지로 셀프 어텐션을 사용해서 출력된 다른 단어와의 관계를 고려하면서 인코더 트랜스포머의 출력 벡터를 사용하는 **소스 타깃 어텐션**source target attention을 통해 입력된 문장의 정보를 추가하면서 출력 단어를 결정하는 벡터가 생성된다. 단어 출력 절차는 RNN을 사용하는 seq2seq 모델과 유사하다. 우선 첫 번째 단어를 출력하고 출력된 단어를 입력으로 디코더를 재차 작동시켜 두 번째 단어를 얻고 다시 두 번째 단어를 입력으로 사용하는 식으로 한 단어씩 순차적으로 출력한다. 참고로 이 동작은 LSTM을 사용하는 seq2seq와 동일하며, 이처럼 출력된 이전 단어를 사용해서 다음 단어를 출력하는 방식을 **자기 회귀**autoregressive라고 한다.

B.1.6 트랜스포머의 장점

트랜스포머의 구조는 오늘날 ChatGPT에도 계승될 만큼 두 가지 커다란 장점을 가지고 있다.

첫 번째 장점은 셀프 어텐션을 통해 각 단어 간 거리와 무관하게 연관성을 파악할 수 있다는 점이다. 이 덕분에 장문에서도 문맥을 고려해 출력을 생성하는 것이 가능해져서 성능이 대폭 향상됐다.

두 번째 장점은 대규모화가 쉽다는 점이다. 병렬화가 그다지 원활하지 않고 계산 효율이 나빴던 RNN을 배제함으로써 여러 개의 GPU를 사용하는 병렬화가 원활해졌고, 구조 자체에 모델 크기를 쉽게 키울 수 있는 몇 가지 방법도 추가됐다. 이로 인해 이미지 처리 분야에서는 다층화를 가능하게 만드는 핵심 구조인 **잔차 연결**residual connection을 사용해 인코더와 디코더 모두 단순히 계층의 숫자를 늘림으로써 사이즈를 키우는 작업이 가능해졌다. 멀티헤드 어텐션에 기반한 셀프 어텐션은 대칭성이 상당히 높은 구조다. 덕분에 모델의 아키텍처 측면에서 대규모화가 쉽고, 여러 개의 GPU를 사용하는 병렬화도 쉽기 때문에 GPU가 많을수록 그만큼 트랜스포머 모델을 대규모화 할 수 있다. 이로 인해 오늘날의 최첨단 트랜스포머 파생 모델은 수천 대의 GPU를 전제로 수천억 개에서 때로는 1조 개 이상의 매개변수를 가지고 있다.

B.1.7 트랜스포머의 한계

트랜스포머에는 장점만 있는 것 같지만 새로 생긴 한계도 있다. 트랜스포머는 RNN 계열의 seq2seq보다도 높은 표현력을 가진 만큼 seq2seq와 비교했을 때 데이터 양이 충분하면 성능도 높아지는 반면, 일정 이상의 성능을 내는 데 필요한 학습 데이터 양이 증가하는 경향이 나타났다.[12] 하지만 이러한 한계는 이후에 설명할 언어 모델의 사전 학습으로 대부분 해결됐다.

B.2 대규모화 및 언어 모델의 사전 학습에 따른 성능 향상

트랜스포머는 변경된 구조 덕분에 대규모화와 병렬화가 가능해졌다. 하지만 트랜스포머는 애초에 데이터 양이 충분치 않으면 성능을 발휘할 수 없어서 대규모화를 하더라도 학습할 데이터를 찾지 못해 어려운 상황에 봉착하곤 했다. 이 문제를 해결한 것이 **언어 모델의 사전 학습**이다.

언어 모델은 단어들의 배열에 대한 확률 분포라고 할 수 있다. 언어 모델의 역사는 상당히 오래된 것으로, 딥러닝이 부흥하기 전에는 **n-그램**n-gram 언어 모델이 주류를 형성하고 있었다. n-그램 언어 모델은 '문장에 있는 단어의 출현확률은 그 직전 n-1개의 단어로 결정된다'라는 개념을 모델로 만든 것이었다. 조금 더 거칠게 표현하자면 '문장을 구성하는 어떤 단어가 출현할 확률은 이전 단어가 무엇인지에 따라 결정된다'라는 개념으로, 이 같은 사고방식은 모델의 구성요소를 확률 분포에서 신경망으로 변경하더라도 동일한 것이었다.

다음 단어를 예측하는 작업의 가장 대표적인 응용 사례는 스마트폰이나 컴퓨터의 **입력 방식 편집기**input method editor, IME다. **IME**란 텍스트를 입력하면 과거의 입력 패턴으로부터 다음 단어를 제안해주는 시스템으로, 이것이 바로 언어 모델이라고 할 수 있다(그림 B-6).

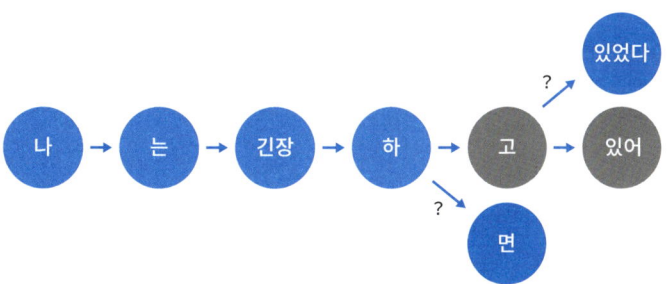

그림 B-6 **다음 단어를 예측하는 작업**

언어 모델의 사전 학습이란 문장의 구조 자체를 학습하는 것을 의미한다. 이 학습 방법의 가장 큰 장점은 문장 구조 자체가 학습 대상이기 때문에 레이블이 지정된 학습용 데이터를 별도로 만들지

---

[12] RNN의 재귀 구조는 특정 타이밍에 처리를 하지 않으면 다음 처리가 불가능한 특징이 있어 여러 개의 GPU를 사용하는 병렬화가 어려워 대규모화에 걸림돌로 작용했다.

않고도 학습용 데이터셋을 만들 수 있다는 점이다. 다시 말해 인터넷상에 넘쳐나는 대량의 텍스트 데이터를 크롤링해 문장을 구성하는 단어 일부를 숨기는 작업만으로도 학습 데이터의 확보가 가능하다는 의미다.

언어 모델의 사전 학습 시에도 데이터 양이 적더라도 특정 작업에 특화함으로써 충분한 성능을 확보할 수 있음을 이미 word2vec이나 ELMo_{embeddings from language model} 같은 **워드 임베딩**_{word embedding} 모델을 통해 증명한 적이 있다. 비유하자면 어린이에게 뜬금없이 한영번역을 가르치기보다는 먼저 국어나 영어 작문을 가르친 뒤에 한영 번역을 가르치는 것이 쉬운 것과 유사하다.

B.2.1 트랜스포머 인코더 계열 모델의 발전

모델의 대규모화에는 2018년에 발표된 BERT[13]가 결정적인 영향을 미쳤다. **BERT**_{bidirectional encoder representations from transformer}는 트랜스포머 인코더 부분을 대규모화한 모델 구조를 가지고 있으며, 런타임에 마스킹한 단어를 맞추는 작업과 2개의 문장을 입력했을 때 두 문장이 연속된 문장인지 아니면 관계없는 문장인지 맞추는 작업을 '사전 학습'의 목적으로 수행한 모델이다. 트랜스포머의 모델 구조로부터 영향을 받아 다소 변칙적인 형태를 가지고 있지만 숨겨진 단어를 맞추는 작업 또한 언어 모델의 사전 학습이라 할 수 있다.

작업을 수행할 때는 사전 학습 모델을 소량의 데이터로 재학습(파인 튜닝)시켜 특정 작업에 특화시킨다. BERT는 11개의 자연어 처리 작업에서 최고 점수를 달성했으며, 대량의 텍스트 데이터를 이용한 언어 모델의 사전 학습에도 유효성을 입증했다. 물론 방대한 텍스트 데이터 공급원인 인터넷으로부터 수집한 대량의 텍스트와 대량의 계산 리소스를 사용해서 언어 모델에 사전 학습을 수행하기 때문에 학습 과정에는 상당히 많은 비용이 소요된다. 하지만 일단 모델을 완성하면 그 이후에 실제로 문제를 해결할 때는 기존 작업에서 충분한 성능을 발휘하기 위해 필요하다고 생각했던 것보다 매우 적은 양의 데이터로 파인 튜닝하는 것만으로도 충분하다. BERT의 사전 학습 모델이 세상에 공개되자 이를 응용한 여러 결과물들이 폭발적으로 늘어났다.

BERT의 등장 이래로 자연어 처리 분야의 모델 패권은 RNN에서 트랜스포머로 완전히 대체됐고, 언어 모델의 사전 학습에 기반한 모델의 대형화가 진행됐다.

---

[13] https://arxiv.org/abs/1810.04805

B.2.2 트랜스포머 디코더 계열 모델의 발전

BERT는 트랜스포머 인코더 부분을 대형화한 모델 구조를 가지고 있으며 인코더의 출력 벡터를 사용해 분류 문제를 해결할 수 있었다. 이로 인해 사용자 리뷰의 만족도, 감정 분석, 문상 임베딩을 통한 유사도 비교 등에 응용되기 시작했으며, 구글 검색을 필두로 각 회사의 검색엔진이나 쇼핑몰의 상품 추천에도 활용됐다. 하지만 대형화된 인코더의 특성상 문장을 생성하는 능력은 부족했기 때문에 문장 생성이 필요한 분야에서의 응용은 그다지 진전이 없었다.

이러한 상황에서 OpenAI가 문장 생성이 가능한 트랜스포머 기반 언어 모델인 **GPT-2**를 발표했다. GPT-2는 어떤 단어 배열이 입력됐을 때 그 다음에 올 단어를 예측하는 언어 모델인 GPT를 대형화한 버전이었다. GPT-2는 트랜스포머 인코더 기반으로 분류 문제에 강했던 BERT와는 반대로, 트랜스포머 디코더에 기반해 텍스트 생성 작업에 강한 특징을 가지고 있다. 텍스트 생성은 분류 결과를 생성함으로써 다른 작업에도 활용할 수 있으며, 이후에 살펴볼 인콘텍스트 러닝(문맥 내 학습) in-context learning의 성능이 향상됨에 따라 현재는 디코더 기반의 생성 모델로 분류 문제를 해결하는 사례도 적지 않다.

트랜스포머의 매개변수 수는 대략 6,000만 개이고, BERT는 3억 개에 그친 반면, GPT-2의 매개변수 수는 15억 개에 달했으며 학습에 사용된 데이터셋의 크기가 40GB를 넘는 등 이전까지 있었던 모델과 비교하면 엄청나게 거대한 모델이었다. GPT-2는 지극히 자연스러운 문장을 생성할 수 있었기 때문에 OpenAI는 악용을 경계해 모델의 공개를 망설일 정도였다. 게다가 특별히 파인 튜닝을 하지 않고도 자연어로 지시를 입력만 하면 문제를 해결할 수 있는 특성(이후에 살펴볼 인콘텍스트 러닝이라는 특성)을 보여주었으며, 나아가 모델의 대형화와 데이터 증가에 따라 점점 향상된 성능을 보여줬다.

GPT-2가 보여준 가능성을 이어받아 만들어진 GPT-3는 매개변수 수가 100배 이상 증가한 1,750억 개에 달했다. GPT-3에서는 단순히 텍스트 생성의 정확도를 높이는 데 그치지 않았다. GPT-3는 소수의 예시를 입력으로 제공해 특정 작업에 특화시키는 퓨샷 학습과 예제를 제공하지 않고 지시하는 것만으로도 문제를 해결하는 제로샷 학습에서도 높은 성능을 보여줬다. 이 같은 결과는 모델을 대규모화할수록 퓨샷 학습 및 제로샷 학습(인콘텍스트 러닝)에서도 높은 성능을 낼 것이라는 가능성을 보여줬다. 또한, 소량의 데이터로 특정 작업에 특화시키는 파인 튜닝조차도 불필요해짐에 따라 단순히 입력 안에 몇 건에서 수십 건 정도의 예시를 추가하거나, 경우에 따라서는 어떤 데이터도 추가하지 않고 문제를 해결할 수 있게 됐다.

B.2.3 스케일링 법칙

OpenAI는 트랜스포머에는 성능과 관련해 스케일링 법칙이 있다는 보고서[14]를 발표했다. 내용을 간단히 정리하면 '트랜스포머의 성능은 컴퓨팅 리소스, 데이터 양, 매개변수 수(모델 크기)라는 세 가지 변수의 멱법칙에 따른다'는 가설이었다. 참고로 현재까지 알려진 바로는 트랜스포머의 성능에는 상한선이 없다. 따라서 이 법칙이 의미하는 바는 이 세 가지 변수가 서로 병목현상을 일으키지 않으면서 커진다면 트랜스포머의 성능은 무제한으로 상승할 가능성이 있다는 것이었다. 나아가 후속 보고서에 따르면 트랜스포머를 이미지, 음성, 동영상 등 언어 이외의 분야에 적용한 경우에도 스케일링 법칙이 유효하다는 것이 밝혀졌다.[15]

이로써 '대규모화한 트랜스포머를 이미지, 음성, 언어 등 대량의 데이터로 사전 학습시킨' 파운데이션 모델(기반 모델)의 시대가 개막됐다.

B.3 호의적 응답으로 조정된 언어 모델

트랜스포머의 등장과 언어 모델의 사전학습에 기반한 대규모화로 인해 자연어 처리 성능은 급격히 상승했다. 이와 함께 OpenAI는 완성된 언어 모델이 반환하는 응답을 보다 호의적으로 튜닝하는 방법에 대한 연구에 착수했다.

언어 모델은 인터넷상에서 수집한 막대한 양의 텍스트 데이터를 사용해 학습한다. 그런데 이 학습 데이터 안에는 편견이나 유해한 언동이 포함돼 있기 때문에 원형 그대로의 GPT 모델은 약간의 유도만 있어도 인간에게 호의적이지 않은 응답을 반환하곤 했다. 따라서 원형 그대로는 공개적으로 사용할 수 없었기 때문에 인간에게 바람직하지 않은 응답을 가능한 하지 않기 위한 튜닝이 필요했다. 여기에 사용한 방법이 **RLHF**[16]다. 이 RLHF에 의해 튜닝된 모델이 InstructGPT이며, InstructGPT는 직접적으로 ChatGPT의 기반 모델로 사용됐다.

RLHF는 총 세 단계로 구성되어 있다.

1단계에서는 프롬프트에 대한 응답을 반환하는 GPT-3 계열의 소형 모델을 준비한다. 해당 모델을 인간이 준비한 적절한 응답 예시를 사용해서 파인 튜닝함으로써 GPT-3 기반 모델을 생성한다(그림 B.7).

---

14 https://arxiv.org/abs/2001.08361
15 https://arxiv.org/abs/2010.14701
16 https://arxiv.org/abs/2203.02155

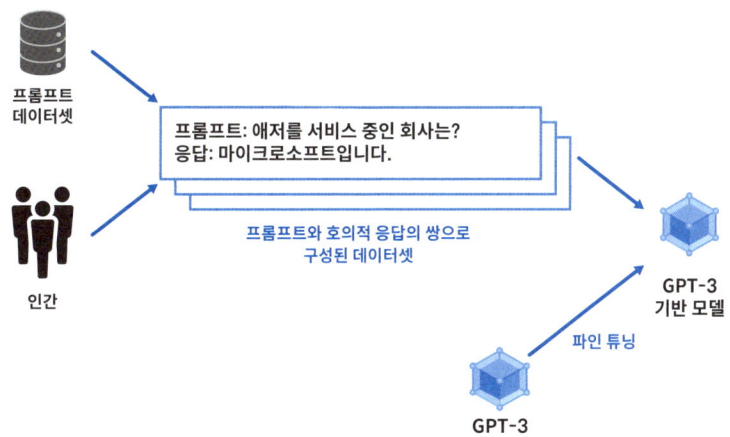

그림 B-7 1단계: 기반 모델 생성

파인 튜닝에 의해 모델의 응답은 사람이 작성한 응답 예시를 답습하도록 조정되지만, 이것만으로는 아직 충분한 상태라고 할 수 없다. 데이터 양을 늘리고 싶더라도 인간이 응답 예시를 만드는 방식은 비용이 매우 높고 대량으로 만들기도 어렵기 때문이다. 이러한 결점을 채우고 계속 학습을 진전시키려면 2단계부터의 절차가 필요하다.

2단계에서는 문장을 입력하면 해당 내용이 인간에게 호의적인지 아닌지에 대한 정도를 수치로 출력하는 모델인 **보상 모델**reward model을 생성한다(그림 B-8).

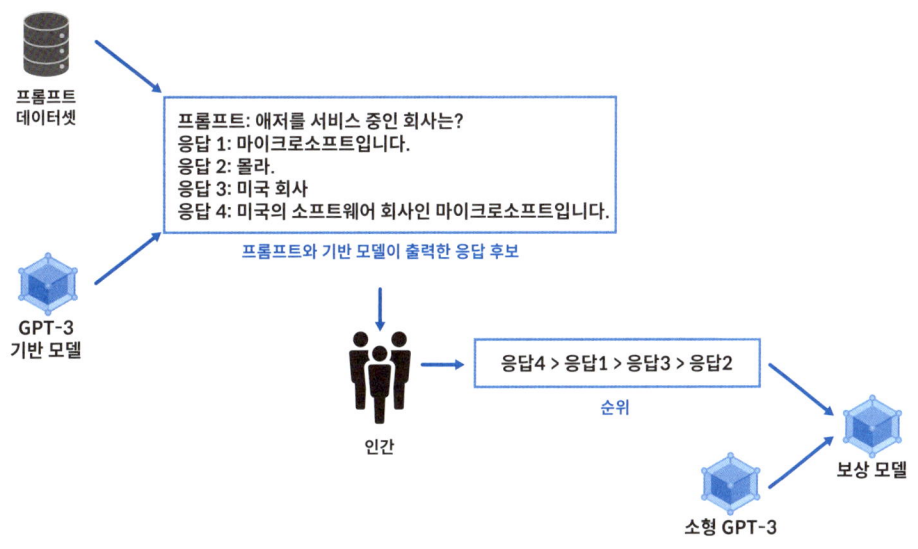

그림 B-8 2단계: 보상 모델 생성

B.3 호의적 응답으로 조정된 언어 모델

보상 모델 또한 GPT-3 계열 모델이며, 문장을 출력하는 층을 제거한 대신에 인간에게 호의적인지 아닌지(보상)에 대한 정도를 출력하도록 모델 구조를 약간 수정한 것이다. 이 보상 모델을 만들려면 우선 학습용 데이터가 있어야 하며 1단계에서 만들어진 기반 모델을 사용해야 한다. 기반 모델에 1개의 프롬프트를 입력해 여러 패턴(4~9개의 패턴)의 응답 문장을 얻으면 인간이 응답 문장을 읽으며 순위를 매긴다. 보상 모델은 인간이 매긴 순위와 일치하는 보상을 출력하도록 학습되며, 최종적으로 프롬프트와 응답 내용을 입력하면 보상을 출력하는 모델이 완성된다.

3단계에서는 2단계에서 생성한 보상 모델을 사용해 기반 모델을 파인 튜닝한다(그림 B-9).

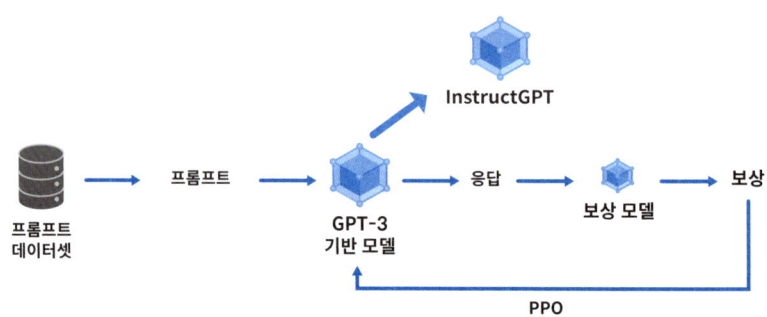

그림 B-9 3단계: 기반 모델 파인 튜닝

학습에는 PPO(근거리 정책 최적화)proximal policy optimization라는 강화학습의 기법을 사용한다. PPO는 우선 프롬프트 데이터셋으로부터 프롬프트를 가져온 뒤, 모델에 해당 프롬프트에 대한 응답 예시를 생성하도록 만든다. 그리고 응답 예시를 2단계에서 만든 보상 모델에 입력해 보상값을 얻고 보상을 극대화할 수 있도록 기반 모델을 수정한다.

그런데 PPO로만 학습시키면 언어적으로 성립할 수 없는 문장을 생성하는 등의 문제가 있음에도, 보상 모델로부터 보상값을 극대화할 수 있는 응답을 반환하는 데에만 집중한 모델이 만들어지는 문제가 있었다. 힘들게 언어 모델에 사전학습을 시켜서 다음 단어를 예측하는 성능을 높여 유창한 텍스트를 반환할 수 있도록 했는데, 성능을 제대로 발휘할 수 없게 되는 것은 큰 문제였다. 이 문제를 해결하기 위해 기반 모델의 출력과 기반 모델을 튜닝한 모델의 출력이 극단적으로 괴리되지 않도록 만드는 방법과, 언어 모델의 성능을 고려하는 방법을 추가해 사전학습이 무용지물이 되지 않도록 만들었다.

이 3단계를 거쳐 기반 모델을 튜닝한 모델이 InstructGPT다. InstructGPT는 단순히 파인 튜닝한 부분에 한정되지 않고 보다 넓은 분야에서 인간에게 호의적인 응답을 할 수 있게 되었고, 영어로 학습을 시켰음에도 불구하고 한국어 등 다른 언어에 대해서도 영어와 유사하게 호의적인 응답을 반환할 수 있게 되었다.

ChatGPT의 세부적인 아키텍처는 공개되지 않았지만, InstructGPT를 기반으로 만든 모델로 알려져 있다.

> **COLUMN   공개 모델**
>
> InstructGPT를 만드는데 사용된 RLHF나 구글 산하의 딥마인드가 개발한 트랜스포머 계열 언어 모델의 크기 및 데이터 양의 균형에 관한 연구[17]를 기반으로, 관련 기업이나 연구기관들이 자체적으로 LLM을 만들어 공개하는 것이 유행이 됐다. 모델은 오픈 소스 라이선스, 조건부로 상업 이용이 가능한 라이선스, 연구 용도로 한정된 라이선스 등에 기반해 공개되었으며, 상업이용이 가능한 라이선스로 공개된 모델은 무상으로 비즈니스에 사용할 수도 있다. 이 책에서는 무상으로 공개된 모델을 '공개 모델'이라 부른다.
>
> 메타가 공개한 Llama 3[18]가 대표적인 공개 모델이며, 다양한 크기와 튜닝 방법이 적용된 여러 종류의 모델이 공개되어 있다. 여기에 Llama 3와 같은 모델에 기반해 독자적으로 한국어 튜닝을 실시하거나, 멀티모달 모델을 만드는 등의 움직임까지 생겨나면서 공개 모델의 에코 시스템은 서서히 확장되고 있다.
>
> 공개 모델의 장점은 자유로운 재학습과 개조가 가능하다는 것이다. RLHF의 흐름을 주의 깊게 살펴보면 '머신러닝 모델에 의한 예시 생성' 작업과 '머신러닝 모델에 의한 인간 평가 모방' 작업이 있는데, 이 두 가지 작업으로 데이터 양을 증폭시키고 튜닝하는 구조라고 할 수 있다. 만약 충분한 프롬프트를 수집할 수 있는 상태이고, 보상 모델에 레이블을 지정하는 비용을 조달할 수 있다면, 공개 모델을 기반 모델로서 활용하는 형태로 직접 RLHF를 수행해 회사의 니즈에 맞춤화된 모델을 생성할 수 있다.
>
> 또, 모델을 양자화, 가지치기, 증류 등의 압축 방법을 사용해서 철저히 소형화하고, 에지 디바이스edge device에서 작동하도록 튜닝하는 것도 공개 모델에 특화된 사용 방법이다.
>
> 그리고 Azure OpenAI Service만으로는 어떤 방법을 사용해도 커버할 수 없는 LLM에 대한 니즈가 존재한다. 이러한 니즈에 부합하는 서비스를 개발할 때 공개 모델은 중요한 선택지가 될 것이다.

---

[17] https://arxiv.org/abs/2203.15556
[18] https://llama.meta.com/llama3/
https://techcommunity.microsoft.com/t5/ai-machine-learning-blog/introducing-meta-llama-3-models-on-azure-ai-model-catalog/ba-p/4117144

_____ 마치며

어느덧 ChatGPT가 세상에 등장한 지도 2년이 넘었다. 이 분야는 믿을 수 없는 속도로 진화를 거듭하고 있어서 집필 와중에도 계속해서 등장하는 새로운 기능들로 인해 저자들은 계속해서 새로운 도전에 직면했다. 이 책이 독자의 손에 들어갔을 때는 분명 또 다른 새로운 모델이나 기능이 등장했을 것이다.

하지만 변화가 급격한 기술 업계에도 변하지 않는 근본적인 부분은 존재한다. 새로운 모델이 등장해도 RAG나 리액트를 기반으로 한 AI 오케스트레이션의 구조와 애플리케이션과의 연동 방법, 시스템 설계 원칙, UI/UX의 근간은 변하지 않는다.

책은 긴 호흡을 가진 매체다. 때문에 급격하게 진화하는 이 분야에 책이라는 매체가 적절한지에 대한 고민도 있었다. 그렇지만 이러한 기술의 핵심을 다룰 때에도 고품질의 정보를 하나로 집약할 수 있는 매체는 오늘날에도 책만한 것이 없다고 생각한다.

이 책은 초심자부터 전문가까지 폭넓게 도움을 받을 수 있는 정보를 담았다. 초반부에는 기초적인 내용으로 시작하며 후반부에 이르러서는 고도화된 내용까지 깊게 다룬다. 모든 내용을 한 번에 이해할 필요는 없다. 자신의 페이스에 맞춰 흥미가 있는 주제부터 학습하면 된다.

이 책이 급격한 속도로 변화하는 업계에서 독자들이 한 발씩 나아가기 위한 나침반으로서 방향을 제시하는 데 도움이 된다면 저자들에게 이보다 더 큰 기쁨은 없을 것이다.

나가타 쇼헤이

■ 진솔한 서평을 올려주세요!

이 책 또는 이미 읽은 제이펍의 책이 있다면, 장단점을 잘 보여주는 솔직한 서평을 올려주세요.
매월 최대 5건의 우수 서평을 선별하여 원하는 제이펍 도서를 1권씩 드립니다!

- **서평 이벤트 참여 방법**
  1. 제이펍 책을 읽고 자신의 블로그나 SNS, 각 인터넷 서점 리뷰란에 서평을 올린다.
  2. 서평이 작성된 URL과 함께 review@jpub.kr로 메일을 보내 응모한다.

- **서평 당선자 발표**

  매월 첫째 주 제이펍 홈페이지(www.jpub.kr)에 공지하고, 해당 당선자에게는 메일로 연락을 드립니다.
  단, 서평단에 선정되어 작성한 서평은 응모 대상에서 제외합니다.

독자 여러분의 응원과 채찍질을 받아 더 나은 책을 만들 수 있도록 도와주시기 바랍니다.

찾아보기

A

AI 오케스트레이션	140
AI 인프라스트럭처	162, 163
ANN (approximate nearest neighbor)	121
API Management (Azure API Management)	49, 201, 202, 223, 225
Ask Wikipedia	84
Azure AI Content Safety	241
Azure AI Document Intelligence	106, 120, 127
Azure AI Foundry 모델 카탈로그	179
Azure AI Foundry portal	30
Azure AI Search	56, 58, 75, 101, 106
Azure AI Studio	161
Azure API Management (API Management)	49, 201, 202, 223, 225
Azure App Service	44, 106
Azure Application Gateway	49, 177, 201, 202, 225, 228
Azure Blob Storage	59, 75, 106, 202
Azure Cosmos DB	45, 106
Azure Data Lake Storage Gen2	62
Azure Event Hubs	218
Azure Front Door	49, 177, 225
Azure Kubernetes Service	177
Azure Load Balancer	177, 225
Azure Machine Learning	91
Azure Machine Learning 프롬프트 흐름	73, 81
Azure Machine Learning Studio	73
Azure Monitor	202, 218
Azure OpenAI (Azure OpenAI Service)	26
Azure OpenAI API	92
Azure OpenAI On Your Data (on your data)	41, 72, 74
Azure OpenAI Service (Azure OpenAI)	26, 106, 202
Azure Private Link	201, 222
Azure Traffic Manager	225
Azure Virtual Machines Scale Sets (VMSS)	177

B~E

BERT (bidirectional encoder representations from transformer)	264
BM25	68
Chat Completions API	92, 116, 153
Chat with Wikipedia	84
ChatGPT	3, 5, 10, 53, 255
ChatGPT 플러그인	141, 156
CoT (chain of thought)	21, 22, 23
DALL-E 2	3
DALL-E 3	4
Data Analysis	8
DeepSpeed	173
embeddings	68
Embeddings API	97
exhaustive k-NN (exhaustive k-nearest neighbor)	70

F, G

F 스코어	131
FNN (feedforward neural network)	256
GPT	11
GPT-2	265
GPT-3.5 Turbo	13, 23, 37
gpt-35-turbo	38, 164
gpt-35-turbo-16k	38, 164
gpt-35-turbo-instruct	38, 164
GPT-4	23, 37
gpt-4	38, 163~164
GPT-4 Turbo	166
gpt-4-32k	38, 164
gpt-4o	163
gpt-4o-mini	163
GUI (graphical user interface)	3

H, I, L

HNSW (hierarchical navigable small world)	70, 121
HyDE (hypothetical document embeddings)	126
IME (input method editor)	263
IndexWriter	61
InstructGPT	13, 266
langchain 라이브러리	184
Llama 3	169, 269
LLM (large language model)	9, 11, 91
LoRA (Low-Rank Adaptation)	170
LSTM (long short term memory)	256

M, N, O

MAP (mean average precision)	132
Microsoft Entra ID	27, 46, 201, 216
Multi-Round Q&A on Your Data	84
n-그램	263
nDCG23 (normalized discounted cumulative gain)	132
Normalized DCG (nDCG)	132
o1	39, 163
o1-mini	163
o1-preview	163
OAuth 2.0	208
on your data (Azure OpenAI On Your Data)	74
ONNX (open neural network exchange)	173
Open Interpreter	9
OpenAI	3
openai 라이브러리	160, 184
OSS	180

P, R

PaaS (platform as a service)	44
Planning&Execution	145
positional encoding	261
PPO (proximal policy optimization)	268
Precision@k	132
RAG (retrieval-augmented generation)	55
RAG 평가	129
Ragas	132
RBAC (role-based access control)	200, 208
ReAct (Reasoning&Acting)	141, 150
Reasoning&Acting (ReAct)	141
Recall@k	132
Responsible AI Standard	233
RLHF	13, 266
RNN (recurrent neural network)	255
RoBERTa	171
RPM(분당 요청 수)	49
RRF (reciprocal rank fusion)	71

S~W

Sentence-BERT	176
seq2seq	255
tiktoken	47
TPM(분당 토큰 속도)	48
Turing	125
Use GPT Function Calling	84
UX (user experience)	182
VMSS (Virtual Machines Scale Sets)	177
VNet 통합	223
Web Classification	84
Whisper	27, 176

찾아보기 273

ㄱ

가지치기	174
개방형 신경망 교환(ONNX)	173
검색 시스템	56
검색 정확도 문제	129
검색 정확도 평가	130
공개 모델	169
공통 기반	199
과금	221
관리형 온라인 엔드포인트	90
그라운딩	55, 141
그래픽 사용자 인터페이스(GUI)	3

ㄷ, ㄹ

대형 언어 모델(LLM)	11, 91
데이터 수집	127
데이터 취급	240
동적 양자화	173
디코더 RNN	257
라운드 로빈(RR)	230
랭체인	74, 141, 146
레이어드 시큐리티	222
로 코드	73
로그 통합	217
로드 밸런서	23
리다이렉션 URI 불일치	214
리소스	29
리전	29

ㅁ, ㅂ

멀티모달	169, 196
멀티헤드 어텐션	261
메타 프롬프트	40
멱법칙	12
미드저니	3
바퀴의 재발명	200
벡터 검색	59, 68
벡터 인덱스	85
변형	88
보상 모델	267
부하 분산	200, 223
분산 학습	170
분석기	63
빙챗	54

ㅅ

사용성	182
사용자 경험(UX)	182
사용자 지정 기술	127
사전 학습	11
상태 프로브	226, 227
색인 레코드	64
생각의 사슬(CoT)	20
생성 정확도 문제	129
생성 정확도 평가	132
생성형 AI	4
셀프 어텐션	260
소스 타깃 어텐션	262
순방향 신경망(FNN)	256
순환 신경망(RNN)	255
스케일 아웃	59, 163
스케일 업	163
스케일링 법칙	12, 266
스킬셋	63
스테이블 디퓨전	3
시맨틱 커널	74, 141, 147
시스템 프롬프트	40
실행기	145

ㅇ

애저	27
애저 포털	30
양자화	173
어텐션	11, 256, 259
어텐션 메커니즘	256
언어 모델의 사전 학습	263
언어 생성 모델	10
얼라인먼트	13
에이전트	141
엔드포인트	29

역할 기반 접근 제어(RBAC)	208
연관성 평가	133
오케스트레이터	57
오케스트레이터	71
오프라인 평가	129
온도	88, 183
온라인 평가	129
워드 임베딩	264
원샷 학습	20
유사도 평가	133, 135
의미 체계 검색	59, 70
의미 체계 하이브리드 검색	124
인가	200, 208
인간 피드백을 통한 강화 학습(RLHF)	13, 266
인덱서	127
인증	200, 208
인코더-디코더	171
일관성 평가	133, 134
일래스틱서치	74
임베딩	68
임베딩 모델	68, 77, 135
임의성	41
입력 방식 편집기(IME)	263

ㅈ

자기 일관성	23
자기 회귀	262
잔차 연결	262
장단기 메모리(LSTM)	256
재현율	131
전문 검색	59, 67
정밀도	131
제로샷 학습	20
증류	176
지식 저장소	100

ㅊ, ㅋ

채팅 플레이그라운드	39, 44
채팅 흐름	84
책임 있는 AI	232
추론	90
추론 속도	164
출구	17
컴퓨팅 인스턴스	82
코사인 유사도	68
코파일럿	54, 139
코파일럿 스택	139
코파일럿 프런트엔드	140, 182
콘텐츠 필터	235
토큰	38, 47
트랜스포머	11, 12, 256, 260
트랜스포머 디코더	171
트랜스포머 인코더	169

ㅍ, ㅎ

파운데이션 모델	13, 141, 162
파인 튜닝	98, 166
평가 흐름	84
평균 정밀도(MAP)	132
폐쇄망	221
표준 흐름	84
퓨샷 학습	20, 41
프라이빗 네트워크	27
프라이빗 엔드포인트	222
프로비저닝된 처리량 단위(PTU)	47
프롬프트	15
프롬프트 변형	82
프롬프트 엔지니어링	15
플라스크	187
플래너	145
하이브리드 검색	71, 123
함수 호출	153
헤드	261
호출 제한	221
환각	10, 55